Jürgen Elsässer

KRIEGSLÜGEN
Vom Kosovokonflikt zum Milosevic-Prozess

Jürgen Elsässer
KRIEGSLÜGEN
Vom Kosovokonflikt zum Milosevic-Prozess

KAI HOMILIUS VERLAG 2004

„Man kann alle Leute einige Zeit
und einige Leute alle Zeit,
aber nicht alle Leute alle Zeit zum
Narren halten"

Abraham Lincoln

Zur Entstehung dieses Buches

Das vorliegende Werk basiert in Teilen auf dem Buch Kriegsverbrechen. Die tödlichen Lügen der Bundesregierung und ihre Opfer im Kosovo-Konflikt. Es erschien im Oktober 2000, hatte in Deutschland vier Auflagen und war Mitte 2002 vollständig vergriffen. Lizenzausgaben erschienen außerdem in Serbien-Montenegro, Italien und Frankreich. Eine griechische Übersetzung ist in Vorbereitung.

Einige Kapitel wurden aus Kriegsverbrechen übernommen, aber auf den neuesten Stand der wissenschaftlichen und politischen Diskussion gebracht. Die Mehrzahl der Kapitel, die meisten Dokumente sowie Register, Chronik und Karten sind neu.

Für Ihre fleißige Mitarbeit und Hilfe bei der technischen Herstellung des Buches sowie dessen Korrektur danke ich ganz besonders Manuela Finke.

Kai Homilius

IMPRESSUM

© Kai Homilius Verlag 2004
Alle Rechte vorbehalten. Ohne ausdrückliche Genehmigung des Verlages ist es nicht gestattet, dieses Werk oder Teile daraus auf fotomechanischem Wege (Fotokopie, Mikrokopie) zu vervielfältigen oder in Datenbanken aufzunehmen.

Titelgestaltung: Joachim Geißler, Berlin
Satz & Layout: KM Design, Berlin
Umbruch: Stefan XXXX
Lektorat: Jan von Flocken
Druck: Ueberreuter, Austria
ISBN: 3-89706-884-2
Preis: € 18
www.kriegsluegen.de
Email: home@Kai-Berlin.de
Christburger Strasse 4, 10405 Berlin
Tel.: 030 - 283 88 510 / Fax: 030 - 443 425 97

Die Deutsche Bibliothek-CIP-Einheitsaufnahme
Jürgen Elsässer
Kriegslügen / Elsässer, Jürgen - Berlin:
Kai Homilius Verlag, 2004

ISBN 3-89706-884-2

Ne: GT

INHALTSVERZEICHNIS

A. Einleitung 13
Vorwort
   Der deutsche Krieg 15
   Inhalt des Buches 18
   Resümé 20
Sanjas letzter Tag
   Was ein serbisches Mädchen über den Krieg
   erzählen würde 22

B. Vorbereitung des Krieges 41
Wie alles begann
   Srebrenica – die Lüge, die aus Tauben Falken machte 43
   Scharpings Erzählungen 45
   Was geschah in Srebrenica? 47
   Die erwünschten Zeugen 49
   Die Toten von Potocari 51
   Die Toten des Trecks nach Tuzla 56
   Massaker oder Gefechte? 58
   Der Abschlußbericht der niederländischen Armee 61
   Die Ergebnisse der Exhumierungsarbeiten 64
   Die serbischen Toten 66
   Festnahmen und Urteile 2003 69
Planmäßige Eskalation
   Völkermord – die Lüge, die den Krieg vorbereitete 71
   Offensive nach Dayton 72
   Deutschmark für die UCK 73
   Der Bürgerkrieg bricht aus 75
   Schröder wird Kanzler 76
   Entspannung der Lage 79
   An der Schwelle des Krieges 80
   Komplizenhaftes Schweigen 82
   Wer tötete wen? 84
Die Geheimnisse von Frau Ranta
   Racak - die Lüge, die den Krieg auslöste 87
   Verschwundene und vertauschte Tote 89
   Die geheimen Akten 90
   Schmauchspuren 93
   Frau Rantas Auftraggeber 95
   Die Wahrheit kommt ans Tageslicht 97
   Neue Enthüllungen 99
Gefingert
   Rambouillet – die Lüge, die eine letzte Friedenschance
   zunichte machte 101
   M - ein Staat sucht einen Mörder 102
   Eine deutsche Idee 106
   Berlin und Washington: Antagonistische Kooperation 108
   Petritsch - Frontmann der Deutschen 109
   ...und Vertrauter der UCK 112

C. Während des Krieges ... 115
Wag the Dog
Der Hufeisenplan – die Lüge, mit der die anfängliche Kriegsmüdigkeit
der Bevölkerung überwunden wurde ... 117
Die Widersprüche ... 119
Scharpings Hufschmied ... 122
BND und HNA ... 124
Operation Südwind ... 126
Die Sofia-Connection ... 128
Politik mit Auschwitz
Serbische Konzentrationslager – die Lüge, mit der die
Bundesregierung die NS-Vergangenheit entsorgte ... 131
Verschwundene Massengräber
Hunderttausende Ermordete – die Lüge, mit der die Nato ihren Krieg
als Nothilfe zur Rettung von Menschenleben rechtfertigte ... 135
Sex, Lügen und Video ... 137
Auferstanden von den Toten ... 141
Flucht und/oder Vertreibung? ... 142
Nach dem Einmarsch ... 144
Rätsel aus Den Haag (I) ... 148
Erste Zweifel ... 149
Rätsel aus Den Haag (II) ... 153
Die vergessenen Toten
Kollateralschäden – die Lüge vom sauberen Krieg ... 157
Militärisches Stümpertum ... 159
Der Bericht von amnesty international ... 162
Die Antwort Den Haags ... 165
„Nato deeply regrets" - nothing? ... 167
Die Bilanz ... 169

D. Nach dem Krieg ... 171
Prizren ist serbenfrei
Unparteiische Ordnungskraft - die Lüge von der sauberen
Bundeswehr ... 173
Orden für den Todesschützen ... 175
Das Ghetto von Orahovac ... 176
Kurzer Prozeß ... 177
Die UCK als Partner ... 179
„Sanfte Entwaffnung" ... 181
„Heil Deutschland" ... 182
Der albanische Faschismus
Menschrechte gesichert – die Lüge, mit der der Krieg im Nachhinein
gerechtfertigt wurde ... 187
Der Bock wird Gärtner ... 190
Die Spur des Terrors ... 192
Der Lynchmob herrscht ... 194
Die Gesetze des Blutes ... 195
Pristina ist judenfrei ... 197
Entfesselter Ethno-Wahn ... 199
Die UCK ist überall ... 201

Archipel Kosovo 202
Oh wie schön ist Kosova 204
Der deutsche Gouverneur
Fortschritte im Kosovo – die Lüge vom Erfolg des westlichen
Eingreifens fünf Jahre danach 209
Steiner hievt die UCK in die Regierung 211
Djindjics Vermächtnis 214
Straffreiheit für die Mörder 215
Die weitere Perspektive 218
Gefahr für Mazedonien
Regionale Stabilität – die Lüge von der friedensstiftenden Wirkung
des westlichen Eingreifens 219
„Die albanische Frage ist offen" 220
Der Geheimpakt von Prizren 222
Reichsprotektorat Mazedonien 224
Die „neue Taliban" 226
Die Kapitulation von Ohrid 227
„Lead Nation" Deutschland 229
Griechenland als nächstes Ziel 231

E. Die Aufarbeitung 235
Im Namen des Volkes
Wie Justiz und Politik in Deutschland auf die neue Beweislage in der
Kriegsschuldfrage reagieren 237
Aufstieg und Niedergang des WDR 240
Varvarin: „Im Namen des Volkes" 243
Depleted Credibility
Die westliche Diskussion um die Uranmunition ist heuchlerisch und
zielt auf eine Effektivierung der Kriegführung 247
Kein Völkermord
Im Haager Prozeß ist die Anklage gegen Slobodan Milosevic juristisch
gescheitert 255
Ein Konstruktionsfehler 257
Prominente Zeugen 261
Apartheid im Kosovo? 262
Die Racak-Pleite 264
Immer noch kein Hufeisenplan 267
Massaker und "Massaker" 269
Gefrierleichen und Zeugenerpressung 271
Del Pontes Fazit 273

F. Nachwort
Der dritte Weltkrieg beginnt in Jugoslawien 276

Anhang 281

Danksagung

In den vergangenen Jahren bekam ich von unzähligen Menschen Hinweise und Anregungen. Es wäre unmöglich, sie hier alle aufzuführen – bitte entschuldigen Sie. Stellvertretend seien genannt: Carmen Leskova, Gordana Milanovic, Vlado Nadazdin, Nikola Zivkovic, Suzana Aleksic, Zlatomir Popovic, Dragan Mitrovski, Rule von Bismarck, Sretenija Stanisic, Snezana Minic-Veljovic. Ganz besonders danke ich Jasmina Gibanica.

Beim Kapitel über den Milosevic-Prozeß habe ich von zahlreichen Hinweisen Germinal Civikovs profitiert, der bestimmt der beste Kenner des Haager Verfahrens im deutschsprachigen Raum ist. Auch bei Matthias Gockel möchte ich mich bedanken.

Die Geschichte „Sanjas letzter Tag" hätte ich nicht schreiben können ohne die Hinweise von Vesna Milenkovic, der Mutter der getöteten Sanja, sowie den Recherchen der Fotografin und Buchautorin Gabriele Senfft (Die Brücke von Varvarin).

Und natürlich steht man als Autor immer auf den Schultern der Kolleginnen und Kollegen, die mit einem gemeinsam nach der Wahrheit suchen. Als Beispiele seien genannt: Kurt Köpruner, Malte Olschewski, Thomas Deichmann, Mira Beham, Cathrin Schütz, Heinz Loquai, Srdja Trifkovic, Michel Collon, Diana Johnstone, Christopher Black sowie das Team des französischen Monatsblattes „Balkans Info" um Louis Dalmas und Komnen Becirovic.

Schließlich haben mir meine Kolleginnen und Kollegen in der Redaktion der Tageszeitung „Junge Welt", ebenso wie früher jene in der Redaktion der „Konkret", den Rücken für meine Recherchen freigehalten. Das ist keineswegs selbstverständlich – vielen Dank!

Jürgen Elsässer

A.
Einleitung

Jugoslawien mit seinen Teilrepubliken, die heute selbständige Staaten sind.

Vorwort

Der deutsche Krieg

Der Krieg der Nato gegen Jugoslawien und die Lügen, die ihm vorausgingen und ihn begleiteten, sind Geschichte. Neue und grausigere Geschehnisse haben die Erinnerung an das Jahr 1999 überlagert: die Terrorangriffe des 11. September 2001, die Niederwerfung Afghanistans im selben Jahr, der Feldzug gegen den Irak im Frühjahr 2003. Und während auf dem Balkan zumindest vorläufig Ruhe eingekehrt ist, geht in anderen Weltgegenden das Sterben weiter, nicht nur in den von den USA besetzten sogenannten Schurkenstaaten, sondern auch in Schwarzafrika, in Tschetschenien, in Kolumbien, in Israel und Palästina. Warum also sollte man ausgerechnet dieses Buch lesen?

Weil es um ein deutsches Verbrechen geht. Das hier behandelte Thema ist die Zerstörung Jugoslawiens, die im Krieg 1999 ihren Höhepunkt hatte, und diese Zerstörung war vor allem das Werk der deutschen Außenpolitik. Dabei wurde eine Traditionslinie sichtbar, die das gesamte zwanzigste Jahrhundert geprägt hatte. „Serbien muß sterbien" war schon die Parole im Ersten Weltkrieg gewesen. Dieser begann 1914 als Rachefeldzug Österreichs und Deutschlands gegen die Serben, weil einer von denen es gewagt hatte, die Waffe gegen die Kolonialmacht auf dem Balkan zu erheben und den österreichischen Thronfolger zu erschießen. Die Rache war fürchterlich: Serbien verlor ein Viertel seiner Bevölkerung, 52 Prozent der erwachsenen Männer. Kein anderes Land hatte im Schlachten zwischen 1914-1918 prozentual einen ähnlich hohen Blutzoll zu entrichten.

Das 1918 aus dem bisherigen Königreich Serbien und den aus der Habsburgerherrschaft befreiten Gebieten gebildete Königreich Jugoslawien[1] war dem Deutschen Reich auch im Zweiten Weltkrieg

---

[1] - Es hieß zunächst Königreich der Serben, Kroaten und Slowenen und erhielt den Namen Jugoslawien erst 1929.

ein Hindernis. Ein zunächst von der Belgrader Regierung mit Nazi-Deutschland geschlossener Pakt wurde Ende März 1941 durch putschende Militärs unter dem Jubel der Bevölkerung annulliert. Daraufhin überfielen die Nationalsozialisten das Land am 6. April 1941 ohne Kriegserklärung. Aufgrund des unerwarteten Widerstandes wurden starke Wehrmachtsverbände auf dem Balkan gebunden, die dann zum Überfall auf die Sowjetunion im Juni 1941 nicht zur Verfügung standen. Dieses Mal rächten sich die Angreifer noch schlimmer als im Ersten Weltkrieg: Das Simon-Wiesenthal-Zentrum in Wien schätzt, daß im Nazi-Satellitenstaat Kroatien ein Viertel der zwei Millionen Serben, 77 Prozent der über 30.000 Juden und 20.000 Zigeuner ermordet wurden. Das Alliierte Kriegsverbrechertribunal in Nürnberg gab die Toten des faschistischen Terrors für ganz Jugoslawien mit 1.251.000 an – Opfer von Kriegshandlungen nicht mitgerechnet. Die meisten Morde fanden im berüchtigten kroatischen KZ Jasenovac statt, für den jugoslawischen Historiker Vladimir Dedijer „das jugoslawische Auschwitz".

Nach Kriegsende wurde von den im Kampf gegen die Nazis erfolgreichen Partisanen Jugoslawien ein zweites Mal gegründet. Unter Führung von Staatschef Josip Brosz Tito galt das Land auch im Westen viele Jahrzehnte lang als Verwirklichung eines „Sozialismus mit menschlichem Gesicht." Das Einparteiensystem wurde nach dem Bruch mit der Sowjetunion 1948 durch weitreichende Mitentscheidungsmöglichkeiten der Bürger im Rahmen der Arbeiterselbstverwaltung demokratisiert, dem Staatsbesitz stand eine breite Palette von Betrieben im Eigentum der Beschäftigten und ein bürgerlicher Mittelstand gegenüber. Der Lebensstandard war in den sechziger und siebziger Jahren durchaus mit dem in Italien oder in Spanien vergleichbar, das Ausbildungsniveau und die Produktivität genossen internationale Anerkennung. Millionen von Urlaubern aus Westdeutschland lernten die Gastfreundschaft und Liberalität des Landes kennen, umgekehrt kamen viele Hunderttausend Jugoslawen als Arbeitsemigranten zu uns, manche blieben für immer. Auch der unpolitische Otto Normalverbraucher bekam in jener Zeit eine Ahnung davon, wie sehr der jugoslawische Staat auch noch seine zurückgebliebensten Regionen fit für den Weltmarkt machte: In fast jedem Supermarkt gab es Rotwein aus dem Kosovo – den Amselfelder (Amselfeld ist die deutsche Übersetzung für Kosovo Polje, die historische Zentralebene der Provinz). Die Vergabe der Olympischen

Winterspiele im Jahre 1984 demonstrierte die Wertschätzung, die die Welt insbesondere dem Vielvölkerstaat Jugoslawien entgegenbrachte: Der Austragungsort Sarajevo stand für das gleichberechtigte Miteinander von Orthodoxen, Katholiken, Juden und Muslimen, das in dieser Form nirgendwo sonst in Europa gelungen war.

Als Ende der achtziger Jahre das Land in Schwierigkeiten geriet, traten die Großmächte in Ost und West zunächst für die Beibehaltung des Gesamtstaates ein und mahnten die abspaltungswilligen Teilrepubliken zur Zurückhaltung. Deutschland aber nutzte sein mit dem Anschluß der DDR gewonnenes Gewicht für einen Sonderweg: Im Jahre 1991 beschloß Bonn die einseitige Anerkennung von Kroatien und Slowenien und stachelte insbesondere die Regierung in Zagreb mit finanziellen Zusagen und Waffenlieferungen an. Hierbei spielte der Bundesnachrichtendienst eine wichtige Rolle, der seine vom NS-Geheimdienst in Kroatien übernommenen Agenten in der Sezessionsbewegung tätig werden ließ. (Interview im Anhang) Auch bei den nationalistischen Strömungen der Muslime in Bosnien-Herzegowina und bei den Albanern im Kosovo waren Kräfte aktiv, die im Zweiten Weltkrieg mit den Nazis kollaboriert hatten. Beide Volksgruppen hatten für die SS eigene Divisionen gestellt. Das wiedervereinigte Deutschland arbeitete also mit jenen Seilschaften zusammen, die schon dem Dritten Reich bei der Jagd auf Juden und Slawen hilfreich gewesen waren.

Zusammen mit den USA, die nach dem Amtsantritt von Präsident William („Bill") Clinton im Januar 1993 den aggressiven anti-serbischen Kurs übernahmen, forderte die deutsche Regierung im bosnischen Bürgerkrieg (1992 – 1995) ein einseitiges Eingreifen der Nato gegen die Serben, während Großbritannien, Frankreich und Rußland auf einer Vermittlung durch die UNO bestanden. Es gelte, Serbien „in die Knie zu zwingen", so ein Bonmot des damaligen Außenministers Klaus Kinkel.

Als Begleitmusik zur zunehmenden Einmischung auf dem Balkan nahm ab Ende der achtziger Jahre die anti-serbische Propaganda zunächst in Deutschland, dann in allen westlichen Staaten beträchtlich zu. Dieser Propaganda zufolge hatten die Serben schon in titoistischen Zeiten Jugoslawien beherrscht und die anderen Nationalitäten unterdrückt und ausgebeutet. Insbesondere seit dem Aufstieg Slobodan Milosevics zum starken Mann der Teilrepublik Serbien Mitte der achtziger Jahre habe sich diese Entwicklung verstärkt und dann in der Abschaffung der Autonomie für das Kosovo 1990 einen ersten Höhepunkt erfahren. Um dem Würgegriff des sogenannten großserbischen Nationalismus zu entkommen, hätte schließlich das „Völkergefängnis Jugoslawien" – so die Standardformel der deutschen Presse – gesprengt werden müssen. Nach Ausbruch des offenen Bürgerkrieges wurden die Serben immer öfter mit den Nazis gleichgesetzt. Das war ein geschichtsvergessener Zynismus, hatten doch die Serben neben den Juden am meisten unter der Okkupation des Balkans durch die Nazis gelitten. Viele Politiker in den sezessionistischen Teilrepubliken beriefen sich dagegen ganz ungeniert auf faschistische Traditionen, ohne daß dies in der westlichen Öffentlichkeit registriert wurde.

Der Inhalt des Buches

Das erste Opfer im Krieg ist die Wahrheit, hört man oft. Doch der Satz ist falsch oder zumindest ungenau: Die Wahrheit stirbt lange vor dem Krieg, sonst gelänge es gar nicht, ihn zu entfesseln. In diesem Sinne können die eben referierten Stereotype, mit denen die Bevölkerung in den gesamten neunziger Jahren in den Massenmedien indoktriniert wurde, in ihrer Bedeutung als massenpsychologische Kriegsvorbereitung gar nicht überschätzt werden. Im Dokumentenanhang findet der interessierte Leser Material, um diese Propaganda mit den Tatsachen zu vergleichen.

Der wissenschaftliche Hauptteil des Buches beschäftigt sich mit der Intervention der Nato 1999 im engeren Sinne und zerfällt in drei Hauptkomplexe: die Lügen vor dem Krieg, während des Krieges und nach dem Krieg.

Das Schlüsselereignis, das den direkten deutschen Kriegseintritt vorbereitet, fand noch während der Kämpfe in Bosnien statt: die Eroberung der muslimischen Enklave Srebrenica durch serbische Streitkräfte im Juli 1995 (vgl. S. 41 ff). Ohne dieses Ereignis oder vielmehr die Verzerrung dieses Ereignisses in der öffentlichen Darstellung wäre es niemals zur späteren Kriegsteilnahme der Bundeswehr gekommen. Bis Mitte 1995 gab es in der deutschen Gesellschaft nämlich einen starken Widerstand gegen Bundeswehreinsätze im Ausland, der von der SPD noch 1994 bis vor das Bundesverfassungsgericht getragen worden war. Erst durch Falschdarstellung der tragischen Ereignisse in Srebrenica wurde diese Opposition gebrochen. „Srebrenica war für mich die Wende", nämlich die Wende zur Befürwortung militärischer Gewalt – diese Feststellung des späteren Außenministers Joseph („Joschka") Fischer galt für die Mehrheit der Deutschen. In diesem Sinne könnte man die damalige Medienmanipulation als „die Mutter aller Lügen" bezeichnen, jedenfalls in der Bundesrepublik.

Im Jahr vor der Nato-Aggression rückte das Kosovo ins Zentrum der bundesdeutschen Politik und der Medien. Gezielt wurde der Eindruck erweckt, als herrschten in der Provinz völkermörderische Zustände – das war später die Hauptlegitimation, mit der das kriegerische Eingreifen als Akt der Notwehr verkauft werden konnte. Die Wirklichkeit sah anders aus: Zwar boykottierte die große Mehrheit der Kosovaren seit der Beschneidung der Autonomie ihrer Provinz im Jahre 1989/90 die jugoslawischen und serbischen Institutionen, doch die Spannungen waren in den Folgejahren abgeflaut (vgl. S. 72 f). Nur weil die Extremisten sich mit Waffen ausrüsten konnten, verschlechterte sich ab 1996/97 die Lage in der Provinz. Verantwortlich hiefür waren militärische Lieferungen aus dem gesetzlosen Nachbarstaat Albanien sowie finanzielle und logistische Hilfe aus Deutschland (vgl. S. 73 ff). Während die Bundesregierung also eine erhebliche Mitschuld am Entstehen der albanischen Untergrundbewegung UCK trägt, führte die US-Administration diese Organisation noch bis zum Frühjahr 1998 auf der Liste der zu bekämpfenden „terroristischen Organisationen."

Berlin und Washington setzten in der Folge sowohl in den Nato-Gremien (vgl. S. 75 ff) wie auch auf der Konferenz von Rambouillet (vgl. S. 101 ff) gezielt auf Eskalation. Die Erfindung eines serbischen Massakers in Racak Mitte Januar 1999, das für die Auslösung des Krieges entscheidend war, war ein Gemeinschaftswerk der deutschen und US-amerikanischen Politik (vgl. S. 87 ff). Ausschließlich „made in Germany" war der dem jugoslawischen Präsidenten Slobodan Milosevic zugeschriebene Hufeisenplan (vgl. S. 115 ff). Mit Verweis auf die darin angeblich vorgesehene ethnische Säuberung des Kosovo konterte die Bundesregierung erfolgreich die Kriegsmüdigkeit, die sich in den ersten Tagen nach Bombardierungsbeginn (24. März 1999) in der Öffentlichkeit einstellte. Während Fantasiemeldungen über angeblich Hunderttausende getötete Albaner in der Folge zum Standardrepertoire der Propaganda in allen westlichen Ländern (vgl. S. 135 ff) gehörte, blieben exzessive Vergleiche zwischen der serbischen und der nationalsozialistischen Politik eine deutsche Spezialität (vgl. S. 131 ff).

Nach dem Waffenstillstand am 10. Juni 1999 übernahm die Bundeswehr einen der fünf Nato-Besatzungssektoren im Kosovo und zeichnete sich durch ein ausgesprochen laxes Verhalten gegenüber den UCK-Terroristen aus (vgl. S. 171 ff.). Das daraus notwendig folgende Übergreifen der albanischen Guerilla vom Kosovo auf Südserbien und Mazedonien wurde von Außenminister Fischer mit dem Ausspruch „Die albanische Frage ist offen" belohnt (vgl. S. 219 ff.). Der deutsche Diplomat Michael Steiner sorgte als Leiter der UN-Zivilverwaltung der Provinz überdies dafür, daß die aus der UCK hervorgegangene politische Partei PDK zu Beginn des Jahres 2002 federführend an der Regierung beteiligt wurde. Diese übt seither immer stärkeren Druck auf die Umwandlung des UN-Protektorats in einen eigenen Staat aus, ihre außerparlamentarischen Aktivisten fordern gar die Vereinigung mit anderen Gebieten zu einem Großalbanien (vgl. S. 219 ff).

Ein Resümee

Läßt man die neunziger Jahre Revue passieren, so sind in der Folge der Einmischung der Nato aus Titos Vielvölkerstaat selbständige Mini-Republiken entstanden, die alle ethnisch homogen sind: Slowenien, Kroatien und das streng in einen serbischen sowie einen kroatisch-muslimischen Teil gespaltene Bosnien-Herzegowina. Eine ethnisch gesäuberte Kosovo-Republik würde den Reigen vervollständigen. Einzig die Republik Serbien hat, der westlichen Propaganda zum Hohne, ihre Multikulturalität bewahrt und ist Heimat auch für viele nicht-serbische Minderheiten geblieben. Mit der auf westlichen Druck im Januar 2003 erfolgten Auflösung der Bundesrepublik Jugoslawien, die Serbien 1992 zusammen mit Montenegro als kleinen Nachfolger der vorherigen sozialistischen föderativen Republik gebildet hatte, erlischt jede Erinnerung an „Brüderlichkeit und Einheit" (Tito) zwischen den verschiedenen Balkanvölkerschaften. Mit anderen Worten: Während die Mächtigen der Nato und der Europäischen Union viel von einer transnationalen Vereinigung der Welt im Rahmen der Globalisierung fabulieren, haben sie die transnationale Vereinigung, die es in Südosteuropa in Gestalt Jugoslawiens gab, zerstört.

Ohne Zweifel tragen die Vereinigten Staaten die Hauptverantwortung für die Kriegführung gegen Jugoslawien und die oft gezielte Bombardierung der Zivilbevölkerung (vgl. S. 157 ff). Hinter dieser

Feststellung sollte aber nicht die Tatsache verschwinden, daß Deutschland durch die frühzeitige Unterstützung der sezessionistischen und terroristischen Bewegungen den Zerfall Jugoslawiens 1990/91 und die Krise im Kosovo überhaupt erst provoziert hat. Zusammenfassend könnte man sagen: Die Krauts waren die Brandstifter, die Yankees löschten mit Benzin.

Der Krieg gegen Jugoslawien war der erste Krieg in der Geschichte der Nato und der erste Krieg in der Geschichte der Bundesrepublik Deutschland. Zu seiner Entfesselung wurde das Völkerrecht gleich mehrfach gebrochen – sowohl die UN-Charta, wie das Nato-Statut und das Grundgesetz verbieten einen Angriffskrieg. Es sollte auch nicht vergessen werden, daß es eine Bundesregierung aus Sozialdemokraten und Grünen war, die die Aggression autorisiert und sogar mit vorangetrieben hat. Besonders deprimierend ist, daß der vorher und später verspottete Verteidigungsminister Rudolf Scharping ausgerechnet in jener Zeit den Höhepunkt seiner Popularität erreichte, als er die absonderlichsten Lügengeschichten erzählte (vgl. S. 137 ff). Die deutschen Medien brauchten keinen Joseph Goebbels, der sie zur Gleichschaltung zwang. Auch im Nachhinein kann von einer kritischen Aufarbeitung nicht die Rede sein (vgl. S. 237 ff), obwohl gerade der Haager Prozeß gegen Milosevic eine Fülle an Details zu Tage förderte, die kritische Journalisten zum Nachdenken bringen müßte (vgl. S. 255 ff).

Durch den Angriff auf Jugoslawien hat sich Deutschland verändert – zur Kenntlichkeit verändert, muß man angesichts der deutschen Geschichte sagen. Mit dem ersten Sieg in einem Krieg seit 1871 sind einige der Verantwortlichen übermütig geworden. Die Verteidigung Deutschlands finde am Hindukusch statt, lautet jetzt die Devise. Wo soll das enden? Wo werden wir in zehn Jahren stehen? Einige Gedanken hierzu finden sich im Nachwort (S. 276 ff).

Doch die Sorge des Autors gilt weniger den Deutschen als den Jugoslawen – und jenen, die ihr Schicksal in Zukunft teilen werden. Viele von uns hier haben unter den Lügen der Politiker und der Medien gelitten. Die Menschen auf dem Balkan aber haben unter den Bomben gelitten. Damit niemand den Unterschied vergessen möge, sei auf den folgenden Seiten an das serbische Mädchens Sanja Milenkovic erinnert.

Sanjas letzter Tag

Was ein serbisches Mädchen über den Krieg erzählen würde

Es geschah, daß eines Nachts ein kleiner verrückter Stern am heiteren Himmel sein Sternbild verließ und anfing, durch den ganzen unübersichtlichen Kosmos zu fallen und zu fallen und zu fallen und zu fallen. Und wie er so fiel, kam er zum Sonnensystem und landete zufällig auf dem Planeten Erde. Auf einem Kontinent, der Europa heißt... In einer Stadt, in die noch nie zuvor ein Stern gefallen war, und deshalb war dies ein richtiges Wunder. Ein Mann, der die Straßenlaternen anzündete, wollte ihn fangen, damit er in seiner Laterne leuchten konnte. Ein General wollte ihn auf seine Brust stecken, wie ein Abzeichen. Aber der Stern gab sich niemandem hin, sondern fiel geradewegs in die Entbindungsstation eines Krankenhauses am Stadtrand ... Genau um Mitternacht, als ein Mädchen namens Sanja geboren wurde ... Auf ihrem linken Knie verwandelte sich der verirrte Stern in ein kleines liebliches Muttermal ....
(Momo Kapor, Sanja)

*

Sanja Milenkovic wurde am 30. November 1983 im mittelserbischen Krusevac geboren. Zu Beginn des Nato-Angriffs war sie 15 Jahre alt und 1,80 Meter groß. Ihre braunen Augen funkelten bei Sonnenlicht golden, die halblangen braunen Haare waren links gescheitelt, manchmal ließ sie ein paar freche Strähnen in die hohe Stirn hängen. Sie trug unauffälligen Schmuck – eine dünne Kette mit Drehverschluß, einen Ring ohne Stein, kleine runde Ohrringe. Das Besondere in ihrem Gesicht war ihr Mund, eine geschwungene Ober- und eine volle Unterlippe, beim Lachen blitzten die Zähne durch, und die Ohren bekamen Besuch von den Mundwinkeln. Ein kleines Muttermal hatte sie tatsächlich, aber nicht am Knie, sondern am Arm.

Kurz und gut, man könnte sagen, sie sah ungefähr so aus wie die weibliche Ausgabe von Leonardo Di Caprio. Dessen Poster hing in ihrem Zimmer, wie wir alle suchte sie im Geliebten ein Stückchen eigenes. Sanja und Leonardo, das wäre was geworden, ein Traumpaar, warum mußte ein Eisberg dazwischenkommen und die Titanic rammen? Sanja war romantisch, sie las Liebesromane rauf und runter, und dann hörte sie gerne die Musik von Whitney Houston, Luna oder Hari Mata Hari. Bei denen sang sie immer mit: Znam pricu o sreci, ich kenne eine Geschichte über das Glück.

Doch Herz und Schmerz waren bei Sanja schnell vergessen, wenn es um Ziffern und Zahlen ging, um Algebra, Logarithmus, Binomische Formeln. Wer ist schon Leonardo Di Caprio gegen Albert Einstein? Und: Hat die Relativitätstheorie nicht Raum und Zeit besiegt und damit vorstellbar gemacht, daß in irgendeinem Paralleluniversum die Titanic gar nicht untergegangen ist? Außerdem war es ja eine Serbin gewesen, Mileva Maric, die als Einsteins erste Frau mit diesem zusammen die Relativitätstheorie erfunden hatte. Warum sollte ihr, Sanja, nicht auch so etwas gelingen? Jedenfalls galt Sanjas Leidenschaft von Anfang an der Mathematik, vielleicht hatte abgefärbt, daß ihr Vater Zoran Diplom-Mathematiker ist. In der Schule in Varvarin war sie immer die beste, immer mit einer Eins in Mathe. Dabei war Sanja ansonsten alles andere als ein Arbeitstier. Null Bock. „Du bist mein fauler Käfer", hatte ihre Mutter Vesna immer zu ihr gesagt, wenn sie sich vor dem Haushalt drückte. „Ich werde später einen Apparat konstruieren", antwortete Sanja, „da wird dann der ganze Kram auf Knopfdruck erledigt." Aber in der Schule war sie fleißig. Und als im Januar 1998, am Ende der achtjährigen Grundschulzeit, die Mathematikwettbewerbe begannen, büffelte sie bis spät nachts in der Küche. Mutter mußte mit dabeisitzen, schlief aber manchmal am Tisch ein. Sanja weckte sie erst, wenn sie eine knifflige Aufgabe gelöst hatte. Zwischendrin machten die beiden Gymnastik. Sanja dachte wie jeder Teenager, sie müsse schlanker werden. Bei den Wettbewerben jedenfalls war sie so erfolgreich, daß sie im Frühjahr 1998 den Sprung ins Gymnasium schaffte, und zwar nicht in irgendeines, sondern in das „Mathematische Gymnasium" in Belgrad. Man nahm sie dort ohne Prüfung auf. Man bedenke: Ins Gymnasium! Nach Belgrad! Ohne Aufnahmeprüfung! Alle Träume schienen wahr zu werden. Znam pricu o sreci, ich kenne eine Geschichte über das Glück.

Die ersten Wochen in Belgrad waren hart. Die Betreuerinnen des Mädchenwohnheims „Jelica Milanovic" hörten sie manchmal weinen und sprachen dann mit ihr, trösteten sie. Jeden Tag telefonierte sie mit zu Hause. Das half ihr, sich einzugewöhnen. Außerdem gefiel ihr der Unterricht. Niemand tuschelte mehr hinter ihrem Rücken, weil die „Streberin" alles wußte, wie manchmal in Varvarin. Manchmal wußte sie auch gar nicht alles. Die anderen Schüler, kleine Mathegenies wie sie, halfen ihr dann. Und nach der Schule eroberten sie sich die Stadt, Straße für Straße. Bummeln und Eisessen in der Fußgängerzone Knez Mihailova – gerade das Richtige nach dem Streß. Wenn man nur ein paar Dinars mehr in der Tasche hätte, um alle die schicken Klamotten zu kaufen – Armani, Versace, Escada, es gab einfach alles. Dann rüber zum Kalemegdan, der alten türkischen Festung – auf der Mauer sieht man noch einen Galgen, an dem sie die aufständischen Serben aufgehängt haben. Ganz schön gruselig! Am Schluß die Francuska den Berg runter und rein in das Musikantenviertel Skadarlija, wo die Tamburasi manchmal schon am Nachmittag auf ihren Mandolinen spielten – schade nur, daß Mama ihr eingeschärft hatte, immer frühzeitig im Wohnheim zu sein.

*

„Für Dich sind unsere Qualen Nichtigkeiten, du wirfst unsere Tränenperlen in den Staub. Doch über sie wird Deine Morgenröte fließen, in die ich mich verliebte, fröhlich und jung."
(Milos Crnjanski, Klagelied über Belgrad)

*

„Ich möchte nicht nach Hause, Mama, jetzt habe ich mich gerade eingelebt!" – „Du mußt, es ist zu gefährlich!" Schon nach einem halben Jahr, im Oktober 1998, holte Vesna Milenkovic ihre Tochter wieder zurück nach Varvarin. Die Nato hatte Jugoslawien ein Ultimatum gestellt, ihre Luftwaffe aktiviert. Die ersten Schläge würden die großen Städte treffen, das war klar. Sanja folgte dem Wunsch ihrer Mutter. In Varvarin spazierten sie, wie früher, Hand in Hand durch die Straßen, trotz der Angst. Dann die Entwarnung: Der US-Vermittler Holbrooke hatte mit Präsident Milosevic ein Abkommen geschlossen. Es war noch einmal gut gegangen. Sanja kehrte nach Belgrad zurück. Im Januar 1999 erschien ein Interview mit ihr in der Illustrierten „Nada Nova." „Nada Nova", das bedeutet „Neue Hoff-

nung", so sah es Sanja auch, sie hoffte weiter auf ihr Glück.
Sie hoffte vergeblich. „Nicht nur in Brüssel wächst die Zahl derer, die glauben, daß ein militärisches Engagement im Kosovo unausweichlich werden kann", notierte der deutsche Verteidigungsminister Scharping am 17. Januar 1999 in sein Tagebuch. Die Nachrichten von der Konferenz in Rambouillet hörten sich nicht gut an. In den Zeitungen sah man Fotos, die mehr sagten als die blumigen Kommuniqués: Die amerikanische Außenministerin umarmt Hashim Thaci, einen von Belgrad steckbrieflich gesuchten Terroristen. Der deutsche Außenminister schüttelt die Fäuste gegen Milan Milutinovic, den serbischen Präsidenten. Am 23. März hörte Vesna bei einer Freundin in Paracin die Nachricht über den Ausnahmezustand. Zusammen mit ihrer Mutter fuhr sie noch am Abend los nach Belgrad und lud Sanja mit Sack und Pack in den alten Mercedes von Opa ein. Um 1.00 Uhr am Morgen des 24. März hatten sie alles verstaut und fuhren los. Gerade rechtzeitig: Wenige Stunden später heulten in Belgrad die Sirenen, über der Stadt brüllten die Bomber, die überschallschnellen F-16 und F-18, die vermeintlich unsichtbaren F-117, die langsamen Warzenschweine vom Typ A-10 mit ihrer Uranmunition, die deutschen ECR-Tornados, unersetzlich zum Ausschalten der jugoslawischen Luftabwehr. Zum ersten Mal seit dem Ende des Zweiten Weltkrieges bombten die Deutschen mit, zum dritten Mal im 20. Jahrhundert führten sie einen Angriffskrieg gegen Serbien. Auf der Rückfahrt von Belgrad nach Varvarin schlang Vesna ihre Arme fest um ihre Tochter. „Nun bist Du sicher, Töchterchen", tröstete sie Sanja.

*

```
Unwiderruflich fest standen die Tatsachen, daß wir
heute abend nicht in unsere Betten zurückkehren, daß
wir morgen nicht wieder in die Schule gehen würden, daß
wir nicht wußten, wer von den Verwandten noch am Leben
war, wer von den Schulfreunden, den Lehrern, Nachbarn,
Spielkameraden aus diesem oder jenem Stadtteil. Formen
und Züge vernebelten im aufsteigenden Rauch und in der
einfallenden Dunkelheit. In den Ohren brummten die
Flugzeugmotoren, die Gelenke erzitterten unter den
Explosionen, die Luftschläge übertrugen sich unterir-
disch, Staub wirbelte auf, dann folgte das Dröhnen der
Zerstörung, das aus unterirdischen Räumen hervorbrach
```

„... Kein wegweisenderer, kein besserer Gedanke könne im Kopf des kindlichen Augenzeugen entstehen als – wegzulaufen, zu fliehen, wegzurennen vor diesem heillosen Wettlauf, der jedem auf dem Fuße folgte wie der schadenfrohe Schwanz eines Drachens, dem man nicht entkommt. Zum ersten Mal empfanden wir völlige Schutzlosigkeit, das Ausgeliefertsein an das Böse, gegen das die Zerbrechlichkeit unseres Körpers nichts vermochte, als eben zu zerbrechen oder wegzulaufen. Wer wollte, begriff, daß Satan die Oberhand gewonnen hatte."
(Miodrag Pavlovic, Usurpatoren des Himmels)

*

Satan war weit in Varvarin. Tatsächlich war kein besserer Zufluchtsort vorstellbar. Das Dorf mit seinen 4.000 Einwohnern liegt etwa 160 Kilometer südöstlich von Belgrad. Der Krieg hatte den Ort bisher nur gestreift: Ein Polizist aus Varvarin war am 8. Januar im Kosovo von albanischen Terroristen erschossen worden – in einem Dorf namens Racak, das später im Westen zum Synonym für Mord werden sollte, allerdings nicht für Morde an serbischen Polizisten, die interessierten im Westen niemanden.

Die meisten Einwohner arbeiten in der Landwirtschaft, es gibt Schuster und Schneider und Bäcker, ein paar Ärzte und Apotheken, Wirtshäuser, das Hotel Plaza. Industrie hat sich nicht angesiedelt, bis auf ein kleines Textilunternehmen, das Fußmatten für den Zastava-PKW produziert. In der Stadt und in der näheren Umgebung gab es keine militärischen Einrichtungen, die nächstgelegene war 22 Kilometer entfernt, ein Flugplatz in Cuprija. Das einzige Gefecht in der Geschichte Varvarins fand 1810 statt, als die Türken gegen serbische Aufständische vorgingen. Selbst der erste und zweite Weltkrieg verschonte das Städtchen. Erst 1944 zerstörten die Nazis die Brücke über die Morava, um den Vormarsch der Roten Armee zu erschweren. Die Einwohner wurden einen Tag zuvor gewarnt. Ganz anders im nahen Kragujevac: Dort richteten Einheiten der deutschen Wehrmacht zwischen dem 18. und 21. Oktober 1943 7.000 „Kommunisten, Juden und Serben" hin, wie es in ihrem Jargon hieß, 100 für jeden zuvor erschossenen deutschen Soldaten. Unter den Massakrierten waren 300 Gymnasiasten und 15 Kinder zwischen acht und zwölf Jahren. Das 1976 eröffnete Gedenkmuseum wurde von fünf Millionen Menschen besucht.

*

Es ist geschehen und wahr,
daß an einem Tag in einem Land
auf dem bergigen Balkan
eine Schülerschar
den Märtyrertod fand.

Noch fünfzig Minuten
bevor sie starben,
saßen die Schüler
in ihren Bänken,
mußten Aufgaben lösen, denken:
Wie weit kommt ein Wanderer mit Begleiter,
wenn er fünf Stunden ... er soll ... und so weiter.

Die Köpfe voll
gleicher Zahlenreihen,
und in den Heften, in den Mappen
viele sinnlose
Einsen und Dreien.
Gestopft voll die Taschen
Mit gleichen Träumen
Von Heimatliebe und von Freunden,
wie man als Schüler träumt im Geheimen.
Und jeder glaubte,
er hätte vor sich,
noch endlos vor sich
ein weites Feld,
um endlich zu lösen
alle Aufgaben der Welt.

Es ist geschehen und wahr,
daß an einem Tag in einem Land
auf dem bergigen Balkan
eine Schülerschar den Märtyrertod fand.
(Desanka Maksimovic, Blutige Mär)

*

 Daß die Weltkriege Varvarin verschont haben, bedeutet aber nicht, daß sie seine Menschen verschont hätten. Von 1914 bis 1918 kamen 2.000 Bürgerinnen und Bürger um, jeder zweite Einwohner. Während der deutschen Besatzung nach dem Einmarsch 1941 flüchteten 2.000 in die Wälder, zu den Partisanen. 500 wurden von den Deutschen erschossen oder aufgehängt. Bei der Rückeroberung der Region 1944 spielte die Vierte Proletarische Montenegrinische Brigade eine große Rolle, ihr Kommandant Blazo Jankovic ist bis heute Ehrenbürger Varvarins. Doch auch das ist längst vergessen, die Familie Milenkovic jedenfalls hatte von diesem Ehrenbürger noch nie etwas gehört. Die Proletarische Brigade, das war etwas für Veteranen. Nazi-Deutschland, das war vorbei. Der Krieg, das war Geschichte. So dachten alle vor dem März 1999.

Als am 24. März 1999 der Krieg begann, lag Kragujevac sofort unter Bomben, mit als erstes zerstörte die Nato das Denkmal für die Nazi-Opfer des Jahres 1941. In Varvarin blieb es im April und Mai dagegen ruhig. Der Ort ist nicht nur militärstrategisch, sondern selbst verkehrstechnisch unbedeutend: Wer Richtung Kosovo oder überhaupt nach Süden will, umfährt den Ort, wenn er nicht unnötig Zeit verlieren will. Die Autobahn E-75 führt weiter östlich über Nis, die E-761 weiter westlich über Krusevac.

Der 30. Mai 1999 war ein heißer Tag, blauer Himmel über Zentralserbien, bestes Flugwetter für die Nato-Bomber. Schon seit dem Morgen rasten sie, von der Adria kommend, in großer Höhe über Varvarin hinweg oder zogen ihre Schleifen. Sicherlich waren sie, wie schon in den Tagen und Wochen zuvor, auf dem Weg nach Novi Sad, Nis oder Belgrad. Um neun Uhr heulten in Varvarin die Sirenen, Luftalarm. Die meisten zuckten die Schultern. Routine. Tatsächlich geschah auch nichts. Vesna machte sich trotzdem Sorgen. Zwar hatte die Nachrichtenagentur Tanjug zwei Tage zuvor berichtet, daß Milosevic nach neunstündiger Diskussion mit dem russischen Gesandten Tschernomyrdin den Grundsätzen des Friedensplanes der G8 zugestimmt hatte, also die Bedingungen der sieben mächtigsten westlichen Industriestaaten und Rußlands akzeptiert hatte. Doch am 26. Mai hatte das Kriegsverbrechertribunal in Den Haag seine Anklageschrift gegen denselben Milosevic veröffentlicht. Offensichtlich gab es Kräfte in der Nato, die keinen Friedensvertrag mit Jugoslawien wollten, denn mit wem hätten sie ihn abschließen sollen, wenn nicht mit dessen Präsidenten?

„Meine Liebe, paß gut auf Dich auf, und komm' nicht so spät nach Hause!", gab die Mutter Sanja an diesem Morgen mit auf den Weg.

Die beiden anderen Mädchen kicherten, winkten, ihre Mütter hatten dasselbe gesagt, so etwas sagen Mütter immer. „Sei nicht albern, Mami, wer soll ein kleines Dorf angreifen? Noch dazu am Sonntag?" Sanja zog einen Flunsch. Die drei hatten sich hübsch zurechtgemacht, mit etwas Gel und Haarlack die Haare hochtoupiert, Sanja hatte am Morgen noch Lippenstift und Lidschatten von der Mama stibitzt. Das blaue T-Shirt, die weiße Cordhose und die weißen Turnschuhe standen ihr gut. Vielleicht traf sie ja die Jungs aus der alten Klasse wieder? Auf so einem Kirchenfest war immer etwas los, selbst jetzt, im Krieg, denn der Krieg war weit weg, und außerdem war es Sommer.

*

```
Dieser Sommer „wird in der Erinnerung jener, die ihn
hier verlebten, als der strahlendste und schönste Sommer
seit Menschengedenken bleiben, denn in ihrem Bewußtsein
glänzt und leuchtet er auf einem ganzen gewaltigen und
düsteren Horizont des Todes und Unglücks, der sich bis
ins Unabsehbare erstreckt. Und dieser Sommer begann in
der Tat gut, besser als so viele frühere."
```
(Ivo Andric, Die Brücke über die Drina)

*

Der Weg zur Kirche führte die drei Mädchen zur Brücke über die Morava. Die war nach dem Zweiten Weltkrieg aus Deutschland gekommen, als Reparation für die von den Nazis gesprengte. Allerdings hatten die Deutschen diese Wiedergutmachung nicht selbst geschickt – es waren die Sowjets gewesen, die die Brücke in ihrer Besatzungszone demontiert und dem jugoslawischen Brudervolk geschenkt hatten. Sie war schnurgerade und hatte eine Fahrbahn, die Horizontale ruhte auf Betonblöcken, also nichts besonderes, keine Drahtseilkonstruktion, keine geschwungenen Bögen oder Marmorbrüstungen, keine Laternen und keine Bänke. Die Brücke hatte nur wenig Ähnlichkeit mit ihren kühnen Schwestern in New York oder den romantischen in Paris oder mit der „Brücke über die Drina" in Visegrad, die Ivo Andric in seinem berühmten Buch schildert. Trotzdem war es eine Brücke, und das ist immer ein kleines bißchen aufregend, denn es gibt ein Hüben – „bei uns" -, und ein Drüben – „bei denen." Manchmal trafen sich dort die Teenager. Die Jungs pfiffen den Mädchen hinterher, die Mädchen tippten sich an die Stirn. Die Verliebten versteckten sich in der Uferböschung oder hinter den Weidenbäumen, deren Laub das Wasser streichelt und die Sicht verdeckt. Als Sanja und ihre Freundinnen Marina und Marijana gegen 10 Uhr vormittags über die Brücke gingen, rauschte unter ihnen die Morava wie immer. Die vielen Jahre des Embargos hatten die Industrie in der Gegend kaputt ... und die Menschen arbeitslos gemacht, aber man konnte jetzt wieder baden. Jugoslawien war arm geworden. Nur die Fische freuten sich, daß die Fabriken verfielen und kaum noch Abwässer produzierten.

Jeden Sonntag war in Varvarin Markt, und an diesem Sonntag wurde zusätzlich noch am Platz vor der Kirche über dem Fluß das Dreifaltigkeits-Fest gefeiert, das orthodoxe Pfingsten. Schon von weitem sah Sanja den Trubel, hörte das Rufen der Marketender, das Feilschen der Kunden. Wie immer boten Bauern Kartoffeln und Früchte an, fliegende Händler schicke Klamotten, Turnschuhe, allerhand Werkzeug. 3.000 Leute drängelten sich zwischen Plaza-Hotel und Flußufer, vielleicht sogar mehr. Die drei Mädchen gingen zunächst in die Kirche, Sanja stiftete eine Kerze. Der Pfarrer predigte, wie an Pfingsten der Heilige Geist gekommen ist: Als fünfzig Tage nach der Auferstehung Christi vergangen waren, begann ein Brausen vom Himmel, während die Apostel wie eine Seele zusammen beim Gebet waren. Es erschienen ihnen Zungen von Feuer und setzten sich auf jeden von ihnen. So wurden sie vom Heiligen Geist erfüllt. Die Mädchen hörten das gerne, aber sie kannten es schon. Nach dem Gottesdienst besuchten sie noch eine Freundin und tranken einen Fruchtsaft.

„Komm, wir müssen nach Hause, ich muß für Oma noch was vorbereiten, die will eine Torte backen", drängte Sanja zum Aufbruch. „Ach wieso denn, es ist doch noch nicht einmal ein Uhr", meinte Marina unwillig. Aber sie waren nun mal Freundinnen und hielten zusammen. Vielleicht könnten sie ja am Spätnachmittag noch einmal zurück zum Fest? Von der Kirche zum Fluß war es nur ein Katzensprung, vielleicht 150 Meter. Auf der Brücke trödelten die Mädchen, machten Witze über die anderen Fußgänger, ein Junge spuckte vom Geländer in die Fluten, das sah vielleicht bescheuert aus. Sie alberten herum und bekamen nicht mit, was geschah: Zwei Düsenjäger flogen über Varvarin hinweg Richtung Norden, verschwanden und drehten hinter dem Horizont, flogen noch einmal von Süden kommend über das Städtchen, zogen eine Kurve nach Osten, vollendeten die Kurve zu einer Schleife nach Süden. Sie kamen zurück!

Die Kirchturmuhr schlug eins. Die Eltern von Sanja werkten in der Küche und trafen Vorbereitungen für das Festessen am nächsten Tag. Plötzlich hörten sie eine gewaltige Detonation. Zoran vermutete einen Einschlag in Cuprija, doch Vesna kam es näher vor, viel näher. Sie rannte zum Telefon, wählte eine Nummer aus der Ortsmitte – die Leitung war tot. Das konnte bedeuten, daß die Brücke getroffen war, denn unter ihr lief das Telefonkabel durch. Vesna bekam keine Luft mehr, der Hals war wie zugeschnürt, Zoran mußte sie festhalten, sonst wäre sie zusammengebrochen. Was tun? Hinunter in den Keller, den sie als behelfsmäßigen Bunker eingerichtet hatten? Ausgeschlossen, nicht ohne Sanja. Da Zoran vom Volleyball kaputte Beine hatte, lief Vesna zur Nachbarin, der Mutter von Marina. Es ist manchmal schwierig, ein Auto zu starten, wenn einem die Hände zittern, aber dieses Mal klappte es problemlos, mit quietschenden Reifen fuhren die beiden Frauen los, Richtung Morava. Unterwegs sahen sie in jedes entgegenkommende Gesicht, viele Kinder waren darunter, aber keine Marina, keine Marijana, keine Sanja. Kurz vor Varvarin bestätigten Passanten, daß die Brücke getroffen worden sei, zu dem Zeitpunkt hätte man Mädchen darauf gesehen. Vesna wurde übel, dann schluckte sie es hinunter, gab Gas. Jetzt nicht denken. Schalten, kuppeln, das Pedal durchtreten. Es kam auf Sekunden an. Am Fluß war es gespenstisch still, über dem Wasser dunkel, wegen der Rauchwolken nach den Explosionen. Die Mütter riefen die Namen ihrer Liebsten: Marina, Marijana, Sanja.

*

```
Die herrliche Gegend ... wurde plötzlich wie ein dün-
ner und trügerischer Vorhang beiseite geschoben, und
vor ihr stand der Wolf mit funkelnden Augen, mit ein-
gerolltem Schwanz, und seine Zähne waren zu einem
Lächeln gefletscht, das schrecklicher war, als es ihr
die Mutter je ausgemalt hatte. Aska gefror das Blut,
und ihre Beine wurden steif wie Holz. Es fiel ihr ein,
daß sie die Ihren zu Hilfe rufen sollte, sie öffnete
auch den Mund, aber es kam keine Stimme heraus. Vor ihr
stand der Tod, unsichtbar und einzig und allgegenwär-
tig, grausam und unglaublich in seiner Grausamkeit.
(Ivo Andric, Aska und der Wolf)
```

*

Die Autos auf der Brücke haben Lärm gemacht, deswegen hören die Mädchen die Flugzeuge erst, als es schon zu spät ist. Um 13.01 Uhr sind sie in der Brückenmitte und sehen zwei Kampfbomber direkt auf sich zurasen. Wohin jetzt – zurück oder nach vorne? Sanjas mathematisches Gehirn schaltet sich ab, die Berechnung der Flugbahn und des Aufschlagswinkels der Geschosse wäre auch einem Einstein nicht gelungen. Gott würfelt nicht. Vielleicht hilft er wenigstens? Oh Gott, hilf mir. Die Piloten sind noch 300 Meter entfernt, noch 100 Meter, aus dieser Distanz und bei diesem klaren Wetter müssen sie alles sehen, den Markt, den Kirchenplatz voller Leute, die Autos auf der Brücke. Sie schießen zwei Raketen vom Typ AGM 65 ab. Sanja erinnert sich an die vorherige Predigt in der Kirche: „Es begann ein Brausen vom Himmel, während die Apostel wie eine Seele zusammen beim Gebet waren. Es erschienen ihnen Zungen von Feuer und setzten sich auf jeden von ihnen. So wurden sie vom Heiligen Geist erfüllt." Aber das hier ist nicht der Heilige Geist, denkt Sanja, das ist die Hölle. Sie hört noch ein Zischen, dann schleudert sie ein fürchterlicher Einschlag durch die Luft. Sie fühlt sich verglühen, eine entsetzliche Hitze. Plötzlich ist sie ganz leicht, schwebt in der Luft.

Die lasergesteuerten Bomben zerschneiden die Brücke in der Mitte, sie bricht ein, die Mädchen stürzen in die Tiefe, werden ohnmächtig. Nach zwei bis drei Minuten kommt Marina zu sich, sieht zuerst ihre blutende Hand. Ihr rechtes Bein ist unterhalb des Knies total zerschmettert, der Unterschenkel nur noch durch Fleischfetzen mit dem Körper verbunden. Wo sind die anderen beiden? Marijana stöhnt, schreit nach Hilfe. Sie versucht, sich am Geländer hochzuziehen, merkt dann aber, daß aus dem Oberarm ein Knochen hervorragt und sie keine Kraft mehr hat. Sanja hat die Hand auf der Brust, die Augen sind offen, sie atmet schwer, will etwas sagen, aber schafft es nicht. Sie lehnt mit dem Rücken am Geländer, eine Verletzung ist nicht zu sehen.

Nach fünf Minuten schreit irgend jemand gellend auf: „Sie kommen zurück!" Sanja schaut nach oben, sieht noch den Kondensstreifen und die beiden Raketen, die zischend direkt auf sie zukommen, dabei wie betrunken kreiseln. Das ist die Lasersteuerung, aber Sanja weiß es nicht. Was von der Brücke übrig ist, wird noch einmal getroffen. Die zweite Explosion ist noch heftiger als die erste, man hört sie bis in das 16 Kilometer entfernte Krusevac. Ein Betonstück von der Brücke, groß wie ein Panzer, wird gut 100 Meter in den Friedhof jenseits der Kirche geschleudert. Sanja rutscht nach unten, ihr Kopf hängt herab, nur wenig über der Wasseroberfläche. Sie fühlt einen Eisberg in sich wachsen. Das Becken, der Bauch, der Darm sind schon vereist. Jetzt kriecht die Kälte zum Herzen hoch. So muß es gewesen sein, als die Titanic sank, kurz vor dem Polarkreis. Wo ist das Rettungsboot? Plötzlich sieht sie Leonardo di Caprio. Ja er ist es wirklich. Er wird sie retten. Sanja lächelt. Znam pricu o sreci, ich kenne eine Geschichte über das Glück.

Marina robbt zu Sanja, robbt mit Hilfe der Ellenbogen - die zerschmetterten Beine kann sie nicht mehr benutzen. Dann hält sie den Kopf der Ohnmächtigen fest, damit er nicht unter Wasser gerät. Sie holt eine Sprudelflasche aus dem Rucksack, benetzt Sanjas Gesicht. Marina steht dabei im Wasser, doch die Strömung ist so stark, zerrt so sehr an den Fleischfetzen, die von ihrem Schenkel noch übrig sind, daß sie fürchtet, das Bein wird ihr weggerissen. Jedenfalls schwillt das Bein unter der Belastung an und schmerzt höllisch. Marina muß raus aus dem Wasser, zieht sich wieder auf den Brückenrest darüber. Sie und Marijana rufen um Hilfe, warten. Nichts passiert. Endlich hören sie Stimmen, die Stimmen ihrer Mütter.

Einige Stunden später, es ist immer noch hell und warm, liegen acht leblose Körper im Leichenschauhaus von Varvarin, fast alle grausig verstümmelt. Vojkan Stankovic, seine Gliedmaßen sind verrenkt, vielleicht gebrochen. Zoran Marinkovics Bein ist am Becken abgetrennt, jemand hat es ihm fein säuberlich über die linke Schulter gebettet, der blank geputzte Schuh ist noch festgeschnürt. Milan Savics Unterschenkel liegen abgerissen über dem Unterleib. In Dragoslav Terzics Schädel klafft ein Loch. Dem Priester Milivoje Cyric fehlt der Kopf, ein umherfliegendes Eisenteil hat ihr. abgeschlagen. Sieben der acht Toten starben beim zweiten Angriff. So auch der erwähnte Milan Savics. Er wollte den drei Mädchen im Fluß zu Hilfe kommen, ein Freund warnte ihn: „Die kommen wieder, das machen sie immer so, haben mir Freunde aus Belgrad erzählt." Milan schrie zurück: „Du bist ein Feigling, wir müssen doch helfen!" Das waren seine letzten Worte.

*

```
Umarme mich jetzt,
so stark wie Du nur kannst,
und gib mich dem schwarzen Vogel nicht her,
```

```
nein, mach dir keine Sorgen,
es vergeht im nächsten Augenblick.
...
Mich erschreckt der Glanz der Millionen Lichter,
wenn der Himmel angezündet wird.
Wo ist denn ein Ende,
für wen haben sie das tiefe Grab ausgehoben?
Löst der Mensch überhaupt ein Problem,
oder sind wir nur da
...
wegen des Gleichgewichts zwischen den Sternen?
(Djordje Balasevic, Slawisches Lied)
```

*

Bei den Toten im Leichenschauhaus ist Sanja nicht dabei. Nachdem ihre Mutter sie gefunden hat, wird sie auf ein Brett gelegt und in einen Krankenwagen geschoben. Vesna steigt mit ein. Ihr Kind ist nicht bei Bewußtsein, obwohl die Augen sich bewegen, der Mund offen steht. „Sei stark, ich bin doch bei Dir", sagt Vesna. Und zum Doktor: „Tun Sie doch etwas, drehen Sie sie auf den Rücken, ich kann nicht zusehen, wie mir das Kind unter den Händen wegstirbt." Nach fünf Minuten Fahrt schließt Sanja langsam die Augen. Der Arzt befiehlt dem Fahrer, die Richtung zu wechseln und die nächste Ambulanz anzusteuern. Dort bekommt Sanja eine Adrenalin-Spritze, ihre Lider flattern, sie schlägt die Augen wieder auf. Vesna steigt um in einen PKW, der Krankenwagen mit Sanja und dem Arzt rast nach Krusevac ins Spital. Als die Mutter etwas später dort ankommt, sieht sie einen Arzt aus dem Krankenzimmer treten und sich die Handschuhe abstreifen. Wie im Film. Vesna weiß Bescheid. „Ich möchte zu meiner Tochter." – „Nein, das ist nicht ihre Tochter, das ist ein größeres Mädchen, sehen Sie selbst." Vesna stürmt ins Zimmer, irgendwo zwischen Angst und Hoffnung, doch die schreckliche Ahnung bestätigt sich. Die Leblose in grünem Tuch ist ihre Sanja. Vesna stürzt hin, wirft sich über Sanja, fühlt etwas klopfen. „Herr Doktor, das Herz schlägt noch, sie ist nicht tot." Der Arzt zieht sie behutsam weg, blickt ihr in die flackernden Augen, schlägt den Blick nieder. „Doch."

Viel später sitzt Vesna auf dem Rücksitz des Autos, im Arm Sanja, wie am 24. März, als sie von Belgrad kamen, aber jetzt ist alles anders. Zuhause wäscht und badet sie die Leiche. Sie hat eine Wunde an der linken Hüfte vom Rücken zum Bein und einen Splitter im Hinterkopf. Kleine Brückenteile sind in den ganzen Körper eingedrungen, in den Rücken, in die Beine, sogar in die Zehen. Alle inneren Organe sind verletzt, die Lunge vor allem. Von vorne sieht der Körper unversehrt aus. Zoran besorgt einen weißen Sarg. Vesna sucht die Lieblingskleidung ihrer Tochter heraus und streift sie ihr über. Vesna sagt: „Ich weiß nicht, was ich ohne Dich machen soll."

„Pilot: Ich verlasse jetzt die Wolken. Ich sehe immer noch nichts.
Basis: Setzen Sie ihren Flug fort. Richtung Nord 4230.
Pilot: Ich bin unter 3.000 Fuß. Unter mir eine Kolonne von Fahrzeugen. Eine Art von Traktoren. Was soll das? Ich verlange Instruktionen.
Basis: Wo sind die Panzer?
Pilot: Ich sehe Traktoren. Ich nehme nicht an, daß die Roten die Panzer als Traktoren getarnt haben.
Basis: Was sind das für komische Geschichten? So ein Ärger! Da stecken sicher die Serben dahinter. Zerstören Sie das Ziel!
Pilot: Was soll ich zerstören? Traktoren? Gewöhnliche Fahrzeuge? Ich wiederhole: Ich sehe keine Panzer. Ich verlange weitere Informationen.
Basis: Es ist ein militärisches Ziel. Zerstören Sie das Ziel! Ich wiederhole: Zerstören Sie das Ziel!"

Diese Auszüge aus dem Funkverkehr zwischen Cockpit und Nato-Kommandostation, aufgezeichnet von der jugoslawischen Flugabwehr, stammen von einem anderen Angriff. Ob es in Varvarin ebenso war, wissen wir nicht. Die offizielle Nato-Version ist dürftig: „Zwei F-16 griffen die Brücke mit vier lasergesteuerten 2.000-Pfund-Bomben in kurzem Abstand an. Der erste Angriff zerstört den Mittelteil, der zweite Angriff den Rest der Brücke." Oberstleutnant Michael Kämmerer, in der Öffentlichkeitszentrale des Nato-Oberkommandos Europa im südbelgischen Mons für die deutsche Presse zuständig, gibt immerhin noch preis, daß Varvarin ein „Sekundärziel" war. Mit anderen Worten: Das eigentlich ausgewählte Ziel sei schon zerstört gewesen, deshalb hätte man ein Ausweichziel gesucht.

In der westlichen Öffentlichkeit gab es Kritik wegen der Kollateralschäden des 30. Mai. Die Nato rechtfertigte sich und sprach von einem „legitimen Angriff auf eine Hauptnachschublinie der serbischen Armee." Nato-Pressesprecher Jamie Shea nannte Varvarin „ein ausgewähltes und gerechtfertigtes Ziel." Wer hat Varvarin als Bombenziel ausgewählt? Die Nato weigerte sich gegenüber Reiner Luyken von der *Zeit*, die Namen der Piloten zu nennen, selbst ihre Nationalität wurde verschwiegen. Der Großvater von Sanja ist überzeugt, daß ein deutscher Flieger seine Enkelin getötet hat. Ein Militärexperte wie John Erickson geht von US-Piloten aus, weil angeblich nur sie „die operative Kompetenz beim Einsatz lasergesteuerter Waffen" gehabt hätten. Und wer gab den Piloten die Befehle? Die Ziele für jeden Einsatz wurden vom Deskoffizer des Combined Allied Operations Command im italienischen Vicenza zusammengestellt. Grundlagen waren Ziellisten, die – so die *Washington Post* - ein Nato-Planungsstab angefertigt hatte und die von den politischen Spitzen der Nato-Staaten – Clinton, Blair, Jospin und auch Schröder – abgesegnet worden sind. Bekannt ist, daß die französische Regierung in einigen Fällen erfolgreich ihr Veto gegen die Bombardierung ziviler Ziele, etwa von Donaubrücken, eingelegt hat. Im Kriegstagebuch von Minister Scharping kann man nachlesen, daß die Zielauswahl immer auf der Tagesordnung des Nato-Rates stand. Da im Nato-Rat nur einstimmig entschieden werden kann, hätte auch die Bundesregierung mit einem Nein bestimmte Angriffe blockieren können.

Sekundärziele, so Oberstleutnant Kämmerer gegenüber *Zeit*-Autor Luyken, wurden allerdings ohne politische Gegenkontrolle festgelegt. Nach Meinung von Paul Beaver von der Fachzeitschrift *Jane's Defense Weekly* wurden die Koordinaten dieser Ausweichziele den Piloten von den Awacs-Flugzeugen mitgeteilt, also den fliegenden Nato-Kommandozentralen. An Bord waren auch deutsche Spezialisten und Offiziere. 1994 hatte die SPD noch vergeblich versucht, ihre Beteiligung durch das Bundesverfassungsgericht verbieten zu lassen.

Auch der damalige Nato-Generalinspekteur Klaus Naumann äußerte sich ganz offen über die Berechtigung, ja Notwendigkeit der Bombardierung ziviler Ziele: „Wo treffe ich den Gegner am empfindlichsten? Und was hätte Milosevic denn getroffen? Doch nicht die Zerstörung von Bodentruppen. Einem kommunistischen Diktator ist es egal, wieviel Menschen sterben. Was ihn trifft, ist der Verlust jener Mittel, die seine Macht stützen. Das ist die Polizei, das ist die Beherrschung der Medien und das sind die Industriebarone, die ihn mit ihrem Geld unterstützen, und natürlich dann auch deren Anlagen. Als wir diese Ziele mit phantastischer Präzision zerstört haben, da fing der Prozeß des Einlenkens an." Nato-Pressesprecher Jamie Shea lobte: „Es gab niemals in der Geschichte einen Luftwaffeneinsatz, der dem Militär so sehr geschadet hat und den Zivilisten so zu Gute kam wie dieser jetzt ..." Sheas deutscher Partner, General Walter Jertz, war der Meinung, daß die Nato gegen Jugoslawien „den zielgenauesten Bombenkrieg der Geschichte führte. Phantastische Präzision? Der zielgenaueste Bombenkrieg der Geschichte? In 78 Tagen zerstörte die Nato nur 14 jugoslawische Panzer, aber 48 Krankenhäuser, 74 TV-Stationen und 422 Schulen. 20.000 Splitterbomben liegen noch heute als Blindgänger in der Erde und können jederzeit explodieren. Die Reste der urangehärteten Munition werden noch viele tausend Jahre strahlen. Über 2.000 jugoslawische Zivilisten starben, ein Drittel davon Kinder.

Nach dem Krieg wurde die Brücke in Varvarin wieder aufgebaut, das Geld kam von Serben aus der Schweiz. Die damalige Belgrader Regierung gründete eine Sanja Milenkovic-Stiftung, die mathematisch begabte Schüler fördert. Vesna schlief noch lange im Bett ihrer toten Tochter. Am Grab konnte sie nicht weinen, dazu ging sie in Sanjas Zimmer. Wenn die Sonne schien, freute sie sich nicht, das erinnerte zu sehr an den sonnigen 30. Mai 1999. Als sie einige Zeit danach hörte, daß ihre Eltern einen schlimmen Unfall hatten, blieb sie ganz ruhig. Wenn sie tot sind, sind sie bei Sanja, dachte sie. Für Marijana und Marina geht das Leben weiter, irgendwie, sie haben noch heute Splitter im Körper, die nicht entfernt werden können. Auch für Schröder und Fischer geht das Leben weiter, sie sind immer noch im Amt. Clinton, Albright, Scharping und Naumann genießen ihre Pension.

Serbische Opfer der Nato-Aggression, Hinterbliebene und Verletzte aus Varvarin wie die Mutter von Sanja, strengten schließlich einen Prozeß gegen die deutsche Regierung an, um wenigstens materielle Wiedergutmachung zu erreichen für etwas, was nicht wiedergutzumachen ist. Unterstützung bekamen sie von einer kleinen deutschen Aktivistengruppe um den Berliner Geschäftsmann Harald Kampffmeyer und seine Frau Cornelia, die für die Finanzierung des Verfahrens ihr Hab und Gut verpfändeten. Solche Nestbeschmutzer mag man im Lande der Kriegsgewinner nicht, die Presse schrieb durchweg abschätzig über den Mann.

Die Klage der Serben wurde im Dezember 2003 vom Landgericht Bonn in der ersten Instanz abgelehnt – es wäre ein Wunder gewesen, wenn es anders gekommen wäre. Was immerhin erreicht wurde, und das war schon viel: Das tote Mädchen und damit die weiteren namenlosen Opfer des Bombenkrieges für die Dauer des Prozesses dem Vergessen zu entreißen.

Aber soll das alles gewesen sein? Gibt es in diesem verdammten Deutschland keine Schülermitverwaltung und kein Lehrerkollegium, die den Kampf darum aufnehmen, daß ihr Gymnasium den Namen von Sanja Milenkovic trägt? Gibt es keinen evangelischen oder katholischen Pfarrer, der am 30. Mai für Sanja Milenkovic eine Messe liest und eine Kollekte für die Prozeßkosten durchführt? Keinen Betriebsrat der IG Metall oder von verdi, der eine Arbeitsniederlegung, wenigstens eine Schweigeminute beschließt? Soll ein Mädchen vergessen werden, das nur aus einem einzigen Grund sterben mußte: Weil sie Serbin war? Sollen die Serben vergessen werden, weil sie drei Mal im 20. Jahrhundert den deutschen Plänen im Weg waren? Wagt es niemand, im Hause des Henkers vom Strick zu reden?

Dann klagen die Serben zu Recht mit den Worten ihres Schriftstellers Miodrag Pavlovic:

```
Schöne Städte wird es nicht mehr geben
in unserem Land.
Lange Nächte wünschen wir und tiefe Wälder
wo man auch ohne Augen sieht.
Laßt uns singen und unser selbst gedenken,
die anderen haben uns vergessen.
```

Sanja Milenkovic

Spendenkonto für den Schadensersatzprozeß gegen die Bundesregierung
(die serbischen Kläger haben Revision eingelegt): Vereinigung demokratischer Juristen
e.V., Berliner Sparkasse (BLZ 100 500 00), Konto-Nummer 3352201-;
Verwendungszweck: „Schadensersatz für Nato-Kriegsopfer"

Die Prozeßgruppe ist erreichbar über Harald und Cornelia Kampffmeyer,
Telefon 030-65942908, Email: Hkampffmeyer@aol.com

B.
Die Vorbereitung des Krieges

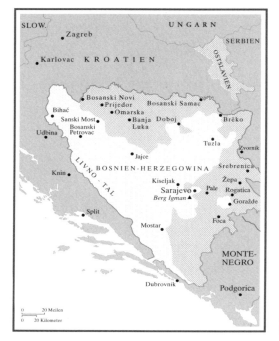

Bosnien im Sommer 1995

Von den bosnischen Serben kontrollierte Gebiete

Von der kroatisch-muslimischen Förderation kontrollierte Gebiete

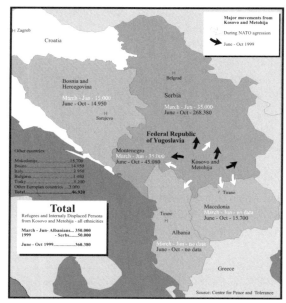

Fluchtsbewegungen im Kosovo 1999

Wie alles begann

Srebrenica – die Lüge, die aus Tauben Falken machte

Behauptet wurde: Srebrenica ist das „Symbol des serbischen Faschismus" (Joseph „Joschka" Fischer)[2]

Tatsache ist: Srebrenica ist das Symbol für einen Bürgerkrieg mit Opfern auf allen Seiten.

Würde man einen durchschnittlichen Zeitungsleser fragen, warum hauptsächlich die Serben Schuld sein sollen an all den Kriegen und dem Leid in den neunziger Jahren, so würde er wohl einige der gängigen Erklärungen repetieren, die er den westlichen Medien in diesem Zeitraum entnehmen konnte: Weil Milosevic mit seiner blutrünstigen Rede auf dem Amselfeld schon 1989 den großserbischen Nationalismus angefacht hat; weil die Serben im kroatischen Bürgerkrieg das unschuldige Vukovar, das friedliche Dubrovnik angegriffen haben; weil sie in Bosnien Vergewaltigungs- und Todeslager für Zehntausende eingerichtet haben; weil sie Sarajevo drei Jahre lang belagerten und mit ihren Geschützen mindestens drei schreckliche Massaker anrichteten; wegen ihrer Apartheidpolitik im Kosovo. Alle diese Erzählungen trugen zur Dämonisierung der Serben bei (und werden deshalb im Anhang dieses Buches einer genauen Prüfung unterzogen). Doch entscheidend für die deutsche Außenpolitik, entscheidend für die erste Teilnahme Deutschlands an einem Krieg seit 1945 war vor allem ein Ereignis: der angebliche serbische Völkermord im Juli 1995 im bosnischen Srebrenica.

Entscheidend war diese Lüge insofern, als daß es bis zum Sommer 1995 zwar in der deutschen Politik und Gesellschaft massive antiserbische Vorurteile gab, aber gleichzeitig auch das vom damaligen

---

2 - z.n. Mira Beham: Kriegstrommeln. Medien, Krieg und Politik. München 1996

Bundeskanzler Helmut Kohl verkündete Axiom galt: Niemals dort Bundeswehrsoldaten einzusetzen, wo einst die Wehrmacht gewütet hatte. Vorstößen aus der Union und dem konservativen Medienkartell, dieses Axiom aufzuweichen und deutsche Soldaten zum dritten Mal in diesem Jahrhundert gegen Serbien in Marsch zu schicken, standen ebenso starke Widerstände der rot-grünen Opposition entgegen. So versuchte etwa die SPD, der Beteiligung der Luftwaffe an den Nato-Überwachungsflügen in Bosnien durch Klagen vor dem Bundesverfassungsgericht einen Riegel vorzuschieben, und die Bündnisgrünen unterstrichen ihr kategorisches „Nein" zu allen Out-of-area-Einsätzen der Bundeswehr - auch zu Blauhelmmissionen! - bisweilen sogar durch außerparlamentarischen Protest. Kein Pazifist und Fundamentalist, sondern der Anführer des realpolitischen Flügels und heutige Außenminister Joseph („Joschka") Fischer faßte die guten Gründe für eine solche außenpolitische Zurückhaltung Ende 1994 zusammen: „Ich bin der festen Überzeugung, daß deutsche Soldaten dort, wo im Zweiten Weltkrieg die Hitler-Soldateska gewütet hat, den Konflikt anheizen und nicht deeskalieren würden. Wenn sich die Deutschen erst einmal militärisch einmischen, wird es völlig andere Reaktionen geben. All diese Einsätze und die Debatten darum werden von der Bundesregierung als Türöffner benutzt. Das vereinigte Deutschland soll in seinen außenpolitischen Optionen voll handlungsfähig gemacht werden. Ich wäre froh, wenn die, die das wollen, sich wenigstens nicht andauernd hinter der Humanität verstecken würden, um eben diese Position durchzusetzen."[3]

Diese Aussagen wurden mit den Ereignissen vom Juli 1995 Makulatur. „Seit Srebrenica habe ich meine Position verändert", sagt Fischer im Rückblick.[4] Und nicht nur er. Auch sein damaliger Widersacher (und späterer Staatssekretär) Ludger Volmer stellte nach Srebrenica fest: „Die serbische Kriegführung hatte den Charakter des Völkermordes angenommen."[5] Auf dem grünen Parteitag im Dezember 1995 erhielten Anträge, die sich in unterschiedlicher

---

3 - Joseph Fischers im Streitgespräch mit seinem Parteifreund Daniel Cohn-Bendit, *Tageszeitung* (im folgenden: *Taz*) 30.12.1994
4 - *Spiegel* 16/1999
5 - Ludger Volmer, Die Grünen und die Außenpolitik - ein schwieriges Verhältnis, Münster 1998, S.513

Radikalität für deutschen Interventionismus gegen die „marodierende Soldateska" (Volmer) der Serben aussprachen, erstmals mehr Stimmen als die der Interventionsgegner und Pazifisten.[6] Die *Neue Zürcher Zeitung* verallgemeinert: "Der Fall von Srebrenica wurde vor allem auch deshalb zum Wendepunkt im bosnischen Krieg, weil er ein Medienereignis war. Zwar waren am Ort des Geschehens keine westlichen Journalisten. Sie eilten aber zu Hunderten ins nicht weit entfernte Tuzla, wo sie die aus Srebrenica ankommenden Flüchtlinge filmten und interviewten. Es war die geballte Ladung dieser Berichte, es waren die Bilder und Erzählungen der Überlebenden, die wie nie zuvor die öffentliche Meinung im Westen mobilisierten. Unter diesem Druck sahen sich die Politiker nach Jahren des Zögerns zum Eingreifen in Bosnien gezwungen, auch zur Parteinahme auf Seiten der Opfer, der Muslime. In der Wahrnehmung des westlichen Publikums hatten sich mit diesem Massaker die Serben endgültig als die Hauptschuldigen der bosnischen Tragödie etabliert."[7] Auf dieser Grundlage konnte die deutsche Propaganda im Kosovo-Krieg aufbauen.

Scharpings Erzählungen

Am 28. März 1999, vier Tage nach Kriegsbeginn, sprach Bundesverteidigungsminister Rudolf Scharping in der Talk-Show *Christiansen* erstmals vom „Völkermord" der Serben an den Kosovo-Albanern. Die fehlenden aktuellen Beweise kaschierte er mit einem Rückgriff auf Ereignisse knapp vier Jahre vorher. Damals mußten UN-Blauhelme laut Scharping „zusehen, wie in Srebrenica 30.000 Menschen umgebracht worden sind".

Scharpings Moralkeule traf. Die Talkshow-Gäste nickten oder schwiegen betroffen,[8] keiner fragte nach Quellen, niemand wollte als Sympathisant von Völkermördern dastehen. Denn daß die Serben in Srebrenica Völkermord begangen hatten und Abertausende unschuldige Zivilisten massakriert hatten, stand fest. Gab es nicht schon vor Scharping reputierliche Zeugen ohne Zahl? War nicht der

---

6 - Volmer, a.a.o., S.519
7 - *Neue Zürcher Zeitung* (im folgenden: *NZZ*), 12.7.2000
8 - Neben Scharping waren der Bosnienbeauftragte Hans Koschnick, ex-General Gerd Schmückle, Gregor Gysi (PDS), Günter Beckstein (CSU) und Elias Birdel (*ARD*-Korrespondent Kosovo) im Studio

Spiegel nach Prüfung unter anderem eines Dossiers des Bundesnachrichtendienstes (BND) zum Schluß gekommen, in dem ostbosnischen Städtchen habe sich „Europas schlimmstes Kriegsverbrechen seit dem Zweiten Weltkrieg" ereignet? Hatte nicht der SPD-Politiker Freimut Duve bereits im Sommer 1995 von der „Rampe von Srebrenica" gesprochen und mit dieser Metapher an Auschwitz erinnert? Hatte nicht Roy Gutman von Überlebenden grauenhafte Geschichten aufgeschrieben und dafür den Pulitzer-Preis bekommen? Wurden nicht der Präsident und der Oberbefehlshaber der bosnischen Serben, Radovan Karadzic und Ratko Mladic, vom Internationalen Kriegsverbrechertribunal wegen dieser Verbrechen steckbrieflich gesucht?

Bevor man auf die Ereignisse in Srebrenica und ihre Darstellung in der westlichen Öffentlichkeit eingehen kann, muß man jene beiden Lügen zurückweisen, die ausschließlich demagogischen Charakter haben. Zum einen die der 30.000 in Srebrenica Ermordeten. Nach den offiziellen Zahlen des Internationalen Roten Kreuzes von Ende 1999 werden 7.333 Bewohner von Srebrenica vermißt.[9] Wären alle Vermißten tot, wäre dies die Maximalzahl der von den Serben in jenen Tagen Getöteten.[10] Die übrigen 22.667 Leichen gehen allein auf das Konto von Scharping. Das zu erkennen und zu schreiben, hätte man nach der *Christiansen*-Talkshow Ende März 1999 kein Kriegsgegner sein müssen, nur ein seriöser Journalist, ein wahrheitsliebender Politiker.

Die andere nicht demagogische Behauptung ist die Gleichsetzung von Srebrenica und Auschwitz. An der Rampe von Auschwitz wurden die Kräftigen von den Schwachen getrennt - letztere gingen sofort ins Gas, erstere durften sich noch ein paar Wochen lang zu Tode schuften. An Duves „Rampe von Srebrenica" herrschte - selbst wenn man alle Greuelberichte für wahr nimmt - das umgekehrte Prinzip: Alle Schwachen - Alte, Frauen, Kinder, Verletzte - wurden verschont, alle Kräftigen, das heißt die Männer im wehrfähigen Alter, sollen exekutiert worden sein.[11] Dies wäre ein kühl kalkulier-

---

9 - Frankfurter Rundschau (im folgenden: FR), 17.11.1999; in einer Presseerklärung des IKRK vom 13.7.2000 ist von 7.439 Vermißten die Rede
10 - „Die Vermißten müssen nicht alle ermordet worden sein. Es wäre verantwortungslos von mir, über die Zahl der Toten zu spekulieren." Die - damalige - Chefanklägerin von Den Haag, Louise Arbour, im Spiegel 40/1998

tes Kriegsverbrechen - man liquidiert diejenigen, die potentiell wieder die Waffe erheben können; jenes war wahnsinniger Völkermord: Man liquidiert alle, und zwar die Frauen und Kinder, die Garanten der Zukunft des verhaßten Volkes, zuerst.

Was geschah in Srebrenica?
Hören wir zunächst die offizielle Version des UN-Kriegsverbrechertribunals in Den Haag: „Am oder um den 6. Juli 1995 herum, beschoß die bosnisch-serbische Armee Beobachtungsposten, die mit holländischen Soldaten besetzt waren, in der Schutzzone. Der Angriff auf die Schutzzone Srebrenica ... ging bis 11. Juli 1995 weiter, als die ersten Einheiten der angreifenden bosnisch-serbischen Armee in Srebrenica eindrangen. Die bosnisch-muslimischen Männer, Frauen und Kinder, die in Srebrenica nach dem Beginn des serbischen Angriffes verblieben waren, reagierten auf zweierlei Weise. Mehrere tausend Frauen, Kinder und einige vor allem ältere Männer flohen zum UN-Stützpunkt in Potocari innerhalb der Schutzzone Srebrenica ... Um den 12. Juli herum ... kamen 50 - 60 Busse und Lastwagen am UN-Stützpunkt Potocari an ... Bosnisch-serbisches Militär trennte die Männer von den Frauen und Kindern ... Die meisten der muslimischen Männer ... wurden nach Bratunac und dann in das Gebiet von Karakaj gebracht, wo sie von bosnisch-serbischen Militärs massakriert wurden. Zwischen dem 12. und 13. Juli 1995 nahm bosnisch-serbisches Militär Massenhinrichtungen muslimischer Männer und Frauen an verschiedenen Orten um den UN-Stützpunkt vor ..." Weitere Massaker seien an denjenigen verübt worden, die nicht nach Potocari, sondern in die Wälder geflohen waren. „Eine zweite Gruppe von ungefähr 15.000 bosnisch-muslimischen Männern mit einigen Frauen und Kindern ... flohen in einer riesigen Kolonne durch die Wälder Richtung Tuzla. Ungefähr ein Drittel dieser Gruppe waren Militärs und bewaffnete Zivilisten ... Als die Flüchtlingskolonne bosnisch-serbisches Gebiet ... erreichte, griffen bosnisch-serbische Streitkräfte an ... viele Moslems wurden getötet ... Viele der bosnischen Muslime, die gefangengenommen wurden oder sich ergaben, wurden in Massenhinrichtungen von bos-

---

11 - Von den 6546 Vermißten aus Srebrenica, die das Internationale Rote Kreuz im August 1996 auflistet, waren 6.513 Männer.

nisch-serbischen Militärs exekutiert..."[12]

Die Ankläger von Den Haag nennen nirgends eine genaue Zahl der Opfer, sondern sprechen von „Hunderten" oder „Tausenden", die an verschiedenen Stellen „massakriert" oder „exekutiert" worden sein sollen. Trotzdem hat sich - bevor Scharping den death-toll weiter inflationierte - allgemein die Sprachregelung durchgesetzt, daß „schätzungsweise 8.000 muslimische Bosnier ermordet" wurden.[13] Das Internationale Rote Kreuz IKRK spricht von – siehe oben – etwa 7.300 Vermißten, wobei die Zahl nach den jeweils aktuellen Berechnungen leicht schwankt.

Es gibt jedoch eine Vielzahl von Indizien, daß auch bei der Zahl des Roten Kreuzes manipuliert wurde.

So hat Professor Milivoje Ivanisevic von der Universität Belgrad, der „die Ereignisse in und um Srebrenica herum seit 1992 in minutiösen Details beschrieb"[14], herausgefunden, daß 500 der Vermißten schon vor der Einnahme Srebrenicas gestorben waren.15

Weitere 3.010 angeblich vermißte Personen sind auf der OSZE-Wählerliste des Jahres 1997 wieder aufgetaucht - zwei Jahre nach dem angeblichen Massaker. Dragan Kalinic, Parlamentspräsident der serbischen Republik in Bosnien (Republika Srpska), hat die Liste mit allen Namen der OSZE übergeben.[16]

Darko Trifunovic hat zwei Jahre lang als Mitglied einer Expertenkommission der Republika Srpska vor Ort recherchiert, Zeugen befragt, Dokumente verglichen und Grabstätten inspiziert. Er behauptet, daß bei insgesamt 3.381 Vermißten in den IKRK-Listen kein Geburtsdatum angegeben ist. Seine Vermutung: Diejenigen, die die Vermißtenanzeige aufgaben, hatten noch nicht einmal diese grundlegende Information über den Verschwundenen - also können

---

12 - Aus der Anklageschrift gegen Radovan Karadzic und Ratko Mladic (vollständig unter: www.un.org.icty/indictment/english/95-18-i.htm)
13 - Gesellschaft für bedrohte Völker, Ungeschützte Schutzzone - Erstürmung von Srebrenica im Sommer 1995 (www.gfbv.de/voelker/europa/srebren.htm)
14 - De Groene Amsterdammer, 13.3.1996
15 - Balkans Info, Paris, Oktober 1996. Darko Trifunovic führt in seiner Studie (s. nächste Fußnote) zahlreiche Namen aus der Liste des Roten Kreuzes auf, die bereits auf der Gefallenenliste der bosnisch-muslimischen Armee der Vorjahre auftauchen
16 - nach Darko Trifunovic, Ethnic Conflicts in Civil War in Bosnia - Political manipulation with term of Genocide, Case Study: Srebrenica; Master Degree Work (Part II), 1998; Trifunovics Zahl scheint veraltet; in der IKRK-Liste von 1998 beträgt die Zahl der Vermißten ohne Geburtsdatum nur noch einige hundert

es keine Familienangehörigen gewesen sein.[17] Stillschweigend hat der *Spiegel* übrigens seine Srebrenica-Zahlen im Sommer 2000 auf „mindestens 3.000" Tote reduziert[18] - noch im Herbst 1999 hatte er, wie fast alle anderen Medien, über 7.000 „abgeschlachtete" muslimische Zivilisten berichtet.[19] Die Recherchen von Ivanisevic, Kalinic und Trifunovic haben Eingang gefunden in einen Bericht der Regierung der bosnischen Serben, der im September 2002 vorgelegt worden ist.[20] Die Autoren dieser faktenreichen und verdienstvollen Studie haben sich allerdings durch die Behauptung, „weniger als 100"[21] der Vermißten aus Srebrenica seien von den Serben exekutiert worden, keinen Gefallen getan. Die Medien haben sich sofort auf diese absurd niedrige und kaum belegte Zahl gestürzt, um den Bericht insgesamt zu diskreditieren oder gar zu ignorieren.

Die erwünschten Zeugen

Die beiden wichtigsten Prozesse wegen der Verbrecher in Srebrenica, die bisher vom Haager Tribunal abgeschlossen wurden, sind die Anklage gegen Drazen Erdemovic und gegen General Radislav Krstic (s. dazu S. 60 f. und S. 69). Der Erdemovic-Prozeß war für die Aufklärung der Ereignisse im Juli 1995 wichtig, denn der Angeklagte behauptete nichts weniger, als das grausige Ende von ungefähr jedem sechsten der 7.400 vom Internationalen Roten Kreuz registrierten Verschwundenen persönlich mitverursacht oder zumindest beobachtet zu haben.

Erdemovic gab vor Gericht an, am 16. Juli 1995 auf einem Feld in Pilica in der Nähe des Gehöftes Branjevo zusammen mit anderen Angehörigen seiner Einheit von etwa zehn Uhr morgens bis zum Nachmittag Muslime in Gruppen von jeweils zehn Mann hingerichtet zu haben. Allein an diesem Tag seien, so Erdemovic „eintausend bis eintausendzweihundert" Menschen exekutiert worden.[22] Nach

---

17 - Darko Trifunovic, a.a.o.
18 - *Spiegel* 26/2000
19 - *Spiegel* 32/1999
20 - Documentation Center of Republic of Srpska, Bureau of Government of RS for Relation with ICTY, Banja Luka, Report about Srebrenica (The First Part), Banja Luka September 2002, www.dcrs.org
21 - Documentation Center ..., a.a.o., S. 34
22 - Das Tribunal spricht im Revisionsurteil von der "Massenexekution von 1.200 Zivilisten", vgl. www.un.org/icty/erdemovic/sopinion-e/71007jt3.htm

anderen „Expertenschätzungen" vom Herbst 1996 sollten dort „bis zu 1700 Moslems verscharrt" sein.[23] Einen Tag nach den von Erdemovic behaupteten Massakern überflog ein US-amerikanisches Spionageflugzeug die Gegend: „Der Vergleich mit älteren Fotos und die Berechnung anhand unterschiedlicher Aufnahmewinkel liefern eine präzise Bestandsaufnahme aller Veränderungen am abgebildeten Ort. Was die Experten auf diese Weise herausfanden, ist einzigartig: Das Luftbild von der Landwirtschaftsgenossenschaft Branjevo zeigt mehr als nur die Spur eines Kriegsverbrechens, es zeigt das Kriegsverbrechen selbst", resümierte der *Spiegel*.[24] Obwohl also die Erschießungen über Zeugenaussagen und Luftbilder „einzigartig" (*Spiegel*) dokumentiert sind, wurden bei den Ausgrabungen sehr viel weniger Leichen gefunden. Fünf Jahre nach den Ereignissen bilanziert das Haager Tribunal, daß in Branjevo 132 Leichen exhumiert wurden; ein Teil der Toten sei von den Serben wieder ausgegraben und an der Straße nach Cancari neu eingegraben worden - dort fanden sich weitere 174 Leichen.[25]

Ende November 1996 fällte Den Haag das Urteil: Erdemovic muß zehn Jahre ins Gefängnis (in einem Revisionsverfahren wurde das Strafmaß später halbiert). Strafmildernd wurde ihm angerechnet, daß er seine Beteiligung an den Morden zugegeben und „zugleich den Mut gehabt hatte, den früheren Serbenführer Radovan Karadzic und dessen inzwischen entlassenen Armeechef Ratko Mladic schwer zu belasten", wie UN-Ankläger Mark Harmon bemerkte. Neben der großen Diskrepanz zwischen behaupteten und gefundenen Ermordeten gibt auch die Person Erdemovics einige Rätsel auf: Seine militärische Karriere im Bürgerkrieg begann er 1992 als Soldat der extrem-nationalistischen Kroaten-Miliz HVO.[26] Da er selbst gebürtiger Kroate war, scheint das weniger erklärungsbedürftig als der Umstand, daß er später zum serbischen Erzfeind überwechselte, nur um - eine erneute Volte - seine neuen Kommandeure dann mit seiner Aussage schwer zu belasten. In einem ethnisch aufgeheizten Bürgerkrieg scheint dieser mehrfache Fronten-

---

23 - vgl. *AFP*, 10.9.1996
24 - *Spiegel* 15/1996
25 - ICTY, Srebrenica Investigation - Summary of Forensic Evidence - Execution Points and Mass Graves, Den Haag, o.D. (Poststempel ICTY 2.8.2000)
26 - vgl. International Herald Tribune (im folgenden: IHT), 14.3.1996

wechsel ungewöhnlich.

Kurz vor Erdemovics Verurteilung war im Oktober 1996 bekanntgeworden, daß ein anderer Zeuge der Anklage in Den Haag von den Muslimen unter Androhung des Todes zur Falschaussage gegen den Serben Dusan Tadic genötigt worden war.[27] Doch für die Richter in Den Haag war das kein Grund, den Ungereimtheiten in der Aussage Erdemovics nachzuspüren.

Auch einige andere Zeugen, die sehr oft in den Medien zitiert wurden, gaben mehr Rätsel auf, als sie lösten. So etwa Mevludin Oric, der im Oktober 1995 der kroatischen Zeitung *Nedjeljna Dalmacija* ein Exklusivinterview gab und über 2.000 oder mehr Morde im und beim Dorf Karakaj berichtete (dieses Massaker taucht auch in der Anklageschrift von Den Haag - s. o. - auf). Dieser Zeuge ist nicht nur mit Naser Oric verwandt, dem muslimischen Oberkommandierenden von Srebrenica, von dem in diesem Artikel noch die Rede sein wird, sondern er kämpfte auch - wie Erdemovic - zuerst auf kroatischer Seite, nämlich in der berüchtigten Freiwilligenbrigade König Tomislav.[28] Im Posavina-Gebiet soll er 1992 selbst in Massenmorde an Serben verstrickt gewesen sein. Oric berichtet über Massenexekutionen, nachdem die Flüchtlingskolonne Richtung Tuzla von den Serben abgefangen worden sei. Die Schule in Karakaj, die unter anderem Schauplatz der Verbrechen gewesen sein soll, wurde von Darko Trifunovic inspiziert. Er fand die Schultagebücher vom Juli und August 1995, aus denen hervorgeht, daß in den Klassenzimmern zur angeblichen Tatzeit regulärer Unterricht stattfand.[29]

Die Toten von Potocari

Während einerseits Zeugen mit widersprüchlichen oder unglaubwürdigen Aussagen große öffentliche Aufmerksamkeit in den westlichen Staaten zuteil wurde, blieben andere wichtige Aussagen vollkommen unberücksichtigt. Auf Ignoranz trafen nicht nur die Entlastungsversuche von serbischer Seite, sondern auch die Aussagen der in Srebrenica stationierten holländischen Blauhelme. Wir erinnern

---

27 - vgl. *FR*, 26.10.1996; es handelte sich um en Zeugen Dragan Opacic
28 - nach *De Groene Amsterdammer*, 13.3.1996
29 - Darko Trifunovic, a.a.o.

uns: Etwa 25.000 Muslime aus der Enklave suchten zunächst Schutz im UN-Stützpunkt Potocari. Die meisten Männer sollen um den 12. Juli herum von Potocari nach Bratunac gebracht und dort „massakriert" worden seien, heißt es etwa in der Anklageschrift gegen Karadzic und Mladic. Doch Hauptmann M. Schouten, der einzige UN-Offizier, der mehrere Tage am Ort des angeblichen Blutbades war, sagte: „Jeder plappert jedem nach, aber niemand zeigt harte Beweise. Ich merke, daß das niederländische Volk um jeden Preis beweisen will, daß ein Blutbad stattgefunden hat ... Wenn Exekutionen stattgefunden haben, haben es die Serben verdammt gut versteckt. Daher glaube ich nichts davon. Nach dem Zusammenbruch von Srebrenica, am 13. Juli 1995, kam ich in Bratunac an und blieb dort acht Tage lang. Ich konnte überall hingehen wo ich wollte. Mir wurde jede mögliche Unterstützung zuteil; nirgendwo wurde ich angehalten."[30]

Auch *Die Welt* erhielt auf Nachfrage bei den heimgekehrten holländischen Soldaten immer dieselben Antworten: „Weder Unteroffizier (Frank) Struik noch andere niederländische in Srebrenica stationierte UN-Soldaten wollen öffentlich bestätigen, was zuerst Entwicklungshilfeminister Jan Pronk und danach auch Verteidigungsminister Joris Voorhoeve behauptet hatten: In Srebrenica habe ein Völkermord stattgefunden."[31] Das renommierte *NRC Handelsblad* resümierte die Stimmung unter den Soldaten des UN-Dutch Batallions, den Dutchbatters, unter der Überschrift: „Serben sind für die holländischen Blauhelme jetzt die guten Kerle." Die Zeitung zitiert eine Menge Äußerungen. So sagte etwa der Soldat Karel Mulder: „Vieles, was man über die Serben sagt, ist Blödsinn ... Ich war drei Tage lang unter den Flüchtlingen, und die Serben haben sie gut behandelt." Der Soldat Arnold Blom: „Als wir in der Enklave patrouillierten, wurde von den Moslems serbisches Feuer provoziert. Sie schossen über uns drüber und wollten damit erreichen, daß die Serben einen von uns treffen, damit man ihnen für die Außenwelt wieder den schwarzen Peter zuschieben kann."[32] Besonderes Aufsehen erregte der Kommandeur der Dutchbatters, Ton Karremans. Sein Urteil: „Die Schlacht um Srebrenica war von den Serben

---

30 - z.n. *Het Parool* (niederländische Tageszeitung), 27.7.1995
31 - *Die Welt*, 25.7.1995
32 - *NRC-Handelsblad*, 24.7.1995

eine korrekte militärische Aktion. Sie haben auch absichtlich das Bataillon nicht direkt beschossen. Mladic hat uns auf schlaue Weise ausmanövriert."[33]

Zu einer innenpolitischen Krise kam es, als die niederländische Militärspitze die Behauptung vom Völkermord auch dann noch abstritt, als sich die gesamte Regierung des Landes der Nato-Version angeschlossen hatte. „So widersprach der offiziell zum 1. August (1996) ausscheidende General Hans Couzy (dem Verteidigungsminister) Voorhoeve öffentlich. Er behauptete, nach dem Fall von Srebrenica sei von den bosnisch-serbischen Truppen kein Völkermord an den Moslems verübt worden."[34] Couzy beförderte kurz vor seiner Pensionierung noch den Dutchbat-Kommandeur Karremans. Voorhoeve war empört darüber, ging aber nicht disziplinarrechtlich vor; weiterhin verdient festgehalten zu werden, daß auch er zumindest bis zum Herbst 1995 von einer weit geringeren Anzahl ermordeter muslimischer Zivilisten ausging als die westliche Öffentlichkeit im allgemeinen, nämlich von 2.000 bis 3.000.[35]

Zur genaueren Klärung der Abläufe wurden alle 460 Dutchbatters aus Srebrenica einer Befragung unterzogen. Bevor die Ergebnisse als *Debriefing Report* veröffentlicht wurden, fand hinter den Kulissen ein heftiges Tauziehen statt, Außenminister Hans van Mierlo und Entwicklungshilfeminister Jan Pronk verlangten ein Umschreiben des Berichts.[36] Als der *Debriefing Report* am 30. Oktober 1995 schließlich von Minister Voorhoeve vorgelegt wurde, gab es einen schreienden (und trotzdem von den Medien kaum bemerkten) Widerspruch zwischen den Schlußfolgerungen und den Augenzeugenberichten der Soldaten. Während der Verteidigungsminister von „mehreren tausend" Opfern der Serben sprach, deuteten die Beobachtungen der Soldaten schlimmstenfalls auf einige hundert bis eintausend Tote hin. In Potocari sahen Zeugen „höchstwahrscheinlich" 14 Exekutionen, fünf weitere konnten nicht verifiziert werden.[37] Mehrere Tote, davon mindestens zwei in Militär-

---

33 - *NRC-Handelsblad*, 24.7.1995
34 - *Die Welt*, 12.7.1996
35 - Brief Voorhoeves an das niederländische Parlament vom 28.8.1996
36 - nach Marcel Burger, Watch on Dutchbat 3.01 (http://mediarepor.org)
37 - Niederländisches Verteidigungsministerium (Brigadier General O. van der Wind), Report Based on the Debriefing on Srebrenica, Assen, 4.10.1995 S. 47/48

kleidung, wurden in der Stadt Srebrenica gesehen, [38] auf dem Weg von der Stadt zum UN-Stützpunkt außerdem etwa 100 Tote auf einem Traktor.[39] In der Nähe von Nova Kasaba und Bratunac haben insgesamt 35 Zeugen „zahlreiche" Leichen gesehen. Aber nur zwei Zeugen gaben die sehr hohe Zahl von 500 bzw. 700 Leichen an, wobei letztere „zivile oder halbmilitärische Kleidung" getragen haben sollen.[40] „Während des Debriefings (der 460 Dutchbatters, Anm. J.E.) gab es keine Informationen, die die mögliche Existenz von Massengräbern nahelegten."[41]

Studiert man die damaligen Fernsehaufnahmen, so kann man unschwer feststellen, daß sich in Potocari tatsächlich fast ausschließlich Frauen, Kinder und Alte befanden.[42] Wie Dutchbat-General Karremans gegenüber dem Haager Tribunal feststellte[43], waren unter den ca. 25.000 Flüchtlingen im UN-Stützpunkt Potocari nur etwa zwei bis drei Prozent wehrfähige Männer, also etwa 500 bis 750 - der große Rest der Kämpfer versuchte bekanntlich über die Wälder den Durchbruch nach Tuzla. Was Freimut Duve als „Rampe von Srebrenica" schildert, war die Aussonderung dieser wehrfähigen Männer. Sie wurden in andere Orte wie zum Beispiel Bratunac und Batkovic gebracht. Von dort evakuierte das Internationale Rote Kreuz (IKRK) bereits am bis 19. Juli 88 Verwundete.[44] Außerdem waren dort laut IKRK am 26. Juli 164[45] und im November 193 Muslime[46] in Gefangenschaft. Diese Teilmengen der Verwundeten bzw. registrierten Gefangenen müssen wahrscheinlich von der Maximalzahl der 750 in Potocari/Bratunac möglicherweise Ermordeten abgezogen werden. Trifunovic behauptet, daß auch von den übrigen Gefangenen nur ein kleiner Teil illegalen Mordaktionen serbischer Soldaten zum Opfer fiel. Die überwiegende Mehrzahl sei gegen serbische Gefangene der

---

38 - Niederländisches Verteidigungsministerium, a.a.o., Grafik im Anhang
39 - Niederländisches Verteidigungsministerium, a.a.o., S.49
40 - Niederländisches Verteidigungsministerium, a.a.o., Grafik im Anhang
41 - Niederländisches Verteidigungsministerium, a.a.o., S.51
42 - vgl. etwa den Dokumerntarfilm von Leslie Woodhead und Krishan Arora, A Cry from the Grave
43 - Aussage Karremans vor dem ICTY am 4.7.1998
44 - IKRK-Presseerklärung vom 18.7. und 19.7. 995
45 - Report of the Secretary-General Pursuant to Security Council Resolution 1010 (1995), 30.08. 1995
46 - Report of the Secretary-General Pursuant to Security Council Resolution 1019 (1995), 27.11.1995

Moslems ausgetauscht worden.[47] Unfreiwillig bestätigen das auch Jan Willem Honig und Norbert Both in ihrem Standardwerk *Srebrenica*, das ansonsten die offizielle Haager Version stützt: „Die Serben nahmen zumindest einen großen Fisch fest: Ibran Mustafic, der Anführer der SDA (führende Moslempartei um Präsident Alija Izetbegovic, Anm. J.E.) in Srebrenica und auf Platz drei der serbischen Liste der 'Organisatoren moslemischer Kriegsverbrechen'. Und doch, wie es im Krieg oft der Fall ist, war die Wichtigkeit einer Person, oder der Anschein von Wichtigkeit, die beste Lebensversicherung, und im April 1996 wurde Mustafic gegen einen wichtigen serbischen Kriegsgefangenen, Oberst Aleksa Krsmanovic, ausgetauscht. Einige verwundete Männer, die die Serben aus zwei Krankentransporten herausgeholt hatten, überlebten anscheinend aus denselben Gründen. Die Serben waren den Verwundeten gegenüber besonders mißtrauisch, weil sie glaubten, daß verdächtige muslimische 'Kriminelle' sich mit vorgetäuschten Verletzungen darunter befanden. Zum Beispiel wurden ungefähr 50 verwundete Muslime, die mit den Holländern bis zum 17. Juli in Potocari geblieben waren, von den Serben sorgfältig gefilmt und fotografiert. Sieben wurden in der Folge als verdächtige Kriegsverbrecher identifiziert und mit anderen Verwundeten in ein Krankenhaus nach Bratunac gebracht. Obwohl ein holländischer Arzt sie dort sah, wurde er zu einem bestimmten Zeitpunkt weggelockt, und die sieben verschwanden. Am Monatsende fand sie das Rote Kreuz im Gefängnis von Batkovic. Sie wurden gegen serbische Kriegsgefangene ausgetauscht."[48]

Ein Anhaltspunkt über die Anzahl der Opfer von Potocari ergibt sich auch aus folgender Berechnung: Am Abend des 12. Juli erstellten die Dutchbatters eine Liste aller wehrfähigen Männer, die in Potocari Zuflucht gefunden hatten. Sie zählten 239. 60 weitere Männer verweigerten ihre Registrierung. Hinzu kommen jene Männer, die zuvor schon mit Bussen abtransportiert worden waren, allerdings waren bis dahin erst ein Fünftel der Flüchtlinge aus Potocari fortgeschafft worden. Jedenfalls: Von diesen 239 Männern tauchen 103 wieder auf der Vermißtenliste des Roten Kreuzes auf.[49]

---

47 - Darko Trifunovic, a.a.o.
48 - Jan Willem Honig / Norbert Both, Srebrenica. Record of a War Crime, London 1996, S.58
49 - Honig / Both, a.a.o., S. 42

Die Toten des Trecks nach Tuzla

Wie eingangs anhand der Akten des Haager Tribunals zitiert, sind die Opfer, die zunächst in Potocari Unterschlupf fanden, nur der eine Teil derjenigen, die den Serben angelastet werden. Eine ähnliche, wenn nicht noch größere Zahl von Morden sollen die Serben an den muslimischen Flüchtlingen verübt haben, die sich auf dem Gewaltmarsch von Srebrenica nach Tuzla befanden.

Doch auch hier gibt es Zeugen, die die Haager Version der Ereignisse nicht stützen - und das eigentlich Sensationelle ist, daß es sich dabei um muslimische Zeugen handelt. Über sie hat die westliche Öffentlichkeit noch weniger erfahren als über die holländischen Blauhelme. Wer konnte schon die aufschlußreiche Debatte in den großen muslimischen Zeitungen Bosniens im Herbst 1996 verfolgen, über die die westlichen Medien mit keinem Wort berichtet haben?

Dabei standen sich im wesentlichen zwei Gruppen gegenüber: Die bis heute in Sarajevo regierende moslemische Partei SDA um den (im Herbst 2003 verstorbenen) Präsidenten Izetbegovic, seinen Vize Ejup Ganic und den Kommandanten des Generalstabs der Armee, Rasim Delic, hatte ihr Sprachrohr in der Wochenzeitung *Ljiljan*. Gegenthesen konnte die bis zum Juli 1995 in Srebrenica tonangebende Gruppe um den Armeekommandanten der Stadt, Naser Oric, und seine Offiziere mit Schützenhilfe des bosnischen Ex-Generalstabschefs Sefer Halilovic in der Tageszeitung *Oslobodjene* publizieren. Ein unabhängiges Interesse an der Aufklärung hatte Ibran Mustafic, dessen Schicksal oben bereits erwähnt wurde.

Zunächst stand der Armeekommandant von Srebrenica im Zentrum der Kritik. „Zeugen behaupten, daß die Leute von Naser Oric hinter 19 Attentaten stehen", die bereits vor dem Einmarsch der Serben verübt worden seien, hieß es im Ljiljan.50 Diese Gruppe habe auch gemordet, als nach dem Einmarsch der Serben die Moslems aus der Stadt geflohen seien: „Über die Morde darf man auch heute noch nicht sprechen. Einige radikalere Kenner der militärischen und politischen Verhältnisse in Srebrenica wagen es zu behaupten, daß ‚Zeugen' sogar liquidiert worden sind, als sich das Hauptkontingent aus Srebrenica herausgekämpft hat. Während dieses Durchbruchs auf freies Territorium wurde auf dem Gebiet von

---

50 - *Ljiljan*, 7.8.1996; übersetzt in Balkan Press 3/1996

Baljkovici Azem Bajramovic, ein Präsidiumsmitglied der (regierenden Moslempartei) SDA, getötet. Sein Tod wird als Beispiel angeführt, wie man Zeugen aus Srebrenica zum Schweigen bringt", schrieb der Ljiljan weiter. Dies deckt sich mit den Aussagen von Flüchtlingen aus Srebrenica, die in der Zeitung *Oslobodjene* wiedergegeben wurden: „Deshalb beschuldigen die Vertriebenen die Führung für das Verschwinden oder den Tod vieler verantwortlich zu sein, die sich mit den Kämpfern auf freies Territorium zurückgezogen haben."51 Die präzisesten Angaben kommen von Ibran Mustafic. In einem Interview mit dem muslimischen Polizeikreisen nahestehenden Magazin *Slobodna Bosna* berichtete er von seiner Flucht aus der Stadt und der Gefangennahme durch die Serben. „Persönlich glaube ich, daß die Mehrzahl der Menschen, die sich (den Serben) ergeben haben, am Leben ist", meinte Mustafic.52 Im selben Interview präzisierte er: „Ich habe von Leuten, die der kroatischen Staatssicherheit nahestehen und Kontakte zu den Serben haben, gehört, daß sich an verschiedenen Orten noch 5.600 Überlebende aus Srebrenica befinden." Mustafic hält die gängige These von der tausendfachen Mordlust der serbischen Eroberer für nicht plausibel, weil diese sogar ihn, den prominentesten Aktivisten der Moslempartei in der Enklave, wieder freigelassen hatten.

Scharf ging Mustafic mit einer „privilegierten Mannschaft" unter den Moslems ins Gericht („einer hartgesottenen Gruppe von Mafiosi"), die für die Opfer beim Abzug einer Flüchtlingskolonne nach dem Fall der Enklave verantwortlich sei. Sie wollte „die Menschen, die ihnen folgen wollten, möglichst stark verwirren. Die Kolonne wurde unterbrochen, und die Menschen haben den Kopf verloren. Ich habe mit vielen Menschen gesprochen, die gesund aus Srebrenica herausgekommen sind und nicht dieser Mannschaft angehört haben, und als die mir erzählten, was sich alles auf diesem Weg ereignet hat, war ich fassungslos. Ich darf gar nicht daran denken und kann erst recht nicht darüber sprechen. Das sind furchtbare Dinge."53

---

51 - *Oslobodjenje*, 16.7.1996; übersetzt in Balkan Press 1/1996
52 - Interview in *Slobodna Bosna*, 14.7.1996, übersetzt in Balkan Press 1/1996
53 - Interview in *Slobodna Bosna*, a.a.o.

Massaker oder Gefechte?
Die düsteren Andeutungen Mustafics betreffen das Schicksal der Kolonne, die sich durch die Wälder nach Tuzla durchschlagen wollte. Auch die holländischen Blauhelmsoldaten sahen „an zwei Stellen Kämpfe zwischen denjenigen (Moslems), die bleiben wollten, und denjenigen (Moslems) die gehen wollten".[54] Honig und Both berichten aufgrund der Berichte von Überlebenden über weitere Todesarten: „Die Kombination von Furcht, Nahrungsmangel und Erschöpfung führte zu großer Desorientierung und Konfusion, und einige Männer sind anscheinend verrückt geworden. Andere sahen keinen Ausweg mehr und begingen Selbstmord ... In einigen Fällen töteten die einen die anderen, weil sie sie nicht erkannten und für verkleidete Serben hielten."[55] Ilijas Pilav, einer der Ärzte unter den Flüchtenden, berichtet: „Einige Leute in der Gruppe begannen zu halluzinieren. Angst. Streß. Solche Leute waren eine Gefahr für ihre Kameraden: Sie riefen und schrieen und konnten unsere Position ... verraten. Einige Bewaffnete gerieten völlig in Panik und eröffneten wahllos das Feuer. Sie erschossen einige ihrer eigenen Leute. Wir mußten sie gewaltsam überwältigen."[56]

Die meisten Opfer auf dem Todesmarsch dürften indes durch serbische Kugeln getötet worden sein, aber - anders als die westliche Öffentlichkeit annimmt - nicht nur durch Massaker und Exekutionen, sondern auch in erbitterten Gefechten. Erinnern wir uns: Selbst die eingangs zitierte Anklageschrift aus Den Haag geht davon aus, daß ein Drittel der 15.000 Köpfe zählenden Flüchtlingskolonne bewaffnet war. Der Ex-Generalstabschef Sefer Halilovic hat sich sogar damit gebrüstet, daß 6.000 seiner Soldaten die serbischen Linien bei Srebrenica durchbrochen hätten und so die 28. Division der muslimischen Armee wieder reorganisiert werden konnte.[57] Die serbische Streitkraft, die Srebrenica eroberte, war keinesfalls stärker: „Es gab Berichte, daß bis zu 1.500 Serben in die Angriffe auf Srebrenica verwickelt waren, aber die Nachrichtendienste schätzen die Streitmacht nur auf 200, wobei fünf Panzer den Hauptstoß führten," schrieb die Londoner *Times*.[58]

---

54 - Der Oberbefehlshaber des niederländischen Heeres, General Couzy, zitiert in *NYT*, 23.7.1995
55 - Honig / Both, a.a.o., S.52
56 - Honig / Both, a.a.o., S.52/53
57 - Sefer Halilovic, Lukava Strategija, Sarajevo 1997, Seite 108/109, z.n. Trifunovic, a.a.o.

Schon aufgrund des ungefähren Gleichgewichts bei der Truppenstärke ist es extrem unwahrscheinlich, daß sich die abziehenden Moslems wehrlos hätten massakrieren lassen. Für Trifunovic stellt sich der Ablauf so dar: „Da alle muslimischen Soldaten durch Wälder in muslimisches Territorium wollten, nach Tuzla oder Kladanj, mußten sie Straßen überqueren, die die Wälder vertikal in Nord-Süd-Richtung schnitten ... Da die bosnisch-serbischen Streitkräfte Flak-Geschütze hatten, mußten sie nur warten und die aus den Wäldern herausbrechenden Muslimsoldaten unter Beschuß nehmen, falls sie sich auf Zuruf nicht ergaben. Und doch unterlagen die bosnisch-serbischen Streitkräfte an einigen Stellen, wie in Baljkovica, Krizevac usw., und verloren 300 - 500 Männer, weil die in der Unterzahl befindlichen Serben den Kampf nicht mit Hunderten oder gar Tausenden Moslemsoldaten aufnehmen konnten, die gleichzeitig die Straße überquerten, auch wenn sie schwere Artillerie hatten. Unter den Verlusten der bosnisch-serbischen Streitkräfte gab es auch etliche Elitesoldaten, und die serbischen Lokalzeitungen brachten in jener Zeit oft traurige Geschichten und Fotos jener Soldaten. Wenn man nun die erheblichen Verluste in Betracht zieht, die die Serben unter für sie günstigen Bedingungen erlitten, kann man aus militärischer Perspektive die Verluste der Moslems auf annähernd 2.000 Soldaten schätzen."[59]

Auch der *Debriefing Report* der holländischen Blauhelme berichtet von „Kämpfen zwischen der bosnisch-serbischen und der bosnisch-muslimischen Armee".[60] Die größte Anzahl von Leichen, die der Report auflistet, nämlich die oben erwähnten 500 bzw. 700, wurden in der Nähe der umkämpften Hauptstraße zwischen Kravica und Nova Kasaba gesehen.[61]

Honig und Both erwähnen schwere Kämpfe am 14. Juli in der Gegend von Liplje, südwestlich von Zvornik, zwischen der 28. Division der Muslime und 300 serbischen Soldaten mit Flak-Geschützen. „Nach einem zweistündigen Feuergefecht konnten sich die Moslems losreißen und ihren Marsch fortsetzen."[62] Am nächsten Tag wurden die Kämpfe

---

58 - *Times*, 14.7.1995
59 - Darko Trifunovic, a.a.o.
60 - Niederländisches Verteidigungsministerium, a.a.o., S.80
61 - Niederländisches Verteidigungsministerium, a.a.o., Kartenmaterial im Anhang
62 - Honig/Both, a.a.o., S.59

noch heftiger. „Der Kontakt zu den bosnisch(-muslimischen) Truppen auf der anderen Seite der serbischen Linien wurde hergestellt. Am Nachmittag des 15. Juli wurde ein koordinierter Durchbruchsversuch unternommen. Der Kampf dauerte über einen Tag."[63]

Obwohl Honig und Both also militärische Auseinandersetzungen einräumen, gehen sie - wie das Haager Tribunal - davon aus, daß ein viel größerer Teil der Flüchtlinge in der Kolonne nach Tuzla erst nach ihrer Gefangennahme exekutiert wurde. „Eine Sache ist klar, nämlich daß die offiziellen Klagen der bosnischen Serben, wonach die meisten Männer im Kampf getötet worden sind, nicht wahr sein können. Obwohl es Anzeichen für Kämpfe in der Nacht und am Morgen des Durchbruchsversuchs gibt, beobachteten die Konvois mit den Frauen und Kindern aus Potocari nichts davon. Alle Konvois passierten dasselbe Gebiet, wo Kämpfe stattgefunden haben sollen. Was sie sahen, waren Leichen und Gefangene."[64]

Die Erklärung, warum die Frauen und Kinder die Kämpfe nicht bemerkt haben, könnte jedoch auch in folgendem liegen: Ihr Abtransport aus Potocari fand tagsüber statt. Die moslemischen Soldaten aber warteten für ihre Durchbruchsversuche - aus dem Schutz der Wälder heraus über die von den Serben bewachten Straßen - den Einbruch der Dunkelheit ab. Für Honig und Both sind die Schüsse in der Nacht, ebenso wie die vielen Leichen, die an der Straße zwischen Bratunac und Nova Kasaba von Blauhelmen gesehen wurden, Beweise für die Exekutionen von Gefangenen. Warum sollten es nicht die Opfer von nächtlichen Gefechten sein?

Trifunovic nahm eine Ortsinspektion in Cancari vor, wo - siehe oben - ein Teil der Exekutierten aus Branjevo in einem „Zweitgrab" versteckt worden sein soll: „Es ist nicht schwierig, Muslimsoldaten, die nach der Gefangennahme hingerichtet wurden, von Muslimsoldaten, die im Kampf getötet wurden, zu unterscheiden. Anhand der Massengräber wird es sich zeigen ... Das Massengrab in Cancari lag entlang der zwei Dorfstraßen. Hinter dem Massengrab lebten zur Zeit der Exhumierung sechs Familien. Die Knochen waren ganz durcheinander, ihre Anordnung unnatürlich. Deswegen nahm das

---

63 - Honig/Both, a.a.o., S.59
64 - Honig/Both, a.a.o., S.65
65 - Darko Trifunovic, a.a.o.

Haager Tribunal, das die Arbeiten am Massengrab durchführte, an, daß die Leichen von irgendwo anders hierher gebracht worden waren, um sie zu verstecken. Doch die Einzelheiten entsprachen dem nicht unbedingt. Zuerst war der Platz so nahe an den Dorfstraßen, daß es nicht dazu angetan war, irgend etwas zu verbergen. Zum zweiten werden die Knochen auch verschoben, wenn ein Lastwagen die Toten eines Schlachtfelds einsammelt. Massengräber bedeuten nicht immer Massenexekutionen. Ein Dörfler aus Cancari beklagte sich gegenüber dem Autor über seinen Weizen und sagte, daß sein Weizenfeld während der Nacht von den Muslimen so niedergetrampelt worden sei, daß er nicht ernten konnte. Die Kämpfe seien so wild gewesen, daß die Leichen der in der Schlacht getöteten Soldaten im ganzen Gebiet verstreut waren ..."[65]

Die Richter in Den Haag stellten zur Frage der Gefechtstoten im Verfahren gegen den bosnisch-serbischen Armeegeneral Radislav Krstic fest: „Der Gerichtshof kann die Möglichkeit nicht ausschließen, daß ein Prozentsatz der in den Gräbern gefundenen Leichen Männer sein könnten, die im Kampf getötet wurden."[66] „Die Militärexperten sowohl der Anklage wie der Verteidigung stimmten darin überein, daß nach den Bestimmungen der bosnisch-serbischen Armee diese Kolonne ein legitimes militärisches Ziel darstellte", hieß es im Urteil. Der Haager Chefermittler Jean-René Ruez geht davon aus, daß alle 2.628 Toten der 28. moslemischen Division zwischen Srebrenica und Tuzla „im Kampf umgekommen" sind.[67]

Der Abschlußbericht der niederländischen Armee

Die vorläufigen niederländischen Untersuchungen, von denen bisher in diesem Kapitel berichtet wurde, wurden in ihrer Sorgfalt durch die großangelegte Studie der niederländischen Armee bei weitem übertroffen. Das renommierte Niederländische Institut für Kriegsdokumentation (NIOD) war damit im Herbst 1996 beauftragt worden und hatte über 900 Zeugen befragt. Als der Bericht im April 2002 im Gesamtumfang von 3.496 Seiten vorgelegt wurde, waren die Folgen dramatisch: Die Regierung in Den Haag trat zurück, obwohl

---

66 - http://www.un.org/icty/krstic/TrialC1/judgement/index.htm
67 - Interview im Buch von Julija Bogoeva / Caroline Fetscher, Srebrenica – Ein Prozeß, Suhrkamp Verlag 2002, S. 336

sie im Sommer 1995 noch gar nicht amtiert hatte, und übernahm damit eine Mitverantwortung für die damaligen Geschehnisse. Dabei hatte der Bericht selbst sich weitgehend einer Schuldzuweisung an das niederländischen Unprofor-Bataillon enthalten: „Unterstellungen, daß die Muslime 'unter den Augen von Dutchbat' getötet wurden, sind unbegründet." Aus dem Nebensatz, daß die bosnisch-serbische Armeeführung unter General Ratko Mladic „im Falle von bewaffneter Gegenwehr zurückgeschreckt wäre, wegen des Risikos von Opfern auf der Unprofor-Seite", machten deutsche Blätter eine Kritik an der „Tatenlosigkeit" (*Süddeutsche Zeitung*) der Blauhelme. Die Botschaft ist klar: Frieden muß nicht bewahrt, Frieden muß erzwungen werden. Wer Menschenrechte und Menschenleben verteidigen will, soll künftig schneller schießen. Auf die Idee, daß der Fehler woanders liegt, ist kaum ein Kommentator gekommen, obwohl ihn die NIOD-Studie ausdrücklich benennt: Bereits die Entsendung der Dutchbatters 1993 sei fragwürdig gewesen, weil sich die Niederlande damit aus „politischem Ehrgeiz" auf eine „unklare" und „praktisch nicht durchführbare" Mission eingelassen hätten.[68]

Im Unterschied zu der recht ausgewogenen Beurteilung der niederländischen Politik enthält der Bericht eine scharfe Kritik an den USA. Wenn eine Regierung nach Veröffentlichung der Studie hätte zurücktreten müssen, dann die in Washington. Eins der Kapitel ist - so der britische „Guardian" - „eine der sensationellsten Studien über westliche Geheimdienste, der je veröffentlicht worden ist."[69]

Verfasser dieses Kapitels ist Cees Wiebes, der ungehinderten Zugang zu den Akten des niederländischen Geheimdienstes hatte und auch die Dienste anderer westlicher Länder und Bosniens kontaktierte. „Da haben wir die ganze Geschichte der geheimen Allianz zwischen dem Pentagon und radikalen islamistischen Gruppen aus dem Mittleren Osten, die den bosnischen Muslimen beistehen sollten - einige davon dieselben Gruppen, die das Pentagon jetzt bekämpft."[70] Die verdeckte Kooperation habe das Ziel gehabt, das UN-Waffenembargo, das für alle bosnischen Kriegsparteien galt, einseitig zugunsten der Muslime zu unterlaufen.

---

68 - Der NIOD-Bericht, auch in englischer Sprache, findet sich unter www.srebrenica.nl
69 - *Guardian*, 22.04.2002

Das Muster ist dasselbe wie beim Iran-Gate der achtziger Jahre, als CIA-Seilschaften mit den Mullahs bei der Aufrüstung mittelamerikanischer Contras zusammenarbeiteten. „Waffen, die vom Iran und von der Türkei mit finanzieller Hilfe aus Saudi-Arabien gekauft worden waren, trafen nachts aus dem Mittleren Osten ein. Anfänglich benutzte man Flugzeuge der Iran Air, aber als der Umfang zunahm, wurden sie unterstützt durch eine geheimnisvolle Flotte schwarzer Hercules C-130. Der Bericht betont, daß die USA in den Lufttransport 'sehr eng verwickelt' waren", schreibt der *Guardian*.

Transitland war Kroatien, das als Provision „zwischen 20 und 50 Prozent" des Schmuggelgutes einbehielt, und darüber hinaus „große Mengen illegaler Waffen aus Deutschland, Belgien und Argentinien" erhielt. „Die deutschen Geheimdienste waren darüber voll im Bilde." Auf amerikanischer Seite soll nicht die CIA, sondern der Geheimdienst des Pentagon die Aktion koordiniert haben. Mit seiner Hilfe wurden die UN, die bei der Überwachung des Embargos auf die US-amerikanische Luftaufklärung angewiesen waren, getäuscht.

Ähnlich bedeutsam wie der niederländische Report war der Srebrenica-Bericht, den eine Untersuchungskommission der französischen Nationalversammlung im November 2001 vorgelegt hatte.[71] Auch dort findet sich ein Hinweis auf die Verwicklung der Vereinigten Staaten in die Ereignisse. Demnach hat UN-Generalsekretär Kofi Annan am 15. November 1999 „ein internes Treffen der bosniakisch(-muslimischen) Führung vom 28. und 29. November 1993 erwähnt, auf dem Präsident Izetbegovic erklärt habe, (...) er habe in Erfahrung gebracht, daß eine Intervention der Nato in Bosnien-Herzegowina möglich sei, aber nur stattfinden könne, wenn die Serben gewaltsam in Srebrenica eindrängen und dort mindestens 5.000 Personen massakrierten."[72] Auch Hakija Meholjic, vor dem Fall der Stadt Vorsitzender der Sozialdemokratischen Partei, stützt die These von einer frühzeitigen US-Einmischung. Er nahm an einem Treffen der bosnisch-muslimischen

---

70 - Das entsprechende Kapitel des Berichtes ist mittlerweile als Buch erschienen: Cees Wiebes, Intelligence and the War in Bosnia 1992 – 1995, Münster-Hamburg-London 2003; die Zitate sind allerdings der Guardian-Zusammenfassung entnommen
71 - Kurzfassung in *FAZ*, 12.12.2001
72 - z.n. *Balkans-Info* 63

Staatsführung im September 1993 in Sarajevo teil, auf dem der damalige Präsident Alija Izetbegovic gesagt habe: „Wißt ihr, Clinton bot mir im April 1993 ... an, daß die Streitkräfte der Tschetniks (Schimpfwort für serbische Soldaten, eigentlich Selbstbezeichnung royalistischer Freischärler im Zweiten Weltkrieg, Anm. J.E.) Srebrenica erobern, ein Massaker von 5.000 Muslimen begehen, und dann könne eine militärische Intervention geschehen."[73] Demnach hat Clinton über zwei Jahre vorher genau das vorgeschlagen, was dann im Sommer 1995 passiert ist.

Die Ergebnisse der Exhumierungsarbeiten

Zur Klärung der Frage, wie viele der aus Srebrenica Vermißten denn nun wirklich tot sind, wurden übrigens weder für den niederländischen noch für den französischen Bericht eigene Untersuchungen angestellt. Zwar tauchen die ominösen 7.000 bis 8.000 Toten in beiden auf, aber die Zahlen werden nur repetiert, ohne Fakten zu präsentieren. Das holländische Wochenmagazin *Elsevier* kritisiert: „Die Schuld der bosnischen Serben wird nicht geringer, wenn keine siebentausend, sondern zwei- oder dreitausend Muslime abgeschlachtet wurden. Aber eine genauestmögliche Feststellung der Anzahl der Todesopfer ist von Bedeutung, wenn es um die Wahrheitsfindung geht. Und genau hier wird die Untersuchung der NIOD ... den Anforderungen nicht gerecht."[74]

Die Zahl „zwei- bis dreitausend" kann als wahrscheinlich gelten, da sie von den Ergebnissen der Leichensuche gestützt wird. Das UN-Tribunal in Den Haag, das die entsprechenden Grabungsarbeiten in und um Srebrenica koordiniert, gab im August 2001, sechs Jahre nach den fraglichen Ereignissen, die Gesamtzahl der gefundenen Leichen mit „mindestens 2.028" an. Diese seien aus 21 Massengräbern geborgen worden, 18 weitere seien noch nicht untersucht.[75]

Auch wenn man die inflationären Zahlenspiele der Nato-Propa-

---

73 - Interview mit der muslimischen Zeitung *Dani* (Sarajevo), 22.6.1996
74 - z.n. *Konkret*, 06/2002
75 - Am 16. Januar 2004 gab Dean Manning, ein mit den Grabungsarbeiten in Srebrenica beauftragter Spezialist der Anklagevertretung des Haager UN-Tribunals, als Zeuge im Prozeß gegen Slobodan Milosevic folgende Zahlen an: 2.541 Leichen seien gefunden worden, 70 davon konnten bislang identifiziert werden. Zu höheren Angaben über die Zahl der gefundenen Leichen vergleiche auch Fußnote (90)

ganda ablehnt, bleiben die Beweise, daß Hunderte, vermutlich sogar weit über eintausend Moslems durch die Serben exekutiert worden sind, erdrückend.

Selbstverständlich haben schwere Gefechte stattgefunden, selbstverständlich gab es dabei viele Tote auf beiden Seiten - doch ebenso und höchstwahrscheinlich in größerem Umfang wurden Moslemsoldaten, die sich bereits ergeben hatten, liquidiert. Dies ergibt sich zwingend aus den bei den Exhumierungsarbeiten nachgewiesenen Fesselungen und Augenbinden der Leichen - kämpfende Soldaten werden sich diese wohl kaum im Gefecht selbst angelegt haben. Bis November 2001 wurden an 199 Leichen Augenbinden gefunden, 25 dieser Leichen waren zusätzlich gefesselt. In 314 weiteren Fällen hat man Fesselspuren an den Handgelenken nachgewiesen. Weiterhin fanden sich 47 Augenbinden und 29 Fesselungen lose in den Sammelgräbern.[76] Auch von den übrigen Toten könnten viele exekutiert worden sein - man muß Wehrlose nicht fesseln und ihnen die Augen verbinden, um sie zu erschießen. Zwar ist nicht auszuschließen, daß auch Moslems von Moslems hingerichtet wurden, wenn man die obige Aussage von Ibran Mustafic in Rechnung stellt. Doch angesichts der Umstände - die Moslems befanden sich auf der Flucht und waren unter Beschuß - dürfte das allenfalls einen kleineren Teil der Exekutionen erklären.

Ungeklärt ist jedoch, ob diese Morde von der Armeeführung angeordnet wurden oder ob es ein spontanes Pogrom war, das die Generalität nicht verhindert hat, weil sie es entweder nicht verhindern konnte oder nicht wollte. Der niederländische NIOD-Bericht (s. o.) stellt dazu fest: „Ein schriftlicher Befehl wurde nicht gefunden ... Es ist unwahrscheinlich, daß (das Massaker) lange vorher in dieser spezifischen Form und in diesem Ausmaß geplant worden war ... Besonders angesichts der großen Anzahl von Gefangenen verloren die bosnischen Serben die Selbstkontrolle." Weiterhin lehnt die Studie eine Schuldzuschreibung an den damaligen jugoslawischen Präsidenten Milosevic explizit ab: „Es gibt keine Hinweise auf eine politische oder militärische Verbindung (des bosnisch-serbischen Generalstabes) nach Belgrad."

---

76 Zahlen des Haager Tribunals, nach *Balkans-Info* 62

Die serbischen Toten

Im *Ljiljan* bezeugen ehemalige Bewohner Srebrenicas, wie eine Mafia um Naser Oric während der Zeit der serbischen Belagerung ab Frühjahr 1993 die Macht in der Stadt an sich riß. Sie habe humanitäre Hilfslieferungen unter ihre Kontrolle gebracht und auf dem schwarzen Markt zu Höchstprofiten verkauft, während die Bevölkerung hungerte. Mustafic über die Zeit der Belagerung: „In Srebrenica konnte man auf dem Markt immer jeden Artikel kaufen. Selten hat etwas gefehlt. Die einzige Nachschubquelle war die humanitäre Hilfe. Denn es ist nie ein kommerzieller Konvoi nach Srebrenica gelangt. Es hat auch Kontakte über die Frontlinien hinweg gegeben, aber sobald die offizielle Führung davon Wind bekommen hat, daß jemand etwas zu einem geringeren Preis kaufen konnte, wurde sofort interveniert, denn man hat mit aller Macht versucht, das Monopol auf dem Markt in Srebrenica zu halten und die einzige Versorgungsquelle zu sein."[77]

Nachdem die Kritik an Oric Anfang August 1996 sogar das Parlament in Sarajevo beschäftigte, - wie zu erwarten bei völligem Desinteresse der westlichen Medien -, veröffentlichte die Tageszeitung *Oslobodjne* kurz darauf eine Art Rechtfertigung des Beschuldigten, die sich allerdings für unvoreingenommene Beobachter eher wie das Gegenteil liest. So bezeichnet er Ibran Mustafic als „Fünfte Kolonne", jener habe „das Volk verraten und verlassen." Er hingegen habe im Mai 1992 „zuerst die Tschetnik-Dörfer gesäubert, und dann haben wir die Stadt (gemeint: Srebrenica) angegriffen und haben sie erobert." [78]

Dieses Selbstlob Orics verweist darauf, daß in der Gegend von Srebrenica und Bratunac auch sehr viele Tote auf das Konto muslimischer Mörder gehen. Auch diese Verbrechen werden von holländischen Blauhelmen bezeugt, etwa von Leutnant Jasper Verplanke von der Eliteeinheit Korps Commandotroepen: „Naser Oric sicherte sich die Kontrolle über große Teile Bosniens durch die Taktik der verbrannten Erde. Deswegen hat (General) Karremans recht, wenn er sagt, daß große Massaker an der serbischen Bevölkerung verübt

---

77 - Interview in *Slobodna Bosna*, a.a.o.
78 - *Oslobodjne*, fünfteilige Fortsetzungsserie ab 24.8.1996, zitiert nach *Balkan Press* 5/96

wurden. Man fragt nach Beweisen, weil es natürlich keine lustigen Homevideos mit vergewaltigten Frauen und getöteten Männern gibt. Aber diese Dinge geschahen wirklich."[79] Verplanke irrt nur an einem Punkt: Zumindest ein „lustiges Homevideo" gibt es tatsächlich. Naser Oric hat es voller Stolz westlichen Pressevertretern gezeigt: "Naser Orics Kriegstrophäen hängen nicht an der Wand seines komfortablen Appartements, sie sind auf Videokassetten: 'Verbrannte Häuser, serbische Männer ohne Kopf, ihre Körper zu einem bemitleidenswerten Haufen aufgeschichtet."[80] „Die nächste Ladung Tote ging auf Sprengstoff zurück. ‚Wir jagten sie zum Mond hinauf', brach es aus ihm heraus. Als Bilder einer Geisterstadt mit vielen Einschußlöchern erschienen, aber keine Leichen zu sehen waren, beeilte sich Oric zu sagen: ‚Wir töteten dort 114 Serben.' Später wurde gefeiert, Sänger mit öliger Stimme sangen von seinem Ruhm."

In Srebrenica lebten bei Kriegsausbruch im Frühjahr 1992 etwa ein Drittel Serben.[81] Bis zum Jahresende wurden fast alle mit den eben beschriebenen Terrormethoden eingeschüchtert und vertrieben. Zur Schätzung der Zahl der Opfer von Orics Feldzügen sind wir auf serbische Quellen angewiesen. Die bosnisch-serbische Wochenzeitung *Javnost* berichtete am 23. Dezember 1995, „daß in ganz Podrinje - das Gebiet auf der bosnischen Seite der Drna zwischen Zvornik im Norden und Visegrad im Süden - 192 Dörfer verbrannt, 2.800 Serben getötet und sechs tausend verletzt worden waren."[82] Die Zahl der verbrannten Dörfer wird von Dutchbat-General Karremans bestätigt.[83] Nach Informationen des bereits erwähnten Belgrader Professors Milivoje Ivanisevic waren etwa 100 Dörfer allein im näheren Umkreis von Srebrenica betroffen. Der serbische Pathologe Zoran Stankovic berichtet: „Wir haben seinerzeit auf ebendiesem Gebiet 1.000 ermordete Serben identifiziert, wovon wir (den damaligen Chefankläger in Den Haag) Richard Goldstone in Kenntnis gesetzt haben, aber für diese Erkenntnisse

---

79 - *Nieuwsblad van het Noorden*, 17.8.1995
80 - *Washington Post*, 16.2.1994
81 - Trifunovic gibt das Ergebnis der Volkszählung von 1991 mit 35,5 Prozent Serben und 61,9 Prozent Moslems an. Honig und Both referieren das Ergebnis die Volkszählung von 1990 mit 22,7 Prozent Serben und 75,2 Prozent Moslems.
82 - *De Groene Amsterdammer*, 13.3.1996
83 - nach *NRC - Handelsblad*, a.a.o.

hat sich niemand interessiert."[84] Vorsitzender einer UN-Expertenkommission zu den Ereignissen in Srebrenica 1992/93 war Professor Cherif Bassiouni aus Chicago. In seinem Abschlußbericht an den Generalsekretär vom 27. 5. 1994 unterschlug er die von den Serben vorgelegten Beweise für den moslemischen Terror. Wenn man weiß, daß Bassiouni an anderer Stelle die Scharia als „flexible Rechtsordnung" lobte und „keinen Widerspruch zwischen dem Konzept des Dschihad und der UN-Charta" entdecken konnte,[85] wird seine Handlungsweise nachvollziehbar.

Im Januar 1993 hatte sich aus den Resten der abgezogenen jugoslawischen eine bosnisch-serbische Armee in der Region konstituiert, es begann die Gegenoffensive. Im April 1993 erklärte der UN-Sicherheitsrat Srebrenica zur Schutzzone, doch die in der UN-Resolution zugesagte Demilitarisierung wurde nicht durchgeführt. Folglich ging der Terror der von Oric befehligten Verbände weiter. Ein holländische Blauhelm erinnert sich: „Die Moslems machten systematische Angriffe aus der Enklave heraus, und hinterher zogen sie sich gewöhnlich wieder auf das Gebiet unter dem Schutz der UN zurück."[86] In dieser Zeit wurden noch einmal mehr als 500 Serben von Orics Truppen ermordet.[87]

Demnach wurden 1.500 Serben Opfer moslemischer Übergriffe, über 1.000 der Toten sind namentlich identifiziert. Auf der anderen Seite haben die Exhumierungsarbeiten, die das Internationale Kriegsverbrechertribunal in und um Srebrenica vornahm, etwa 2.000 moslemische Leichen zu Tage gefördert. Von diesen Toten sind 70 namentlich identifiziert.[88] Ist es pro-serbisch, wenn man feststellt: Das Leid hatte auf beiden Seiten ungefähr dieselbe Dimension? Und dabei sind die serbischen Opfer der Krajina-Offensive, die kurz nach den Ereignissen von Srebrenica begann, an dieser Stelle noch gar nicht berücksichtigt.[89]

---

84 - *Vecernje Novosti*, 14.7.1996
85 - Im Interview mit Oliver Tolmein, z.n. Tolmein, Welt Macht Recht. Konflikte im internationalen System nach dem Kosovo-Krieg, Hamburg 2000, S.149/158
86 - *Debriefing Report*
87 - Nach Aussagen des serbischen Pathologen Stankovic, der die Autopsien vornahm und davon Fotos gemacht hat; vgl. Trifunovic, a.a.o.
88 - vgl. Fußnote 75
89 - siehe dazu ausführlich S. 190 f

Doch die muslimischen Leichenzahlen werden inflationiert,⁹⁰ die serbischen ignoriert. So schärft sich das Feindbild - die conditio sine qua non eines jeden Krieges im Medienzeitalter.

Festnahmen und Urteile 2003

Seit 15. April 2003 muß sich Naser Oric in Den Haag verantworten. Die Anklageschrift wirft dem bisher prominentesten muslimischen Angeklagten Brandschatzungen serbischer Dörfer, Entführungen, Folterungen und Morde vor. So erfreulich die Tatsache seiner Festnahme ist, so deutlich wird auch in diesem Fall, daß mit zweierlei Maß gemessen wird: Obwohl die Anklage eindeutig feststellt, daß Oric von 17. April 1992 „bis August 1995" Kommandeur der muslimischen Einheiten in und um Srebrenica war, wird ihm nicht die Gesamtheit aller von seinen Einheiten begangenen Morde und damit Völkermord zur Last gelegt, sondern lediglich einzelne Mordfälle (die Anklageschrift führt sieben getötete Serben namentlich auf).⁹¹

Im Unterschied dazu müssen sich alle serbischen Kommandeure wegen Völkermord verantworten. Dies betrifft sowohl den Oberbefehlshaber Mladic, als auch den Eroberer von Srebrenica General Krstic, das militärische Pendant zu Oric auf serbischer Seite. Er wurde zu einer Freiheitsstrafe von 46 Jahren verurteilt, bis dato das höchste Urteil in Den Haag. Selbst rangniedrige Offiziere der bosnisch-serbischen Armee wie Dragan Obrenovic und Momir Nikolic saßen im Jahre 2003 wegen Völkermordes in Srebrenica auf der Anklagebank. Erst im Gegenzug zu umfangreichen Geständnissen wurde dieser Punkt – und damit die Drohung mit lebenslanger Haft – jeweils fallengelassen.

Wie wenig die durch solche Kuhhändel erzielten Schuldbekenntnisse serbischer Militärs mit den wirklichen Ereignissen in Srebrenica zu tun haben, sollte sich spektakulär am 29. September 2003 zeigen. Der Angeklagte Nikolic widerrief sein Geständnis, wonach er

---

90 - Zum 5. Jahrestag der Srebrenica-Ereignisse las man in vielen Zeitungen von "4.600 exhumierten Leichen" (z.B. *Taz*, 11.7.2000). Die Zahl kommt so zustande, daß zu den von den Haager Ermittlern ausgegrabenen Skletten noch jene addiert werden, die muslimische Behörden gefunden haben wollen. Deren Exhumierungen sind aber interessengeleitet: "Die Knochen aus Srebrenica sind das Fundament unseres Staates." (Ejup Ganic, zum Zeitpunkt der Eroberung Srebrenicas Vize-Präsident der muslimisch-kroatischen Föderation)

91 - Anklageschrift unter www.un.org/icty/indictment/english/ori-ii030328e.html

am 13. Juli die Erschießung von 1.000 Moslems in Kravica befehligt habe – angeblich eines der größten Massaker nach dem Fall von Srebrenica. Vielmehr sei er an diesem Tag noch nicht einmal vor Ort gewesen. Mit seinem Geständnis, in dem er auch seinen Vorgesetzten Ljubomir Borovcanin belastete, habe er der Anklage bei weiteren Verfahren helfen und so sein eigenes Strafmaß reduzieren wollen. „Es sieht nun danach aus, daß er so verzweifelt zu einem Deal mit den Anklägern kommen wollte, daß er bereit war zu lügen ... dieser Fall läßt vermuten, daß einige der Angeklagten in Versuchung sein könnten, die Fakten auszuschmücken, um ihre Verbrechen für einen Deal ‚aufzuwerten'", schrieb Chris Stephen vom prowestlichen Institute for War and Peace Reporting.[92]

Der 48jährige Nikolic wurde im Dezember 2003 zu 23 Jahren Haft verurteilt. „Die Richter blieben damit deutlich über dem Antrag der Anklagebehörde, die 15 bis 20 Jahre gefordert hatte."[93] Die Botschaft ist klar: Wer nicht im Sinne der Anklage zu lügen bereit ist, wird für immer hinter Gittern enden.

---

92 - Chris Stephen, Key Srebrenica Witness Admits Lying, 4.10.2003, www.iwpr.net
93 - *dpa*, 23 Jahre Haft für bosnischen Serben, in: *FAZ*, 19.12.2003

Planmäßige Eskalation

Völkermord – die Lüge, die den Krieg vorbereitete

Behauptet wurde: „Am 24. März 1999 sieht die Nato Vertreibung und Völkermord nicht länger zu." (Bundesverteidigungsminister Rudolf Scharping)[94]

Tatsache ist: Im Kosovo gab es weder Vertreibung noch Völkermord, sondern einen Bürgerkrieg. Am 24. März 1999 griff die Nato auf Seiten der albanischen Untergrundorganisation UCK in diesen Bürgerkrieg ein.

Nach dem Sturz des sozialistischen Regimes in Albanien 1990 hatte die Bundesregierung schnell gute Beziehungen zu der prowestlichen Nachfolgeregierung aufgebaut. Die wichtigsten Verbindungsleute zwischen der damaligen Bundeshauptstadt Bonn und der albanischen Hauptstadt Tirana waren in dieser Zeit die Politiker Sali Berisha und Bujor Bukoshi. Berisha, 1993 zum Präsidenten Albaniens gewählt, hatte schon immer für die Vereinigung des albanischen Mutterlandes mit den albanischen Siedlungsgebieten außerhalb der Staatsgrenzen geworben. Deswegen war es nur konsequent, daß er schließlich - so jedenfalls die *New York Times* im Juni 1998 – auch seinen Familiensitz im nordalbanischen Vucidol als Trainingslager für kosovarische Terrorgruppen zur Verfügung stellte.

Berishas Regime wurde bis zu seinem Sturz 1997 massiv aus Bonn finanziert. Der damalige Außenminister Klaus Kinkel berichtete im Februar 1998, die Bundesregierung habe Albanien „in den vergangenen Jahren mit insgesamt rund einer Milliarde Mark unterstützt. Kein anderes Land hat... von Bonn pro Kopf der Bevölkerung so viel Entwicklungshilfe erhalten."[95] In Tirana hatten sowohl die CSU-nahe Hanns-Seidel-Stiftung wie die Konrad-Adenauer-Stiftung der CDU ihren Sitz, letztere war „bei der Formulierung eines auf

---

94 - Rudolf Scharping, Wir dürfen nicht wegsehen. Der Kosovo-Krieg und Europa, Berlin 1999 (Klappentext)
95 - *FAZ*, 9.02.1998

Berisha zugeschnittenen Wahlrechts behilflich", wie das Fernsehmagazin *Monitor* im März 1993 berichtete.[96] Ungewöhnlich war auch das Angebot der Bundesregierung, eine gemeinsame deutschalbanische Truppeneinheit zu bilden - sie wurde Ende 1996 als Teil des deutschen Bosnien-Unterstützungskontingents im kroatischen Zadar stationiert. Insgesamt wurden 1995 vierzehn gemeinsame Militärkooperationen durchgeführt, 1996 über zwanzig.

Offensive nach Dayton

Der zweite deutsche Kontaktmann, Bujor Bukoshi, war 1992 von den Albanern im Kosovo zu ihrem Ministerpräsidenten gewählt worden – in einer Wahl, die klandestin durchgeführt werden mußte, weil sie von den jugoslawischen und serbischen Behörden nicht erlaubt worden war. Im Unterschied zu Ibrahim Rugova, der auf dieselbe Weise zum Titel eines Präsidenten der Kosovo-Albaner gekommen war und immer die Gewaltfreiheit betonte, gab Bukoshi von Anfang an den Hardliner. Trotzdem durfte er seit seinem Amtsantritt in Bonn residieren. Auf diese Weise war die damalige deutsche Hauptstadt gleichzeitig auch Sitz der ansonsten international nicht anerkannten Regierung der Kosovo-Albaner.

Besonders deutlich wurde die provokatorische Rolle von Bukoshi und seinen deutschen Gastgebern, als die Serben im Jahre 1995 im Kosovo-Konflikt eine „konziliantere Haltung" einzunehmen begannen und Milosevic sogar erwog, der Provinz „eine Autonomie nach den Richtlinien der Verfassung von 1974 einzuräumen", also die vollständige Gleichberechtigung mit Serbien.[97] In dieser Situation, in der die Albaner im Kosovo gespalten waren „zwischen denen, die die Autonomie mittelfristig für das beste hielten und jenen, die auf Unabhängigkeit bestanden" (so die Einschätzung des UN-Flüchtlingswerks UNHCR), unterstützte Bukoshi die Extremisten.

Bei den Dayton-Verhandlungen über einen Friedensschluß in Bosnien im Oktober desselben Jahres drängte Deutschland auf eine Einbeziehung der Kosovo-Frage. Doch die US-Administration hielt nichts von diesem Junktim, ihr war eine Übereinkunft mit Milosevic wichtiger. Gegen diese auf Ausgleich bedachte Realpolitik der USA

---

96 - z.n. Marcel Noir/Carlos Kunze, Berishas Traum, in *Jungle World*, 24.6. 1998
97 - www.unhcr.ch/refworld/country/cdr/cdrkos.htm

formierte sich nun „eine Übereinkunft unter den Albanern und ihrer großen Diaspora, wonach, da der Kosovo von der Dayton-Agenda ausgeschlossen worden war, nun die Kosovo-Albaner selbst zur Tat schreiten müßten" (UNHCR). Die Bundesregierung war ähnlicher Ansicht. „Jetzt müssen wir die Scheinwerfer auf das Kosovo richten!", gab Kinkel nach Dayton als Devise aus.

Im Anschluß an Dayton versuchte Deutschland, den USA in der Rolle des Friedensstifters den Rang abzulaufen, was nach rund einem Jahr auch gelang: In München fand im Januar 1997 eine „Vermittlung ... zwischen Beratern des serbischen Präsidenten Slobodan Milosevic und den Vertretern der Kosovoalbanischen Führung" statt. Mit diesen Worten warben die Veranstalter der Tagung, das von der Bundesregierung finanzierte „Europäische Zentrum für Minderheitenfragen" (EZM) und das „Centrum für angewandte Politikforschung" (CAP), dessen Leiter Werner Weidenfeld damals zum engsten Beraterstab von Kanzler Helmut Kohl gehörte. Den uneigennützigen Vermittlern, zu denen sich auch das Auswärtige Amt gesellte, lag zu Beginn des Treffens eine Studie vor, die eine offene Kampfansage an die bis dahin noch moderate Kosovo-Politik der Clinton-Administration war: „Der akuteste Krisenherd, der mit Hilfe der bereits deutlich demonstrierten Handlungsunwilligkeit des Westens bald zur Explosion kommen wird, ist der Kosovo, dessen albanische Mehrheitsbevölkerung ... ihren Willen zur Sezession und einem eventuellen späteren Anschluß an Albanien eindeutig zum Ausdruck gebracht hat. Die historischen Gebietsansprüche der Serben müssen dem Recht auf Heimat der Albaner unzweifelhaft weichen ... Die geschlossenen albanischen Siedlungsgebiete im Kosovo grenzen unmittelbar an albanisches Staatsgebiet, so daß ein Anschluß ohne größere Schwierigkeiten möglich ist. Dies gilt im Prinzip auch für die albanischen Siedlungsgebiete in Mazedonien, im Süden Serbiens und in Montenegro."

Deutschmark für die UCK

Diese diplomatische und politische Vorbereitung des Terrains hätte freilich wenig genützt, wäre nicht ab Februar 1996 vor Ort eine starke Kraft in derselben Richtung aktiv geworden: die albanische Terrororganisation Ushtria Clirimtare e Kosoves, kurz UCK. Andererseits hätte ohne deutsche Unterstützung aus diesem marodierenden Freischärlerhaufen nicht innerhalb von zwei Jahren eine schlagkräftige Armee werden können.

„How Germany backed KLA" (KLA - Kosovo Liberation Army - wird in den englischsprachigen Medien synonym für UCK verwendet) überschrieb das englische Wochenblatt *The European* Ende September 1998 eine Recherche. Dort wurde behauptet, daß „der deutsche zivile und militärische Geheimdienst in die Ausbildung und Bewaffnung der Rebellen verwickelt ist, um den deutschen Einfluß auf dem Balkan zu zementieren und das Flüchtlingsproblem anzupacken." Deswegen sei es zu „einem ernsthaften Bruch zwischen dem BND und der CIA gekommen", hieß es mit Bezug auf französische Diplomaten. Weiter schrieb die Zeitung: „Die Entstehung der UCK im Jahr 1996 fiel mit der Ernennung von Hansjörg Geiger zum neuen BND-Chef zusammen. Einer seiner ersten operativen Beschlüsse war die Einrichtung einer der größten Regionalvertretungen des BND in Tirana ... BND-Agenten arbeiten eng mit den Führern des Shik, des albanischen Geheimdienstes, zusammen ... Die BND-Männer hatten die Aufgabe, Rekruten für die UCK-Kommandostruktur herauszusuchen."[98] Ähnliches berichtete die ARD-Sendung *Monitor*: „Seit 1990 pflegt die Bundesregierung gute Beziehungen zu den albanischen Geheimdienstlern. Militärische Ausrüstung im Wert von zwei Millionen Mark wurde ins albanische Krisengebiet entsandt. Die Militärgüter seien zum Teil an die Rebellenarmee UCK gelangt." Ein beteiligter MAD-Mitarbeiter sagte gegenüber *Monitor*, die Aktion sei „von ganz oben" erwünscht gewesen.[99] Von Bill Foxton, dem Leiter des OSZE-Beobachterbüros an der Grenze zwischen Albanien und Kosovo, wurde Ende Juni 1998 „erstmals entdeckt, daß die UCK plötzlich uniformiert ist. Und zwar mit deutschen Feldanzügen."[100] Wesentlich weitergehende Anschuldigungen von serbischer Seite, wonach die Guerillaausbildung auch in Deutschland selbst stattgefunden haben soll - genannt wurden u. a. geräumte Nato-Kasernen in Hechingen bei Tübingen, in der Nähe von Nürnberg und Bonn sowie ein Asylbewerberheim in Singen - sind nicht belegt.

Wichtiger als die logistische Unterstützung aus Deutschland dürf-

---

98 - *TE*, 21-27 September 1998
99 - *Monitor*, 23.09.1998
100 - Interview mit Foxton in: *Jungle World*, 9.Juni 1998

te die finanzielle gewesen sein. Von Bonn aus betrieb Bukoshi ein System illegaler Zwangsbesteuerung der in Deutschland lebenden Kosovo-Albaner. Obwohl eine ähnliche Praxis der kurdischen Untergrundbewegung PKK von den deutschen Behörden streng verfolgt wird und auch die USA ab Sommer 1998 die Bundesregierung zum Einschreiten drängten, konnte Bukoshi bis Ende 1999 nach eigenen Angaben 216,7 Millionen Mark eintreiben.[101] Sein Spendensammler in Deutschland, ein Kosovoalbaner namens Kelmendi, dankte der Bundesregierung noch im Sommer 1998 ausdrücklich dafür, daß sie die Zwangskollekte nicht behindert hat.[102] Gleichzeitig gab er zu, daß „ein großer Teil" davon für die UCK bestimmt sei, schließlich seien deren Waffenkäufe auch eine Form „humanitärer Hilfe."

Der Bürgerkrieg bricht aus

Mittels dieser humanitären Hilfslieferungen startete die UCK ab Frühjahr 1998 eine Großoffensive, in deren Verlauf sie über ein Drittel des Kosovo unter ihre Kontrolle brachte. Als sie diese Gebiete im Zuge einer Gegenoffensive der jugoslawischen Armee im Spätsommer 1998 größtenteils wieder verlor, füllten sich die westlichen Zeitungen mit Berichten über serbische Massaker an der Zivilbevölkerung. Die Bundesregierung verbreitete ähnlich tendenziöse Einschätzungen. "Nach Ausbruch der Kämpfe im Kosovo im März 1998 wurde von den Sicherheitskräften eine gezielte Vertreibungsstrategie, eine Politik der verbrannten Erde betrieben: Nicht nur der UCK, sondern auch der Zivilbevölkerung sollte ein Verbleib in den Häusern und Dörfern unmöglich gemacht werden."[103] Wie es wirklich war, geht aus einer internen "Lageanalyse" des deutschen Auswärtigen Amtes" hervor, deren Verbreitung durch den Vermerk: "Nicht zur Veröffentlichung bestimmt - Nachdruck verboten" unterbunden werden sollte. Im Anhang des Buches sind die Passagen des Berichtes über die Situation im Kosovo 1998 ungekürzt abgedruckt,

---

101 - *Radio Free Europe / Radio Liberty, Balkan Report* vom 4.2.2000
102 - vgl. Oliver Hoischen, Die Befreiungsarmee des Kosovo wird mit Geld aus Deutschland unterstützt, in: *FAZ*, 15.7.1998
103 - Auswärtiges Amt, Die serbische Strategie der "ethnischen Säuberungen" (Bosnien-Herzegowina und Kosovo), unter www.auswaertiges-amt.de/6_archiv/2/p/P9903331b.htm

damit sich der Leser selbst ein Bild machen kann. An dieser Stelle deswegen nur ein paar typische Auszüge: „Die UCK hatte in den 'befreiten Gebieten' breiten Rückhalt in der Bevölkerung. Auf nach albanischer Darstellung hat sich die Bevölkerung teilweise aktiv an den bewaffneten Auseinandersetzungen beteiligt. Auf UCK-Seite sollen auch Frauen mitgekämpft haben, auch ein 15-jähriger UCK-Angehöriger wurde schon von internationalen Beobachtern angetroffen. Insofern ist die Abgrenzung zwischen UCK-Kämpfern, mitkämpfenden Einwohnern und reinen Zivilisten sowohl für die Sicherheitskräfte als auch für die objektive Bewertung der Sachlage schwierig ... Die Kampfhandlungen im Kosovo wurden von beiden Seiten mit militärischen Mitteln geführt, wobei auf serbisch-jugoslawischer Seite die Sicherheitskräfte bei der Einnahme von Ortschaften auch mit schweren Waffen vorgingen ... Die durch die Presse wiederholt gemeldeten ‚Massaker' und Meldungen über ‚Massengräber' trugen zur Beunruhigung der Flüchtlinge bei, konnten jedoch durch internationale Beobachter bislang nicht bestätigt werden. Serbische Regierungsmedien behaupten ihrerseits, Teile der Zivilbevölkerung seien durch Gewaltandrohung der UCK an der Rückkehr in ihre Dörfer gehindert worden."[104]

Schröder wird Kanzler

Nachdem die Unionsparteien die Bundestagswahl Ende September 1998 verloren hatten, waren die Erwartungen an die Nachfolgekoalition unter Kanzler Gerhard Schröder (SPD) und seinem Außenminister Joseph („Joschka") Fischer (Bündnis90/Die Grünen) hoch. „Deutsche Außenpolitik ist Friedenspolitik", hatte die neue Mannschaft schließlich in ihren Koalitionsvereinbarungen postuliert. Selbst der jugoslawische Präsident Slobodan Milosevic, so wird kolportiert, soll sich vom Regierungswechsel in Bonn eine mehr auf Ausgleich bedachte Balkanpolitik versprochen haben.

Doch das sollte sich sehr schnell als Fehleinschätzung erweisen. Bei der Bundestagsdebatte am 16. Oktober 1998 – die Kohl-Regierung war noch kommissarisch im Amt, die Schröder-Mannschaft

---

104 - Auswärtiges Amt, Lagebericht über die asyl- und abschiebungsrelevante Lage in der Bundesrepublik Jugoslawien (Stand: November 1998), 514-516.80/3 YUG, 18. November 1998 (vollständige Kopie im Besitz des Autors)

noch nicht vereidigt – zogen alte und neue Staatsspitze an einem Strang bei der Herbeiführung eines Beschlusses, der dann im März 1999 die Grundlage der deutschen Beteiligung am Nato-Eingreifen abgab. Gezielt wurde vernebelt, worüber der Bundestag an jenem Tag tatsächlich entscheiden sollte, nämlich die erste deutsche Beteiligung an einem Krieg seit 1945. Statt dessen sprach der Antrag der alten Bundesregierung vom "Einsatz bewaffneter Streitkräfte ... zu den von der Nato ... geplanten, begrenzten und in Phasen durchzuführenden Luftoperationen."[105] Der designierte Bundeskanzler Schröder verteilte Placebos: Er sei sicher, "daß es so weit nicht kommen wird, daß wir militärisch intervenieren müssen ... und es zur militärischen Gewaltanwendung höchstwahrscheinlich nicht kommen wird."[106] Als es dann doch so weit kam und mit dem Scheitern der Rambouillet-Konferenz (vgl. S. 101 ff.) ein militärisches Eingreifen der Nato immer näher rückte, gab Schröder dem Parlament keine Möglichkeit mehr zur erneuten Beschlußfassung. Nun rechte der „Vorratsbeschluß" vom 16. Oktober 1998 der rot-grünen Regierung vollkommen aus. „Kriegseintritt per Telefon", kritisierte der kurz vor Bombardierungsbeginn als Finanzminister zurückgetretene Oskar Lafontaine.[107]

Ob die Abgeordneten freilich bei einer erneuten Bundestagsentschließung im Februar/März 1999 gegen den Kriegskurs votiert hätten, ist sehr unwahrscheinlich. Zu sehr hatten sie sich bereits im Oktober 1998 mit einer fälschlich dramatisierten Darstellung der Lage im Kosovo unter Druck setzen lassen. In der Überschrift des Regierungs-Antrages vom 16. Oktober 1998 wurde von der "Abwehr einer humanitären Katastrophe im Kosovo-Konflikt" gesprochen. Der künftige Außenminister Fischer führte dazu aus, die humanitäre Lage habe sich in den Vorwochen "dramatisch verschlechtert ... Zehntausende Menschen haben sich aus Angst vor den serbischen Sicherheitskräften in die Wälder des Kosovo geflüchtet. Die über 290.000 Flüchtlinge und Binnenvertriebene sind ganz zweifellos in einer außerordentlich schwierigen ... verzweifelten Lage ... Wenn die Flüchtlinge und die Binnenvertriebenen nicht bald in ihre Dörfer

---

105 - BT-Drucksache 13/11470
106 - Sitzungsprotokolle des Bundestages der 13. Wahlperiode, S.23135
107 - Oskar Lafontaine, Das Herz schlägt links, München 1999, S.241/242

zurückkehren können ... dann wird es angesichts des bevorstehenden Winters zu einer humanitären Katastrophe kommen."[108] Das war falsch: Bereits Anfang Oktober, zwei Wochen vor der Bundestagsentscheidung, hatte sich die Lage im Kosovo deutlich entspannt. Nach Presseberichten vom 5. Oktober hatte Milosevic seine Truppen weitgehend zurückgezogen und „damit höchstwahrscheinlich die westlichen Forderungen erfüllt."[109] „Armee und Spezialpolizei waren von der Bildfläche verschwunden. Die Polizei reduzierte Checkpoints und das dort vorhandene Personal. Die Kampfhandlungen wurden eingestellt. Flüchtlinge kehrten zurück. Die Anzahl der Flüchtlinge im Freien nahm ab, und es wurde erwartet, daß die Rückkehr der Flüchtlinge sich noch beschleunigen würde, wenn die Waffenruhe hielte", referierte OSZE-Offizier Heinz Loquai die Lage mit Verweis auf „neutrale Beobachter vor Ort."[110]

Demagogisch agierte der designierte Verteidigungsminister Rudolf Scharping am 16.Oktober 1998 vor dem Bundestag. Er sagte: "Wir haben nämlich mit Blick auf die aktuelle Situation im Kosovo festzuhalten, daß der Rückzug der serbischen Polizeieinheiten, Spezialkräfte und Streitkräfte zwar zugesagt, aber nicht durchgeführt ist, daß von den 13.000 dort stationierten Soldaten noch immer 10.000 im Kosovo sind, davon 3.000 dieser besonders berüchtigten Spezialkräfte. Das ist die schlechte internationale Erfahrung, die man mit der Regierung Milosevic sammeln mußte und für die es viele, leider schreckliche Beispiele gibt."[111] Gerade wenn man Scharping zu Gute hält, daß seine Zahlen in diesem Fall ausnahmsweise stimmen, hätte er mit ihnen das Gegenteil von dem bewiesen, was ihm so offensichtlich am Herzen lag: Milosevic des Vertragsbruchs zu überführen. Denn vertraglich war am Vortag zwischen Präsident Milosevic, Nato-Oberbefehlshaber Wesley Clark und Nato-Militärausschußchef Klaus Naumann folgende Höchstzahlen für die Militärpräsenz im Kosovo ausgehandelt worden: 11.300 Soldaten Jugoslawischer Bundesarmee und 10.000 Mann Spezialeinheiten des serbischen Innenministeriums (MUP).[112] Wären Scharpings Zahlen -

---

108 - Sitzungsprotokolle des Bundestages der 13. Wahlperiode, S. 23128
109 - IHT, 5.10.1998
110 - Heinz Loquai, Der Kosovo-Konflikt - Wege in einen vermeidbaren Krieg. Die Zeit von Ende November 1997 bis März 1999, Baden-Baden 2000., S.31
111 - Sitzungsprotokolle des Bundestages der 13. Wahlperiode, S. 23417

10. 000 serbische Soldaten, davon 3.000 MUP-Spezialkräfte - korrekt gewesen, dann hätte Milosevic zum Zeitpunkt der Bundestagsdebatte seine vertraglichen Zusagen nicht nur erfüllt, sondern war bei weitem unter den vereinbarten Obergrenzen geblieben. Es kennzeichnet die Person Scharping, daß sein heiliger Zorn offenbar völlig beliebig durch statistisches Material angefacht werden kann.

Entspannung der Lage

Nachdem Milosevic am 15. Oktober einer Stationierung von OSZE-Beobachtern in der Krisenprovinz zugestimmt hatte und diese angelaufen war, beruhigte sich die Lage im Kosovo weiter. In einem Bericht der Vereinten Nationen wurde die Situation im November folgendermaßen dargestellt: „Es hat keine größeren Kämpfe zwischen den Parteien gegeben, doch einzelne Überfälle und Feuergefechte, für die man sich gegenseitig verantwortlich macht ... Die Rückkehr der Flüchtlinge ist substantiell gestiegen, ist jedoch regional sehr unterschiedlich."[113] Im Dezember 1998 registriert der Bericht der Vereinten Nationen sogar eine noch erfreulichere Entwicklung, zumindest was das Agieren der serbischen Sicherheitsorgane angeht: „Es gibt keine Flüchtlinge mehr im Freien. Die Rückkehrbereitschaft ist unterschiedlich, insbesondere in den Grenzdörfern noch gering ... Die Zusammenarbeit der OSZE mit den serbischen Stellen ist im allgemeinen reibungslos, die mit der UCK hängt von den lokalen Kommandeuren ab. Die OSZE konnte in vielen Fällen vermittelnd und moderierend eingreifen und eine weitere Eskalation verhindern."[114] In einer Gerichtsentscheidung des Verwaltungsgerichtshofes Baden-Württemberg, gefällt mit Bezug auf Informationen des Auswärtigen Amtes, heißt es zur Situation am Jahresende 1998: „Die dem Senat vorliegenden Erkenntnisse stimmen darin überein, daß die zeitweise befürchtete humanitäre Katastrophe für die albanische Zivilbevölkerung .. nach

---

112 - Dieses geheime Zusatzprotokoll zum Milosevic-Holbrook-Abkommen vom 13.10.1998 ist inhaltlich wiedergegeben in der Lageanalyse des Auswärtigen Amtes zur Situation im Kosovo vom 19.3.1999, abgedruckt in Ulrich Cremer/ Dieter S. Lutz, Nach dem Krieg ist vor dem Krieg. Die Sicht der anderen zum Kosovo-Krieg und ihre alternativen Lehren und Konsequenzen, Hamburg 1999
113 - z.n. Loquai, a.a.o., S.33
114 - z.n. Loquai, a.a.o., S.37

79

dem Abflauen der Kämpfe im Anschluß an die Ende 1998 mit der serbischen Führung getroffene Übereinkunft ... abgewendet werden konnte und daß sich seitdem sowohl die Sicherheitslage wie auch die Lebensbedingungen der albanisch-stämmigen Bevölkerung spürbar gebessert haben ... Namentlich in den größeren Städten verläuft das öffentliche Leben zwischenzeitlich wieder in relativ normalen Bahnen ..."[115] Die erwähnten verwaltungsinternen Informationen des Fischer-Ministeriums blieben freilich zu jener Zeit unter Verschluß (Die Urteile wurden erst Ende April 1999 von der Marburger Juristenvereinigung IALANA zugänglich gemacht). In der Öffentlichkeit bemühte sich Scharping selbst in jener Entspannungs-Phase, das anti-serbische Ressentiment wach zu halten. „Der jugoslawische Präsident nutze alle Möglichkeiten, das Abkommen zum Rückzug der serbischen Truppen aus dem Kosovo zu hintertreiben", zitierte ihn die Presse kurz vor Weihnachten.[116]

An der Schwelle des Krieges

Etwa seit den Weihnachtstagen 1998 setzte eine erneute Zuspitzung ein, über deren Gründe im folgenden noch zu sprechen sein wird. Die Gewaltspirale aus Entführungen, Morden, Überfällen und Vergeltungsaktionen ließ die relativ ruhigen Monate Oktober, November und Dezember als Intermezzo erscheinen und drehte sich bis Kriegsbeginn am 24. März schneller. Dennoch muß festgehalten werden, daß die Lage selbst im März 1999 noch besser war als im Spätsommer 1998 und insbesondere serbische Polizei und Armee mit mehr Zurückhaltung agierten.

Aufschlußreich sind hier die Tagesberichte des US State Departments, die jeweils verschiedene verfügbare Quellen, darunter die Berichte der OSZE, des UN-Flüchtlingswerks UNHCR und verschiedener humanitärer Organisationen miteinander verglichen. Dort heißt es etwa am 17. März, eine Woche vor Kriegsbeginn: "Die serbische Offensive gegen die UCK, die die letzten zwei Wochen offensichtlich wurde, gewinnt nun an Schwung ... OSZE-Direktor William Walker sagte, die Serben verstärkten ihre militärischen

---

115 - Urteil des VG Baden-Württemberg vom 4.2.1999, Aktenzeichen A 14 S 22276/98
116 - *Berliner Zeitung*, 24.12.1998
117 - Bureau of European Affairs, Office of South Central European Affairs, U.S. Department of State, Kosovo Update, 17.3.1999 (www.state.gov/www/regions/eur/

Aktivitäten schrittweise und hätten gleichzeitig ein wachsames Auge auf die Reaktion des Westens ... Belgrad scheint die Situation zu kontrollieren, um hohe zivile Verluste zu vermeiden, die dem Westen nur noch die Option einer Militäraktion lassen würden ... Der UNHCR-Bericht stimmt mit den OSZE-Beobachtern überein, daß die zivilen Verluste in den jüngsten Kämpfen 'relativ leicht' waren. Im Bericht heißt es, daß in zumindest einigen Orten die Armee offensichtlich gezielte Versuche mache, den Beschuß von Nicht-Kombattanten zu vermeiden."[117]

Noch aufschlußreicher ist der Lagebericht des Auswärtigen Amtes vom 19. März 1999, fünf Tage vor Kriegsbeginn. Dieser Bericht blieb allerdings, im Unterschied zu den zitierten US-Quellen, unter strengem Verschluß und wurde erst später veröffentlicht.[118] Dort heißt es: "Die Zivilbevölkerung wird, im Gegensatz zum letzten Jahr, i. d. R. vor einem drohenden Angriff durch die VJ (Jugoslawische Armee, Anm. J.E.) gewarnt. Allerdings ist laut KVM (Kosovo Verification Mission der OSZE, Anm. J.E.) die Evakuierung der Zivilbevölkerung vereinzelt durch UCK-Kommandeure unterbunden worden. Nach Beobachtungen des UNHCR ebnet die VJ die Dörfer entgegen der Vorgehensweise im letzten Jahr nicht vollständig ein und zieht ihre Kräfte nach Beendigung ihrer Aktion rasch wieder ab. Nach Abzug der serbischen Sicherheitskräfte kehrt die Bevölkerung meist in die Ortschaften zurück. UNHCR schätzt, daß bisher lediglich etwa 2.000 Flüchtlinge im Freien übernachten müssen. Noch ist keine Massenflucht in die Wälder zu beobachten." Besonders diese niedrige Zahl läßt aufhorchen, waren doch im Oktober 1998 nach derselben Quelle "30.000 bis 70.000 in die Wälder und Berge geflüchtet."

Hören wir nun, wie der deutsche Verteidigungsminister diese Lage übertrieb, um auf dem SPD-Parteitag im April 1999 jede Kritik am Nato-Kurs zu ersticken. „Im März 1999, vor der Ausreise der OSZE-Beobachter ... stieg die Zahl der Flüchtlinge und Vertriebenen auf über 500.000." Freihändig hatte Scharping hier die

---

118 Auszugsweise unter anderem abgedruckt in *Die Woche*, 2. 7. 1999, sowie in Ulrich Cremer/Dieter S. Lutz, Nach dem Krieg ist vor dem Krieg. Die Sicht der anderen zum Kosovo-Krieg und ihre alternativen Lehren und Konsequenzen, Hamburg 1999, S.219-221

Gesamtzahl des UN-Flüchtlingswerkes um 170.000 erhöht.[119] Noch dreister war eine andere Angabe in derselben Rede: „Im Januar 1999 ... wurden im Kosovo und in seinen Randgebieten 300.000 Menschen vertrieben." Damit hatte er das UN-Flüchtlingswerk um das 10-fache überboten, das Ende Januar resümierte, daß "seit Ende Dezember ... annähernd 30.000 Menschen" fliehen mußten.[120] Nach dem Waffenstillstand brach Scharping alle Rekorde und sprach von „600.000 Vertriebenen schon vor (!) dem März 1999".[121]
Halten wir fest: Die Bundesregierung dramatisierte die Situation im Kosovo, dabei verlor insbesondere der Verteidigungsminister jedes Maß. Die gegenteiligen Fakten des AA-Lageberichts vom 19.3.1999 wurden unter Verschluß gehalten.

Komplizenhaftes Schweigen

Die Hauptlüge der Bundesregierung bestand jedoch nicht in der Übertreibung der Krise im Kosovo, denn unstrittig ist ja, daß die Lage sich zwar nicht im Vergleich zum Oktober 1998, in der Tat aber im Vergleich zum Dezember 1998 verschlechtert hatte und sich dieser Trend verschärfte. Die Hauptlüge bestand vielmehr im bewußten Verschweigen der Tatsache, daß diese Verschlechterung nicht auf Aktionen der serbischen Sicherheitskräfte, sondern vor allem auf Terrorakte der UCK zurück ging, und daß unter dieser Verschlechterung die serbische und albanische Zivilbevölkerung gleichermaßen zu leiden hatte.

Einzelheiten liefern erneut Tagesberichte des State Department.[122] Dort heißt es am 1. März 1999: „Nach einer Nichtregierungsorganisation gab es allein in den ersten drei Wochen des Februar 1999 über 40 Morde im Kosovo. Die Opfer waren sowohl ethnische Albaner wie Serben. Es wird klar, daß die serbischen Einwohner der Provinz in wachsender Gefahr sind, weil die Gewalt weitergeht." Am 5. März wird ein genauer Überblick über die Entwicklung der Flüchtlings-

---

119 - In seiner Übersicht vom 18. März 1999 gibt das UNHCR 333.300 Flüchtlinge an, davon 83.300 außerhalb des Kosovo. Hinzu kommen ungefähr 100.000 Kosovo-Albaner, die schon längere Zeit vorher Asyl in Westeuropa beantragt hatten. www.unhcr.ch/refoworld/maps/europe/kos_18mar99.htm
120 - UN Inter-Agency Update on Kosovo Humanitarian Situation Report 77, 25. 1. 1999
121 - Bundestagsprotokoll 14/43 (10.6.1999), S. 3576
122 - Bureau of European Affairs, a.a.o. (ww.state.gov/www/regions/eur

zahlen seit Dezember gegeben, die in schreiendem Widerspruch zu Scharpings Zahlen vor dem SPD-Parteitag steht: „Der (UNHCR-) Bericht stellt fest, daß seit Weihnachten 60.000 neue Flüchtlinge innerhalb des Kosovo entstanden sind. Die Anzahl der Serben, die geflohen sind, ist in diesem Zeitraum dramatisch angestiegen, Schätzungen gehen bis auf 30.000. Sie haben 90 vormals ethnisch gemischte Dörfer verlassen und sich in Zentralserbien niedergelassen." Jeder zweite „neue" Flüchtling seit der Zunahme der Kämpfe Ende Dezember war demnach ein Serbe - was vor dem Hintergrund, daß die Serben nach westlichen Angaben nur ungefähr ein Zehntel der Provinzbevölkerung stellen, zusätzliches Gewicht gewinnt. Am 9. März heißt es: „Während dieser Periode vor der Wiederaufnahme der Friedensgespräche in Paris gibt es wachsende Betroffenheit über die wachsende innerethnische Gewalt in Pristina. Der Exodus der serbischen Einwohner der Stadt geht weiter..."

Kurz und knapp wird die einseitige Schuldzuweisung an die Adresse der Serben auch im bereits erwähnten AA-Lagebericht vom 19. März dementiert. Dort stehen Sätze, die niemals von der Bundesregierung veröffentlicht werden sollten, weil sie alle Rechtfertigungen des Nato-Angriffs wie ein Kartenhaus hätten zusammenstürzen lassen: „Von Flucht, Vertreibung und Zerstörung im Kosovo sind alle dort lebenden Bevölkerungsgruppen gleichermaßen betroffen. Etwa 90 vormals von Serben bewohnte Dörfer sind inzwischen verlassen. Von den einst 14.000 serbischstämmigen Kroaten leben noch 7.000 im Kosovo."

Der CDU-Bundestagsabgeordnete Willy Wimmer, Vizepräsident der parlamentarischen Versammlung der OSZE, bestätigte mit Verweis auf Erkenntnisse der OSZE-Beobachter im Kosovo, daß sich "die jugoslawische Armee an die getroffenen Festlegungen gehalten (hat). Von der UCK wurden sie systematisch unterlaufen, so daß es zu einer unheilvollen Kette von Provokationen gekommen ist."[123]

Selbst der Nato-Militärausschußvorsitzende Naumann nannte - freilich erst lange nach dem Krieg - die Verantwortlichen für die Zuspitzung der Lage: "Die UCK spielte im Grunde eine Rolle, die uns den Erfolg des Herbstes 1998 kaputtgemacht hat. Sie stießen in das Vakuum, das der Abzug der Serben hinterlassen hat, nach und

---

123 - Interview in *Freitag*, 2.4.1999

83

breiteten sie sich in einer Weise aus, die vermutlich niemand in irgendeinem unserer Staaten akzeptiert hätte. Ich kann mir nicht vorstellen, daß in Deutschland akzeptiert würde, wenn da irgend jemand, der meint sich gegen den Staat auflehnen zu müssen, Straßensperren errichtet, Grenzposten, anfängt Uniformen zu tragen, Waffen zu schwenken. Wir würden das auch nicht tolerieren."[124]

Post festum gab auch die Parlamentarische Versammlung der Nato der UCK die Schuld an der Eskalation zum Krieg – eine Sensation, die allerdings in den Medien fast unterging. In ihrem Bericht vom Oktober 2000 heißt es: „Unter dem Einfluß der Kosovo Verification Mission (der OSZE, Anm. J.E.) ließ das Ausmaß der serbischen Repression im Zeitraum Oktober bis Dezember 1998 nach. Andererseits gab es einen Mangel an effektiven Maßnahmen, um die UCK zu zügeln ... Ab Dezember 1998 gab es einen starken Anstieg der UCK-Angriffe auf serbische Sicherheitskräfte und Zivilisten. Der Konflikt eskalierte wieder und löste eine humanitäre Krise aus, die die Nato zum Eingreifen motivierte."[125]

Wer tötete wen?

"Vor dem Krieg, so vertrauliche Berichte der OSZE-Beobachter, habe die UCK mehr Kosovo-Albaner umgebracht als die Serben", berichtete mehr als ein Vierteljahr nach dem Krieg eine *ARD-Dokumentation*.[126]

Auch der zusammenfassende Bericht der OSZE *Kosovo / Kosova - As Seen, As Told* stützt die zitierte Aussage.[127] Bis zum Abzug der OSZE am 20. März 1999 konnten die zuletzt 1.381 Verifikateure Beschwerden aller Bevölkerungsgruppen recht konkret und an den jeweiligen Tatorten nachgehen - im Unterschied zur Situation in der Zeit danach, die die OSZE-Bericht dann nur noch „as told" wieder-

---

124 - Naumann in der *ZDF*-Reportage "Chronik eines angekündigten Krieges", 21.9.1999
125 - Nato Parliamentary Assembly Report AT-261-PC-00-8 vom 20.10.2000, zu finden unter www.naa.be/publications/comrep/2000/at-261-e.html
126 - Wolfgang Landgraeber / Albrecht Reinhardt (Redaktion), Jo Angerer / Sonia Mikich u.a., Balkan - Gewalt ohne Ende, Teil 2: Der Krieg und ein fauler Friede, gesendet am 29.10.1999 ab 21.55 Uhr
127 - OSCE Office for Democratic Institutions and Human Rights, Kosovo/Kosova As Seen, As Told. An analysis of the human rights findings of he OSCE Kosovo Verification Mission October 1998 to June 1999, Warsaw December 1999

gibt, was Kosovo-Albaner nach ihrer Flucht zu Protokoll gegeben haben.[128]

Vom Beginn ihrer Untersuchungstätigkeit am 26. November 1998 bis zu ihrem Abzug am 20. März 1999 protokollierten die OSZE-Verifikateure Stadt für Stadt, Gemeinde für Gemeinde jede Menschenrechtsverletzung im Kosovo. Demnach wurden 37 Kosovo-albanische Zivilisten von den serbischen Sicherheitskräften getötet, 54 Tote gehen auf das Schuldkonto der UCK.

87 weitere Tötungsdelikte wurden nicht aufgeklärt. Bei diesen 87 ungeklärten Verbrechen waren in 33 Fällen Serben oder loyale Albaner die Opfer - es waren wohl kaum die Serben, die sie umbrachten. Addiert man diese 33 Toten zu den genannten 54 Opfern der UCK hinzu, so kommt man ebenfalls - wie bei den Serben - auf 87 UCK-Morde.[129] (Eine detaillierte Aufstellung findet sich auf S. 300 ff.).

Zu den Ermordeten muß zumindest noch ein Teil der Entführten addiert werden. Wurden Kosovo-Albaner zu "Befragungen" auf serbische Polizeistationen zitiert oder geschleppt, so kam es in Einzelfällen zu Totschlagsdelikten; diese sind allerdings in den obigen Zahlen bereits erfaßt. Nicht erfaßt in den obigen Zahlen ist das Schicksal der von der UCK Verschleppten oder in UCK-Gebieten Verschwundenen, laut einer Übersicht des Internationalen Roten Kreuzes waren es Mitte März 1999 146 Personen.[130] Der OSZE-Bericht nennt diese Zahl und fährt fort: „Eine Anzahl jener Serben, die nach den Ereignissen im Sommer 1998 vermißt gemeldet wurden, wurden tot aufgefunden. Bei Treffen im Dezember 1998 zwischen der Menschenrechtsabteilung und Adem Demaci, dem politischen Vertreter der UCK, drückte Adem Demaci Zweifel aus, daß irgendein während dieser Zeit entführter Serbe am Leben sei, die meisten wären wohl tot."[131]

Bei diesen Angaben sollte man nicht vergessen, daß sie auf dem OSZE-Bericht fußen. Die offiziellen Zahlen Belgrads weichen davon ab. So geht die Jugoslawische Regierung nicht von 87 UCK-Morden aus, sondern errechnete für denselben Zeitraum 156 Tötungsdelikte

---

128 - vgl. die Behandlung des "As Told"-Teils des Berichtes auf Seite 300 ff.
129 - zur Zuordnung der Toten vgl. S. 302 f
130 - nach OSCE Office ..., a.a.o., S.137
131 - OSCE-Office..., a.a.o., S.137

85

der Guerillas (127 Zivilisten, 27 Polizisten, zwei Soldaten).[132] Vor allem aber gibt die OSZE-Übersicht wahrscheinlich die Zahl der serbischen Morde viel zu hoch an. Denn die Mehrzahl der den Serben zugerechneten 87 Morde an Zivilisten, nämlich 45, hat demnach an einem einzigen Tag stattgefunden: am 15. Januar in Racak. Hätte dieses "Massaker" (OSZE-Missionsleiter Walker) nicht den Serben angelastet werden können, so wäre die Diskrepanz zwischen den Menschenrechtsverletzungen der UCK und der serbischen Sicherheitskräfte so riesig gewesen, daß sich eine einseitig gegen die Serben gerichtete Nato-Intervention niemals hätte begründen lassen.

---

132 - Government of the Federal Republic of Yugoslavia, Positions and Comments concerning the OSCE Report "As Told, As Seen", vom 7.2.2000

Die Geheimnisse von Frau Ranta

Racak - die Lüge, die den Krieg auslöste

Behauptet wurde: „In Racak hat vorgestern ein Massaker stattgefunden, bei dem 45 Albaner ermordet wurden." (Verteidigungsminister Rudolf Scharping) [133]

Tatsache ist: Starke Indizien weisen darauf hin, daß das sogenannte Massaker eine Inszenierung für die Medien war, und daß die deutsche wie die US-Regierung an dieser Inszenierung beteiligt waren.

Ein Berg von Leichen, angeblich aus kürzester Distanz von serbischen Mördern erschossen, angeblich verstümmelt, angeblich vor allem Zivilisten, Frauen und Kinder: Was am 15. Januar 1999 in dem Kosovo-Dörfchen Racak stattfand - oder vielmehr, was von dort berichtet wurde -, hat „die Balkan-Politik des Westens in einer Weise geändert, wie Einzelereignisse dies selten tun", urteilte die *Washington Post*.[134] Auch für den deutschen Außenminister Joseph Fischer war Racak ein „Wendepunkt"[135], für seine US-amerikanische Amtskollegin Madeleine Albright ein „galvanisierendes Ereignis."

Wie unabdingbar das „Massaker" von Racak bei der Legitimierung des Krieges war, zeigt auch der Umstand, daß es das einzige Verbrechen vor dem 24. März 1999 ist, das das Internationale Kriegsverbrechertribunal in der Anklageschrift gegen Slobodan Milosevic und weitere Vertreter der jugoslawischen Führung nennt. Daraus muß man schlußfolgern, daß Den Haag keine Beweise für weitere schwere Menschenrechtsverletzungen hat, die vor dem Kriegsbeginn in die Verantwortung der jugoslawischen Staatsspitze fallen. Auch William Walker, damaliger Chef der OSZE-Mission im Kosovo, führt den Kosovokrieg unmittelbar auf Racak zurück. „Natürlich war die Episode in Racak entscheidend für die Bombardierungen."[136] In seinem *Special Report* unmittelbar nach den

---

133 - Scharping, a.a.o., S.44/45, Tagebucheintrag vom 17.1.1999
134 - *Washington Post*, 18.4.99
135 - z.n. Beilage der *Jungen Welt* (im folgenden *JW*), 24.3.2000
136 - Interview in *Berliner Zeitung*, 8.4.2000

Ereignissen hatte Walker von Beweisen für „willkürliche Verhaftungen, Tötungen und Verstümmelungen von unbewaffneten Zivilisten" gefunden und festgestellt, viele Opfer seien „aus extremer Nahdistanz erschossen worden."[137] *FAZ*-Reporter Matthias Rüb wußte noch mehr schreckliche Details: „Viele Opfer waren außerdem verstümmelt: Schädel eingeschlagen, Gesichter zerschossen, Augen ausgestochen. Ein Mann war enthauptet."[138]

Widersprüche in den westlichen Massaker-Berichten waren Beobachtern schon früh aufgefallen: So hatte Walker von 45 Toten gesprochen, die OSZE-Verifikateure vor Ort stellten schließlich 40 Leichen fest. Unter den Toten seien „drei Frauen und ein Kind", hatte Walker behauptet, Außenminister Fischer sprach unspezifisch von „Frauen und Kindern", Human Rights Watch ermittelte mindestens zwei Frauen und einen zwölfjährigen Jungen sowie neun UCK-Soldaten, Matthias Rüb will sogar vier Frauen und ein Kind unter den Opfern ausgemacht haben.[139] Die OSZE fand schließlich eine Frau und einen „zehn- bis fünfzehnjährigen" Jungen.

Irritierend hatte besonders gewirkt, was ein Team des französischen *AP*-TV und die Korrespondenten von *Le Monde* und *Figaro* am 15.1. vor Ort in Racak gesehen hatten. Die serbische Polizei hatte die Fernsehleute eingeladen, die Umzingelung und Eroberung der UCK-Hochburg an jenem Tag zu dokumentieren. Sowohl das Fernsehteam, das die Feuergefechte aus unmittelbarer Nähe filmte, als auch die Journalisten und OSZE-Verifikateure, die die Kämpfe von einem Hügel aus beobachteten, sahen nichts von dem, was am nächsten Tag Dorfbewohner gegenüber OSZE-Chef Walker behaupteten: Daß die serbische Polizei gegen Mittag die Frauen im Dorf von den Männern getrennt, letztere auf einen Hügel geschleppt und dort exekutiert hätte. Als die Reporter und OSZE-Leute am Nachmittag des 15. Racak inspizierten, fanden sie einen Toten und zwei verletzte Zivilisten.[140] Die serbische Polizei behauptete am selben Nachmittag, insgesamt 15 UCK-Kämpfer getötet zu haben.[141]

---

137 - z.n. *FR*, ebenda
138 - Matthias Rüb, Kosovo. Ursachen und Folgen eines Krieges in Europa, München 1999, S.121
139 - nach Loquai,a.a.o. S.50
140 - William Walker, Interview in *Berliner Zeitung*, 8.4.2000
141 - William Walker, a.a.o.

Warum aber wurden dann am Morgen des 16. Januar mindestens 40 Leichen gefunden? Hatten die Beobachter einfach nicht bemerkt, wie etwa die ungefähr 20 Männer selektiert und dann außerhalb des Ortes hingerichtet wurden? *Le Monde*-Reporter Christioph Châtelot berichtete in der Ausgabe vom 21.1.1999, warum das nicht plausibel ist: „Wie hätte die serbische Polizei die Gruppe von Männern sammeln und ruhig zum Exekutionsplatz führen können, während sie ununterbrochen unter UCK-Feuer lag? Wieso konnte der am Rande von Racak gelegene Straßengraben der Aufmerksamkeit der mit der Umgebung vertrauten Einwohner (am Vortag) entgehen, die vor Einbruch der Nacht wieder in ihrem Dorf waren? Oder der OSZE-Beobachtern, die sich mehr als zwei Stunden in dem Ort aufhielten? Warum so wenig Patronen rund um die Leichen, so wenig Blut in jener Senke, wo doch angeblich 23 Menschen aus nächster Nähe mit einigen Kopfschüssen getötet worden sein sollen? Waren nicht eher die Körper der in den Kämpfen mit der Polizei getöteten Albaner in dem Graben zusammengetragen worden, um ein Horror-Szenario zu schaffen, das mit Sicherheit einen entsetzlichen Effekt auf die öffentliche Meinung haben würde?"[142]

In Deutschland war es unter den etablierten Medien einzig die *Berliner Zeitung*, die diesen Fragen nachging. Sie berichtete am 13. März 1999: „Hochrangigen europäischen OSZE-Vertretern liegen ... Erkenntnisse vor, wonach die Mitte Januar im Kosovo-Dorf Racak gefundenen 45 Albaner nicht einem serbischen Massaker an Zivilisten zum Opfer fielen. Intern, so heißt es bei der OSZE, gehe man längst von einer „Inszenierung durch die albanische Seite" aus. Zu diesem Ergebnis sei man auf der Basis der im Meldezentrum der Kosovo-Mission ausliegenden Daten gelangt, also unabhängig von der noch ausstehenden Expertise der finnischen Gerichtsmediziner. So seien 'die meisten der Toten aus einem weiten Umkreis um Racak zusammengeholt und am späteren Fundort abgelegt' worden."[143]

Verschwundene und vertauschte Tote

Die *Berliner Zeitung* beschäftigte sich im folgenden insbesondere mit der Identität der Leichen. Zu diesem Zweck hat ihr Redakteur

---

142 - *Le Monde*, 21.1.1999
143 - *Berliner Zeitung*, 13.3.1999

Bo Adam die namentliche Opferliste des Internationalen Kriegsverbrechertribunals mit den Grabsteinen des „Märtyrerfriedhofs" im Nachkriegs-Racak verglichen. Ergebnis: „Für mindestens 43 der 45 Personen, die das Haager Tribunal als 'in Racak ermordet' auflistet, gibt es auf dem Märtyrerfriedhof von Racak keine Gräber ... Dafür tauchen auf den insgesamt 43 Gräbern fast ein Dutzend Namen auf, die nicht auf der Liste des Tribunals verzeichnet sind."[144] Das Blatt lenkt die Aufmerksamkeit auf die in Racak Gefallenen der UCK. In der fraglichen Zeit unterhielt nämlich die Guerilla - so ihr Chef Thaci - "eine Schlüsseleinheit in der Region". Thaci in der BBC zu den Ereignissen am 15. Januar: „Es war ein wilder Kampf. Wir hatten viele Opfer zu beklagen."[145] Über die Anzahl der UCK-Opfer gibt es unterschiedliche Angaben: Ein interner EU-Bericht vom 18. Januar - von dem die westliche Öffentlichkeit freilich in der damaligen Vorkriegszeit nichts erfuhr - war von sechs die Rede,[146] die UCK nannte später acht,[147] Human Rights Watch neun (s.o.), die serbische Polizei - siehe oben - am Tag des Geschehens 15, später 60.[148] Bo Adam hat in Racak vier Namen von UCK-Kämpfern recherchiert, die am 15. Januar getötet wurden, aber weder auf der Liste von Den Haag auftauchen noch auf dem „Märtyrerfriedhof" begraben sind, sondern gut versteckt auf einem abgelegenen Friedhof einige Kilometer weiter.[149]

Die geheimen Akten

Die Zweifel verstummten weitgehend am 17. März 1999. An diesem Tag legte ein Team finnischer Ärzte, die im Auftrag von EU-Kommission und OSZE die 40 Leichen aus Racak untersucht hatten, einen vorläufigen gerichtsmedizinischen Bericht vor. (Vor den Finnen hatten schon serbische und weißrussische Pathologen mit der Autopsie begonnen, doch sie galten dem Westen nicht als unparteiisch.) Was Helena Ranta, die Leiterin des Teams, ausführte, wurde

---

144 - *Berliner Zeitung*, 5.4.2000
145 - z.n. *Berliner Zeitung*, a.a.o.
146 - *Berliner Zeitung*, a.a.o.
147 - *Berliner Zeitung*, a.a.o.
148 - Jugoslawisches Außenministerium, Terrorist acts of Albanian terrorist groups in Kosovo and Metohija, Documents and Evidence 1 January 1998 - 10 June 1999 (White Book III - Part One), Belgrade March 2000, S.592
149 - *Berliner Zeitung*, 5.4.2000

selbst in der *Berliner Zeitung* schon in der Überschrift des entsprechenden Artikels mit den Worten resümiert: „Tote von Racak waren Zivilisten."[150] Tatsächlich las sich ihr Bericht in einigen Passagen recht vage, doch an einem Punkt war er sehr kategorisch: „Es gab keine Hinweise, daß es sich bei den Betroffenen nicht um unbewaffnete Zivilpersonen handelte." Zwar wurde der Terminus „Massaker" in dem Bericht nicht übernommen, da er nicht „in der Zuständigkeitsbereich des forensischen Teams" falle.[151] Doch die von der Kommissionsvorsitzenden Helena Ranta gebrauchte Formulierung der Nürnberger Prozesse „crimes against humanity" war nicht weniger drastisch und heizte die Stimmung in den westlichen Staaten wenige Tage vor Kriegsbeginn weiter an.

Das an jenem 17. März veröffentlichte forensische Vorabkommuniqué umfaßte nur fünf Seiten - den eigentlichen Bericht, laut *Berliner Zeitung* 21 Kilogramm schwer,[152] nahm der damalige EU-Ratspräsident Joschka Fischer unter Verschluß. Ein Jahr später war die Strategie der Geheimhaltung gescheitert: Neben der *Berliner Zeitung* kam auch *Konkret* in den Besitz von Kopien aller 40 Einzelautopsie-Protokolle der Racak-Leichen. Besonders viel journalistischen Aufwand hatte die Beschaffung nicht erfordert: An der medizinischen Untersuchung waren zu viele Leute beteiligt gewesen, weshalb sich die Anfertigung von Kopien der Schriftstücke nicht kontrollieren ließ (Kopien von Autopsiefotos und -videos sind nicht so einfach zu erstellen, deshalb sind davon auch noch keine aufgetaucht). Eher muß gefragt werden, wieso sich in den 19 Monaten seit den Ereignissen keine anderen Medien um das Material bemüht hatten. Das Interesse scheint nicht allzu groß gewesen zu sein.

Nach Auswertung der Protokolle steht fest: Es gab keine Hinrichtungen, es gab keine Verstümmelungen, es gab keine Schüsse aus extremer Nahdistanz. Als unbewiesen muß ab sofort auch gelten, daß die Toten Zivilisten waren und daß sie alle in Racak getötet wurden. Damit ist der These vom „Massaker" die Grundlage entzo-

---

150 - *Berliner Zeitung*, 18.3.1999
151 - Bericht der Leiterin des forensischen Expertenteams der Europäischen Union, Frau Dr. Helena Ranta, Gerichtsmedizinisches Institut der Universität Helsinki, zu den Vorfällen von Racak (Kosovo, Bundesrepublik Jugoslawien) im Januar 1999 (unter anderem auf: www.auswaertiges-amt.de)
152 - *Berliner Zeitung*, 19.3.1999

gen. Im einzelnen geht aus den Dokumenten hervor:
- Besondere Grausamkeit: Die Opfer waren nicht verstümmelt oder enthauptet worden. Nur in einem Fall gibt es Spuren von stumpfer Gewalt im Gesicht eines Opfers. In zwei Fällen war der Kopf post mortem von Tieren entwendet worden. Alle Opfer starben durch Schußwunden.

- Zivilisten oder Kombattanten: Unter den 40 Toten waren eine Frau und ein zehn- bis 15jähriger Junge (letzterer starb durch einen Fernschuß aus mindestens 500 Meter Entfernung, wie ein albanischer Augenzeuge der *Berliner Zeitung* berichtete[153]). Zur Kongruenz der Einschußwunden im jeweiligen Körper und den Einschußlöchern in der Kleidung wurden keine Feststellungen getroffen. Zur Frage der Schmauchspuren an den Händen wurden keine Tests vorgenommen. In allen Fällen trägt das Protokoll den Zusatz: „Aufgrund der verifizierten Autopsie kann eine Kategorisierung der Todesursachen, wie sie von der Welt-Gesundheits-Organisation empfohlen wird, nicht erfolgen. Auf den Grundlagen der externen Untersuchungsergebnisse sind die möglichen Alternativen: krimineller Totschlag, Krieg oder unbestimmt."

- Nahexekutionen: Von 40 untersuchten Leichen heißt es bei 39: „Es gab keinen Beweis für aufgesetzte Schüsse oder Schüsse aus kurzer Entfernung." In einem Fall war eine von zwei Kugeln „aus relativ kurzer Distanz, jedoch nicht aus aufgesetzter Waffe" abgefeuert worden.

- Exekutionen überhaupt: Wird durch ein Erschießungskommando exekutiert, müßten die Schußkanäle parallel verlaufen. Die Autopsie erbrachte aber bei allen Leichen mit einer Vielzahl von Kugeln, daß diese aus völlig unterschiedlichen, zum Teil entgegengesetzten Positionen abgefeuert worden waren - eine typische Gefechtssituation.

- Bestätigung der vorherigen Analysen: In sieben Fällen trägt das Protokoll den Zusatz: „Die Widersprüche zwischen den erhaltenen vorläufigen Informationen und den Ergebnissen der forensischen Autopsie können nur aufgelöst werden, wenn Informationen über die Todesumstände ... ergänzt oder bestätigt werden." Damit

---

153 - *Berliner Zeitung*, 24.3.2000

könnten Widersprüche zu den ersten Interpretationen von OSZE-Missionschef Walker, die Serben hätten ein Massaker veranstaltet, gemeint sein.

Schmauchspuren

Offensichtlich hat die finnische Ärztekommission geduldet, daß die wesentlichen Fakten aus den Autopsieprotokollen in dem Kurzkommuniqué vom 17. März 1999 nicht oder völlig anders dargestellt wurden. In letzterem war etwa behauptet worden, die Kleidung der Toten sei „höchstwahrscheinlich weder gewechselt noch entfernt" worden - in den Protokollen sind aber keine Untersuchungen dazu aufgeführt. Aufsehen erregte auch, daß sich Frau Ranta ausführlich über Schmauchspurentests äußerte. Zuvor hatte es in einer Presseerklärung des serbisch-weißrussischen Ärzteteams geheißen, daß "37 der 40 Toten Pulverpartikel an den Händen (hatten), ein klares Zeichen für Schußwaffengebrauch ihrerseits."[154] Frau Rantas Kurzkommuniqué enthielt zu diesem Thema sehr detaillierte Ausführungen, die sich wie ein Dementi der weißrussisch-serbischen Erklärung lasen: „Für die Schußrückstandsanalyse wird üblicherweise ein Paraffintest verwendet. Zur Entfernung von Rückständen an den Händen wird ein Paraffinabdruck empfohlen. Dieser Test ist jedoch nicht genau genug, und auf der Interpol-Tagung 1968 wurde offiziell festgehalten, daß er nicht länger zum Einsatz kommen solle. Das bislang erfolgreichste Verfahren für die Schußrückstandsanalyse ist zweifellos das Rasterelektronenmikroskop (REM) mit einem energiedispersiven Röntgenstrahlenanalysator (SEM-EDX) ... Es wurden Tests für die SEM-EDX-Probeentnahme durchgeführt, die sich als negativ erwiesen." Der letzte Satz gibt Rätsel auf: Wurden SEM-EDX-Probeentnahmen durchgeführt - oder nur Tests dazu? An allen - oder nur an einigen Leichen? Was war negativ: die Tests oder die Probeentnahmen? Am meisten gab jedoch zur Verwirrung Anlaß, daß Frau Ranta sich überhaupt so ausführlich über Schmauchspurentests äußerte, da doch in den Autopsieprotokollen mit keinem Wort erwähnt ist, daß sie durchgeführt wurden.

Zu den Widersprüchen des Ranta-Berichtes konnte der Autor in

---

154 - *Radio B92*/Belgrad, 10.3.1999, 13.00 Uhr

Juni 2000 ein ausführliches Gespräch mit dem Belgrader Pathologen Dusan Dunjic führen, der als Mitglied der serbisch-weißrussischen Ärztedelegation an der Autopsie der Racak-Leichen mitgewirkt hat.

Dunjic stellte zunächst klar, warum in den Autopsieprotokollen keine Aussagen zu Schmauchspuren oder der Frage des Kleiderwechsels getroffen wurden: Weil diese Punkte nicht Teil der forensischen, sondern der kriminaltechnischen Untersuchung waren.

Die auch von Nato-Kritikern gerne kolportierte These, daß den Opfern posthum Uniformen aus- und Zivilkleidung angezogen wurden, wies er zurück: Die Einschußwunden stimmten mit den Löchern in der Kleidung überein. Allerdings machte er darauf aufmerksam, daß die UCK-Guerilleros zu jener Zeit nur teilweise mit Uniformen ausgerüstet waren. In diesem Zusammenhang sei auffällig gewesen, daß die Toten in der Regel mehrere Hemden und Pullover übereinander und darunter dicke, militärähnliche Unterwäsche trugen - wie Leute, die sich über längere Zeit im Freien aufhalten. Einige der Toten hätten in schweren Stiefel gesteckt, die als Firmenzeichen ein „Ö" trugen - ein Buchstabe, den es nur in der deutschen, ungarischen und türkischen Sprache gibt.

Was die Schmauchspurentests angeht, wies Dunjic darauf hin, daß sie wie alle anderen Untersuchungen im Einvernehmen mit den Finnen vorgenommen worden waren (Ein Punkt, der in Rantas Abschlußbericht indirekt bestätigt wird: „Auf der fachlichen Ebene hatte das Team keine Probleme bei der Zusammenarbeit mit Pathologen aus Jugoslawien bzw. Belarus. Nach einer Autopsie zu Demonstrationszwecken einigten sich alle auf gemeinsame Methoden und Verfahren."[155]) Er bestätigte, daß der verwendete Paraffintest nicht absolut zuverlässig sei, da Dünger und Mist dieselben Rückstandspartikel hinterließen wie Pulver. Allerdings sei es extrem unwahrscheinlich, daß Mitte Januar „auf einem verschneiten, vereisten Gelände" (Walker)[156] Menschen in Kontakt mit diesen landwirtschaftlichen Substanzen gerieten. Zudem habe die Verteilung der Partikel auf der Handober- bzw. Handinnenfläche nicht auf den Gebrauch von Mistgabeln oder ähnlichem, sondern von Schußwaffen hingewiesen.

---

155 - Bericht der Leiterin..., a.a.o.
156 - Walker in *Berliner Zeitung*, 8.4.2000

Ein Jahr nach Kriegsende klärte Ranta die Widersprüche und ihre unklaren Auslassungen zum Thema Schmauchspuren auf: „Wir fragten Frau Ranta ... Nach kurzer Überlegung löste sie das Rätsel: Das finnische Team habe gar nicht danach gesucht. Bei den in der Pressekonferenz vom 17. März 1999 erwähnten Tests handelte es sich vielmehr um die Suche nach Spuren einer Hinrichtung durch aufgesetzte oder Nahschüsse. Es waren diese Tests, die negativ verliefen. 'Das war in der Pressekonferenz etwas mißverständlich', gibt Frau Ranta heute zu."[157]

Frau Rantas Auftraggeber

Alles nur eine mißverständliche Formulierung? Dazu paßt nicht, daß Ranta diese Formulierung nicht im mündlichen Vortrag, sondern in ihrem schriftlichen Bericht verwendet hat, und daß dieser Bericht sehr sorgfältig erarbeitet worden war. So sollte dessen Veröffentlichung zunächst bereits am 5. März erfolgen, war dann aber mehrfach verschoben, obwohl - oder weil? - „deren Kern Joschka Fischer, dem Ratspräsidenten der EU, bereits bekannt sein wird" (*Berliner Zeitung*). „Ob es ein Massaker war, will keiner mehr wissen", titelte die *Welt* jedenfalls am 8. März 1999 und zitierte einen OSZE-Diplomaten mit den Worten: „Eine heiße Kartoffel ist dieser Bericht, keiner will ihn so richtig." Währenddessen sickerten wohl Teile der Untersuchung durch und unterfütterten die eingangs zitierten „Erkenntnisse" von „hochrangigen europäischen OSZE-Vertretern", daß in Racak eine „Inszenierung durch die albanische Seite" stattgefunden habe.[158]

Als schließlich die Veröffentlichung am 17. März erfolgte gab der Bericht kaum noch Anhaltspunkte für die These von der „Inszenierung", statt dessen fand sich Eindeutiges-Zweideutiges zum Thema Schmauchspuren. War da manipuliert worden? Zu den Verzögerungen teilte die finnische Pathologin jedenfalls mit, „daß das deutsche Außenamt die Verantwortung dafür übernommen hat."[159] Und über die Phase unmittelbar vor dem 17. März sagte sie an anderer Stelle ein: „Es gab natürlich Druck von verschiedenen

---

157 - *Berliner Zeitung*, 24.3.2000
158 - *Berliner Zeitung*, 13.3.1999
159 - z.n. *Berliner Zeitung*, 10.3.1999

Seiten ... Grundsätzlich habe ich in der Racak-Zeit meine Instruktionen vom deutschen Außenministerium bekommen. Botschafter Christian Pauls hat mich kurz vor der Pressekonferenz (vom 17.3.1999, Anm. J.E.) instruiert ... Die ganze Situation war sehr delikat. Vielleicht kann ich eines Tages ganz offen darüber sprechen, wie das mit Racak war. Jetzt geht das aber nicht."[160] Obwohl die Verantwortung der deutschen Diplomatie damit als erwiesen gelten kann, muß es auch sehr starken Druck der US-amerikanischen Seite gegeben haben. So scheint, nach einem Bericht des *Daily Telegraph* von der entscheidenden Pressekonferenz, Frau Ranta den Begriff eines „Crime against humanity" erst auf Insistieren von Walker verwendet zu haben.[161]

Nach dem Krieg hat Frau Ranta zunächst berede geschwiegen, obwohl nur sie die Widersprüche zwischen den Autopsieprotokollen und dem Bericht vom 17.März 1999 aufklären konnte. Letzterer wird nämlich mit der einschränkenden Formulierung eingeleitet: „Die Kommentare geben die persönliche Meinung der Verfasserin Dr. Helena Ranta wieder und stellen keine autorisierte Mitteilung im Namen der Fachabteilung für forensische Medizin der Universität Helsinki oder des EU-Teams forensischer Experten dar."

Diejenigen, die Frau Ranta so eingängig instruiert haben, paßten in der Folge ihre alten Sprachregelungen den neuen Zweifeln an. „AA sieht eigene Haltung zu Toten von Racak bestätigt", wußte die *Frankfurter Rundschau* Ende März 2000.[162] Dann aber folgen Sätze aus dem Außenamt, die man bis dato noch nie von dort gehört hatte: „Denkbar sei, daß die Zivilisten zwischen die Linien von Serben und UCK-Kämpfern gekommen waren oder daß die UCK sie als Opfer 'instrumentalisierte'." Weiter verwies das AA darauf, „daß die

---

160 - Interview in *Jungle World*, 18.8.1999
161 - *Daily Telegraph*, 18.3.1999: „At the press conference, Mr. Walker and his aides shook their heads to show their disaprroval as Mr. Ranta refused any questions that would support Mr. Walker's earlier claim that acak amounted to a 'crme against humanity'. Then after several minutes of intense questioning from the press, Mrs Ranta seemed to reverse course and with a wavering voice said: 'It was a crime against humanity, yes.' Wilfried Gruber, the German representaive of the European Union presidency who was seated next to Mrs Ranta, began to appear uneasy. A diplomat with the Organization for Security and Cooperation in Europe said later 'That was when she departed from the script. The European diplomats certainly got nervous.'
162 - *FR*, 25.3.2000

Bundesregierung im Unterschied zu den 'Vorverurteilungen' durch die USA nie von einem von Serben verursachten Massaker gesprochen habe ... Außenminister Joschka Fischer (Grüne) .. habe immer nur erklärt, 'alle verfügbaren Anzeichen' deuteten auf serbische Täter hin." Und wenn es verfügbare Anzeichen gab, die nicht darauf hindeuteten, so nahm er sie unter Verschluß - wie die Autopsieprotokolle der finnischen Ärztekommission.

Die Wahrheit kommt ans Tageslicht

Zu Beginn des Jahres 2001 wurde die Massaker-Version noch stärker erschüttert. Im Januar wurde der offizielle Abschlußbericht der finnischen Ärztedelegation bekannt. Die *Berliner Zeitung* faßte unter der Überschrift "Neues in der Verschlußsache Racak" zusammen: "Für das angebliche Massaker im Kosovo-Dorf Racak vom 15. Januar 1999 finden sich auch in einem wissenschaftlichen Abschlußbericht finnischer Gerichtsmediziner keinerlei Beweise. In der renommierten rechtsmedizinischen Zeitschrift *Forensic Science International* soll in Kürze ein ausführlicher Aufsatz der Fachleute Juha Rainio, Kaisa Lalu und Antti Penttilä erscheinen, der die Untersuchung von 40 in Racak gefundenen Leichen zusammenfaßt. Der Bericht, den die *Berliner Zeitung* vorab einsehen konnte, kommt nicht zu dem Schluß, in Racak sei eine Gruppe friedfertiger albanischer Dorfbewohner von serbischen Sicherheitskräften exekutiert worden."[163]

Geradezu sensationell waren zwei Wochen später die Äußerungen von Frau Ranta gegenüber dem *ARD*-Nachrichtenmagazin *Monitor*: "Ich bin mir bewußt, daß man sagen könnte, die ganze Szene in diesem kleinen Tal sei gestellt gewesen. Ich bin mir dessen bewußt. Denn dies ist tatsächlich eine Möglichkeit. Diesen Schluß legen unsere ersten Untersuchungsergebnisse genauso nah, wie auch unsere späteren forensischen Untersuchungen, die wir im November 1999 direkt vor Ort vorgenommen haben. Und diese Schlußfolgerungen haben wir auch direkt an den Gerichtshof nach Den Haag weitergegeben."[164]

---

163 - *Berliner Zeitung*, 17. 01. 2001
164 - *ARD*-Magazin *Monitor*, 8.2.2001

Daraufhin gab es einen Einbruch in der bis dato geschlossenen Medien-Phalanx. In einem langen *Spiegel*-Artikel hieß es: „Zwei Jahre nach dem Luftkrieg der Nato scheint die Kernfrage von Racak noch ungelöst. Gab es dort ein Massaker der Serben? Oder hat die kosovarische Guerillaarmee UCK das Blutbad inszeniert oder zumindest instrumentalisiert ...?"[165] Auch wenn sich die Autoren einer klaren Beantwortung der Frage entziehen, tendiert der Beitrag eher zur zweiten These. Unter anderem heißt es über den Fundort des Großteils der Toten: „Erst später wurden die Leichen wohl in den nahen Graben gelegt." Und: „Hinter vorgehaltener Hand geben die UNO-Ermittler zu, etwa die Hälfte der Opfer seien UCK-Helfer oder Sympathisanten der sogenannten Befreiungsarmee gewesen."[166]

Der *Stern* stellte sich in einem Beitrag von Arno Luik zunächst voll hinter die *Monitor*-Redakteure, ihre Sendung gehöre zu den „Sternstunden im deutschen Fernsehen." Fettgedruckt: „Die Regierung hat im Kosovo-Krieg ihre Bürger belogen." Zu den Ereignissen in Racak und in einem anderen Dorf namens Rugovo schrieb Luik: „Doch beide Massaker, das enthüllten nun mehrere Untersuchungen, haben so nicht stattgefunden, Anzeichen für eine Massenhinrichtung waren nicht festzustellen."[167]

Doch in den folgenden Wochen wurde die Front wieder geschlossen - ein bemerkenswertes Lehrstück für den Meinungspluralismus in Deutschland. Offensichtlich wurde das ganze Thema beim *Stern* zur Chefsache erklärt: Am 5. April 2001 erschien eine Reportage, mit der der Ausrutscher von Luik korrigiert wurde, und damit niemand auf den Eindruck kam, der Beitrag gebe bloß die persönliche Meinung der Autoren wieder, widmete Chefredakteur Andreas Petzold ihm eigens sein Editorial: „*Stern*-Reporterin Daniela Horvath war in Racak. Ihr Kollege Mario R. Dederichs sprach mit UN-Beobachtern und Nato-Diplomaten. Wochenlang haben sie recherchiert und Dokumente zusammengetragen. Ihr Bericht 'Als der Tod nach Racak kam' beginnt auf Seite 46. Am Ende besteht kein Zweifel mehr, daß hier albanische Zivilisten von serbischen Milizen hingerichtet wurden." Zum interessantesten Punkt der bis dato recherchierten

---

165 - Renate Flottau u.a., Täuschen und Vertuschen, *Spiegel* 12/2001
166 - Flottau, Täuschen ..., a.a.o.
167 - *Stern*, 19.2.2001

Widersprüche - der Frage der Schmauchspuren an den Händen der Leichen - enthielt die *Stern*-Reportage nichts, kein Wort. Umso kategorischer war Petzolds Schlußfolgerung: „Zu diesem Krieg gab es ... keine Alternative." Quod erat demonstrandum.

Neue Enthüllungen

Brigadegeneral Heinz Loquai, Deutschlands Militärberater bei der OSZE in Wien, konnte die Berichte der OSZE-Beobachter im Kosovo aus den Monaten vor dem Krieg und weitere Verschlußsachen einsehen. Sein erstes Buch *Wege in einen vermeidbaren Krieg* führte im Frühjahr 2000 zu Debatten im Bundestag (vgl. Seite 117 ff).

In seinem zweiten Buch, erschienen im Frühjahr 2003, findet sich ein interessantes Dokument, das der Ex-General einsehen konnte und ansonsten der Öffentlichkeit nicht zugänglich ist. Das „Amt für Nachrichtenwesen der Bundeswehr" hatte demnach bereits am 25. Januar 1999 der Bundesregierung berichtet: „In Racak sollen Experten der OSZE sowohl Beweise für ein Massaker als auch Manipulationen am Tatort gefunden haben. Es soll festgestellt worden sein, daß am Schauplatz Veränderungen vorgenommen wurden ... Danach soll nur ein Teil der 45 Opfer an ihrem Fundort umgebracht worden sein ... Einige der getöteten Kosovo-Albaner sollen nicht bei einem Massaker, sondern bei Kämpfen mit den serbischen Sicherheitskräften ums Leben gekommen sein."[168]

Auch Frau Ranta hat im Frühjahr 2004 noch einmal nachgelegt. Sie wisse, daß damals „UCK-Kämpfer in der Nähe von Racak begraben wurden", äußerte sie gegenüber der *Berliner Zeitung*, und habe „schon seinerzeit Informationen erhalten, die beweisen, daß dort auch mehrere serbische Soldaten erschossen wurden." Ranta kritisierte, daß die Anklageschrift des Hager Tribunals gegen den jugoslawischen Ex-Präsidenten Milosevic im Fall Racak weitgehend der von US-Botschafter Walker überlieferten Tatversion folgt. „Wenn Botschafter Walker sagt, daß es sich in Racak um ein Massaker gehandelt habe, hat diese Aussage keinerlei rechtliche Wirkung. Ich habe schon damals erklärt, daß die OSZE-Beobachter

---

168 - z.n. Heinz Loquai, Weichenstellung für einen Krieg. Internationales Krisenmanagement und die OSZE im Kosovo-Konflikt, Baden-Baden 2003, S.107/108; Loquai hat das ansonsten unzugängliche Dokument selbst eingesehen

sämtliche Schritte, die man bei der Sicherung eines Tatorts normalerweise erwartet, vergessen haben ....." Ranta forderte, zusätzlich zu den OSZE-Fotos vom Tatort auch die Bilder von zwei weiteren Fotografen zu veröffentlichen, die einige Stunden vor Ankunft der OSZE-Beobachter gemacht wurden. Deren Fotos zeigten, „daß mindestens einer der Körper nachträglich bewegt wurde - dieser Leichnam ist auf den OSZE-Bildern nicht zu sehen." Für sie sei klar gewesen, daß in den Tagen vor Kriegsbeginn „eine ganze Reihe von Regierungen Interesse an einer Version der Ereignisse von Racak hatten, die allein die serbische Seite verantwortlich machten."[169]

Typisch, daß eine solche brisante Aussage mit fünf Jahren Verzögerung ans Tageslicht kommt und weder in Deutschland noch in einem anderen Nato-Land in den Mainstream-Medien aufgegriffen wurde. Im Frühjahr 1999 wäre alles, was der These vom serbischen „Massaker" widersprach, kontraproduktiv für die Kriegspläne der Nato gewesen. Die standen nämlich schon seit Monaten fest, jedenfalls einer Erklärung zufolge, die das Republican Policy Committee des US-Senats am 12. August 1998 abgegeben hat. „Die Planung für eine US-geführte Nato-Intervention im Kosovo ist nun weitgehend angelaufen. Das einzige noch fehlende Element scheint ein Ereignis zu sein, das – mit der passenden Begleitung durch die Medien – die Intervention verkaufbar macht ... Es ist immer offensichtlicher, daß Clinton auf einen ‚Auslöser' im Kosovo wartet."[170] Dieser Auslöser war Racak.

(Zu den Aussagen von Frau Ranta und anderer Racak-Zeugen im Milosevic-Prozeß vgl. Seite 264 und Ranta-Dokumentation im Anhang)

---

169 - Markus Bickel, Kein Interesse an serbischen Opfern, in: *Berliner Zeitung*, 17.1.2004
170 - z.n. Armen Georgian / Arthur Neslen, "Not as it seems – was Racak Kosovo's Gulf of Tonkin", in: *The New Statesman*, 5.4.2001

Gefingert

Rambouillet – die Lüge, die eine letzte Friedenschance zunichte machte

Behauptet wurde: „Während des Verhandlungsprozesses wurde deutlich, daß die serbische Seite absolut kein Interesse an einer friedlichen Lösung hatte." (Ludger Volmer, Staatssekretär im Auswärtigen Amt)[171]

Tatsache ist: USA und EU haben eine Verhandlungslösung gezielt torpediert, da in der Nato der Entschluß zum Krieg schon gefallen war.

Überschattet von ständigen Nato - Kriegsdrohungen kamen am 6. Februar 1999 die Beteiligten des Kosovo-Konflikts zu einer letzten Friedenskonferenz zusammen. Im Schloß Rambouillet bei Paris versammelten sich fünf Parteien: die Delegation der Kosovo-Albaner, an der Spitze der von Belgrad steckbrieflich gesuchte UCK-Terrorist Hashim Thaci; die Delegation Jugoslawiens unter Einschluß von Vertretern aller nicht-albanischen Volksgruppen im Kosovo, geführt vom serbischen Präsidenten Milan Milutinovic; die Delegation der USA, geführt von Chris Hill; die Delegation der Europäischen Union, geführt vom Österreicher Wolfgang Petritsch; sowie die Delegation Rußlands, geführt von Boris Majorski. Den Konferenzvorsitz hatten die Außenminister Großbritanniens und Frankreichs, Robin Cook und Hubert Védrine, inne. Wenn es im Verlauf der wochenlangen Sitzungen zu Krisen kam, eilten die US-Außenministerin Madeleine Albright und ihr deutscher Amtskollege Joseph Fischer selbst an den Verhandlungsort, um in Einzelgesprächen Druck auszuüben.

Am Agieren Fischers sollte sich wenig später die erste kriegskritische Debatte in der Bundesrepublik entzünden. „Die Rambouillet-Lüge: Was wußte Joschka Fischer?" titelte am 12.April 1999 die

---

[171] - Ludger Volmer, Krieg in Jugoslawien - Hintergründe einer grünen Entscheidung, in: Bundestagsfraktion Bündnis90/Die Grünen, Der Kosovo-Krieg, Bonn 1999, S. 60

grün-nahe *Tageszeitung*. Der Außenminister reagierte erregt: „Die Vorstellung, daß ich da was durchgefingert hätte, um die Nato in einen Krieg mit Milosevic zu bringen, finde ich übel."[172]

Sechs Tage zuvor hatte die *Taz* den geheimgehaltenen Annex B des gescheiterten Rambouillet-Abkommens veröffentlicht. Zum ersten Mal erfuhr die Öffentlichkeit, was von Jugoslawien verlangt worden war, damit es nicht zum Krieg käme. Eine knapp 30.000 Mann starke Nato-"Friedenstruppe" sollte nicht nur im Kosovo, sondern „in der gesamten Bundesrepublik Jugoslawien freien und ungehinderten Zugang genießen, unter Einschluß ihres Luftraums und ihrer Territorialgewässer."[173] Der SPD-Bundestagsabgeordnete Hermann Scheer bezeichnete den Annex als „Nato-Besatzungsstatut für ganz Jugoslawien": „Selbst ein gemäßigter Politiker an der Stelle von Milosevic hätte diesen Text niemals unterzeichnet."[174]

Die Bundesregierung und ihre publizistischen Hilfstruppen versuchten die Vorwürfe mit zwei Legenden zu kontern: Zum einen und vor allem seien die Serben am Scheitern der Rambouillet-Konferenz schuld. Selbst habe man „nichts, aber auch gar nichts unversucht gelassen, eine friedliche Lösung des Kosovo-Konflikts zu erzielen" - so Bundeskanzler Schröder am 26. März im Deutschen Bundestag.[175] Wenn man aber - zum zweiten - überhaupt von einer westlichen Mitschuld reden wolle, so läge diese bei den USA, während die deutsche Diplomatie immer bremsend auf den Großen Bruder gewirkt habe. Beides ist falsch.

M - ein Staat sucht einen Mörder

Lüge Nummer eins wird am prägnantesten von Fischers Staatssekretär Ludger Volmer erzählt: „Während des Verhandlungsprozesses wurde deutlich, daß die serbische Seite absolut kein Interesse an einer friedlichen Lösung hatte. Die grüne Vorstellung, mit Verhandlungen und auf friedlichem Wege auch die schwierigsten

---

172 - *Hamburger Abendblatt*, 13.4.1999
173 - Der Annex B ist vollständig dokumentiert in: Jürgen Elsässer (Hrsg), Nie wieder Krieg ohne uns. Das Kosovo und die neue deutsche Geopolitik, Hamburg 1999, S. 136 ff.
174 - z.n. Andreas Zumach, „80 Prozent unserer Vorstellungen werden durchgepeitscht", in: Thomas Schmid (Hrsg.), Krieg im Kosovo, Reinbek 1999, S.75
175 - Bundestagsprotokoll 14/31, S. 2571

Konflikte lösen zu können, brach sich am Charakter Milosevics. Mehreren Gesprächspartnern gegenüber betonte M., er sei der Stärkere in diesem Konflikt und er sei bereit, über Leichen zu gehen, während der Westen Rücksicht zu nehmen habe auf die Sensibilität der zivilisierten Welt. M. weigerte sich nicht nur, den Vertragsteil zu unterzeichnen, der ein militärisches Peacekeeping unter Führung der Nato (Nato plus andere) vorsah, ohne das die Albaner den Text nie akzeptiert hätten. Nachdem er zwischenzeitich signalisiert hatte, den politischen Teil unterzeichnen zu wollen, stellte er kurz vor Schluß wichtige Passagen wieder in Frage, um später schriftlich zu erklären, wer sich von außen einmische, sei ein 'Halunke'."[176]

Ein kleines Detail mag zunächst die Demagogie des grünen Politikers demonstrieren: Das angeblich sogar von „mehreren Gesprächspartnern" bezeugte Zitat des über Leichen gehenden Milosevics bebildert die Anti-Milosevic-Argumentation - besser wäre wohl von einem Ressentiment zu sprechen - mit einem blutrünstigen Detail und wurde deswegen in der Folge auch noch von anderen übernommen, etwa vom Schriftsteller Peter Schneider[177] und vom Verteidigungsminister Rudolf Scharping[178]. Daß das Diktum in Wirklichkeit gar nicht vom jugoslawischen Präsidenten kommt, konnte man dagegen der *Zeit* schon Anfang Mai 1999 entnehmen: „Ziemlich erschrocken erinnerte Joschka Fischer sich später einmal an diesen Moment. Milosevic sei ihm vorgekommen wie einer, der ihm in die Augen sieht und schweigend mitteilt: 'Ich gehe über Leichen, und das kannst Du nicht.'"[179]

Da die Nato-offizielle Darstellung des serbischen Agierens in Rambouillet mittlerweile von einer ganzen Reihe vorzüglicher Studien widerlegt ist, kann man sich in dieser Stelle auf eine kursorische Entgegnung beschränken. Grundlegend ist in diesem Zusammenhang der Fakt, daß die Einladung der Bürgerkriegsparteien nach Rambouillet von der Balkan-Kontaktgruppe ausging, der neben den Nato-Staaten USA, Frankreich, Großbritannien und Deutschland auch Rußland angehört. Dies drückte sich auch in der

---

176 - Ludger Volmer, a.a.o., S. 60
177 - *FAZ*, 26.5.1999
178 - Scharping auf den „Mainzer Tagen der Fernsehkritik" am 16.5.2000, Wortlautprotokoll in Konkret 7/2000
179 - *Zeit*, 12.5.1999

Zusammensetzung der Verhandlungsdelegation aus, die mit den Vertretern der Serben und Kosovo-Albaner zusammentraf: Sie wurde neben den US-Diplomaten Hill und dem EU-Vertreter Petritsch gleichberechtigt auch von dem Russen Majorski geführt. „Die Kontaktgruppe hatte Prinzipien aufgestellt, die den Parteien vor dem Beginn der Verhandlungen übermittelt wurden und als nicht verhandelbar galten. Das heißt, mit der Teilnahme an den Verhandlungen galten diese Prinzipien als von den Parteien anerkannt. Unter dem Punkt 'Implementierung' heißt es u.a.: 'Teilnahme der OSZE und anderer internationaler Gremien, soweit notwendig.'"[180] Nota bene: Genannt wird die OSZE, nicht die Nato. An diese Verhandlungsgrundlage haben sich die Belgrader und Moskauer Emissäre die ganze Zeit gehalten, während sie von der Nato einseitig gebrochen wurde. So stimmten die Serben am 16. Februar 1999 zum ersten Mal einer internationalen Militärtruppe auf jugoslawischem Gebiet zu und schlugen vor, die Implementierung einer Kosovo-Lösung „einer auf 5.000 bis 6.000 Mitglieder verstärkten OSZE-Mission zu übertragen. Den Verifikateuren könnte auch gestattet werden, leichte Waffen zu tragen".[181] Am nächsten Tag ging Milosevic sogar noch einen Schritt weiter und bot an, „für die Implementierung einen gemeinsamen Stab aus Nato und jugoslawischer Armee zu bilden."[182]

Die Nato griff diese Offerte nicht auf, sondern legte am 19. Februar - also zwei Tage vor dem ursprünglich anvisierten Ende der Konferenz - den Annex B vor, und zwar gegen das Votum Rußlands, formell einem gleichberechtigten Einlader der Konferenz. „Wir distanzieren uns", erklärte der stellvertretende russische Außenminister Alexander Awdejew am 20. Februar - „von denjenigen Mitgliedern der Kontaktgruppe, die versuchen, Fragen der Unterzeichnung eines politischen Dokuments zusammen mit der Stationierung eines ausländischen Militärkontingents in Kosovo zu einem Paket zu schnüren. Wir distanzieren uns von dem Druck, den sie auf Belgrad auszuüben versuchen, um mit Gewalt die Einwilligung zur Stationierung eines Militärkontingents zu erzielen."[183] Der serbische Dele-

---

180 - Loquai, Der Kosovo-Konflikt, a.a.o., S.81
181 - Loquai, Der Kosovo-Konflikt, a.a.o., S.85
182 - Loquai, Der Kosovo-Konflikt, a.a.o., S.85
183 - Archiv der Gegenwart, 1999, S. 43335

gationsleiter Milutinovic kritisierte, „man habe versucht, den Serben ein Abkommen nach den Vorstellungen der Terroristen und Separatisten aufzudrängen. Nur 18 Stunden vor dem Schlußtermin habe man überraschend ein einseitiges Dokument von 81 Seiten vorgelegt, davon 56 Seiten völlig unbekannter Text, über den nie verhandelt worden sei und der den serbischen Standpunkt in keiner Weise berücksichtigt."[184] Ähnlich heißt es im abschließenden Untersuchungsbericht des britischen Unterhauses vom 23. Mai 2000: „Wir schlußfolgern, daß die Nato, was immer die direkten Folgen des Militärannexes der Rambouillet-Vorschläge auf die Verhandlungen gewesen ist, sich einen ernsthaften Fehler hat zu Schulden kommen lassen, weil sie ein Truppenstatusabkommen (Status of Forces Agreement) im Verhandlungspaket zugelassen hat, das niemals für Jugoslawien annehmbar war, weil es einen schweren Verstoß gegen seine Souveränität war."[185]

Fischer hatte also auf paradoxe Weise Recht, als er später zu seiner Rechtfertigung sagte, der fragliche Annex B des Vertrages habe in den Verhandlungen „nicht eine millionstel Sekunde eine Rolle gespielt".[186] Der Annex B wurde nämlich tatsächlich nicht verhandelt. Er wurde den Serben trotz deren weitreichender Zugeständnisse als Ultimatum präsentiert - unter Bruch der Verhandlungsgrundlage der Kontaktgruppe und bei Brüskierung Rußlands.[187]

In einem letzten verzweifelten Versuch, den Krieg zu vermeiden, bot Belgrad den USA sogar an, Militärbasen im Kosovo zu errichten. Der serbische Präsident Milan Milutinovic erinnert sich: „Ich habe Madeleine Albright Abkommen über zehn, zwanzig, dreißig oder fünfzig Jahre für die Einrichtung dieser Basen angeboten.

---

184 - z.n. *NZZ*, 24.2.1999
185 - www.parliament.the-stationary-office.co.uk/pa/cm199900/cmselect/cmfaff/28/ 2802.htm
186 - z.n. *Taz*, 12.4.1999
187 - Zur Verteidigung des Annex B wurde später außerdem behauptet, daß er sich „an den Dayton-Vertrag anlehne" (Petritsch,a.a.o.S.316) bzw. daß er den Regelungen entsprach, „wie sie in Dayton getroffen wurden" (J. Fischer in Thomas Schmid, a.a.o., S.78). Das ist falsch. Laut Dayton-Vertrag kann das jugoslawische Staatsgebiet nur zum Zwecke der „freien Durchreise" von der Sfor genutzt werden; im Rambouillet-Abkommen ist hingegen davon die Rede, die Nato müsse „in der gesamten Bundesrepublik Jugoslawien freien und ungehinderten Zugang " genießen, was „das Recht zur Errichtung von Lagern, die Duchführung von Manövern und das Recht auf Nutzung sämtlicher Regionen oder Einrichtungen" einschließt (Annex B, Artikel 8).

Unsere Vorschläge hatten nur eine Bedingung: Die Amerikaner konnten sich nicht frei in ganz Jugoslawien bewegen ..."[188] Diese gefährliche Zuspitzung war den meisten Abgeordneten des Deutschen Bundestages wohl nicht bekannt, als sie am 25. Februar über die Beteiligung der Bundeswehr an einer Implementierungstruppe eines möglichen Rambouillet-Abkommens entschieden. Von grotesker Verkennung der Lage zeugt etwa ein Positionspapier, mit dem die grüne Fraktionsvorsitzende Kerstin Müller und sechs weitere grüne Abgeordnete ihr Ja zu einer militärischen Kosovo-Mission begründeten: „Manche Kommentatoren sprechen vorschnell von einem Scheitern der Rambouillet-Verhandlungen ... Im Gegensatz zur Lage im Herbst (Nato-Drohung mit Luftangriffen) und im Dezember ist Rußland nun wieder mit im Boot. Damit haben sich die Chancen für ein UN-Mandat wieder entscheidend verbessert."[189]

Eine deutsche Idee

Wer aber ist für das Scheitern der Verhandlungen verantwortlich? Selbst Kritiker des Nato-Krieges sehen die Schuld nicht in Berlin, sondern in Washington. „Die deutsche Politik lieferte sich den USA aus", urteilt etwa Brigadeoffizier und Buchautor Heinz Loquai.

Solche Interpretationen ignorieren oder schätzen gering, welche aktive Rolle die Bundesregierung von Anfang an bei der Konferenz spielte. Hören wir dazu noch einmal Ludger Volmer: „... dann kam das Massaker von Racak. Das Hinschlachten von Zivilisten durch die Serben erforderte eine deutliche Reaktion des Westens ... Auf westlicher Seite standen zwei Optionen nebeneinander. Die Amerikaner wollten sofort auf der Basis des noch gültigen ‚act ord' mit Bombardierung der Volksrepublik (Fehler im Original, Anm. J.E.) Jugoslawien beginnen. Dabei erwarteten sie die Beteiligung der anderen Nato-Staaten, auch Deutschlands. Ein politisches Ziel außer dem der Bestrafung war nicht erkennbar. Die zweite Option, die sich faktisch durchsetzte, war in der Führung des Auswärtigen Amtes entstanden: Auf einer Friedenskonferenz sollte unter dem Druck der internationalen Gemeinschaft erst ein Waffenstillstand

---

188 - zitiert in Dejan Lukic / Pera Simic, Vatre i potop, Belgrad 2001, z.n. *Balkans-Info* 61
189 - Kerstin Müller, Winfried Nachtweih, Christian Sterzing, Winfried Hermann, Volker Beck, Hans-Josef Fell und Klaus Müller, Stellungnahme vom 1.3.1999

erreicht, dann der endgültige Status des Kosovo als autonome Region innerhalb der Bundesrepublik Jugoslawien durchgesetzt und in einem dritten Schritt eine umfassende Balkankonferenz geplant werden. Es waren der grüne Außenminister Joschka Fischer und die Beamten des AA, die mit großem persönlichen Einsatz die anderen Außenminister dazu bewegten, statt einer schnellen Bombardierung den Verhandlungsprozeß von Rambouillet zu organisieren! Aus praktischen und diplomatischen Grünen wurde aber darauf verzichtet, diese Initiative als deutsche und grüne herauszustellen.(...) Das war grüne Friedenspolitik, die sich aus Effizienzgründen aber nicht öffentlich darstellte."[190]

In der Darstellung Volmers standen sich deutsche Option („grüne Friedenspolitik") und amerikanische Option („kein politisches Ziel außer dem der Bestrafung") gegenüber. Beispiele für das amerikanische Vorgehen hatte es in den letzten Jahren und Jahrzehnten gegeben: So war 1986 Libyen zur Bestrafung für das Attentat auf die Westberliner Diskothek „La Belle" bombardiert worden, 1994 und 1995 hatte es die bosnischen Serben getroffen, 1998 galten Angriffe einer mutmaßlichen C-Waffenfabrik im Sudan, und immer wieder seit dem Golfkrieg gab es tödliche Nadelstiche gegen den Irak. Diese Kriegführung „niedriger Intensität" verstieß zwar gegen sämtliche internationalen Konventionen, war andererseits - sieht man vom Beispiel Irak ab - aber auch nach wenigen Stunden vorbei und forderte vergleichsweise wenig Opfer. Ob es die US-Amerikaner auch zur Vergeltung für Racak bei einem solchen einmaligen Terror-Angriff belassen hätten? Jedenfalls: Die Verknüpfung der archaischen Rache-Strategie der US-Amerikaner mit dem ehrgeizigen deutschen Ziel, den „endgültigen Status" des Kosovo zu definieren, machte die Lage besonders explosiv. Indem Rambouillet zur „letzten Chance" für die Lösung des Konflikts hochstilisiert wurde, mußte ein Scheitern der Verhandlungen den völligen Gesichtsverlust des westlichen Militärbündnisses nach sich ziehen. „Nun steht die Glaubwürdigkeit der Nato auf dem Spiel", sagte US-Verteidigungsminister William S. Cohen Ende Januar 1999.

---

190 - Ludger Volmer, a.a.o., S.59

Berlin und Washington: Antagonistische Kooperation

Der Politologe Matthias Küntzel sieht Berlin und Washington in Rambouillet nicht als Vertreter konträrer, sondern ähnlicher Positionen. „Die USA und Deutschland standen für eine harte Linie gegen Belgrad und für Nato-Luftangriffe, notfalls ohne Mandat des UN-Sicherheitsrates ... Besonders Frankreich kämpfte für ein alternatives Konzept und bot dem deutsch-amerikanischen Konfrontationskurs lange die Stirn."[191] Diese Sichtweise wird von James Rubin, dem Sprecher des US-Außenministeriums, unterstützt: „ ...in Rambouillet agierten die Franzosen und Italiener auf eine Art, die die Anstrengungen der (US-)Regierung, die Nato gegen das Belgrader Regime zu vereinheitlichen, aus der Bahn hätten werfen können."[192] Frankreich trat im Falle eines Scheiterns von Rambouillet dafür ein, die Autorität zur Auslösung eines Militärschlages nicht beim Nato-Oberbefehlshaber zu belassen, sondern der Kontaktgruppe zu übertragen - was Rußland die Möglichkeit eines Vetos gegeben hätte. Auch Großbritannien wollte Jugoslawien entgegenkommen, und zwar in der Frage des Annex B. „Selbstverständlich muß der militärische Teil der Abmachung ein Teil dessen sein, über das verhandelt wird," erklärte Außenminister Cook zum Start des zweiten Teils der Konferenz am 15. März 1999.[193] Fischer vertrat die entgegengesetzte Position: „Es werde auf keinen Fall weitere Verhandlungen mit Serben und Kosovo-Albanern über die unterschriftsreif vorliegende Vereinbarung geben ... Eine von der Nato geführte Friedenstruppe bleibe ein unumstößlicher Bestandteil der Vereinbarung", zitierte ihn die *Neue Zürcher Zeitung* am selben Tag. Rudolf Augsteins Analyse - „Die USA hatten in Rambouillet militärische Bedingungen gestellt, die kein Serbe mit Volksschulbildung hätte unterschreiben können"[194] - krankt also bei aller Hellsichtigkeit im allgemeinen an dem beim verstorbenen *Spiegel*-Herausgeber chronisch blinden Fleck, die

---

191 - Matthias Küntzel, Der Weg in den Krieg. Deutschland, die Nato und das Kosovo, Berlin 2000, S.166
192 - James P. Rubin, Countdown to a very personal war, in: *Financial Times* (London), 29.9.2000
193 - Pressekonferenz Vedrine/Cook, 15.3.1999 (www.france.diplomatie/fr/actual/ecenements/ramb46.gb.html)
194 - *Spiegel*, 18/19999

deutsche Mitschuld nicht sehen zu wollen.

Insbesondere in den Tagen zwischen den Schlußverhandlungen ab 15. März und dem Bombardierungsbeginn am 24. März gab es Phasen, in denen die US-Regierung zauderte, da das Pentagon und der Nationale Sicherheitsrat den Kriegskurs des State Department ablehnten,[195] während die deutsche Regierung immer hart blieben. So muß die letzte Vermittlungsmission von US-Vermittler Richard Holbrook, nach dem formellen Ende der Konferenz am 19. März, gegen deutschen Widerstand zustande gekommen sein, denn Fischer hatte sich kurz zuvor gegen eine Verlängerung des Ultimatums an Belgrad ausgesprochen, und seien es auch nur „drei bis vier Tage(n)."[196] Dagegen wird die amerikanische Haltung von der *NZZ* noch am 19. März so wiedergegeben: ".. auffallenderweise ist nicht einmal mehr von einem Ultimatum die Rede (...); der amerikanische Außenamtssprecher Rubin verstieg sich gar zur Bemerkung, ein Militäreinsatz gegen die Serben könne nicht das Ziel der Staatenwelt sein." Diese Meldung war bei ihrem Erscheinen allerdings bereits Makulatur: Am Abend des 18. März, nach Redaktionsschluß der *NZZ*, hatten in Bonn Schröder, Fischer und Scharping mit ihren Amtskollegen aus Großbritannien und Frankreich konferiert. Zu später Stunden hätten die Europäer „die Clinton-Administration davon überzeugt, daß jedes neue diplomatische Ultimatum die westliche Entschlossenheit beeinträchtigen und die militärische Situation auf dem Boden in Kosovo verschlechtern könne."[197] Insbesondere die Deutschen lehnten eine Fristverlängerung ab. „Meine Regierung sieht keinen Sinn in einem Ultimatum, solange die Entwicklungen auf dem Boden so unheilverkündend aussehen," sagte ein deutscher Regierungsbeamter.[198]

Petritsch - Frontmann der Deutschen ...

Daß die von Deutschland geführte EU in Rambouillet keine Zuschauerrolle spielte, sondern daß Fischer und seine Emissäre bisweilen gar Madeleine Albright und ihre Sherpas an Kompromiß-

---

195 - vgl. Küntzel, .a.o., S.171 mit Verweis auf IHT, 8.3.1999
196 - z.n. *FAZ*, 15.3.1999
197 - IHT, 20.3.1999
198 - IHT, 20.3.1999

losigkeit überboten, wird in den Aufzeichnungen der beteiligten Diplomaten deutlich, etwa in dem vom Auswärtigen Amt mit internen Akten gefütterte *ZEIT*-Dossier „Wie Deutschland in den Krieg geriet."[199] Demnach hat Fischer „alle Erfahrungen, die er in den Finten und Fehden seiner Partei gesammelt hat", aufgeboten, „um der Entente Cordiale zwischen Paris und London (sowie Washington) eine Konzession abzuringen: ... daß für die Europäische Union nur einer verhandelt: Wolfgang Petritsch." Im AA-Rapport vom 8. Februar 1999 heißt es zufrieden, anders als Dayton „ist diese Konferenz nicht amerikanisch geprägt." Genauer: „Die Europäer gestalten ernsthaft mit. Petritsch verblaßt nicht neben (US-Verhandlungsführer) Hill." Die Europäer? An anderer Stelle wird das Subjekt im Dossier unverschlüsselt genannt: „Die Deutschen...für sie spricht ... der Österreicher."[200]

Nach Darstellung des Journalisten Andreas Zumach, in Rambouillet für die *Taz* die ganze Zeit vor Ort und in Tuchfühlung mit den Delegationen, war Petritsch in den Verhandlungen ein Hardliner. „80 Prozent unserer Vorstellungen werden einfach durchgepeitscht ... Vor Ende April wird der Kosovo-Konflikt entweder formal gelöst sein, oder die Nato bombardiert", drohte er bereits zum Auftakt der Konferenz.[201] Über die Sprengwirkung des Annex B war Petritsch durchaus informiert: „Es war uns vollkommen klar, daß sich ein souveränes Land mit diesen Bestimmungen am schwersten tut."[202]

Wie Petritsch als Frontmann der Deutschen in Rambouillet agierte, kann man vor allem in seinen eigenen Erinnerungen nachlesen. In seinem Buch *Kosovo/Kosova* bestätigt der Österreicher, was man in der Presse schon während der Konferenz über ihn lesen konnte: „Wolfgang Petritsch ... genießt Sympathien bei der Kosovo-Befreiungsarmee UCK ... Er versteht ihre Anliegen ... wie kaum ein anderer Politiker im Westen," schrieb etwa *Die Welt*.[203]

Petritsch beansprucht, schon sehr frühzeitig den Kontakt zur UCK-Spitze gesucht und gefunden zu haben. „Nachdem die amerikanischen Versuche, die für den weiteren politischen Prozeß ent-

---

199 - *Die Zeit*, 12.5.1999
200 - *Die Zeit*, 12.5.1999
201 - z.n. Andreas Zumach, a.a.o.
202 - Petritsch im Interview, *SZ* 13.4.1999
203 - *Die Welt*, 10.2.1999

scheidenden Personen der UCK zu identifizieren und mit ihnen Verhandlungen aufzunehmen, gescheitert waren,[204] wurden unter der Ägide von Petritsch seit Sommer 1998 inoffizielle Erkundungen über die relevanten politischen Führungspersönlichkeiten der Untergrundarmee durchgeführt. Nach einer längeren Phase der Recherche wurde die Gruppe um Hashim Thaci als die geeigneten zukünftigen Ansprechpartner identifiziert. Sowohl die EU als auch die Kontaktgruppe haben die Initiative Petritschs schließlich akzeptiert und die Notwendigkeit der Einbeziehung der UCK in den Verhandlungsprozeß als unumgänglich anerkannt."[205] Für das Zustandekommen der Konferenz seien seine UCK-Verbindungen unerläßlich gewesen: „In einem Telephonat mit Hashim Thaci erhielt Petritsch am 3. Februar (1999) schließlich die Zusage für die Konferenzteilnahme der UCK."[206] Welch ein Erfolg: Endlich konnte der von Belgrad steckbrieflich gesuchte Terrorist gleichberechtigt mit Ibrahim Rugova, dem immerhin von den Kosovo-Albanern gewählten Präsidenten, an den Verhandlungen teilnehmen.

In Rambouillet dürfte sich das Prestige von Petritsch bei der UCK-geführten Delegation weiter erhöht haben, denn die US-Außenministerin hatte einen sehr schlechten Start erwischt - sie wurde von der albanischen Delegation zunächst für eine Putzfrau gehalten und vor die Tür gesetzt. Der New Yorker Tageszeitung *Daily News* zufolge wurde Frau Albright nicht erkannt, als sie in den Besprechungsraum der Kosovo-Albaner trat. „Es war schon nach Mitternacht und ein Mitglied der albanischen Delegation, der sie sicherlich für eine Reinemachefrau hielt, sagte einfach zu ihr: 'Wir brauchen noch fünf Minuten, bitte gehen sie weg.'"[207] Daraufhin sei die amerikanische Außenministerin so erbost gewesen, daß sie „einen Strom von nicht zu wiederholenden Beschimpfungen" losgelassen habe. „Frau Albright hat eine sehr eindeutige Sprache benutzt, die der Dolmetscher nicht einmal ins Albanische übersetz-

---

204 - Petritsch spielt hier auf die ergebnislose Mission von US-Sonderemissär Richard Holbrooke im Sommer 1998 an
205 - Wolfgang Petritsch u.a., Kosovo/Kosova, Wieser Verlag, Klagenfurt 1999, S.251
206 - Petritsch u.., a.a.o., S.325
207 - *Daily News*, 4.2.2000, z.n. JW, 12./13.2.2000
208 - *Daily News*, a.a.o.

zen konnte", erinnerte sich das Delegationsmitglied Veton Surroi.[208] Den Guerilleros dürfte auch Petritschs Skepsis gefallen haben, als US-Emissär Holbrooke Anfang März sich zu Sondierungen mit Milosevic in Belgrad traf. Holbrooke könnte „die Dinge mit Aufnahme offener Verhandlungen komplizieren", äußerte ein Sprecher Petritschs pejorativ.[209]

... und Vertrauter der UCK

Die Verhandlungen von Rambouillet hätten nicht unbedingt zu einem Krieg gegen Jugoslawien führen müssen. Zwar konnte die Nato die Ablehnung des Vertragsentwurfes durch die serbische Seite ganz einfach dadurch erreichen, daß sie in diesem Dokument Klauseln wie den erwähnten Annex B festschrieb, die für Belgrad unannehmbar waren. „Wir legen die Latte bewußt hoch", hatte ein ranghoher Vertreter des US-Außenministeriums diese Taktik in der letzten Woche von Rambouillet beschrieben.[210] Aber nur dann, wenn die kosovo-albanische Delegation das Dokument nicht ebenfalls ablehnte, hatten die Serben den Schwarzen Peter und die Nato eine Legitimation, sie zu bombardieren. Deshalb war es von entscheidender Bedeutung, Thacis Delegation zu einer Unterschrift zu bekommen. Dies war ursprünglich sehr schwer, weil der politische Teil des Vertragsentwurfes die Zugehörigkeit der Provinz zu Serbien nicht in Frage stellte. Die UCK wollte zunächst nicht einsehen, daß eine solche Festlegung im Falle eines Kriegseintritts der Nato an ihrer Seite nur noch ein Stück Papier sein würde. Zum Zeichen ihrer strikten Ablehnung einer solchen Friedensregelung bestimmte die UCK kurz vor Ende der ersten Rambouillet-Runde einen neuen militärischen Oberbefehlshaber: Suleiman Selimi, „der .... der extremistischen Drenica-Fraktion angehörte."[211] Die US-Delegation schwankte zwischen Verzweifeln und Entsetzen: „If you don't say Yes now, there won't be any Nato ever to help you", drohte Frau Albright Thaci.[212]

---

209 - z.n. IHT, 8.3.1999
210 - z.n. *Taz*, 18./19.3.2000; demnach fiel die Äußerung auf einem Hintergrundgespräch für ausgesuchte US-Reporter und wurde von zwei Teilnehmern unabhängig voneinander bestätigt
211 - Petritsch, a.a.o., S.306
212 - z.n. Petritsch, S.301

Vor diesem Hintergrund erscheint es wie ein Wunder, daß die kosovo-albanische Delegation den vorgelegten Text am 23. Februar 1999 doch wenigstens noch „im Prinzip" annahm - sonst hätten die Serben die erste Runde der Verhandlungen als Punktsieger verlassen. Wer erreichte dieses Zugeständnis und wodurch? Hören wir zunächst die amerikanische Version: „Allein die raffinierten lastminute-Manöver des US-Chefunterhändlers Christopher Hill verhinderten, daß die Konferenz völlig aus der Kontrolle ihrer Initiatoren geriet: Mr. Hill beschwatzte die kosovarische Delegation, eines ihrer Mitglieder, Veton Surroi, ein Grundsatzpapier unterschreiben zu lassen, wonach die Gespräche im März fortgeführt werden sollen."[213] Petritsch schildert die „intensivste Verhandlungsphase von Rambouillet" ganz anders: „Nachdem die amerikanische Außenministerin Albright ohne Erfolg all ihren Einfluß in die Waagschale geworfen hatte, bedrängten die beiden Chefverhandler Fischer und Petritsch Thaci, der vor lauter Nervosität kaum noch ansprechbar war."[214] Das war in der Nacht vom 19. auf den 20. Februar. Drei Tage später sei der Durchbruch gelungen: „Nach einem nächtlichen Vier-Augen-Gespräch zwischen Petritsch und Thaci wurde dieser von der Notwendigkeit überzeugt, das Abkommen im Prinzip anzunehmen und die definitive Zustimmung erst nach einer Befragung des 'kosovarischen Volkes' zu geben. Nicht Thaci, der Delegationsleiter, würde das Abkommen unterschreiben, sondern der 'unabhängige' Veton Surroi, der als Sprecher des Verhandlungskomitees fungierte.'[215]

Mit der Unterschrift des Hinterbänklers Surroi war zwar verhindert worden, daß die Obstruktionshaltung der Kosovo-Albaner allzu offensichtlich wurde. Doch erst wenn die UCK selbst für das Abkommen gewonnen würde, könnte die Nato der Weltöffentlichkeit ein klares Schwarz-Weiß-Bild - böse Serben, gute Albaner - präsentieren. Dazu war die Verhandlungspause zwischen 23. Februar und 15. März nötig. Zunächst entwickelte sich alles nach Plan: Mit der Ersetzung des Rambouillet-Gegners Adem Demaci an der Spitze der UCK Anfang März durch Hashim Thaci schien der Weg für eine Unterschrift der Befreiungskrieger geebnet. Doch

---

213 - IHT, 27.2.1999
214 - Petritsch, a.a.o., S.301
215 - Petritsch, a.a.o., S.308

dann stockte der Entscheidungsprozeß bei der UCK, westliche Diplomaten mußten nachhelfen. Wieder waren die US-Amerikaner bei den direkten UCK-Kontakten weniger erfolgreich als Petritsch. Am 5. März trafen er und der deutsche Botschafter Christian Pauls sich „im Rebellengebiet mit führenden Mitgliedern des Generalstabs der UCK ... In den beiden folgenden Tagen sicherte Hasim Thaci, der bei den Besprechungen nicht persönlich anwesend war, in seiner Position als politischer Repräsentant der Untergrundarmee und führendes Mitglied des Generalstabs, dem EU-Sondergesandten Petritsch in mehreren Telefonaten zu, daß es von Seiten der UCK eine positive Antwort auf das Abkommen geben werde und daß man zur Unterzeichnung bereit sei." Die US-Amerikaner hatten zunächst große Probleme, überhaupt einen kompetenten Ansprechpartner zu finden. Noch am 10. März - zwei Tage, nachdem Petritsch schon Thacis Zustimmung bekommen hatte -, hatten die US-Außenministerin und Ex-Senator Bob Dole Hashim Thaci nicht erreicht. Sie mußten einen öffentlichen Rundfunkauftritt bei *Radio Tirana* zu einem verzweifelten Appell an den UCK-Führer nutzen. Dole: „...we have everyone in the delegation prepared to sign the agreement except this invisible leader, the mystery man, Mr. Thaci, who doesn't want to be found ... Well, where is he? He's not in Washington. We don't know where he is. I think he's hiding out, stalling, and it's a great disservice to the people in Kosovo."

Als am 15. März die Rambouillet-Folgekonferenz in der Avenue Kleber in Paris fortgesetzt wurde, waren die Würfel gefallen. Drei Tage später unterschrieb Thaci zusammen mit Rugova den Vertrag einseitig. In persönlichen Briefen an Petritsch und Fischer würdigte Thaci die Rolle der beiden: „Zu unserem gemeinsamen Erfolg hat Ihr Beitrag, wie auch der Ihres Landes, erheblich beigetragen ... Das Volk von Kosova war und ist Verbündeter Europas, und so wird es auch bleiben. Kosova braucht Freiheit und Demokratie. Ihr persönlicher Beitrag und der der Europäischen Union waren unerläßlich und werden als solche gewürdigt."[216]

---

216 - dokumentiert in Petritsch, a.a.o., S.335

C.
Während des Krieges

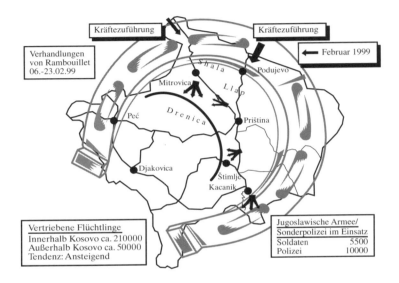

Der Hufeisenplan, Kartenskizze des deutschen Verteidigungsministeriums

Wag the Dog

Der Hufeisenplan – die Lüge, mit der die anfängliche Kriegsmüdigkeit der Bevölkerung überwunden wurde

Behauptet wurde: „Die Auswertung des Operationsplans 'Hufeisen' liegt vor. Endlich haben wir einen Beweis dafür, daß schon im Dezember 1998 eine systematische Säuberung und die Vertreibung der Kosovo-Albaner geplant worden waren ..." (Bundesverteidigungsminister Rudolf Scharping, Tagebucheintrag 7.4.1999)[217]

Tatsache ist: Es gibt keinen Beweis für die Existenz eines jugoslawischen oder serbischen Planes dieser Art, aber zahlreiche Indizien, daß ein solcher Plan im deutschen Verteidigungsministerium erfunden und dem Kriegsgegner zugeschrieben wurde.

„Wer eine Wahl gewinnen will, muß Stärke beweisen. Ein amerikanischer Präsident erfindet einen Krieg, einen Angriff auf ein kleines Balkanland. Medienwirksam und rührend emotional wird die fingierte Attacke von seinen Soldaten niedergeschlagen Dafür rennt in einem Filmstudio eine Schauspielerin als Flüchtling verkleidet durch die Kulisse eines zerstörten Dorfes. Das ist Hollywood - Szenen aus einem Kinofilm, 'Wag the Dog' heißt er. In der Realität, erst recht bei uns, ist das natürlich undenkbar. Wenn sich Deutschland an einem Krieg beteiligt, muß das moralisch gerechtfertigt, die Notwendigkeit politisch begründet werden. Daß der Verteidigungsminister bei der Legitimation für den Kosovo-Krieg übertrieben hat, daß moralischer Eifer und erhöhter Legitimationsdruck der rotgrünen Regierung dabei eine Rolle gespielt haben, das haben wir alle gewußt. Aber nun redet erstmals ein General vor der Kamera und spricht von einer größeren Manipulationskampagne. Demnach hat Rudolf Scharping

---

[217] - Scharping, a.a.o., S.107/108

Fakten bewußt falsch wiedergegeben und Drohkulissen entworfen, die nicht der realen Gefahr entsprachen, nur um die mediale Heimatfront ruhig zu stellen. Bis vor kurzem hätte ich das auch noch für einen Hollywood-Klamauk gehalten."[218] Mit diesen Worten eröffnete die Moderatorin des *ARD*-Magazins *Panorama* einen Beitrag, der erstmals einem breiteren Publikum die Enthüllungen des deutschen OSZE-Offiziers Heinz Loquai vorstellte.

Seine Rekonstruktion der *Wege in einen vermeidbaren Krieg*, wie es im Titel seines Buches[219] heißt, schildert die Ereignisse beinahe minutiös. Die „mediale Heimatfront" wankte nach den ersten Bombennächten. Anfang April 1999 berichtete der *Spiegel*: „Gerhard Schröder und Joschka Fischer ... fürchten, daß die Stimmung kippt, wenn die Bomben Milosevic nicht bald zur Kapitulation zwingen ... Im Unterholz von Grünen und SPD rumort es zunehmend. Eine Umfrage, von Emnid im Auftrag des 'Spiegel' Anfang der Woche erhoben, als die Meldungen über den Massenmord an den Kosovo-Albanern langsam einliefen, sagt aus, daß 64 Prozent der Deutschen sich Verhandlungen wünschen und - in diesem Falle - eine Einstellung der Luftangriffe ... Besorgt analysieren die außenpolitischen Berater des Kanzlers, wie labil die Stimmung unter den europäischen Verbündeten ist."[220] Das war am 5. April. Einen Tag später wies der Bundesaußenminister zum ersten Mal auf einen serbischen Plan hin, den "Hufeisenplan", der den an der Nato zweifelnden Europäern zeigen sollte, daß Milosevic die „Verbrechen gegen die Menschlichkeit" bereits lange vor dem 24. März angeordnet hatte.[221] Am 8. April veranstaltete der Verteidigungsminister mit der Bundeswehr-Spitze eine Pressekonferenz und präsentierte die Aufmarschpläne der angeblichen serbischen Operation.

In der Bundestagsdebatte vom 15. April stand der Hufeisenplan im Mittelpunkt der Debatte. Kanzler Schröder erklärte: „Die jugoslawische Regierung hat von Anfang an an den Feldzug der ethnischen Säuberung geglaubt und ihn geplant, einen Feldzug, dessen

---

218 - Moderatorin Patricia Schlesinger, *Panorama* vom 18.5.2000
219 - Heinz Loquai, Der Kosovo-Konflikt - Wege in einen vermeidbaren Konflikt. Die Zeit von Ende November 1997 bis März 1999, Baden Baden 2000
220 - *Spiegel* 14/1999
221 - Pressekonferenz von J. Fischer, Wortlaut bis Sommer 1999 unter www.auswaertiges-amt.de/ 6_archiv/ inf-kos/p/P990406a.htm

Zeuge wir heute sind. Das, meine Damen und Herren, kostete bis jetzt Tausende von Menschen im Kosovo das Leben ... Vertreibung und Mord waren längst im Gange, als die Nato ihre Militäraktion begann ..."[222]. Der SPD-Fraktionsvorsitzende Peter Struck: „Seit Frühjahr 1998 führt Milosevic in großem Stil Vertreibungsaktionen und Dorfzerstörungen im Kosovo durch. Nach und während des Holbrooke-Abkommens ist der Vertreibungsplan 'Hufeisen' entworfen worden, während Milosevic seine Leute am Verhandlungstisch sitzen ließ. Dieser Plan sieht die Entvölkerung des Kosovo von Albanern vor. Dies darf nicht zugelassen werden."[223] Rezzo Schlauch, der Fraktionsvorsitzende der Bündnisgrünen: „Es kann kein Zweifel daran bestehen, daß die Verbrechen von Milosevic gegen die Menschlichkeit von langer Hand geplant waren."[224]

Die Widersprüche

Schon auf den ersten Blick sind viele Auslassungen Scharpings zum Hufeisenplan fadenscheinig und werden, wo nicht durch offenkundige Tatsachen, so durch Äußerung seiner eigenen Generäle oder anderer westlicher Quellen dementiert.

- Bereits der Titel des angeblichen Planes verweist auf eine stümperhafte Fälschung: Potkova ist das kroatische oder bulgarische Wort für Hufeisen, im serbischen heißt Hufeisen Potkovica.
- Zu den Übersichten und den Karten, die der Bundeswehr-Generalinspekteur Hans-Peter von Kirchbach am 8. April 1999 an die Presse gab und die in vielen Zeitungen nachgedruckt wurden, als handele es sich um serbische Angriffspläne, sind die Aussagen des österreichischen Verteidigungsministers Werner Fasslabend hochinteressant. Fasslabend schreibt in einer Antwort auf eine Anfrage der österreichischen Grünen vom 16. Juli 1999, diese Materialien „stellen nicht Planungen der Operation 'Potkova' dar, sondern eine graphische Aufarbeitung der von Jänner bis April 1999 aus offenen Quellen erkennbaren Ereignisse." Und weiter: „Die vom deutschen Verteidigungsministerium "angesetzten Stärken der jugoslawischen Streit- und Sicherheitskräfte (sind) unrichtig und widersprechen

---

222 - Stenographisches Protokoll 14/32, S. 2.620
223 - Stengraphisches Protokoll 14/32, S.2.622
224 - Stenographisches Protokoll 14/32, S. 2.633

auch allen öffentlich zugänglichen diesbezüglichen Informationen". - Eine völlige Konfusion gibt es über die Entstehungszeit und das Anlaufen des angeblichen Plans. Nach Scharpings Tagebucheintrag vom 7. April wurden die Planungen „schon im Dezember" gemacht (s.o.), die erste Phase habe „im Januar" begonnen. Am selben 7. April sprach er in einer Pressekonferenz hingegen davon, „was sich auf der Grundlage des Operationsplanes 'Hufeisen' schon seit Oktober 1998 im Kosovo vollzogen hat."[225] Außenminister Fischer wiederum hatte am Tag zuvor gesagt, daß die Operation „Potkova" „parallel zum Rambouillet-Prozeß geplant (wurde)" und "daß sie am 26. Februar 1999 anlief."[226] Am 16. April behauptete Scharping, der Plan sei „im November/Dezember des letzten Jahres aufgestellt worden"[227], nur um drei Tage später zu verkünden, er sei "im Dezember zwischen der militärischen und politischen Führung Jugoslawiens erörtert"[228] worden. Bei der Bundestagsdebatte im April 2000 sprachen für Scharping „alle Informationen dafür, daß es diesen Plan schon im späten Herbst 1998 gegeben hat."[229] Auch hier widerspricht der österreichische Verteidigungsminister in der erwähnten Antwort explizit: „In der Beilage der Anfrage (das waren Scharpings Pressematerialien, Anm. J.E.) wird von einer im Oktober 1998 beginnenden, langandauernden und in kleinen Schritten durchgeführten Operation ausgegangen, während die Experten meines Ressorts immer die These vertreten haben, daß die Operation 'Potkova' als geschlossene, großangelegte Aktion von März bis Mai 1999 stattfinden würde, was sich in der Realität auch bestätigt hat." Selbst diese Darstellung eines relativ späten Anlaufens von „Potkova" wird bestritten, und zwar von Experten des Referates FüS II 3 des deutschen Verteidigungsministeriums. Unmittelbar vor Beginn der Nato-Luftangriffe schreiben sie: Es „gibt keine Anzeichen für den Beginn einer Großoffensive gegen die

---

225 - Pressekonferenz Scharpings mit dem britischen Verteidigungsminister Robertson (www.bundeswehr.de/presse/news/1999/pk990407.htm) - Der Link wurde vom BmVg bei der Neuorganisation seiner Site verschoben oder gelöscht
226 - Pressekonferenz am 6.4.1999 (www.auswaertiges-amt.de)
227 - Pressekonferenz 16.4.1999 (www.bundeswehr.de/kosovo/pk_t_990416.htm) - Der Link wurde vom BmVg bei der Neuorganisation seiner Site verschoben oder gelöscht
228 - Pressekonferenz 19.4.1999 (www.bundeswehr.de/kosovo/pk_t_990419.htm) - Der Link wurde vom BmVg bei der Neuorganisation seiner Site verschoben oder gelöscht
229 - Stenographisches Protokoll der Sitzung vom 5.4.2000

UCK."[230] Und weiter: „Zu einer großangelegten Offensive gegen die UCK im gesamten Kosovo sind Armee und Polizei auch noch nicht fähig." Demnach können die sprunghaft steigenden Flüchtlingszahlen nach diesem Datum kein Resultat von und kein Beweis für „Potkova" sein. Aus dem ganzen unglaubwürdigen Wirrwarr über die Entstehungsgeschichte wies die Londoner *Times* schließlich einen eleganten Ausweg: „Der Hufeisenplan hatte seine Wurzeln in einem Dokument, das vor mehr als 60 Jahren ... verfaßt worden ist."[231]

- Scharping behauptet, der Plan habe die ethnische Säuberung des gesamten Kosovo zum Ziel gehabt. In besagter Übersicht des Generals von Kirchbach liest man jedoch: „Hauptziel der Operation 'Hufeisen' ist hiesigen Erachtens die Zerschlagung bzw. Neutralisierung der UCK im Kosovo." Im weiteren Text werden dann vor allem Operationen gegen die UCK und nur örtlich begrenzte Vertreibungen der Zivilbevölkerung dargestellt, um der UCK „Basis und Rückhalt" zu entziehen.

- Scharping spricht schon in der Phase II (Februar 1999) von erheblichen jugoslawischen Verstärkungen im Kosovo, in der Übersicht von Kirchbachs werden erst für März „einige Verstärkungen der Landstreitkräfte" im Kosovo erwähnt.

- Der einzige Kronzeuge, den Scharping bisher präsentieren konnte, ist ein Wackelkandidat. Dragan Vuksic, seinerzeit Mitarbeiter des von Milosevic im Winter 1998 geschaßten jugoslawischen Generalstabschefs Momcilo Perisic, sprach auf einer Tagung des österreichischen Verteidigungsministeriums am 18. März 2000 laut Redemanuskript tatsächlich von einem Hufeisenplan. Drei Monate später aber korrigierte er sich, wie der oppositionelle Belgrader Sender *Radio B2-92* meldete: „Vuksic sagte, es stimme nicht, daß er der Wiener Tageszeitung *Die Presse* gegenüber erklärt habe, vor der Nato-Intervention im Kosovo habe es eine 'Operation Hufeisen' gegeben."[232] Vuksics früherer Vorgesetzter Perisic, der laut Scharping abgelöst worden war, weil er den Hufeisenplan ablehnte, hat sich zu dem

---

230 - z.n. *Hamburger Abendblatt*, 21.3.2000
231 - *The Times*, 9.4.1999
232 - *Radio B2-92*, 12.7.2000. Vuksic hatte seine Rede im März übrigens auf Deutsch gehalten. Dies enthob ihn der Peinlichkeit, für den Hufeisenplan entweder das von Fischer eingeführte kroatische Wort Potkova zu benutzen und sich damit lächerlich zu machen, oder serbisch korrekt von Potkovica zu sprechen und dadurch...

Thema übrigens nie geäußert.

Heinz Loquai bilanzierte seine Nachforschungen so: „Man hat mir im Verteidigungsministerium bei einem ausführlichen Gespräch über den Hufeisenplan gesagt, es lag kein Plan vor, sondern was vorlag, war eine Beschreibung der Operationen der serbischen Polizei und des serbischen Militärs." Sein Fazit: „Ich kann nur sagen, daß der Verteidigungsminister bei dem, was er über den Hufeisenplan sagt, nicht die Wahrheit sagt."[233]

Scharpings Hufschmied

Angestoßen durch Loquais Enthüllen hat auch das *Hamburger Abendblatt* direkt im Verteidigungsministerium recherchiert, wie Scharping den Fake inszeniert hat. „Drei Offiziere erinnern sich an Gespräche, die sie im Herbst vergangenen Jahres mit Oberst Karl Gunter von Kajdacsy, Referatsleiter des Führungsstabes der Streitkräfte, geführt haben. Dabei hat ihnen der Oberst im Generalstabsdienst erzählt, er habe den Titel 'Hufeisen' für die Analyse erfunden, die Scharping kurz zuvor aus dem Außenministerium auf die Bonner Hardthöhe geschleppt hatte. 'Für mich war das Scharpings Schmied', sagt einer der Offiziere."[234]

Daß das Copyright der Erfindung nicht bei den Nato-Partnern liegt, wird auch aus dem Umstand deutlich, daß Nato-Oberbefehlshaber Wesley Clark am 19. April in einer Sendung der *BBC* jede Kenntnis des Planes bestritt.[235] .„...die Nato griff nicht zu, als ihr der Bonner Hufeisenplan in Brüssel zugestellt wurde. 'Das ist nie in unsere Bewertung der jugoslawischen Seite einbezogen worden', weiß ein General", berichtete das *Hamburger Abendblatt*[236]. Auch das UN-Tribunal in Den Haag war nicht bereit, Scharpings Coup zu stützen. „Wäre das ein Dokument mit Deckblatt, Datum und Unter-

---

232 - ...Fischer zu blamieren. Vuksics Hufeisenplan hat übrigens mit dem gleichnamigen Fischer/Scharping-Konstrukt wenig zu tun. So betonte er auf besagter Tagung die "Tatsache, daß sich Milosevic nie zugunsten der 'ethnischen Säuberung' äußerte" und bezeichnete "die Vertreibung eines Teils (!) der albanischen Bevölkerung als 'Begleiterscheinung' einer antiterroristischen Aktion (!) vor allem während (!) der Nato-Aggression (!)". (Hervorhebung J.E.; Redemanuskript im Besitz des Autors)
233 - *ARD*-Magazin *Panorama*, 18.5.2000
234 - *Hamburger Abendblatt*, 4.4.2000
235 - vgl. *BBC News*, 23.4.1999, 23.13 Uhr MEZ
236 - *Hamburger Abendblatt*, 4.4.2000

schrift, so wäre es fantastisch. Aber meist sieht so etwas eher nach Gesprächswiedergaben und Schlußfolgerungen aus", erklärte Chefanklägerin Louise Arbour, nachdem sie den angeblichen Plan von Scharping erhalten hatte.[237]

In der Bundestagsdebatte Anfang April 2000 darauf angesprochen, versuchte Scharping, sekundiert von Fischer und dem SPD-Abgeordneten Gernot Erler, seine Spuren zu verwischen. Erstens könne er nichts zu der Herkunft des Planes sagen, weil er seine Quellen schützen müsse. Zum zweiten habe Wesley Clark sich „kürzlich" in einer *BBC*-Sendung als „certainly familiar" mit dem Plan bezeichnet. (Selbst wenn das stimmen sollte, so wird doch damit nicht dementiert, daß Clark im April 1999 eben noch nicht „familiar" gewesen ist). Zum dritten habe die Londoner *Times* am 8. April 1999 - also zwei Tage nach Fischer, aber am selben Tag wie Scharping - über den Plan geschrieben: „Die CIA erfuhr bereits im Herbst (1998) von einem Plan mit dem Codenamen 'Operation Hufeisen' mit dem Ziel, massenweise über Monate hinweg die Albaner zu töten und zu vertreiben."

Nun hat die *Times* das zwar tatsächlich geschrieben. Ob damit die CIA den Schwarzen Peter hat und Scharping von dort angestiftet wurde, ist aber dennoch strittig. Ein Artikel des Magazins *U.S. News* vom 12. April 1999 widerspricht. Darin heißt es, im Weißen Haus habe man Kenntnis von einem „sorgfältigen Angriffsplan" Milosevics gehabt. „Tatsächlich waren zwei CIA-Beamte, die zur Rambouillet-Delegation gehörten, so überzeugt von der Tatsache, daß sie die Verhandlungen verließen. Ein europäischer Geheimdienst erfuhr sogar den Namen des Angriffsplans Er wurde Operation Hufeisen genannt." Offensichtlich hatte die CIA also gewisse Kenntnisse gesammelt, aber nicht den Titel erfunden. Vor allem hat der US-Geheimdienst aus diesen Erkenntnissen ganz andere Schlußfolgerungen als Scharping gezogen. Die *BBC* hat dazu ein Mitglied des Geheimdienstausschusses des US-Repräsentantenhauses befragt: „Im Februar 1999 briefte CIA-Chef George Tenet die Parteiführer, nachdem die Order zur Kriegsvorbereitung

---

237 - z.n. *Hamburger Abendblatt*, 24.3.2000; bei den „Mainzer Tagen der Fernsehkritik" stritt Scharping die Äußerung von Frau Arbour ab Sie wird jedoch durch eine schriftliche Erklärung ihres Sprechers Paul Risley bestätigt, die dem HA vorliegt.

ergangen war. Er sagte, daß eine Militäraktion zu ethnischer Säuberung führen könnte ... 'Wenn wir in diesem Wespennest herumstochern, könnte es noch schlimmer werden."[238] Während für Scharping die Geheimdiensterkenntnisse zur Kriegsbegründung herhalten mußten, waren sie für den CIA-Chef also Anlaß zur Warnung, daß ein militärisches Eingreifen alles nur schlimmer machen würde.

BND und HNA

Licht in das Dunkel der „Hufeisen"-Fabrikation brachte vor allem die Diskussion in Österreich über die Rolle des eigenen Geheimdienstes, des Heeeresnachrichtenamtes (HNA). "Er selbst, so (der damalige Außenminister, Anm. J.E.) Schüssel am Dienstag, habe die geheimdienstlich ermittelte Information über die 'Operation Hufeisen' bei einer EU-Außenministerkonferenz mündlich weitergegeben", meldete das Wiener Wochenmagazin *Profil* Ende April 1999.[239] Allerdings handelt es sich bei dieser „geheimdienstlichen Information" keineswegs um einen Plan oder auch nur um ein konsistentes Dokument. So sagte der damalige Kanzler Klima gegenüber *Profil*: „Und zu diesem von Ihnen genannten Geheimdienstpapier möchte ich nur sagen: Ich persönlich habe es bis heute nicht gesehen."[240] Der damalige Verteidigungsminister Fasslabend erläuterte in seiner bereits zitierten Stellungnahme vom Sommer 1999, was Schüssel an die EU-Partner weitergegeben haben könnte - und was nicht: „Vorbereitung und Durchführung der Operation 'Potkova' wurden ab Mitte Jänner d. J. in den wöchentlichen Berichtslegungen (des Heeresnachrichtenamtes) dargestellt, ein spezieller, ausschließlich die Operation 'Potkova' betreffender Bericht wurde dazu nicht verfaßt ... Wie schon erwähnt, existiert über die gegenständliche Operation kein gesonderter 'HNA-Bericht'."[241]

Es gab also weder einen serbischen Plan noch ein Dossier des österreichischen Geheimdienstes. „Offensichtlich ist nur eines: Daß das Heeresnachrichtenamt in Wien der erste Träger dieser - für die westliche Politik nicht ganz unwesentlichen - Information war", wie

---

238 - BBC-News, 23.4.2000, 23.13 Uhr MEZ
239 - Profil, 26.4.1999
240 - Profil, 21.5.1999
241 - Antwort von Werner Fasslabend auf eine parlamentarische Anfrage der Grünen, 16.7.1999

die österreichischen Grünen feststellten.[242] Im Mai 2000 hat das auch Scharping eingeräumt: „Im übrigen kam das ... ‚das ist öffentlich bekannt, deswegen kann ich auch darüber reden, es kam über den österreichischen Geheimdienst, es wurde dem Außenminister übergeben, von ihm erhielt ich die Unterlagen am 4. oder 5. April (1999, Anm. J.E.)."[243]

Was also haben Fischer und Scharping aus Wien erhalten? Das HNA ist in der Balkanaufklärung sehr leistungsfähig und mit dem BND eng verbandelt. Unter anderem kann sich der österreichische Geheimdienst auf ein in Jahrzehnten gewachsenes Informantennetz jenseits der Karawanken stützen. „Schon seit den frühen sechziger Jahren hat sich die österreichische Auslandsaufklärung auf das südliche Nachbarland konzentriert. Ein Nachrichtendienstler: 'Wir haben als junge Offiziere eingebleut bekommen, daß es zweieinhalb Aktionsfelder für uns geben könnte: Das halbe war der Westen; je ein ganzes waren der Osten und Jugoslawien.'"[244]

Dabei fühlte sich das HNA noch nie an das Neutralitätsgebot der Verfassung gebunden. „Seit jeher hatte der österreichische Geheimdienst also seine Antennen auch nach Südosten gerichtet. Die Hardware dafür bezahlten die Amerikaner. Schon Ende der fünfziger Jahre wurde mit US-Geldern an Österreichs Ostgrenze, auf der Königswarte bei Hainburg, eine potente Lauschstation errichtet ... Im Gegenzug für die Finanzhilfe mußte sich Österreich verpflichten, die Informationen an 'befreundete' westliche Dienste weiterzugeben. So geschah es dann auch: Viele Jahre hindurch wurden die entsprechenden Bänder nach Frankfurt weitergesandt, ohne daß sie in Österreich überhaupt ausgewertet wurden."[245]

Die Verbindungen ins Altreich haben eine lange Tradition. So heißt es in einem Protokoll einer BND/HNA-Besprechung aus dem Jahre 1957: Der BND-Vertreter „verwies ... darauf, daß die Funkaufklärung des BND trotz der ausreichenden personellen und materiellen Mittel nicht in der Lage sei, alle umfassenden Aufgabengebiete zu bearbeiten. Insbesondere der Süd-Ost-Raum (Jugoslawien,

---

242 - Grüne Fraktion im österreichischen Parlament, Anfrage an den Bundesminister für Landesverteidigung vom 19.5.1999
243 - Scharping auf den „Mainzer Tagen der Fernsehkritik" am 16.5.2000
244 - *Profil*, 26.4.1999
245 - *Profil*, 26.4.1999

Rumänien, Bulgarien, Teile von Ungarn usw.) könne teils aus personellen, teils aus empfangstechnischen Gründen schwer oder überhaupt nicht erfaßt werden."[246] Das Problem wurde gelöst - und wie! „Eingeweihten ist bekannt, daß die Aufgabenstellung für unsere Nachrichtendienste z.T. weniger von österreichischen Stellen als aus Pullach (der BND-Zentrale, Anm. J.E.) erfolgt. Nicht wenige HNA-Offiziere betrachten die Anstellung beim HNA nur als eine Pensionsberechtigung und als einen Deckmantel ihrer Haupttätigkeit für den BND", schrieb 1979 ein HNA-Insider an den damaligen Verteidigungsminister Otto Rösch. [247] Die Belgrader Zeitung *Nedeljni Telegraf* berichtete: „Noch 1989 beschlossen die Geheimdienste der USA, der Bundesrepublik Deutschland und Österreichs eine vertragliche Zusammenarbeit auf dem Balkan."[248]

Operation Südwind

In der jugoslawischen Krise Anfang der neunziger Jahre funktionierte das HNA jedenfalls ganz im Sinne der von Bonn und Wien unterstützten Sezessionisten. Eine wichtige Rolle spielte dabei ein österreichischer Nazi aus dem Funktionärskader der Freiheitlichen Partei Österreichs (FPÖ). Über diesen FPÖ- und HNA-Mann Helmut Stubner berichtete *Profil* im August 1995: „Zehn Jahre lang war Stubner Ausbildungsoffizier im Wiener Landwehrstammregiment 21. Jahrelang bewegte sich der Mann im extrem rechten Umfeld. Erst unterstützte er die 'Aktion Neue Rechte', dann kam er an der Universität Wien mit rechten Burschenschaften zusammen - darunter auch mit dem Briefbomben-Angeklagten Franz Radl ... In den Jahren darauf betätigt sich Stubner mit einer Gruppe von Hardlinern als FPÖ-Bezirksrat ..., vorübergehend arbeitet er sogar in der Wiener Parteizentrale in der Umgebung von Obmann Rainer Pawkowicz ... Der deutschnationale Burschenschafter Stubner interessiert sich besonders für europäische Minderheitenfragen, zusammen mit Mitgliedern der Österreichischen Landsmannschaft setzt er sich für deutsche Minderheiten in Siebenbürgen und anderswo ein.

---

246 - Technischer Kontrolldienst, Reisebericht, Zu Zl. 2 streng geh/TKD/57 (Faksimile im Besitz des Autors)
247 - z.n. Hans Wolker, Schatten über Österreich. Das Bundesheer und seine geheimen Dienste, Wien 1993), S. 141
248 - *Nedeljni Telegraf*, 3.9.1997, übersetzt in *Balkan Press*, 12.9.1997

Seine Völkerrechts-Diplomarbeit handelt vom 'Minderheitenschutz in Slowenien und Kroatien.'"[249]

Als sich am 1. Juli 1991 in Wien eine „Österreichisch-Slowenische Gesellschaft" (ÖSG) formiert, ist Stubner einer der Protagonisten, der sich die Anerkennung des Sezessionsstaates zum Ziel setzt. Die Gründungsmitglieder kommen zumeist aus der FPÖ, so unter anderem Günter Enzensdorfer, der Volksgruppen-Referent der Partei. Mit Haider selbst, so heißt es in einem späteren Aktenvermerk eines Wiener FPÖ-Funktionärs, soll Stubner mehrere Gespräche geführt haben. In einem Schreiben an den damaligen FPÖ-Generalsekretär Walter Meischberger brüstet sich Stubner im Februar 1992 mit dem Erfolg einer „großzügig konzipierten Operation" für den „Selbstbestimmungsweg Sloweniens und Kroatiens."[250] Was er damit gemeint haben mag? Einige Monate später fliegt Stubner wegen des Versuchs der Bildung einer Privatarmee in Südtirol auf. Seine zeitweiligen Bozener Gesprächspartner geben gegenüber der Staatsanwaltschaft Innsbruck zu Protokoll, was er ihnen gesagt hat: „Wenn Slowenien weitgehend ohne Kampfhandlungen die Unabhängigkeit erlangen konnte, dann sei das auf die jahrelange gute militärische Vorbereitung zurückzuführen gewesen, die durch den Heeresnachrichtendienst durchgeführt worden sei. Für den Tag X (Bürgerkrieg oder kriegerischer Konflikt mit Serbien) habe er, Stubner, im Auftrag des Heeresnachrichtendienstes mit anderen österreichischen Offizieren in Slowenien die Zellen für eine eigene Territorialverteidigung aufgebaut und geschult, mit Waffen versorgt und vorbereitet. Nur dieser guten Vorbereitung sei der Erfolg zu verdanken, daß Slowenien heute unabhängig sei."[251] Bei der Hausdurchsuchung wird auf Stubners Computer-Festplatte der „Entwurf eines Szenarios für die politische Zielfindung im aktuellen Sezessionskonflikt in Jugoslawien" gefunden. Dateiname: „Südwind." In einer Adressenliste findet sich Name und Anschrift des slowenischen Geheimdienstchefs Renato Krajnc.

Daß Stubner kein Angeber ist, beweist nicht nur der Umstand,

---

249 - *Profil*, 28.8.1995
250 - z.n. *Profil*, 28.8.1995
251 - z.n. *Profil*, 28.8.1995

daß einer seiner ÖSG- und FPÖ-Spezln 1992 beim Waffenschmuggel nach Kroatien erwischt und trotzdem von der österreichischen Justiz freigesprochen wurde. Auch die Erkenntnisse, die die Konkurrenzorganisation Staatspolizei (Stapo) über das HNA gesammelt hat, lassen Stubner als Teil einer „großzügig konzipierten Operation" erscheinen. (Dazu muß man wissen, daß der HNA traditionell eine Domäne von ÖVP und FPÖ ist, während die Stapo, der die Inlandsaufklärung obliegt, eher unter SPÖ-Einfluß steht.) „Bei der Stapo erinnert man sich sehr genau daran, daß während des Angriffs der serbisch dominierten Bundesarmee gegen Slowenien HNA-Beamte einen fertigen Evakuierungsplan für die slowenische Regierung in der Tasche hatten. Im Fall des Falls hätten die Slowenen in Österreich eine Exilregierung installieren sollen. Gattinnen slowenischer Spitzenpolitiker waren bereits in einem Versteck im Burgenland untergebracht", schrieb die Tageszeitung *Kurier*.[252]

Schon damals ging die Stapo von einer „Agentengruppe mit einem auffälligen Näheverhältnis zur FPÖ" (*Kurier*) aus, das HNA sei ein „unterwanderter Geheimdienst." Neben Stubner soll(t)en auch die HNA-Brigadiers „W." und Wolfgang Jung zu dieser Gruppe gehören. „W." hat laut *Kurier* „beste Beziehungen zu Verteidigungsminister Werner Fasslabend", Jung ist der Leiter von Haiders „sicherheitspolitischem Arbeitskreis"-und stellvertretender Chef der Auswertungsabteilung im HNA. „Über den Schreibtisch des ranghohen Offiziers wandern die heikelsten Verschlußsachen der Republik."[253]

Die Sofia-Connection

Der bundesdeutsche Geheimdienstexperte Erich Schmidt-Eenboom geht davon aus, daß die österreichische Aufklärung in Hainburg ohne Hilfe der USA gar keine brauchbaren Ergebnisse aus Jugoslawien hätte sammeln können. Zwar könnten die Antennen alle Funksprüche aufnehmen, doch nur mit Hilfe der US-Satelliten könnten sie sie auch lokalisieren. „Es handelt sich nicht um eine bloße Datenübermittlung, vielmehr gab es von vornherein ein operatives Zusammenwirken amerikanischer und österreichischer

---

252 - *Kurier*, 15. Januar 1996
253 - *Profil*, 21.8.1995

... Aufklärer unter Führung der NSA (National Security Agency'."[254] Doch kamen die Erkenntnisse, aus denen später Petkova entstand, überhaupt aus der Funkaufklärung? *Profil* widerspricht: "Die Informationen über die geplante 'Operation Hufeisen' dürften nicht auf dem Weg der 'electronic intelligence' nach Österreich gekommen sein: Die militärisch gewieften Jugoslawen würden so brisante Geheimnisse kaum dem unsicheren Funkverkehr anvertrauen."[255] Vielmehr habe es sich bei dieser Information, so ergänzte ein „österreichischer Geheimdienstmitarbeiter" gegenüber dem *Hamburger Abendblatt*, um „unstrukturiertes analytisches Material eines Wissenschaftlers des bulgarischen Geheimdienstes" gehandelt.[256] Erst später seien Abhörergebnisse aus dem Funkverkehr hinzugekommen.

Daß die Bulgaren Zuträgerdienste für das HNA leisteten, ist wahrscheinlich. Wie bereits oben erwähnt, stammt das Wort „Petkova" aus dem Kroatischen oder Bulgarischen. Im Unterschied zum desolaten kroatischen Geheimdienst ist der bulgarische Militärische Abwehrdienst hocheffizient - so jedenfalls die Einschätzung von Todor Proitchev von der Tageszeitung *Monitor*, einem der besten Geheimdienstexperten des Landes. Die Connection Wien-Sofia hat wichtige Stützen im politisch-militärischen Establishment: Valentin Alexandrow, Verteidigungsminister von 1992 bis 1994, studierte an der österreichischen diplomatischen Akademie mit Schwerpunkt Militär. Er brachte die Heeresreformen in Gang, die den Balkanstaat fit für die Nato-Mitgliedschaft machten. Der spätere Amtsinhaber Boiko Noev nahm in den achtziger Jahren in Wien an den Abrüstungsverhandlungen teil und war bis vor kurzem bulgarischer Repräsentant beim Nato-Hauptquartier in Brüssel. Eine anonyme Geheimdienstquelle geht „hundertprozentig" davon aus, daß die bulgarische Außenministerin Nadeshda Michailowa „ein dickes Dossier mit Informationen zum Kosovo und zur serbischen Strategie gegen die UCK" Anfang 1999 an ihren deutschen Amtskollegen gegeben hat.[257] Im April 2000 stritt sie dies zwar ab, räumte aber zwei Monate später ein, daß der Kosovo-Krieg „für Bulgarien eine einzigartige

---

254 - Erich Schmidt-Eenboom, Kurzvortrag zur Enquete Polizeistaat Europa, Wien, 1.6.1999 (Ms), S.8.
255 - *Profil*, 26.4.2000
256 - *HA*, 21.3.2000
257 - Gespräch mit dem Autor, Ende Juni 2000

Chance (war) zu beweisen, wo wir stehen, daß wir bereit sind, Partner der westlichen Gemeinschaft zu werden."[258]

Auch wenn die Details noch nicht geklärt sind, steht fest: Von den Bulgaren kam höchstens „unstrukturiertes analytisches Material" (*Hamburger Abendblatt*), vom HNA wurde dies ergänzt durch „wöchentliche Berichtslegung" mit Erkenntnissen unter anderem aus der Funkaufklärung (Fasslabend). Dieses Konvolut wurde vom Wiener Außenminister im Frühjahr 1999 an seine EU-Amtskollegen weitergegeben, eventuell auch an die USA.[259] Im Unterschied zu den EU-Partnern und auch zur CIA entschloß sich dann die Bundesregierung nach den ersten Kriegstagen, aus den bruchstückhaften Elementen einen Plan zu basteln und damit in die Offensive zu gehen.

Selbst Scharpings Postille *Bundeswehr aktuell* unterfüttert diese These in seiner Ausgabe vom April 2000. „Das in Militärkreisen hoch gelobte österreichische Heeresnachrichtenamt soll ihn (den Hufeisenplan, Anm. J.E.) beschafft haben. Dafür sprächen uralte Kontakte des Wiener Abwehrdienstes zum Balkan, die auf die Kaiserzeit zurückgehen."[260]

Dieselben „uralten Kontakte" zwischen Wien, Berlin und dem Balkan, die Europa in den Ersten Weltkrieg gestürzt und zum Zweiten beigetragen haben, spielen also auch heute noch eine Rolle.

---

258 - *Die Welt*, 24.6.2000
259 - Dies behauptete die *Washington Post* Ende April 1999; *Profil* vom 26.4.1999 spekuliert darüber, ob die angebliche Weitergabe an die USA nicht von Washington gezielt gestreut wurde, um der Wiener Regierung, die der Nato Überflugrechte verweigert hatte das Stigma der Neutralitätsverletzung anhängen zu können, um ihr innenpolitisch zu schaden.
260 - *Bundeswehr aktuell*, 10.4.2000

Politik mit Auschwitz

Serbische Konzentrationslager – die Lüge, mit der die Bundesregierung die NS-Vergangenheit entsorgte

Behauptet wurde: „Der Nationalismus wird auf brutalste Art und Weise von Herrn Milosevic betrieben. Man kann fast schon sagen, in einer Art und Weise, wie sie seit den vierziger Jahren, seit den Nazis und seit der Hochzeit des Faschismus in Europa nicht mehr für möglich gehalten wurde." (Außenminister Joseph Fischer)[261]

Tatsache ist: Milosevic hat nichts getan oder angeordnet, das mit den faschistischen Verbrechen der dreißiger und vierziger Jahre vergleichbar ist. Mit solchen Vergleichen hat die Bundesregierung den Holocaust verharmlost.

Es war der deutsche Verteidigungsminister Rudolf Scharping, der drei Tage nach Kriegsbeginn als erster westlicher Politiker einen Genozid im Kosovo und Konzentrationslager festgestellt haben wollte: „Im Kosovo wird Völkermord nicht nur vorbereitet, sondern ist eigentlich schon im Gange", notierte er am 27. März 1999 in sein „Kriegstagebuch."[262] Einige Tage später dementierte die regierungsnahe US-Menschenrechtsorganisation Human Rights Watch: „Es kommt zu einzelnen Morden, und es gibt auch Hinweise auf größere Mordaktionen. Sie reichen jedoch nicht aus, um von 'Massakern' zu sprechen ... Ein Völkermord sei zwar zu befürchten, man könne jedoch nach den vorliegenden Informationen nicht von einem solchen sprechen."[263] Der Auschwitz-Überlebende Elie Wiesel sagte neun Tage nach Scharping: „Was die Serben im Kosovo machen, stellt keinen Völkermord dar ... Der Holocaust war konzipiert worden, um auch noch den letzten Juden auf diesem Planeten zu vernichten. Glaubt irgend jemand, daß Milosevic und seine Komplizen

---

261 - Pressekonferenz des AA am 6.4.1999
262 - Scharping, (Kriegstagebuch) Wir dürfen nicht wegsehen. Der Kosovo-Krieg und Europa, Berlin 1999, S.84
263 - Taz, 3. 4. 1999

ernsthaft planten, alle Bosniaken, alle Albaner, alle Moslems in der Welt auszulöschen?"[264] Auch die UN verwendete damals, so ihr Sprecher Fred Eckardt am 31. März, explizit den Terminus „Völkermord" nicht.[265] Erst am 7. April schloß Kofi Annan propagandistisch zu Scharping auf und warnte vor einem möglichen (!) Völkermord. „Obwohl wir keine unabhängigen Beobachter am Boden haben, lassen bestimmte Anzeichen daran denken, daß man vielleicht im Begriff ist, derselben Sache (dem Völkermord, J.E.) auch im Kosovo beizuwohnen", so Annans Formulierung.[266] Teile der Weltpresse hielten sich nicht lange mit den vorsichtigen Formulierungen des UN-Generalsekretärs auf. „Der Generalsekretär der UNO klagt die Serben an, einen Völkermord im Kosovo zu begehen", meldete am selben Tag der französische TV-Kanal *Europe 1*.

Internationaler Stichwortgeber war Scharping auch in Sachen Konzentrationslager. Am 28. März berichtete er in der *ARD*-Talkshow *Christiansen* von einem Konzentrationslager „im Norden von Pristina." Die deutsche Presse war begeistert und schrieb gleich im Plural. „Scharping enthüllt: ER (Milosevic) baut KZs im Kosovo ... Wo sind ihre Männer, Väter, Brüder? In den KZs von Milosevic, enthüllt Scharping", titelte das Berliner Boulevardblatt *B.Z.* am 1. April. Die *Bild* erschien am selben Tag mit der Riesenschlagzeile „..sie treiben sie ins KZ" (und zeigte darunter ein Foto mit Flüchtlingen auf dem Weg zur mazedonischen Grenze). Weiter hieß es in dem Springer-Blatt: „Nun wird der Alltag im Kosovo zur KZ-Wirklichkeit. Hitler und Stalin sind in Milosevic wieder auferstanden. Menschenfeinde, Menschenjäger, Menschenvernichter." Drei Tage nach Scharping zog die US-Außenministerin nach: „Madeleine Albright bekräftigt, daß ein Konzentrationslager im Kosovo eingerichtet worden ist. 20.000 Albaner, zumeist Frauen und Kinder, würden festgehalten, mißhandelt und als menschliche Schutzschilde benutzt."[267]

Nach der Erfindung von KZs wurde das Arsenal der Holocaust-

---

264 - *AFP*, 5.4.1999
265 - nach Loquai, a.a.o., S.136
266 - zitiert nach Hassan M. Fodha, Direktor des Informationszentrums der UNO, in einem Beitrag für *Le Figaro*, 17.4.2000
267 - Der französische TV-Sender *Europe 1*, 31.3.1999

Erinnerungen weiter geplündert. Scharping sah Ende März Anzeichen „für eine systematische Ausrottung, die an das erinnert was zu Beginn des Zweiten Weltkrieges im deutschen Namen angerichtet worden ist, zum Beispiel in Polen."[268] Fischer sekundierte eine Woche später: „Der Nationalismus wird auf brutalste Art und Weise von Herrn Milosevic betrieben. Man kann fast schon sagen, in einer Art und Weise, wie sie seit den vierziger Jahren, seit den Nazis und seit der Hochzeit des Faschismus in Europa nicht mehr für möglich gehalten wurde."[269] Auf die Nachfrage des US-Magazins *Newsweek*, ob er eine direkte Parallele zwischen den Ereignissen im Kosovo und der Nazi-Zeit sehe, antwortete er: „Ich sehe eine Parallele zu diesem primitiven Faschismus. Es ist offensichtlich: Die 30er Jahre sind wieder da, und das können wir nicht akzeptieren."[270]

Beispiele für die Instrumentalisierung von Auschwitz für die Kriegführung gab es auch in anderen Nato-Staaten. Eines der schlimmsten war sicherlich ein Aufsatz von Daniel J. Goldhagen am 29. April 1999 im britischen *Guardian*. Goldhagen, der 1996 international und vor allem in Deutschland mit seinem Buch *Hitlers willige Vollstrecker* ein Tabu gebrochen und erstmals von der Mitschuld „ganz gewöhnlicher Deutscher" am Holocaust gesprochen hatte, postulierte in diesem Essay: „Im Grunde unterscheiden sich die serbischen Untaten nur in ihrer Größenordnung von denen der Deutschen ... Milosevic ist kein Hitler ... Doch haben die Serben alles in ihren Kräften Stehende getan, um die Welt an der Holocaust zu erinnern." Schlußfolgerung: Die Alliierten müßten Serbien - wie damals Nazi-Deutschland - „besiegen, besetzen und umerziehen".[271] So unwissenschaftlich Goldhagens Analogiebildung war, so hatte er sich doch immerhin in Nebensätzen bemüht, einige Unterschiede zwischen dem Nazismus und dem heutigen Serbien deutlich zu machen. Es kennzeichnet den Geschichtsdiskurs in Deutschland, daß diese Nebensätze in der Übersetzung des Artikels für die *Süddeutsche Zeitung* wegfielen oder verfälscht wurden. Im Original hieß es beispielsweise: „The Serbs did not begin their imperial and mass murdering wars, as the Germans did, without suffering injury

---

268 - z.n. *Taz*, 1.4.1999
269 - Pressekonferenz des AA am 6.4.1999
270 - z.n. *Taz*, 13.4.1999

or any cenceivable threat, but did so in the context of simmering ethnic conflicts and having suffered some injuries themselves at the hands of Croats and even of Bosnians and ethnic Albanians." Diese ganze Passage wurde in der *SZ* in ihr Gegenteil verkehrt und stark gekürzt: „Die Serben haben zwar ihren völkermörderischen Krieg begonnen, ohne selbst verfolgt oder bedroht worden zu sein. Aber er wurde entfesselt in einer Atmosphäre ethnischer Konflikte." Im folgenden Absatz hieß es ursprünglich: „The majority of Serbs may not be, as many Germans were, in the grip of an apocaliptic ideology that essentially called for - and produced policies - that would have led to an end to western civilisation." Dieser Satz entfiel in der *SZ*. Der nächste Satz - „Die große Mehrheit der Serben wird von einer besonders gemeinen Variante des Nationalismus animiert" - ist bis dahin richtig übertragen; doch die Weglassung des Attributs von nationalism - „characteristic of western civilisation" - war ebenfalls eine inhaltliche Verfälschung.

Hat die *SZ* unbewußt gepfuscht oder bewußt manipuliert? Die Antwort erübrigt sich, wenn man der Analyse von Gerhard Scheit folgt. „Wenn Fischer und Scharping, die *Bildzeitung* und die österreichische *Kronen-Zeitung* von Hitler und Auschwitz, von SS und Holocaust sprechen, ist es etwas anderes, als wenn Clinton, Blair und *Le Monde* dies tun: Die deutschen und österreichischen Politiker und Journalisten spekulieren nicht nur - zu Zwecken der Propaganda - auf Ressentiments ihrer Landsleute, sie sind selbst besessen davon, gehorchen einer Projektion, der sie nicht Herr sind."[272]

---

271 - Daniel Jonah Goldhagen, German Lessons, Guardian 29.4.1999 (z.n. Goldhagen, Deutschstunde, *SZ* 30.4.1999)
272 - Gerhard Scheit, Ressentiments in Aktion, in: *Konkret* 8/99; S.30

Verschwundene Massengräber

Hunderttausende Ermordete – die Lüge, mit der die Nato ihren Krieg als Nothilfe zur Rettung von Menschenleben rechtfertigte

Behauptet wurde: „Tausende, Zehntausende, Hunderttausende Tote ... Das ist keine Theorie, sondern Praxis auf dem Balkan; sie ist als Ergebnis der Politik von Milosevic zu sehen."(Joseph Fischer, Anfang April 1999 im Bundestag)[273]

Tatsache ist: In jahrelangen Grabungsarbeiten wurden im Kosovo knapp über 4000 Leichen gefunden. Es ist in den meisten Fällen nicht bekannt, ob diese Menschen von serbischen Polizisten oder albanischen Terroristen ermordet wurden, wie viele davon Opfer der Nato-Bomben oder gewöhnlicher Kriminalität wurden.

Schon 14 Tage nach der Erfindung der serbischen KZs Ende März 1999 hieß es: „Kehrtwende auf der Hardthöhe: Nachdem Verteidigungsminister Rudolf Scharping noch vor Ostern von 'Konzentrationslagern' im Kosovo gesprochen hatte, sind seine Militärs auf einmal vorsichtiger geworden. In einer Auswertung der Gespräche, die im mazedonischen Flüchtlingslager Neprosteno geführt wurden, äußern die Offiziere den Verdacht, 'daß eine größere Anzahl von Befragten überzeugt ist, den Druck auf die Nato für den gewünschten Einsatz von Nato-Bodentruppen durch einzelne Übertreibungen erhöhen zu müssen'."[274] Das Scharping-KZ in Pristina dementierte bereits ein Augenzeugenbericht in der *FAZ* vom 7. April 1999: „Seit bei uns in Pristina die serbischen Angriffe begonnen haben, werden über alles und jedes Gerüchte verbreitet ... Man berichtete auch, Menschenmassen würden in der Sportarena der Stadt zusammengetrieben. Von meiner Wohnung aus konnte ich jedoch sehen, daß nichts dergleichen geschah." (Das war freilich auf Seite 7 der *Zeitung für Deutschland*. Auf der Titelseite der *FAZ* wurde am sel-

---

273 - z.n. Plenarprotokoll 14/31, S. 2584
274 - *Hamburger Morgenpost*,15. 4. 1999

ben Tage weiter kolportiert, „daß in Pec und Pristina die Sportstadien mit Männern gefüllt seien.") Aber auch ohne Konzentrationslager wollte man die Behauptung vom „Völkermord" nicht zurücknehmen, ganz im Gegenteil. Bereits am zweiten Kriegstag hatte Joschka Fischer demonstriert, wie man statt mit Beweisen auch mit Zahlenakrobatik schockieren kann: „Wir können nicht zulassen, daß sich in Europa eine Politik der Gewalt durchsetzt, eine Politik, die keine Skrupel hat, Gewalt einzusetzen, und die bereit ist, über Leichen zu gehen, auch wenn es Tausende, Zehntausende, Hunderttausende Tote bedeutet." Damit keiner im Plenarsaal des Reichtages auf den Gedanken käme, er beschwöre nur bloße Möglichkeiten der serbischen Politik, suggerierte der Außenminister im nächsten Satz die sechsstellige Opferzahl als Realität: „Das ist keine Theorie, sondern Praxis auf dem Balkan; sie ist als Ergebnis der Politik von Milosevic zu sehen."[275] Ein Vertreter der US-Regierung vertraute der *New York Times* am 4. April an: „Es könnte fünfzig Srebrenicas geben" - das wären bei der gängigen Zahl von 7.000 Srebrenica-Toten 350.000 Ermordete.[276]

Die „Magie der großen Zahl" ersetzte in der Nato-Propaganda ab Mitte April fehlende Aufklärungsergebnisse über angebliche Serbengreuel. Der Fernsehsender *ABC* zitierte am 18. April einen US-Regierungsvertreter mit den Worten: „Es könnten schon zehntausende junger Männer exekutiert worden sein."[277] Das State Department verkündete am nächsten Tag bereits: „500.000 Kosovo-Albaner werden vermißt, und es wird befürchtet, daß sie getötet wurden."[278] Am 16. Mai sagte US-Verteidigungsminister William S. Cohen im Fernsehsender *CBS*: „Wie wir gesehen haben fehlen ungefähr 100.000 Männer im wehrfähigen Alter ... Sie könnten ermordet worden sein."[279]

Die Presse griff in allen kriegführenden Ländern die Zahlen begierig auf. Der französische Fernsehsender *TF* am 21. April: „Laut Nato gelten 100.000 bis 500.000 Menschen als vermißt. In der Tat ist zu befürchten, daß sie von den Serben exekutiert wurden." *Die*

---

275 - z.n. Plenarprotokoll 14/31, S. 2584
276 - z.n. *Le Monde Diplomatique*, März 2000
277 - z.n. *Le Monde Diplomatique*, März 2000
278 - z.n. *Le Monde Diplomatique*, März 2000
279 - z.n. *Byronica*, 12.12.1999

Presse aus Wien am 18. Mai: „Die Serben haben vermutlich 100.000 Kosovo-Albaner getötet." Am 7. April setzte der Wiener *Standard* eine Zahl in die Welt, die vermutlich von keinem anderen Medium mehr übertroffen wurde: „Drei Monate wütete eine enthemmte Soldateska ... In einem wahren Blutrausch wurden rund 800.000 Menschen erschlagen."

Gleichzeitig gab es in einigen Medien, wenn auch kaum beachtet, Meldungen, die der Nato-Interpretation von der Ermordung der „Männer im wehrfähigen Alter" widersprachen. So schrieb der Reporter der *Süddeutschen Zeitung* in der Ausgabe vom 1. April: „In langen Kolonnen fahren die Busse (der Flüchtlinge) die Straße hinunter, die in die 200 Kilometer entfernte Hauptstadt Tirana führt. Doch schon nach 15 Kilometern werden alle Fahrzeuge an einer Straßensperre gestoppt. Hier hat die UCK das Kommando. Rund 30 Uniformierte mit Kalaschnikows kontrollieren jeden Wagen. Die Männer im kampffähigen Alter müssen aussteigen. Wir erlauben ihnen nicht zu fliehen', erklärt ein UCK-Offizier mit grauem Stoppelbart. 'Sie müssen zurück in den Kosovo.' Eine junge Frau fleht die Kämpfer an, ihren Mann weiterfahren zu lassen. 'Laßt ihn mit uns kommen', bittet sie. 'Mein Bruder ist schon getötet worden, und ich brauche ihn.' Doch der Mann muß mit. Auch die UCK kennt kein Erbarmen mit den Flüchtlingen." Bundeswehr-Soldaten, die in den Flüchtlingslagern Befragungen vornahmen, erhielten ähnliche Auskünfte. „Die Befragen haben auch eine Erklärung dafür, daß meist nur Frauen, Kinder und alte Männer geflohen sind: 'In den Flüchtlingslagern befinden sich kaum junge Männer. Sie sind nach Aussage der Befragten größtenteils untergetaucht und haben sich der UCK angeschlossen", berichtete das *Hamburger Abendblatt* am 15. April. Scharping, dem diese Berichte seiner Untergebenen auch vorgelegen haben müssen, erwähnt sie in der Öffentlichkeit kein einziges Mal.

Sex, Lügen und Video

Doch die Magie der großen Zahl konnte nur wirken, wenn sie durch anschauliche Schilderungen konkreter Gewaltaktionen bebildert wurde - anders ist das vom Sex-and-Crime-Fernsehen abgestumpfte Massenpublikum nicht zu erregen. Auf einer Pressekonferenz am 16. April 1999 präsentiert Scharping eine Splatter-Story, die nicht einmal ein billiger Privatsender ausstrahlen würde:

„Wenn beispielsweise erzählt wird, daß man einer getöteten Schwangeren den Fötus aus dem Leib schneidet, um ihn zu grillen und dann wieder in den aufgeschnittenen Bauch zu legen; wenn man hört, daß systematisch Gliedmaßen und Köpfe abgeschnitten werden; wenn man hört, daß manchmal mit den Köpfen Fußball gespielt wird, dann können Sie sich vorstellen, daß sich da einem der Magen umdreht." Auf der Pressekonferenz drei Tage später spricht Scharping erneut wieder über „schwangere Frauen mit aufgeschlitztem Unterleib und toten, ungeborenen Kindern, die man aus den Leibern ihrer ermordeten Mütter herausgerissen hat".[280]

Scharping kündigt gleichzeitig an: „Wir werden das, wie gesagt, in geeigneter Form schriftlich zusammenstellen."[281] Doch seltsam: Im schriftlichen Bulletin, das noch am selben Tag vom Verteidigungsministerium an die Presse gegeben wurde, fehlen die zitierten Greuelstories.[282] Und in Scharpings „Kriegstagebuch" finden sich unter dem Datum 19. April 1999 zwar Berichte über „Frauen mit aufgeschlitztem Unterleib und toten, aus dem Leib gerissenen ungeborenen Kindern", aber - anders als am selbigen Tag auf der Pressekonferenz dargestellt - sollen die nicht „in der Nähe des Postamtes in Pristina" gesichtet worden sein, sondern „bei der Ortschaft Drenica.[283] Einen solchen Ort aber gibt es ausweislich der OSZE-Liste in *As Seen, As Told* nicht. Von gegrillten Föten ist im Buch nicht die Rede, möglicherweise das Verdienst eines gnädigen Lektors.

Scharpings Erzählungen wecken Erinnerungen an den CDU-Bundestagsabgeordneten Stefan Schwarz. Der hatte in einer Bundestagsrede im Januar 1993 von „Mengeles serbischen Erben" berichtet, die muslimischen Frauen Hundeföten eingepflanzt hätten. „Schwarz kündigte Videobänder an, die seine Behauptungen bele-

---

280 - Unkorrigierte Tonbandabschrift der Pressekonferenz auf www.bundeswehr.de/kosovo/ pk_t_990419.htm (Der Link wurde bei einer Neuorganisation der Site verschoben oder gelöscht)
281 - PK 19.4.1999, s. Fußnote 2
282 - „Zusammenfassung von Befragungsberichten, die Bundesminister der Verteidigung Rudolf Scharping an die Chefanklägerin des Haager Kriegsverbrechertribunals am 19. April 1999 übergeben hat", unter www.bundeswehr.de/kosovo/pm_001.html (Link ist mittlerweile gelöscht)
283 - Scharping, a.a.o., S.128
284 - Boris Gröndahl, Ein Lichtblick gegen die Politikverdrossenheit, in: Klaus Bittermann (Hg.), Serbien muß sterbien. Wahrheit und Lüge im jugoslawischen Bürgerkrieg, Berlin 1994, S. 175/176

gen sollten, ...ein Jahr später gestand er, daß er dem verwöhnten Publikum da vielleicht etwas zuviel versprochen habe."[284] Immer wieder verwendet der Verteidigungsminister Bilder sexuell konnotierter Gewalt. So schreibt er in seiner Tagebuchnotiz vom 25. Mai 1999: „Ein Bericht kam vom Bevölkerungsfonds der Vereinten Nationen (UNFPA). In dieser Studie wird von grausamen Sexualverbrechen serbischer Soldaten an kosovo-albanischen Frauen berichtet."[285] Wie Scharping Informationen manipuliert und verfälscht, läßt sich insbesondere anhand seines Tagebucheintrages vom 6. Mai 1999 zeigen: „Der Bericht von Human Rights Watch dokumentiert die vorsätzliche und systematische Vernichtung von Menschen, ihrer Würde und Identität. Die vergewaltigten Flüchtlingsfrauen benutzten, lese ich, nach der Vergewaltigung eine Art Ersatzsprache, um nicht über ihre demütigenden Erlebnisse berichten zu müssen. Vergewaltigung allein ist schon eine abscheuliche Grausamkeit, wenn aber Frauen vor Zeugen, möglicherweise vor ihren Kindern, vergewaltigt werden, steigert sich die Grausamkeit ins Grenzenlose und hat auch Folgen für den Zusammenhalt in den traditionell geprägten albanischen Familien. Vergleichbare Berichte lagen beim UN-Kinderhilfswerk Unicef oder auch bei Medica Mondiale vor."[286]

Wir wissen nicht, welchen Human Rights Watch-Bericht der Verteidigungsminister im Mai 1999 gelesen hat. Das im Jahre 2000 von der Menschenrechtsorganisation veröffentlichte zusammenfassende Dossier kommt jedenfalls zu vollkommen anderen Schlußfolgerungen als Scharping. Nach 700 Interviews mit kosovo-albanischen Frauen, die zwischen März und September 1999 geführt wurden, heißt es: „Insgesamt fand Human Rights Watch glaubhafte Hinweise auf 96 Fälle sexueller Übergriffe ... Die 96 Fälle schließen auch Berichte über Vergewaltigungen ein, die von anderen NGOs gesammelt wurden ...In sechs dieser Fälle war es Human Rights Watch möglich, die Opfer ausführlich zu befragen."[287] Demnach

---

285 - Scharping, S.181/182
286 - Scharping, a.a.o., S.152
287 - HRW-Jahresbericht 2000 zu Jugoslawien unter www.hrw.org/reports/ 2000/fry/ Kosovo03.htm, S.1. Genannt werden folgende NGOs: Center for the Protection of Women and Children, Pristina; Albanian Counseling Center for Women and Girls, Albanien; Humanitarian Law Center, Jugoslawien; Council for the Defense of Human Rights and Freedoms, Kosovo.

wurden die 90 übrigen Fälle nicht von den Betroffenen selbst, sondern von Augenzeuginnen (oder Zeuginnen vom Hörensagen) berichtet. Weiter heißt es über die 96 registrierten Fälle: „Es ist beachtenswert, daß einige dieser Fälle möglicherweise von örtlichen und internationalen Organisationen doppelt gezählt wurden."[288] Zwar betont der Bericht, daß die wirkliche Zahl der Vergewaltigungen „vermutlich viel höher" ist als diese 96 Fälle, weil die kosovoalbanischen Opfer nicht über ihre schlimmen Erfahrungen sprechen wollten. Doch unzweideutig heißt es weiter: „Gleichzeitig muß festgestellt werden, daß Human Rights Watch die Behauptung über Vergewaltigungslager nicht bestätigen konnte, die während des Krieges von der US-amerikanischen und britischen Regierung präsentiert wurden."[289]

Selbstverständlich brauchten manche Medien nicht Scharping, um zu wissen, daß die Devise „sex sells" auch bei der Dämonisierung der Serben gilt. Die *Tageszeitung* wußte schon bald, was Auflage bringt: „Es häufen sich Berichte, daß Kosovo-Albanerinnen von serbischen Soldaten vergewaltigt werden ... Es heißt auch, die Serben würden diesmal ihre Ankündigung wahrmachen und die Frauen nach der Vergewaltigung töten, damit sie nicht mehr aussagen können."[290] Die Gynäkologin Monika Hauser galt als Kronzeugin, nachdem sie albanische Flüchtlingscamps besucht hatte. Ob die kosovoalbanischen Frauen eine „Holocaust-Situation" durchmachten, wollte die *Taz* begierig wissen. „Ich denke, wenn wir die volle Wahrheit wissen werden, wird es für uns unvorstellbar sein, was die Frauen erlebt haben. Für die Kosovo-Frauen ist das noch mal schlimmer, weil sie seit zehn Jahren in der Unterdrückung gelebt haben." Nachfrage *Taz*: „Kann man deshalb von Holocaust sprechen?" Hauser: „Holocaust? Irgendwann beschreibt das Wort nicht mehr das, was die Menschen erlebt haben."[291]

Im Unterschied zu Monika Hauser hat der deutsche Arzt Richard Munz die Flüchtlinge nicht nur auf einer Stippvisite befragt, sondern monatelang betreut. Er hat bis nach Kriegsende im größten

---

288 - HRW-Jahresbericht, a.a.o., S.1
289 - HRW-Jahresbericht, a.a.o., S.2
290 - Interview mit Monika Hauser, *Taz*, 27.04.1999
291 - Interview mit Monika Hauser, a.a.o.

Flüchtlingslager für kosovo-albanische Flüchtlinge im mazedonischen Stenkovac gearbeitet. In der Tageszeitung *Die Welt* berichtete er von der Ignoranz westlicher Medien gegenüber dem, was er erlebt hat: „Es gab die fast konstante Frage, was wir mit den vergewaltigten Frauen machen, ob wir Abtreibungen vornehmen oder ähnliches. Unsere Antwort war einfach: Wir hatten in der ganzen Zeit, die wir hier sind, keinen solchen Fall einer vergewaltigten Frau. Und wir sind insgesamt für 60.000 Flüchtlinge zuständig, für Sterkovac I und II, sowie noch zwei weitere kleinere Lager. Auch wir hatten uns zuvor wegen der kursierenden Gerüchte über Vergewaltigungen überlegt, wie wir damit umgehen wollen, aber der Fall ist real nicht eingetreten. Wir haben keine gesehen, was natürlich nicht heißen muß, daß es keine gab."²⁹²

Auferstanden von den Toten
Einige besonders tolle Geschichten hatten allerdings eine recht kurze Halbwertszeit.

Die exekutierten Lehrer: Der britische Außenminister Cook „bestätigte" am 29. März 1999, „daß Serben in einem Dorf im Südwesten des Kosovo 20 Lehrer vor den Augen ihrer Schüler erschossen haben."²⁹³ Der aufmerksame Kosovo-Korrespondent von „France-Info" hatte allerdings schon drei Tage zuvor darauf hingewiesen: „Wenn man auf fünf oder sechs Dörfer auch nur einen Lehrer findet, ist das schon viel. 20 Lehrer am selben Ort zu finden, das scheint unwahrscheinlich."²⁹⁴

Die liquidierten Spitzenpolitiker: „Gestern wurden zwei Spitzenpolitiker der Kosovo-Albaner hingerichtet: Fehmi Agani und Baton Haxhiu", berichtete das Berliner Boulevardblatt „B.Z." am 30. März 1999. Die seriöse „Süddeutsche Zeitung" wußte es nicht besser: „Serben exekutieren fünf Albaner-Führer, darunter auch Fehmi Agani und den 37jährigen Journalist Baton Haxhiu." Am 6. April

---

292 - *Die Welt*, 18.6.1999
293 - z.n. *Bild*, 30.03.1999
294 - z.n. David Mathieu, Bombes et bobards. Propagande, bourrage de crane, mensonges et manipulations de la guerre du Kosvo, Lausanne 2000, S. 130

konnte man der Frankfurter Rundschau entnehmen, daß die beiden von den Toten wieder auferstanden waren: „Am Montag sind sechs namhafte kosovo-albanische Intellektuelle mit Hilfe der deutschen Botschaft in einer Bundeswehr-Maschine nach Bonn gekommen: Fehmi Aghani, Baton Haxhiu...."[295]

Der drangsalierte Albanerpräsident Rugova: „Ibrahim Rugova konnte untertauchen, sein Haus wurde dem Erdboden gleichgemacht", erzählte die „B.Z." am 30. März. Im „Spiegel" vom 12. April berichtet Korrespondentin Renate Flottau von einem Besuch in Pristina: „Die Straße vor Rugovas weißgetünchter Residenz wirkt merkwürdig leer. Ernst nach langem Klingeln öffnet Rugova."

Terror in Pristina: „Die Bewohner Pristinas wagen sich kaum ins Freie. Die Männer vegetieren aus Angst in den Kellern", wußte die „ZEIT" am 27. Mai. Einen Tag später erscheint in der Los Angeles Time ein Bericht ihres Reporter Paul Watson über den UCK-Führer Adem Demaci: „Er lebt nicht nur wohlbehalten in der Hauptstadt des Kosovo, sondern geht auch täglich durch die Straßen, kauft sein Gemüse beim Bauern auf dem Markt und zeigt keine Angst inmitten der kriegsmüden Polizisten und Soldaten, die ihm begegnen."

Flucht und/oder Vertreibung?

Paul Watson ist eine einzigartige Quelle, die während des Krieges in Deutschland - sieht man von *Konkret* und *Junge Welt* ab - überhaupt nicht berücksichtigt wurde, obwohl er sich während der ganzen Zeit im Kosovo aufhielt. Der preisgekrönte Journalist - unter anderem erhielt er mehrfach den „Canadian National Newspaper Award" und für seine Reportagen aus Somalia auch den Pulitzer-Preis -, wurde zwar zunächst, wie alle Journalisten aus Nato-Ländern, vom serbischen Innenministerium ausgewiesen; doch als er auf

---

[295] - Fehmi Agani wurde am 9. Mai doch noch ermordet. Er hatte sich, anders als Rugova, nicht unter serbische Protektion gegeben. Während westliche Quellen behaupten, deswegen sei er von Serben liquidiert worden, gehen serbische Quellen davon aus, daß er ohne serbische Protektion ein wohlfeiles Opfer von UCK-Killern geworden sei, die zuvor auch schon Rugova bedroht hatten.

eigene Faust nach wenigen Tagen wieder nach Pristina zurückkehrte, wurde ihm von den örtlichen Beamten desselben Ministeriums der Aufenthalt und die Berichterstattung weiter gestattet. Ausführlich kommt er in einem französischen Dokumentarfilm zu Wort, der über ein Jahr nach dem Krieg von *Arte* ausgestrahlt wurde.[296] Neben ihm äußern sich dort auch viele andere Journalisten, die - im Unterschied zu Renate Flottau vom *Spiegel* - ständig während des Krieges im Kosovo waren: Renaud Girard (*Le Figaro*), Alexander Mitic (*AFP*), Yannis Behrakis (*Reuters*), Maria Kaschikali (*Mega Channel*, ein griechischer Fernsehsender) und Serif Turgut (*ATV*, ein türkischer Fernsehsender). Nicht alle äußerten ihr Urteil so kategorisch wie Watson - „Keinen Moment glaube ich an den Völkermord im Kosovo" -, aber alle stellten die Genozid-Thesen in Frage.

Besonders interessant ist, was diese Augenzeugen über die Flucht bzw. Vertreibung der Albaner aus Pristina zu sagen haben, also über das, was für den britischen Sender *ITN* „dieselbe Geschichte wie vor 60 Jahren" darstellte - eine Deportation im Nazi-Stil. Watson: „Was ich sah, war ein organisiertes Fortschaffen von Menschen, kein Massenmorden, keine Vergewaltigungen in den Straßen, keine Betrunkenen, die aus Flaschen tranken und Dinge in Brand setzten. Es war ein organisierter, erzwungener Auszug." Und seine türkische Kollegin Turgut - immerhin aus einer Gesellschaft stammend, die durch jahrhundertelange geschichtliche Erfahrungen nicht gerade serbenfreundlich geworden war: „Ich kann den auf unserer Seite verbreiteten Geschichten nicht zustimmen. OK, die Serben zwangen einige Menschen (wegzugehen, Anm. J.E.), jeder weiß das. Aber tausende andere gingen, weil die Nato Fehler machte, als sie Zivilisten bombardierte, als sie das Zentrum (von Pristina, Anm. J.E) traf. Die Menschen hörten, daß es Nato-Bomben waren, die Zivilisten getötet hatten. Und in Pristina und Prizren zum Beispiel gab es die meisten Flüchtlinge, nachdem die Bomben die Stadt getroffen hatten."[297]

Daß ein großer Teil der Albaner vor den Bomben flüchtete, legt auch ein anderer Vergleich nahe. Nach Angaben der OSZE wurden bis zum 9. Juni 862.000 Kosovo-Albaner aus der Provinz vertrieben.

---

296 - Daniel Schneidemann, Claude Vajda, Bétrice Pigné, Des Journalistes dans la Guerre, ausgestrahlt in: *Arte*, 9. Juni 2000
297 - alle Zitate in Daniel Schneidemann u.a., a.a.o.

Weiter heißt es in dem OSZE-Bericht: „Zusätzlich haben schätzungsweise 100.000 serbische IDPs (Internally displaced persons, Flüchtlinge innerhalb Kosovos) das Kosovo verlassen und sind in Serbien und Montenegro registriert worden."[298] Da aber westliche Quellen von 1.890.000 Albanern und lediglich von 168.000 Serben im Kosovo ausgingen,[299] bedeuten diese Zahlen, daß prozentual mehr Serben als Albaner aus der Provinz flüchteten bzw. vertrieben wurden, nämlich 59,5 Prozent im Vergleich zu 45,7 Prozent. Wären „ethnische Säuberungen" die hauptsächliche Fluchtursache und nicht die Nato-Bomben, wäre dieses Verhältnis nicht zu erklären, denn Serben waren wohl kaum Objekt serbischen Terrors.

Über die Hintergründe der Greuelmärchen berichtete einer, der es wissen muß, Pit Schnitzler, Reporter des mit Sensationsgeschichten quotenstark gewordenen Privatsenders *Sat-1*: „Heute reicht es aus, wenn es auf den Malediven ein Gerücht gibt, daß es im Kosovo Konzentrationslager gibt." In TV-Anstalten regiere der Grundsatz: „Sachkenntnis trübt die Urteilsfähigkeit."[300] Schnitzlers Statement ist umso bemerkenswerter, als er während des Krieges mehrere Wochen im Gefängnis in Belgrad saß und einigen Grund für Ressentiments gegen die Serben hätte.

Den Stand der seriösen Nachforschung während des Krieges gab wohl am besten Peter Schatzer wieder. Der Direktor der Internationalen Organisation für Migration erklärte nach einer Reise durch das verwüstete Kosovo Mitte Mai: „Von Massengräbern, Lagern und Vergewaltigungen wußten die Menschen, mit denen wir in den drei Tagen im Kosovo sprachen, nichts. Wir fanden auch keine direkten Hinweise auf solche Greueltaten. Aber wir haben auch nicht danach gesucht, die Zeit war zu kurz, und es war nicht unsere Aufgabe."[301]

Nach dem Einmarsch

Als nach dem Waffenstillstand am 10. Juni die Nato-Soldaten und die internationale Presse ungehinderten Zugang zu allen Orten im

---

298 - OSCE Office, a.a.o., S.99
299 - Bei 2,1 Millionen Kosovo-Bewohnern gingen albanische Annahmen von 90 Prozent Albanern, acht Prozent Serben und zwei Prozent anderen Volksgruppen aus. Vgl. http.//www.albanian.com/main.
300 - *Hamburger Abendblatt*, 17.6.1999
301 - *Spiegel*, 31.5.1999

Kosovo hatten, erhielt die Greuelpropaganda neuen Auftrieb. Ein „mit Massengräbern übersätes Kosovo" hätten die abziehenden Milosevic-Truppen hinterlassen, konstatierte die *Frankfurter Rundschau* am 18. Juni. Auch der *Spiegel* meinte: „Im Kosovo bestätigen sich die schlimmsten Befürchtungen: Tag für Tag werden neue Massengräber entdeckt."[302] David Gowan, der Sprecher der britischen Regierung, ging sogar noch weiter: „Es ist sehr schwierig, eine Gesamtzahl zu nennen, aber klar ist, daß sich ein wesentlich schlimmeres Bild ergibt, als wir es erwartet hatten." Ähnlich sah es die *Tageszeitung* am 19./20.Juni: „Die Zahl von Massakern und Morden im Kosovo scheint die schlimmsten Befürchtungen der letzten Monate zu übertreffen."

Eine Lüge: Denn die Zahl von 10.000, die Politiker und Medien nach dem Krieg sehr schnell und sehr einvernehmlich für die mutmaßlich von Serben Massakrierten angeben (z.B. der britische Außenminister Cook[303] oder der deutsche Kulturstaatsminister Naumann[304]), ist um eine Zehnerpotenz kleiner als die während des Krieges kolportierten Opferzahlen (s.o.). Auf die Zahlenimplosion angesprochen, erklärte Kenneth Bacon, Sprecher des US-Verteidigungsministeriums, lapidar: „Ich glaube nicht, daß man sagen kann, das Töten von 100.000 sei zehn mal moralisch verwerflicher als das Töten von 10.000."[305]

Aber auch die 10.000 Toten machten von Anfang an einige Mühe. Hilfreich war dabei der Umstand, daß für das US-Außenministerium „als Massengrab jede Grabstelle gilt, in der mehr als eine Leiche liegt",[306] die Öffentlichkeit jedoch bei „Masse" stets an Zahlen über hundert denkt. Das erleichtert die Hochrechnung: Die „Gesellschaft für bedrohte Völker" wollte von 65 Massengräbern wissen,[307] das US-Außenministerium von 85,[308] Scharpings Staatssekretär Wichert von 95,[309] Kulturstaatsminister Naumann von 100.[310] (Oft wußte die linke Hand nicht, was die rechte fingerte: So dementierte sich das britische

---

302 - *Spiegel*, 25/1999
303 - vgl. *Die Welt*, 10.6.1999
304 - vgl. *Neues Deutschland*, 6.7.1999
305 - *USA Today*, 1.7.1999
306 - *Hamburger Morgenpost*, 18.6.1999
307 - Gesellschaft für bedrohte Völker, Aufstellung vom 17.6.1999
308 - *Hamburger Morgenpost*, 18.6.1999
309 - Pressekonferenz, 22.6.1999
310 - Veranstaltung in Berlin, 4.7.1999

Außenministerium, das am 17. Juni erstmals von „mehr als 100" Massengräbern gesprochen hatte, kurz darauf indirekt selbst, indem es eine Karte mit 50 Massaker-Orten veröffentlichte.[311]) Durch Grabungen entdeckt wurden bis Mitte Juli im ganzen Kosovo 584 Leichen, und auch die waren nur zum Teil materiell vorhanden. So schrieb die *Taz* zu den von ihr berichteten drei Massengräbern in Koronica, daß diese 150 Tote „enthalten sollen." „Bewohner des Dorfes Korenica glaubten, daß ... 120 Menschen, die von Serben getötet wurden, verscharrt seien", schränkte die Zeitung *15 Uhr aktuell* (Ausgabe Hamburg) am 16. Juni weiter ein.

Ähnlich verhielt es sich mit einer Meldung vom 10.Juli über einen „Horrorfund" (*Bild*) nahe der Stadt Pec, wo das „vielleicht größte Massaker" (*AP*) „mit über 350 Leichen entdeckt" (*Bild*) worden sei. Die *Neue Zürcher Zeitung* reportierte den korrekten Sachverhalt: Es ging nicht um „über", sondern um „bis zu" 350 Leichen, und diese waren keineswegs „entdeckt", sondern lediglich „vermutet" worden. Am 31. Dezember 1999 resümierte das *Wall Street Journal* Legende und Realität: „Am 9. Juli erwähnte der niederländische Kommandeur Jan Joosten in einer Presseerklärung in Pristina auf der Basis eines 'Operationsberichtes' der Italiener die Entdeckung eines Massengrabes, das[350] Leichen enthalten könnte. 'Bevor noch die Pressekonferenz zu Ende war, begannen die Journalisten bereits ihre Sachen zu packen, um nach Ljubenic aufzubrechen', berichtete Joosten ... In Wirklichkeit fanden die Ermittler auf diesem Feld keine einzige Leiche."[312]

Einige Hundert Leichen haben sich vor dem Eintreffen der westlichen Spezialisten in Luft aufgelöst. Auch *Taz*-Reporter Erich Rathfelder, der wieder einmal „den Verbrechen auf der Spur"[313] war, hatte Pech: Die 106 Albaner, die in Pustasel exekutiert worden sein sollen, konnte er am Tatort nicht auffinden. Ersatzweise sollen die Serben - ordentlich wie sie sind - 35 von ihnen im nahen Orahovac

---

311 - *FR*, 18.6. und 22.6.1999
312 - *Wall Street Journal*, 31.12.1999. Das US-amerikanische Magazin *Byronica* berichtet in seiner Ausgabe vom 12.12.1999 von fünf gefundenen Leichen, der US-amerikanische Nachrichtendienst Stratfor in einer Expertise vom 17. Oktober von sieben „nachdem die Exhumierung beendet war". *Le Monde Diplomatique* verweist im März 2000 auf eine UCK-Opferliste mit 65 Namen.
313 - so die Schlagzeile seines Artikels in: *Taz*, 30.6.1999

auf dem Friedhof begraben haben, wie Rathfelder von drei Friedhofsarbeitern erfahren haben will, und zwar „genau unterhalb der Massengräber des Massakers von Orahovac vom Juli 1998" (für dessen Erfindung in der *Wiener Presse* Rathfelder damals eine Rüge des österreichischen Presserates bekommen hatte) Auch die Ausgrabung und Obduktion der Leichen durch Spezialisten der Kriminalpolizei Bremen erhellen die Todesumstände nicht. Sie fanden heraus, daß „manche Leichen schon obduziert waren". Ihre vorschnelle Erklärung: „Man hat offenbar Projektile entfernt ... Jeder Täter versucht in der Regel, sein Verbrechen zu vertuschen. Und offensichtlich ist hier sowas versucht worden." Also ein serbischer Vertuschungsversuch, ausgeführt mit krimineller Energie und mitten im Krieg? Schon der nächste Satz widerspricht dem: „Was das Entfernen der Kugeln angeht, war es ein schlampiger Vertuschungsversuch. Die serbischen Vorobduzenten haben sogar Sektionsinstrumente bei den Leichen vergessen, eine Wundkanalsonde zum Beispiel."[314] Auf den Gedanken, daß all dies auf Opfer hindeutet, die mutmaßlich von der UCK oder von Kriminellen ermordet wurden und deshalb ebenso nachweisbar wie sorgfältig von serbischen Pathologen untersucht wurden, kamen die deutschen Kriminalisten nicht.

In Verlegenheit waren die Leichenfahnder auch in der Kosovo-Kapitale Pristina. Hätten in der weitaus größten Stadt der Provinz nicht auch eine stattliche Anzahl von Massakrierten zu finden sein müssen, zumal unter anderem von Scharping sogar von einem KZ im Sportstadion der Stadt berichtet worden war? Bis heute wurde nichts dergleichen gefunden.

Wie man auch ohne Massengräber halb Europa schauerlich unterhalten kann, bewiesen die Medien mit den tagelangen Berichten über „Milosevics Folterkeller" in Pristina. Die *Bild*-Zeitung, die am 18.Juni 1999 unter diesem Titel „immer mehr Beweise für entsetzliche Massaker" im Gebäude der serbischen Militärpolizei verspricht, präsentiert „eine Motorsäge" („um Aussagen zu erpressen") und einen Raum mit Pornoheften und Präservativen („Vergewaltigungszimmer", „Sex-Kammer"). An „bestialische(n) Folterwerkzeuge(n)" wird gezeigt, was die Lehrer auf jedem zweiten deutschen

---

314 - *ARD*-Magazin *Report* (Mainz), Kosovo - die 'verschwundenen' Massengräber", Sendung vom 22.11.1999

Schulhof täglich einkassieren: Schlagringe, Messer, Holzknüppel, Tschakos. Im übrigen: Wenn das die corpora delicti unsagbarer Greueltaten sind - warum sollten die serbischen Polizisten, die angeblich in diesem Gebäude tagelang belastendes Aktenmaterial vernichtet haben, ausgerechnet diese Beweisstücke am Tatort zurückgelassen haben? Eine Frage, die, so nahe sie lag, kein Journalist gestellt hat.

Rätsel aus Den Haag (I)

Besonders interessant ist Izbica: Dort soll eines von acht „Crimes against Humanity" stattgefunden haben, die das Kriegsverbrechertribunal in Den Haag in seiner Anklageschrift gegen Slobodan Milosevic auflistet.[315] Demnach sollen in dem Dorf in der Zeit um den 28. März „ungefähr 130 Männer" von serbischen und jugoslawischen Einheiten ermordet worden sein. Die Anschuldigung war bereits während des Krieges erhoben worden: Ein Amateurvideo, vom State Department im Mai 1999 verbreitet, zeigte das Begräbnis von 10 - 15 Albanern, die am 28. März in Izbica getötet worden sein sollen. Auffällig: Die Bestattung wird von UCK-Uniformierten geleitet, und einige der Toten sind schon in sehr hohem Alter. Zum Gegenbeweis schickte das serbische Fernsehen seinerseits ein Kamerateam nach Izbica, das ein verschlafenes Dörfchen inmitten ordentlich gepflügter Felder dokumentierte. Zwei albanische Bewohner stritten gegenüber den serbischen Reportern ab, daß es in dem Ort zu Massakern gekommen sei. Daraufhin präsentierte das State Department Satellitenaufnahmen mit einer Reihe schwarzer Punkte, die bei Vorkriegsaufnahmen aus Izbica fehlen - angeblich ein Beweis für frisch aufgeworfene Einzelgräber, allesamt nach muslimischer Tradition gen Mekka ausgerichtet. Sollten die Serben so viel Mühe und so viel religiöse Einfühlsamkeit bei der Bestattung ihrer Opfer aufgebracht haben? Wichtiger noch: Vergleicht man die drei verschiedenen Bilddokumente, so stellt man fest, daß verschiedene Landschaftsmerkmale des Videos nicht nur mit dem serbischen Filmmaterial, sondern auch mit den US-Luftbildern nicht übereinstimmen.[316]

---

315 - Anklageschrift vom 24.5.1999, unter: www.un.org/icty/indictment/english/24-05-99milo.htm
316 - Bildmaterial dokumentiert in dem Film von Daniel Schneidemann u.a., a.a.o.

Auch nach dem Krieg ließ sich das Rätsel nicht auflösen. „Die Leichen sind weg", mußte Yves Roy, Mitarbeiter eines der acht Teams, die im Kosovo Kriegsverbrechen untersuchen, feststellen.[317] Paul Watson traf mit den Kfor-Soldaten als erster westlicher Journalist in Izbica ein: „Ein Zeuge, den ich interviewte, ... er gehörte zu denen, die während des gesamten Krieges da gelebt hatten, ... sagte, daß er (bei den angeblichen Exekutionen, Anm. J.E.) in vorderster Linie mit zwei oder drei Männern gestanden hätte. ... Und er schilderte Folgendes: Der serbische Soldat, der das Feuer eröffnete, sagte zu einem Mann aus den beiden langen Reihen: Geh' aus dem Weg, bevor er das Feuer eröffnete. Also ging er zur Seite. Dann schoß der Soldat, und zahlreiche Menschen waren im Kugelhagel sofort tot. Wenn Sie mich als Journalisten fragen: Ist es logisch, daß jemand, der dabei ist, einen Massenmord zu begehen, einer einzigen Person sagt, sie solle aus dem Weg gehen, und diese Person überlebt dann und sonst niemand? Ich halte das nicht für sehr logisch. Als Journalist stellen sich mir dann zehn weitere Fragen."[318] Bis zum Redaktionsschluß dieses Buches wurden in Izbica keine Leichen gefunden.

Erste Zweifel

Trotz der vergleichsweise spärlichen Ausbeute bei der Untersuchung der Massengräber gab es vorerst keine kritischen Nachfragen in der westlichen Öffentlichkeit. Selbst als Bernard Kouchner, erster Chef der frischgebackenen UN-Verwaltung im Kosovo, am 2. August erneut von einer Zahl von 11.000 Opfern serbischer Greueltaten berichtete und als Quelle dafür das UN-Kriegsverbrechertribunal angab,[319] Den Haag jedoch noch am selben Tag bestritt, eine solche Auskunft gegeben zu haben und überhaupt über exakte Zahlen zu verfügen,[320] hielten die Medien still; die meisten deutschen Zeitungen meldeten das Dementi aus Den Haag nicht einmal.

Dies änderte sich erst, als ein Team spanischer Pathologen von ihren Exhumierungsarbeiten im Kosovo berichtete, und zwar in der angesehenen spanischen Tageszeitung *El Pais* vom 23. September.

---

317 - NYT, 30.6.1999
318 - Watson im Film von Daniel Schneidemann u.a., a.a.o.
319 - vgl. FAZ, 3.8.1999
320 - Intern. Kriegsverbrechertribunal in Den Haag, Weekly Press Briefing 4.8.1999

„Kriegsverbrechen ja, Völkermord nein. Das spanische Team aus Polizeiexperten und zivilen Gerichtsmedizinern ist gerade aus Istok in der Nordzone des Kosovo ... zurückgekehrt. Die 187 Leichen, die in neun Dörfern gefunden und autopsiert worden sind, waren in Einzelgräbern bestattet, die meist mit Rücksicht auf die Religion der Kosovo-Albaner nach Mekka ausgerichtet waren und keinerlei Anzeichen von Folter aufwiesen. 'Es gab keine Massengräber. Meistens sind die Serben nicht so schlimm, wie sie dargestellt wurden', sagt der Gerichtsmediziner Emilio Perez Pujol. ... Auch die Zahlenangaben wurden in Frage gestellt, die die Alliierten in Bezug auf die Tragödie im Kosovo zur Verfügung gestellt hatten. 'Ich habe die Daten der UN gelesen', sagte Perez Pujol, Direktor des Forensisch-Anatomischen Institutes in Cartagena. 'Sie begannen mit 44.000 Toten, dann gingen sie auf 22.000 herunter, und nun sind sie bei 11.000. Ich bin gespannt, was die letztendliche Zahl sein wird.' Die spanische Mission ... ist Anfang August aus Madrid mit der Erwartung abgereist, man werde sich in die Hölle begeben. 'Man sagte uns, wir würden in die schlimmste Zone des Kosovo kommen, müßten uns auf über 2000 Autopsien gefaßt machen und hätten bis Ende November zu tun. Das Ergebnis sieht ganz anders aus: Wir haben 178 Leichen entdeckt, und wir sind bereits zurück', erklärte ... Chefinspektor Juan Lopez Palafox, Leiter der Anthropologie-Abteilung ... Gerichtsmediziner wie Polizisten beziehen sich auf ihre Erfahrungen in Ruanda, wenn sie versichern, daß man die Ereignisse im Kosovo - zumindest in dem Gebiet, das dem spanischen Kontingent zugeeilt ist - nicht als Völkermord bezeichnen können." Gegenüber der Tageszeitung *ABC* präzisierte Pujol: „Nur einmal fanden wir 97 Tote an einer Stelle, auf einem Friedhof. Sie wiesen keine Zeichen von Folter oder Verstümmelung auf - eher von Kugeln und Granatsplittern." Wegen der Unterschiedlichkeit der Verletzungen läßt sich nach Ansicht der Pathologen nicht eindeutig sagen, ob es sich um ein Massengrab mit Opfern ethnischer Säuberungen handelt. An anderen, zuvor als mögliche Massengräber bezeichneten Orten habe das Team höchstens acht, manchmal auch gar keine Leichen gefunden.[321]

Am selben Tag, an dem dieser Artikel in „El Pais" erschien, gab es

---

[321] - zitiert bzw. indirekt wiedergegeben in *Taz*, 3.12.1999

in vielen anderen westlichen Medien eine scheinbar plausible Erklärung über den Verbleib der Leichen, die die Pathologen nicht hatten finden können. „Neues Massengrab im Kosovo entdeckt", titelte etwa die *Neue Zürcher Zeitung*. „Das Massengrab liegt in einer Mine in Trepca in der Nähe der Stadt Kosovska Mitrovica ... In einen bis zu 35 Meter tiefen Belüftungsschacht der Mine sollen serbische Einheiten laut Angaben von Augenzeugen bis zu 700 getötete Kosovo-Albaner geworfen haben." Schon am 7. Jul. glaubte der britische *Daily Mirror* aufgrund der Aussage des albanischen Augenzeugen Hakif Isufi, eines angeblich früher in der Trepca-Grube beschäftigten Bergmannes, eine grausige Entdeckung vermelden zu können: „Was Hakif gesehen hat, stellt eine der abscheulichsten Taten im Krieg des Slobodan Milosevic dar: Massenweise wurden Leichen von Ermordeten abgeladen, im verzweifelten Versuch, die Spuren zu verwischen. Die Ermittler ... befürchten, in dem weitläufigen Bergwerk mit seinen tiefen Schächten und Stollen könnten nach dem Vorbild von Auschwitz in Öfen bis zu 1.000 Leichen verbrannt worden sein." Und weiter: „Trepca - der Name wird weiterleben an der Seite von Belsen, Auschwitz und Treblinka.'[322] Die *Bild*-Zeitung wartete mit einem Augenzeugen auf: „Die Öfen prasselten nächtelang."[323] Als das Haager Tribunal nach diesen Berichten ein Team mit französischen Höhlenforschungsexperten zur Spurensuche entsandte, wurden die vorschnellen Horrormeldungen jedoch restlos widerlegt. „Sie fanden absolut gar nichts", resümierte Kelly Moore, eine Sprecherin des Tribunals Ende Oktober 1999.[324]

Die steigende Verunsicherung auch in konservativen Kreisen der westlichen Öffentlichkeit drückte eine Expertise des privaten US-amerikanischen Nachrichtendienstes *Stratfor Intelligence* vom 17. Oktober aus.[325] Unter der Überschrift „Wo sind die Killing Fields des Kosovos" wird dort sehr detailliert über die Exhumierungsarbeiten berichtet: „Unter der Anleitung des (Den Haag-)Tribunals werden Polizei und gerichtsmedizinische Teams aus den Nato-Ländern und

---

322 - z.n. *Byronica*, 12.12.1999
323 - *Bild*, 23.6.1999
324 - *New York Times*, 13.10.1999
325 - vollständig dokumentiert in *JW*, 28. und 29.10.1999

einigen neutralen Staaten angewiesen, bestimmte Gräberstätten zu untersuchen ... Die Vereinigten Staaten haben das größte Team mit 62 Mitgliedern ... Bis jetzt gibt es jedoch noch keine amtliche Zahl für die von den gerichtsmedizinischen Teams gefundenen Leichen. Wenn wir wissen wollen, was wirklich im Kosovo geschehen ist, sind wir gezwungen, uns ein Bild auf der Grundlage der bisher bekannt gewordenen Tatsachen zu machen. Von dieser Basis ausgehend ist klar, daß die Teams keine ausreichend große Anzahl von Toten gefunden haben, um die Behauptung des 'Genozids' zu bestätigen. Trotz größter Anstrengungen. Die Arbeit des FBI-Teams ist dafür ein gutes Beispiel. Das FBI hat bereits zwei verschiedene Untersuchungen durchgeführt; eine im Juni und eine im August, und vermutlich wird es nochmals in das Kosovo zurückgerufen werden. Nach Angaben des FBI-Sprechers Dave Miller fand das FBI bei seinem jüngsten Einsatz im britischen Sektor insgesamt 124 Leichen ... Bei seinen zwei Einsätzen im Kosovo seit Ende des Krieges hat das FBI-Team zusammengenommen 30 Gräberstätten mit insgesamt fast 200 Leichen untersucht." Die *Stratfor*-Autoren bilanzieren, „daß die Zahl der Toten nur in die Hunderte und nicht in die Tausende geht. Es ist jedoch nicht gänzlich auszuschließen, daß sehr große neue Gräber noch ihrer Entdeckung harren. Aber es darf davon ausgegangen werden, daß die Kosovo-Albaner vermutlich am meisten daran interessiert wären, daß die größten Gräberfelder zuerst geöffnet würden, alleine schon, um Gewißheit über den Verbleib von vermißten Familienangehörigen zu erhalten."

Als Reaktion auf Fragen nach einer mangelnden Berücksichtigung von Leichen, die die serbischen Täter postum beseitigt haben könnten, präzisierte *Stratfor*-Geschäftsführer George Friedman die Untersuchungsmethoden und Resultate der Studie: „Es ist möglich, daß Leichen abtransportiert oder sonstwie weggeschafft worden sind. Deshalb sind die gerichtsmedizinischen Teams vor Ort. Sie sind darin ausgebildet, Verbrechen zu erkennen, auch lange nachdem die Leichen weggeschafft worden sind. Deshalb haben wir auch sehr sorgfältig die Sprecher verschiedener Teams interviewt, einschließlich des FBI. Wir fragten spezifisch, ob sie Beweise für weggeschaffte Leichen gefunden hätten. Als Beweismittel gelten z.B. Blutspuren oder Körperfragmente in den geleerten Gräbern oder Gase in den Erdklumpen und so weiter. Nach Aussagen des FBI und der anderen Teams haben sie keine Beweise dafür gefunden, daß in den Gräbern je Leichen gelegen haben, in denen nach Angaben der Kosovo-Albaner die Serben ihre Opfer zuerst begraben hätten, um sie anschließend wieder wegzuschaffen."[326] Ähnlich wie das *Stratfor Institute* äußerte sich wenig später der kanadische General a.D. Lewis McKenzie, vor seiner Pensionierung Oberbefehlshaber der UN-Blauhelme in Bosnien (Unprofor): „Nachdem seit dem Ende des Krieges 15 Untersuchungsteams aus 15 Ländern einschließlich Kanadas gesucht haben, fragen viele Europäer: 'Wo sind die Leichen?' 150 der 400 vermuteten Massengräber wurden untersucht ... Die Teams wurden zuerst zu den Plätzen geschickt, an denn die größten Massengräber vermutet wurden - von einigen waren bei den täglichen Nato-Auftritten sogar Luftaufnahmen präsentiert worden. Es gab auch viel mehr Zeugen, die die Greueltaten an diesen Stellen bekundet hatten, sodaß angenommen wurde, die erforderlichen Beweise würden leicht gefunden werden. Bis zum heutigen Tag wurden weniger als 500 Leichen gefunden, von denen hunderte einzeln begraben wurden - was keineswegs auf eine Massenmordkampagne hinweist. Untersuchungsteams haben sich beschwert, daß sie den Schauergeschichten nachgehen und dann keine Beweise finden."[327]

Rätsel aus Den Haag (II)

Die zunehmenden Zweifel über die Existenz von Massengräbern verstummten jedoch, als die Vorsitzende des Kriegsverbrechertribunals Carla del Ponte am 10. November 1999 einen Zwischenbericht über die Exhumierungen vorlegte, die mit einem Schlag die Berichte der spanischen und US-amerikanischen Gerichtsmediziner in den Hintergrund treten ließ. Sie sagte, daß ihre Behörde „Berichte über 11.334 Ermordete in Grabstätten erhalten hat, von denen bisher 195 untersucht worden sind."[328] Dabei seien 2.108 Leichen gefunden worden. Diese Zahl muß verblüffen, hatte doch - siehe oben - das US-Ermittlungsteam, die größte Gruppe der internationalen Inspektoren, als letzte gefundene Leichenzahl lediglich

---

326 - ebenfalls vollständig dokumentiert in JW, 29.10.1999
327 - *The Globe and Mail* (kanadische Tageszeitung), 9.11.1999
328 - Nachrichtenseite der Vereinten Nationen vom 10.11.1999 (www.un.org/peace/ kosovo/ news/kos60day.htm)

„fast 200", das spanische Team 178 und McKenzie bei seiner Überschlagsaddition für das ganze Kosovo Anfang November „weniger als 500" angegeben. Haben die Experten des Haager Tribunals, die die Ausgrabungen im Kosovo ohne serbische Beteiligung vornahmen, die Zahlen der gefundenen Leichen im Sinne ihrer Chefanklägerin nach oben korrigiert? Dieser Verdacht wird sich niemals verifizieren lassen, deshalb muß an dieser Stelle von den Haager Angaben ausgegangen werden.

In jedem Fall hatte del Pontes Multiplikation der 2.108 auf 11.334 Leichen keinen Bezug zu den Fakten. Einen Hinweis darauf lieferte schon damals die Bundesregierung. Nur wenige Tage vor del Pontes Erklärung antwortete sie auf eine Kleine Anfrage der PDS-Fraktion: „Hochrechnungen des IStGHJ (Internationalen Strafgerichtshofes für das ehemalige Jugoslawien in Den Haag, Anm. J.E.), die die Gesamtzahl der vermuteten Massengräber berücksichtigen, kommen zu einer Gesamtzahl von ca. 4.000 Leichen."[329] Dies wurde schließlich durch die offiziellen Zahlen der UN-Verwaltung im Kosovo bestätigt: Demnach wurden bis Februar 2002 exakt 4.019 Leichen gefunden, davon sind 2.122 identifiziert.[330]

Im britischen Magazin *Spectator* machte John Laughland darauf aufmerksam, daß man die gefundenen Leichen nicht ohne weiteres auf das Schuldkonto der Serben buchen dürfe: „Für einen gewaltsamen Tod in der Provinz waren die verschiedensten Ursachen denkbar. Über hundert Serben und Albaner starben seit Beginn des Aufstandes im Jahr 1998 durch terroristische Angriffe der UCK; 426 serbische Soldaten und 114 Polizisten des serbischen Innenministeriums wurden im Verlauf des Krieges getötet. Die UCK mit ihren zehntausenden bewaffneten Kämpfern hatte ebenfalls Verluste, wie die Todesanzeigen in den Dörfern des Kosovo belegen. Überdies sind seit Beginn des Krieges über 200 Personen umgekommen, die auf nicht-explodierte Splitterbomben der Nato traten."

Zweifel an den Zahlen aus Den Haag haben schließlich auch die

---

329 - Antwort der Bundesregierung vom 29.10.1999, BT-Drucksache 14/1946
330 - Unmik Presseerklaerung vom 3.2.2003, z.n. Amnesty International, Serbia and Montenegro (Kosovo/Kosova), Prisoners in our own homes, Mai 2003, S. 31, Fußnote 90

Berliner *Tageszeitung* erreicht, die in den vergangenen Jahren immer an vorderster Front bei der Berichterstattung vermeintlicher serbische Greueltaten gewesen war. Am 3. Dezember 1999 titelte sie auf Seite eins: „Keine Hinweise auf systematisches Massentöten im Kosovo - Die bisher gefundenen Gräber liefern keinen Beleg für den von der Nato stets behaupteten Völkermord." Selbstkritische Worte suchte man indes vergeblich. Die *Taz*-Beilage *Le Monde Diplomatique* brachte da im März 2000 schon mehr Konsequenz auf. Zur eigenen Rolle im Spiel der Medien heißt es: „Auch die *Monde diplomatique* behauptet auf der Titelseite ihrer August-Ausgabe (1999) leichtfertig, inzwischen sei 'die Hälfte der vermuteten 10.000 Opfer' exhumiert." Weiter heißt es unmißverständlich: „Neun Monate nach der Stationierung der Kfor im Kosovo stützt nichts ... die Anschuldigung eines Völkermords."

Das Internationale Rote Kreuz hatte im Februar 2002 noch 2.877 Vermißtenanzeigen von Kosovo-Albanern vorliegen.[331] Wenn man von der recht unwahrscheinlichen Annahme ausgeht, daß sich unter den gefundenen 4019 Toten KEINE dieser Vermißten und KEINE Serben und andere Nicht-Albaner befinden, läge die rein rechnerische Maximalzahl der albanischen Toten also bei exakt 6.896 - und es wäre noch nicht einmal geklärt, wie viele Bombenopfer, von der UCK getötete loyale Albaner und im Gefecht gefallene UCK-Kombattanten in dieser Zahl eingeschlossen sind.

---

331 - nach Amnesty International, Serbia ..., a.a.o., S.32, Fußnote 95

Die vergessenen Toten

Kollateralschäden – die Lüge vom sauberen Krieg

Behauptet wurde: Die Nato führte gegen Jugoslawien „den zielgenauesten Bombenkrieg der Geschichte". (Bundeswehrgeneral Walter Jertz) [332]

Tatsache ist: Zahlreiche zivile Ziele wurden absichtlich bombardiert.

Die Beweislage ist eindeutig: Die Nato war für die kosovo-albanische Zivilbevölkerung eine mindestens ebenso fürchterliche Bedrohung wie serbische Paramilitärs. Bei der angeblich irrtümlichen Bombardierung eines Flüchtlingskonvois am 15. April 1999 in der Nähe von Djakovica starben wahrscheinlich 74, am 14. Mai 1999 in der Nähe von Korisa wahrscheinlich 81 Menschen. Die genaue Zahl hat sich nicht ermitteln lassen, weil ein Teil der Opfer restlos verschmort und zu Asche pulverisiert war. Ansonsten sind die Vorfälle - im Unterschied zu den im vorigen Kapitel genannten Berichten über serbische Massaker - genauestens belegt: Vertreter der westlichen Presse waren am Tatort und lieferten beweiskräftige Foto- und Videoaufnahmen; nach einigem Hin und Her hat in beiden Fällen die Nato die Verantwortung übernommen. [333]

Verteidigungsminister Rudolf Scharping, der mit zitternder Stimme über das Leid der Kosovo-Albaner sprach, sofern er die Serben als Täter identifiziert hatte, berührten diese Fälle nicht. Fotos der Ereignisse und Augenzeugenberichte Betroffener, ansonsten seine Spezialität bei der Emotionalisierung von Bundestagsdebatten und Pressekonferenzen, blieben in der Schublade. Ungewohrt trocken kommentierte er das Massaker von Djakovica: „Daß wahrscheinlich Nato-Piloten einen Flüchtlingstreck tragischerweise mit einem Militärkonvoi verwechselt hatten, war ein weiteres trauriges Beispiel dafür, daß es einen Krieg ohne Opfer in der Zivilbevölkerung nicht gibt." Den Massenmord in Korisa wollte er Belgrad

---

332 - Nato-Pressekonferenz, Brüssel, 27.Mai 1999
333 - ausführliche Darstellung mit Quellen s.u.

anlasten und äußerte den Verdacht, daß Milosevic der Nato „hier ein schreckliches Ereignis in die Schuhe schieben will".[334] Bundeskanzler Gerhard Schröder machte fünf Tage nach Korisa seine Haltung klar: „Ich bin einverstanden mit der gegenwärtigen Nato-Strategie, halte sie für erfolgversprechend und bin deswegen gegen ihre Änderung."[335] Bis alles in Scherben fällt...

Obwohl sich mit solchen Äußerungen der Menschenrechtsmoralismus mit Leichtigkeit entlarven ließe, wird dieses Kapitel knapper ausfallen als einige andere in diesem Buch. Zum einen sind die von der Nato angerichteten Kriegsschäden bereits in anderen Veröffentlichungen recht ausführlich dokumentiert.[336] Zum anderen sagen die Opfer eines Krieges, selbst die Opfer unter der Zivilbevölkerung, nichts über dessen Legitimität aus. So gingen im amerikanischen Civil War die Truppen der Nordstaaten mit ungewohnter Brutalität auch gegen Frauen und Kinder der Südstaaten vor; trotzdem unterstützten selbst kritische Zeitgenossen wie Karl Marx und Friedrich Engels die Kriegsziele Washingtons, weil sie den Kampf gegen die Sklavenhalterregime des Südens für legitim und notwendig hielten. Ein anderes Beispiel ist der Bombenkrieg der Briten und US-Amerikaner gegen Nazi-Deutschland: Von der Diskussionswürdigkeit mancher Einsätze gegen Großstädte - am bekanntesten sind wohl die Angriffe gegen Dresden - kann man nicht auf die Fragwürdigkeit des alliierten Krieges insgesamt schließen. Diesen Krieg kompromißlos, hart und bis zur totalen Niederlage des 3. Reiches zu führen - dazu gab es keine Alternative, und die tränenreiche Erinnerung an die Zerstörung des geliebten Elbflorenz hat in Deutschland in der Regel einen geschichtsrevisionistischen Beigeschmack.[337] Wenn also Nato-Pressesprecher Jamie Shea die Ausweitung der Bombenangriffe mit dem Satz rechtfertigte: „Natürlich wird es in einer diktatorischen

---

334 - z.n. *Bild am Sonntag*, 16.5.1999
335 - z.n. *ARD*-Magazin *Monitor*, 20.5.1999
336 - vgl. vor allem: Wolfgang Richter, Elmar Schmähling, Eckart Spoo, Die Wahrheit über den Nato-Krieg gegen Jugoslawien, Sammelband zum Hearing vom 30.10.1999 in Berlin, Schkeuditz 1999; dies., Nato-Kriegsverbrecher angeklagt, Sammelband zum Tribunal vom 2. und 3.6.2000 in Berlin, Schkeuditz 2000; Jugoslawisches Informationsministerium, Nato Crimes in Yugoslavia. Documentary Evidence (2 Bde.), Belgrade 1999
337 - vgl. Jürgen Elsässer, Die Dresden-Lügen, in: ders., Wenn das der Führer hätte erleben dürfen, Hamburg 1995

Gesellschaft zunehmend schwieriger, zwischen der Partei und dem Staat zu unterscheiden",[338] so war dieser Satz für sich genommen keineswegs zynisch, sondern im Lichte der historischen Erfahrung mit dem Nationalsozialismus absolut richtig: Für die Alliierten war es unmöglich und gefährlich, in ihrem Krieg gegen die deutsche Volksgemeinschaft nur das Militär und die Terror-Organisationen anzugreifen und deren „willige Volksstrecker" zu verschonen. Falsch wurde das Diktum von Shea erst dadurch, daß der historische Vergleich unzulässig auf die Gegenwart angewendet und Jugoslawien als „diktatorische Gesellschaft" bezeichnet wurde. Der Nato-Krieg wurde nicht aufgrund der sogenannten Kollateralschäden illegitim, sondern aufgrund der Gleichsetzung der Politik Hitlers und Milosevics, des Schicksals der Juden mit dem der Kosovo-Albaner. An dieser Stelle wäre die Hauptanstrengung zu seiner Delegitimierung zu leisten, will man nicht in gefährliche Nähe zu Neonazis kommen, die heuchlerisch um die Bombenopfer von Belgrad weinen und eigentlich die von Dresden meinen.

Militärisches Stümpertum

So wenig einerseits zivile Verluste den Charakter eines Krieges definieren können, so sehr gilt das Umgekehrte: Ein ungerechter Krieg wird noch verachtenswerter, wenn er vor allem zivile Opfer fordert. Dies trifft auf den Nato-Krieg gegen Jugoslawien zu. Obwohl die Nato-Flugzeuge 78 Tage fast ununterbrochen im Einsatz waren, nach eigenen Angaben insgesamt 38.400 Einsätze flogen und 23.614 Bomben, Cruise Missiles und Raketen abwarfen bzw. abfeuerten,[339] waren die zivilen Schäden höher als der militärische Erfolg. Scharping verbreitete zwar noch in seinem Buch die Erfolgsbilanzen der Nato: „Die jugoslawische Luftwaffe hatte 70% ihrer Mig 29, ein Viertel ihrer Mig 21 und rund die Hälfte ihrer übrigen Flugzeuge verloren ... Elf Gefechtsstände und eine große Anzahl von Kasernen waren beschädigt, 300 Panzer, Schützenpanzer und Artilleriegeschütze vernichtet."[340] Doch im Mai 2000 veröffentlichte das US-

---

338 - Jamie Shea, Pressekonferenz vom 21.4.1999
339 - nach: ICTI (Den Haag), Final Report to the Prosecutor by the Committee Established to Review the Nato Bombing Campaign Against the Federa Republic of Yugoslavia, 13.6.2000, S.16
340 - Scharping, a.a.o., S. 171

Magazin *Newsweek* einen Schadensreport der US-Air Force, der bis dato vom Pentagon zurückgehalten worden war. Die Experten, die wochenlang zu Untersuchungen im Kosovo gewesen waren, stellten darin fest, daß die Nato nur 14 Panzer, 18 Truppentransporter und 20 Artilleriegeschütze getroffen hatte.[341]

Der Zusammenhang zwischen militärischem Stümpertum einerseits und Rücksichtslosigkeit gegenüber der Zivilbevölkerung andererseits läßt sich vielleicht am besten am Einsatz der DU-Munition demonstrieren. Depleted Uranium oder abgereichertes Uran wird für die Geschoßummantelung verwendet und gilt als Panzerknacker, da es aufgrund seiner hohen spezifischen Dichte auch härteste Stahl- und Betonplatten durchschlagen kann. Wie von der US-Armee eingeräumt, wurden insgesamt 31.000 Geschosse mit einem Gesamtgewicht von etwa zehn Tonnen verfeuert.[342] Da die DU-Geschosse jedoch vorwiegend ihre Ziele nicht trafen und außer Attrappen nur - s.o. - 13 echte Panzer ausgeschaltet wurden, entfalten etwa 30.987 Geschosse ihre Wirkung ausschließlich gegenüber der Zivilbevölkerung und der Umwelt. Welche Folgen zu erwarten sind, läßt sich anhand eines Vergleiches mit dem Irak extrapolieren, wo die Uranwaffe 1991 ebenfalls zum Einsatz kam. Nach dem Krieg klagten viele US-amerikanische und britische Soldaten, die irrtümlich unter „friendly fire" geraten waren, über Beschwerden und wurden dauerhaft arbeitsunfähig. Es gilt „als gesichert, daß die Krankheitserscheinungen, die unter dem Begriff 'Golfkriegssyndrom' zusammengefaßt werden, zum Teil auf abgereichertes Uran zurückzuführen sind."[343] Nach einem im November 1991 bekannt gewordenen Geheimbericht der britischen Atomenergiebehörde haben die Alliierten 40 Tonnen abgereichertes Uran in der Wüste zurückgelassen. Neun Jahre nach Beendigung des Krieges erkranken nach Angaben irakischer Ärzte immer noch ungewöhnlich viele Kinder an Leukämie, bei den Erwachsenen sind viele Tumorerkranken zu beobachten, „und die Zahl der Neugeborenen und abgetriebenen Föten mit fürchterlichen Mißbildungen erreicht erschreckende Ausmaße".[344] Das in Kuwait und Irak lagernde Material würde aus-

---

341 - *Newsweek*, 15.5.2000
342 - *SZ*, 28.3.2000
343 - *Le Monde Diplomatique* (im folgenden: *LMD*), Juni 1999
344 - *LMD*, Juni 1999

reichen, um „500.000 Tote" zu verursachen, berichtet *Le Monde Diplomatique*.[345] Den deutschen Verteidigungsminister ficht a l das nicht an. „Die Einlassung von Verteidigungsminister Rudolf Scharping war nicht besonders glücklich. Auf die liegengebliebene Uran-Munition im Kosovo aus der Zeit des Luftkrieges angesprochen, sagte der SPD-Politiker jüngst in Berlin, Mediziner und Ratgeber hätten ihm erklärt, ein Risiko bestehe nur, wenn jemand Staub dieser Munition unmittelbar einatme, 'zum Beispiel bei der Detonation'. Abgesehen davon, daß Umstehende einer Detonation zumeist andere Probleme haben als eine Uranstaublunge, ließ Scharping im weiteren wenig Eleganz erkennen, sich diesem Thema zu widmen. Nachfragen wimmelte er mit dem Hinweis ab, diese müßten von entsprechenden Fachleuten beantwortet werden."[346] (vgl. auch das ausführliche Kapitel zur DU-Munition, S. 247 ff).

Ähnlich verhält es sich mit dem Einsatz von Splitter- und Clusterbomben, die für viele der im folgenden geschilderten Opfer verantwortlich sind. Allein die USA haben etwa 1.000 Bomben vom Typ CBU-87/B eingesetzt; jede dieser Bomben stößt über dem Zielgebiet 202 Einzelbomben aus, die alles Lebendige im Umkreis von 150 mal 1.000 Metern töten.[347] *Monitor* zitierte aus einer internen Studie der US-Air Force vom Juni 1996, wonach der kommandierende General Michael Ryan den Einsatz dieser Waffe im Bosnienkrieg ausdrücklich verboten hatte. Seine Begründung: „Die Streuung der Splitter ist zu groß, um den Schaden an der Zivilbevölkerung ausreichend zu begrenzen, und es gab weiterhin das Problem der nichtexplodierenden Munition, die später unter hohem Risiko geräumt werden müßte..."[348] Die *FAZ* schreibt zum Gefährdungspotential dieser Bomben: „Allein von den gegen serbische Ziele eingesetzten amerikanischen Splitterbomben sind - statistisch gesehen - mehr als 20.000 nicht explodiert. Die genaue Zahl kennt niemand, doch wird in der Nato auch nicht ausgeschlossen, daß auf dem früheren Kriegsschauplatz bis zu 30.000 nicht explodierte Splitterbomben der Nato liegen könnten ... Im Gegensatz zu den von den Serben gelegten Landminen ist es der Nato unmöglich zu sagen, an welchen

---

345 - *LMD*, Juni 1999
346 - *SZ*, 28.3.2000
347 - Angaben nach *FAZ*, 24.6.1999
348 - *Monitor*, 20.5.1999

Stellen heute nicht explodierte Splitterbomben liegen ... Im Irak haben Splitterbomben der Alliierten - trotz der auffälligen Lackierung - nach Angaben der Vereinten Nationen seit dem Kriegsende 1991 'mindestens 2.600 Zivilisten, zumeist Kinder' getötet ... Die Nato hatte vor mehreren Tagen mitgeteilt, daß sie Minen und nicht explodierte Splitterbomben im Kosovo nur dort räumen werde, wo dies zum Schutz der Kfor-Truppen notwendig sei."[349]

Der Bericht von amnesty international

Stimmt die Behauptung von Nato-Pressesprecher Jamie Shea: „Es gab niemals in der Geschichte einen Luftwaffeneinsatz, der dem Militär so sehr geschadet hat und den Zivilisten so zu Gute kam wie dieser jetzt, selbst wenn wir keine 100prozentige Perfektion erreicht haben - das kann keiner, das wird keiner?"[350] Stimmt die Behauptung von Sheas deutschem Partner, General Walter Jertz, daß die Nato gegen Jugoslawien „den zielgenauesten Bombenkrieg der Geschichte führte?"[351]

Ein Jahr nach Kriegsende legte Amnesty International im Juni 2000 einen Bericht über die Verstöße der „Operation Allied Force" gegen das Kriegsrecht vor.[352] Das Urteil der traditionsreichen Menschenrechtsorganisation: „Nato-Streitkräfte haben sich schwere Verstöße gegen das Kriegsrecht zuschulden kommen lassen. Dadurch haben sie unrechtmäßig Zivilisten getötet." Die Bombeneinsätze mit den schlimmsten „Kollateralschäden" wurden einer genauen Prüfung unterzogen, die Rechtfertigungen der Nato mit eigenen Recherchen verglichen:

Der Angriff auf einen Zug auf der Grdelica-Brücke am 12. April mit „mindestens 12 Toten":
Die Nato rechtfertigte sich damit, daß der Pilot bei der hohen Anfluggeschwindigkeit die Fahrzeuge leider zu spät bemerkt habe. Amnesty weist darauf hin, daß der Pilot nach dem ersten Angriff

---

349 - *FAZ*, 24.6.1999
350 - Nato-Pressekonferenz, Brüssel, 3. Mai 1999, z.n. amnesty international, Nato/Federal Republic of Yugoslavia: „Collateral Damage" or Unlawful Killings? Violations of he Laws of War by Nato during Operation Allied Force; unter www.amnesty.org/ailib/intcam/kosovo/index.html, S.13
351 - Nato-Pressekonferenz, Brüssel, 27.Mai 1999, z.n. amnesty inernational, a.a.o., S.13
352 - amnesty international, a.a.o.

noch einmal umdrehte, um auch den Rest des Zuges zu zerstören.

Ein Video, mit dem Nato-Oberbefehlshaber Wesley Clark auf einer Pressekonferenz das hohe Tempo des Zuges und die daraus resultierende Entscheidungsnot des Piloten hatte demonstrieren wollen, erwies sich später als manipuliert - Clark hatte es mit dreifacher Geschwindigkeit abgespielt.[353]

```
Die (bereits erwähnten) Angriffe auf kosovo-abanische
Flüchtlingstrecks bei Djakovica (am 14. April mit über
70 Toten) bzw. bei Korisa (am 13. Mai mit über 80
Toten):
```

In beide Fällen hieß es aus zunächst aus Brüssel, die Trecks seien nicht von der Nato, sondern von den Serben beschossen wurden. Diese Behauptung wurde jeweils erst nach mehreren Tagen zurückgezogen, nachdem westliche Journalisten die Tatorte besichtigt und Munitionsreste gefunden hatten, die eindeutig auf westliche Produktion hinwiesen. Daraufhin gab die Nato den Beschuß zu, rechtfertigte ihn jedoch damit, daß die Serben die albanischen Flüchtlinge als „menschliche Schutzschilde" für Militärtransporte benutzt hätten und man diese militärischen Ziele habe treffen wollen. Human Rights Watch ist dieser Behauptung im Falle von Djakovica nachgegangen und fand „keinen Beweis", daß die Serben die Flüchtlinge als menschliche Schutzschilde für militärische Einrichtungen mißbraucht hätten.[354] Amnesty selbst hat sich im Falle von Korisa eigens die Mühe gemacht, albanische Flüchtlinge aufzusuchen, die gegenüber der Presse zunächst die Nato-Version gestützt hatten. Resultat: „Keiner der Männer hatte Informationen aus erster Hand ... und was sie von den Ereignissen im Dorf berichten, entspricht nicht dem Zeitpunkt der Bombardierung."[355]

```
Die Zerstörung der Sendezentrale des serbischen Fern-
sehens RTS in Belgrad am 23. April, bei der „mindestens
16" RTS-Mitarbeiter getötet wurden:
```

Am nächsten Tag hatte der britische Premier Tony Blair zur Rechtfertigung gesagt, „dieser Apparat ... hält ihn (Milosevic, Anm. J.E.) an der Macht und wir als Nato-Verbündete sind vollständig im

---

353 - vgl. AFP, 5.1.2000; FAZ, 8.1.2000
354 - amnesty inernational, a.a.o., S.33
355 - amnesty inernational, a.a.o., S.53

Recht, solche Ziele zu zerstören."[356] Für Amnesty dagegen sind Angriffe auf Ziele, die nur von Bedeutung für die Kampfmoral des Gegners sind, aber ansonsten keine militärische Relevanz haben, nicht von der Genfer Kriegsrechtskonvention gedeckt. Als eindrucksvolles Beispiel, daß selbst schlimmste Formen der Propaganda nach internationalem Recht nicht verboten sind, führt Amnesty den Fall Hans Fritzsche an: Der Nazi-Propagandist, der ab 1942 den Großdeutschen Rundfunk leitete, wurde 1946 vom Nürnberger Kriegsverbrechertribunal freigesprochen. Diese Position war auch in den siebziger Jahren vom US-Verhandlungsführer bei den Debatten über das Zusatzprotokoll 1 der Genfer Konvention gestützt worden: „Es erscheint fragwürdig, Fernsehstudios als legitime Ziele anzusehen, die anzugreifen einen effektiven Beitrag zur militärischen Kriegführung darstellt, nur weil sie Propaganda unter der zivilen Bevölkerung verbreiten." Auch zu der von der Nato nachgeschobenen Behauptungen, die *RTS*-Zentrale hätte für den militärischen Funkverkehr eine Rolle gespielt und es sei eine rechtzeitige Warnung vor dem Angriff erfolgt, legt Amnesty Gegenbeweise vor.

```
Weiterhin wurden von Amnesty folgende Nato-Bombarde-
ments untersucht: die Attacke auf einen Bus und der an-
schließende Beschuß von Rettungsfahrzeugen bei Luzane
am 1. Mai mit 40 Toten; der Angriff auf Markt und Kran-
kenhaus in Nis am 7. Mai mit 14 Toten; die Zerstörung
der chinesischen Botschaft in Belgrad am 8. Mai mit
drei Toten; die Attacke auf die Varvarin-Brücke in
Zentralserbien am 30. Mai mit zehn Toten (vgl. auch
S.22 ff) sowie auf eine Tuberkulose-Klinik in Surdulica
am 31. Mai mit 16 oder 17 Toten.
```

Amnesty nennt einige Indizien, daß die Suche der Nato nach den Ursachen für diese „Kollateralschäden" gar nicht ernstgemeint war, sondern nur dazu dienten, die Öffentlichkeit hinzuhalten. Ein Nato-General äußerte etwa: „Für die Behandlung unglücklicher Fehler wandten wir eine ziemlich effektive Taktik an. Meist wußten wir die genauen Gründe und Folgen dieser Irrtümer. Aber um die öffentliche Meinung still zu stellen, sagten wir, daß wir eine Untersuchung durchführten und daß es mehrere mögliche Erklärungen gäbe. Wir

---

356 - z.n. ICTY, a.a.o., S.22

gaben die Wahrheit dann erst nach ein oder zwei Wochen zu, wenn sich keiner mehr dafür interessierte. Auch an der öffentlichen Meinung muß man arbeiten."[357] Viele der geschilderten Katastrophen waren laut Amnesty der Nato-Vorschrift geschuldet, daß die Kampfjets eine Mindesthöhe von 15.000 Fuß (= 5.000 Metern) einzuhalten hatten, um nicht von der Flugabwehr getroffen werden zu können.[358] Die Erklärung ist recht plausibel, denn aus fünf Kilometern Höhe mag es tatsächlich schwierig sein, einen Traktor von einem Unimog zu unterscheiden. Amnesty schlußfolgert daraus, daß die 15.000-Fuß-Regel eine „volle Berücksichtigung des humanitären Völkerrechts tatsächlich unmöglich machte."[359] Die Nato hätte die Flughöhe von Anfang an niedriger ansetzen müssen, „anstatt die Sicherheit ihrer Flugzeuge und Piloten über den Schutz von Zivilisten zu stellen, einschließlich solcher Zivilisten, um deretwillen sie angeblich intervenierte."[360]

Die Antwort Den Haags

Nur wenige Tage nach dem Bericht von Amnesty International legte auch das Haager Kriegsverbrechertribunal eine Bewertung des Bombenkrieges vor.[361] Bereits zu Jahresanfang hatte die Chefanklägerin des Tribunals Carla del Ponte angedeutet, daß sie keine Anklageerhebung gegen die Nato zulassen wollte. Daß Den Haag diese Nicht-Anklage ausführlich begründete - die Nicht-Anklageschrift ist beinahe so umfangreich wie die Anklageschrift gegen Milosevic et. al. -, ist ungewöhnlich. Der Zeitpunkt der Veröffentlichung dürfte mit der Publizität des Amnesty-Dossiers zusammenhängen - offensichtlich sollte gegengesteuert werden, und zwar ohne jede Differenzierung: In allen untersuchten Einzelfällen widerspricht Den Haag den Einschätzungen von Amnesty. So heißt es über den Personenzug an der Grdelica-Brücke: „Es scheint nicht so, daß der Zug absichtlich angegriffen wurde."[362] Zum Flüchtlingstreck in Djakovica: „Es ist die Meinung des Komitees, daß die Zivilisten

---

357 - Le Nouvel Observateur, 1.7.1999
358 - amnesty international, a.a.o., S. 14/15
359 - amnesty international, a.a.o., S.22
360 - amnesty international, a.a.o., S.23
361 - ICTY, a.a.o.
362 - ICTY, a.a.o., S.17

bei diesem Ereignis nicht absichtlich angegriffen wurden."[363] Zur Zerstörung der Sendezentrale von *RTS-TV*: „Von der Annahme ausgehend, daß es ein legitimiertes Ziel war, waren die zivilen Opfer unglücklicherweise hoch, aber sie scheinen nicht eindeutig unverhältnismäßig."[364] Zu den getöteten Flüchtlingen in Korisa: „Auf der Basis der verfügbaren Informationen ist das Komitee der Meinung, daß das Anklagebüro keine Untersuchung über das Bombardement bei Korisa einleiten sollte."[365]

Besonders bemerkenswert ist, daß das Internationale Kriegsverbrechertribunal den Einsatz von mindestens 1.000 Clusterbomben durch die Nato nicht verwirft, obwohl es 1996 Milan Martic, den Präsidenten der Krajina-Serben, bereits wegen des Abschusses einer (!) entsprechend bestückten Rakete auf die kroatische Hauptstadt Zagreb verurteilt hatte. „.. der Angeklagte beabsichtigte, die Stadt als solche anzugreifen ... Es gibt kein Anzeichen, daß Clusterbomben in dieser Art von der Nato verwendet wurden."[366]

Generell hat sich das Kriegsverbrechertribunal nur auf frei verfügbares Material und auf die von der Nato zur Verfügung gestellten Informationen gestützt. Diese Genügsamkeit führte dazu, „daß das Komitee nicht mit jenen gesprochen hat, die in die Kommandierung oder Ausführung der Bombenkampagne verwickelt waren". Den Haag äußert zwar ein gewisses Unbehagen über die mangelnde Auskunftsfreudigkeit des westlichen Bündnisses (bei der Nachfrage „nach spezifischen Einzelereignissen war die Nato-Antwort in allgemeine Begriffe gehüllt und verfehlte den Bezug auf die spezifischen Einzelereignisse"), schließt aber aus diesen weißen Flecken nicht auf die Notwendigkeit weiterer Untersuchungen, sondern auf das Gegenteil: ihre Einstellung. „..(D)as Komitee ist der Meinung, daß weder eine in die Tiefe gehende Untersuchung in Bezug auf die Bombenkampagne als Ganzes noch Untersuchungen spezifischer Einzelereignisse gerechtfertigt sind. In allen Fällen ist entweder die Rechtsgrundlage ungenügend oder es ist unwahrscheinlich, daß ausreichende Beweise, um die Anklagen zu untermauern ..., beigebracht werden können." Worin die Schwierigkeiten bei der Beweis-

---

363 - ICTY, a.a.o., S.20
364 - ICTY, a.a.o., S.23
365 - ICTY, a.a.o., S.27
366 - ICTY, a.a.o., S.8

erhebung bestanden und inwiefern die mangelnde Auskunftsfreudigkeit der Nato dazu beigetragen hat, wird nicht geschrieben.

Es drängt sich der Eindruck auf, daß Den Haag der Nato einen Persilschein ausstellte, ohne auch nur ansatzweise eine Beweiserhebung gemacht zu haben - nicht gerade ein Ausweis der Unparteilichkeit des Haager Tribunals.

Die Haager Erklärung war kaum veröffentlicht, als Amnesty noch am selben Tag seine Kritik an der Nato in einer mehrseitigen Stellungnahme bekräftigte. „Die Organisation betont, daß die Tatsache, daß die Anklage des Internationalen Kriegsverbrechertribunals entschieden hat, keine kriminalistische Untersuchung gegen die Nato einzuleiten, die Nato nicht dazu verleiten sollte, den detaillierten und nuancierten Inhalt des Berichts zu ignorieren, oder die Empfehlungen zurückzuweisen, die Amnesty International und andere Organisationen gemacht haben."[367]

„Nato deeply regrets" - nothing?

Mittlerweile gibt es viele Hinweise, daß der Beschuß von Zivilisten absichtlich erfolgte. Darauf läßt etwa ein von der jugoslawischen Armee aufgezeichnetes Funkprotokoll des Angriffs auf den Flüchtlingszug in Djakovica schließen.

„Pilot: Ich verlasse jetzt die Wolken. Ich sehe immer noch nichts.
Basis: Setzen Sie ihren Flug fort. Richtung Nord 4280.
Pilot: Ich bin unter 3.000 Fuß. Unter mir eine Kolonne von Fahrzeugen. Eine Art von Traktoren. Was soll das? Ich verlange Instruktionen.
Basis: Wo sind die Panzer?
Pilot: Ich sehe Traktoren. Ich nehme nicht an, daß die Roten die Panzer als Traktoren getarnt haben.
Basis: Was sind das für komische Geschichten? So ein Ärger! Da stecken sicher die Serben dahinter. Zerstören Sie das Ziel!
Pilot: Was soll ich zerstören? Traktoren? Gewöhnliche Fahrzeuge? Ich wiederhole: Ich sehe keine Panzer. Ich verlange weitere Informationen.
Basis: Es ist ein militärisches Ziel. Zerstören Sie das Ziel! Ich

---

367 - Amnesty International, News Service Nr. 116, 13.6.2000

wiederhole: Zerstören Sie das Ziel!"[368]

Das war kein Einzelfall. „Die Nato bombardierte die Chinesen absichtlich", schrieb die britische Tageszeitung The Observer. Als Beleg zitiert wurden Militär- und Geheimdienstquellen sowohl aus den USA wie auch aus Europa. Demnach war die Bombardierung der chinesischen Botschaft in Belgrad erfolgt, weil die Chinesen den Funkverkehr der jugoslawischen Armee nach der Ausschaltung einiger Transmitter mit ihren eigenen Anlagen unterstützten.[369] Auch der französische Oberst Pierre-Henri Bunel, bis Oktober 1998 Verbindungsoffizier seines Landes im Nato-Hauptquartier in Brüssel, geht von einem gezielten Angriff aus. Die Nato-Behauptung, daß falsches Kartenmaterial zu einer falschen Zielprogrammierung geführt habe, weist er zurück, da er aus eigener Kenntnis wisse, daß in den Karten im Nato-Hauptquartier die chinesische Botschaft korrekt vermerkt gewesen sei.[370]

Der spanische Pilot Adolfo Luis Martinez de la Hoz berichtete der spanischen Wochenzeitung Articulo 20, daß Piloten für den Angriff auf zivile Objekte sogar ausgezeichnet worden seien. Sein Vorgesetzter habe wiederholt gegen die völkerrechtswidrige Zielauswahl protestiert und sei deswegen auf amerikanischen Druck abberufen worden: „Die Anweisung gaben amerikanische Generäle und niemand sonst. Wir waren Nullen ... Dieser brutale Krieg, der einzig ein Krieg der Yankees war, wird von uns allen bezahlt werden."[371]

Auch der damalige Nato-Militärausschußchef Klaus Naumann äußerte sich ganz offen über die Berechtigung, ja Notwendigkeit der Bombardierung ziviler Ziele: „Wo treffe ich den Gegner am empfindlichsten? Und was hätte Milosevic denn getroffen? Doch nicht die Zerstörung von Bodentruppen. Einem kommunistischen Diktator ist es egal, wieviel Menschen sterben. Was ihn trifft, ist der Verlust jener Mittel, die seine Macht stützen. Das ist die Polizei, das ist die Beherrschung der Medien und das sind die Industriebarone, die ihn mit seinem Geld unterstützen, und natürlich dann auch deren

---

368 - abgehörte Funkaufzeichnung gesendet im Jugoslawischen Fernsehen, z.n. Internationales europäisches (inoffizielles) Tribunal, a.a.o.; ebenso abgedruckt in: Defense & Foreign Affairs Strategic Policy, 3/1999
369 - The Observer, 17.10.1999
370 - Interview in Konkret 8/2000
371 - z.n. JW, 6.7.1999

Anlagen. Als wir diese Ziele mit phantastischer Präzision zerstört haben, da fing der Prozeß des Einlenkens an."[372]

Die Bilanz

Wie viele Menschen während des elfwöchigen Bombenkrieges starben, ist nicht genau bekannt. Das Weißbuch des jugoslawischen Informationsministeriums vom Herbst 1999 listet 400 Zivilisten auf, die bei vierzig Angriffen getötet wurden, die US-Menschenrechtsorganisation Human Rights Watch hat bei 90 Angriffen zwischen 489 und 528 zivile Opfer errechnet. Beide Aufstellungen waren vorläufig.[373] Im Februar 2000 veröffentlichte die Belgrader Regierung eine umfassendere Bilanz. Demnach zerstörten oder beschädigten die Nato-Bomben 82 Brücken, 422 Schulen, 48 Einrichtungen des Gesundheitswesens, 74 TV-Stationen oder Transmitter sowie zahlreiche Elektrizitätswerke, Fabriken und Straßen. Der Gesamtschaden beträgt 100 Milliarden US-Dollar. Mehr als 7.000 Menschen wurden verwundet, mehr als 2.000 Zivilisten starben.[374] Außer den Zivilisten wurden - so eine weitere Aufstellung - während des Krieges 1.002 jugoslawische Militärangehörige getötet, wobei in dieser Statistik nicht zwischen Angriffen der Nato und der UCK unterschieden wurde.[375]

---

372 - Europäische Sicherheit 11/99
373 - nach amnesty international, a.a.o., S.26
374 - Government of the Federal Republic of Yugoslavia concerning the OSCE Report Kosovo/Kosova As Seeen, As Told, 7.2.2000
375 - nach amnesty international, a.a.o., S.26

D.
Nach dem Krieg

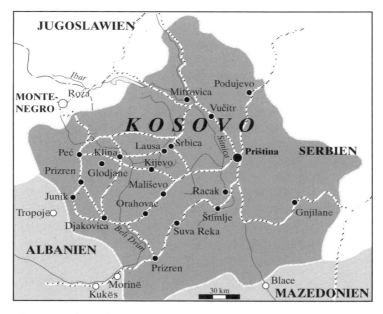

Kosovo mit den wichtigsten Städten

Prizren ist serbenfrei

Unparteiische Ordnungskraft - die Lüge von der sauberen Bundeswehr

Behauptet wurde: „In der deutschen Zone ist es bisher ganz gut gelungen, Ordnung zu schaffen ... Die Serben können sich vor Racheakten der kosovo-albanischen Rückkehrer sicher fühlen ..." (Erich Rathfelder, Balkankorrespondent u.a. der *Tageszeitung*)[376]

Tatsache ist: Gerade in der deutschen Besatzungszone konnte sich der albanische Terror besonders gut entfalten.

Der Bundesverteidigungsminister hatte schon frühzeitig deutlich gemacht, welche Art von Friedenstruppe er sich für den Kosovo wünschte („Sie muß robust sein und klar geführt sein"[377]), und seine Generäle führten die Devise aus, sobald sie die Macht dazu hatten. Bericht vom Tag des Einmarsches am 12. Juni 1999: „Am Morgen fuhr das Vorauskommando der Bundeswehr an die albanische Grenze ... Die Deutschen greifen ein! Der kommandierende General Helmut Harff fragt den jugoslawischen Truppenführer: 'Wieviel Zeit brauchen Sie, um den Grenzübergang zu räumen?'" Die Antwort stellt den Deutschen nicht zufrieden. „General Harff: 'Sie haben 30 Minuten.' Der Grenzer protestiert, erklärt, er habe nur Lastwagen zum Abtransport seiner 70 Leute. Der deutsche General bleibt unbeeindruckt. Harff: 'Das ist alles. 30 Minuten. Inzwischen 28. Ende der Diskussion.'"[377a] So sprechen deutsche Offiziere im 20. Jahrhundert.

„D-Day im Kosovo - der Tag an dem die Deutschen kamen", über-

---

376 - *Die Presse*, 30.6.19999
377 - Pressekonferenz am 7. Mai 1999 (www.bundeswehr.de/kosovo/pk_t_990507.htm)
377a - *Spiegel*, 21.6. 1999

schrieb der Berliner *Tagesspiegel* seine Reportage zum Einmarsch der Bundeswehr in Prizren.[378] Walter Kempowski fand im *Spiegel* die deutsche Imitation sogar gelungener als das D-Original: „Das letzte Mal, daß ich kämpfende deutsche Soldaten sah, war im April 1945, und sie kämpften nicht, sie hetzten durch die Straßen von Rostock, mit offenem Kragen, Waffen weggeworfen - die Russen standen vor der Stadt ... Nun die Bilder aus dem Kosovo, Bilder von kanonenschwenkenden Ungetümen im Gegenlicht, Panzer mit schwarzem Kreuz ... von Bevölkerung bejubelt. Soldaten mit Stahlhelmen, die sich neuerdings ... den alten deutschen Helmen in ihrer Form annähern, rheinisch und sächsisch sprechende Männer, Bayern und Mecklenburger nebeneinander, ein einig Volk von Brüdern ..."[379]

Die Riefenstahl-Ästhetik der TV-Bilder ist das eine, doch nichts übertrifft die erotische Spannung vor Ort, wie sie Matthias Rüb von der *Frankfurter Allgemeinen* als Voyeur bei der militärischen Penetration von Prizren gespürt haben muß: „Die Stadt flirrt förmlich vor Erregtheit. Die Menschen sind jede Sekunde zum Jubeln bereit. ... Am Montag war die kosovo-albanische Befreiungsarmee (UCK) im Triumphzug von den Wäldern in die Stadt ... herabgestiegen und hatte sich bejubeln lassen. In der Nacht zum Sonntag schließlich waren die ersten Panzer und Lastwagen der Nato-Truppe Kfor in Prizren einmarschiert, mit flatternden deutschen und bayrischen Fahnen. Jeden Tag gab es für die Albaner in Prizren - und es leben vor allem Albaner in der malerisch gelegenen Stadt im Südwesten des Kosovo - etwas zu feiern ... Fast könnte man von einem neuen Idyll in Prizren sprechen." In einen Nebensatz drückt der Reporter aus, was der Grund der ganzen Euphorie ist: „.. nur daß die Serben fehlen, die einst etwa zehn Prozent der 100.000 Einwohner des Gemeindebezirks stellten."[380]

Aber wieso sollte man sich die Party auch von der Vertreibung der Serben vermiesen lassen? „Nur auf den ersten Blick gleichen die serbischen Trecks den albanischen", denn bei den abziehenden serbischen Truppen erblickt die *FAZ* nur „die Fratze des absolut Verworfenen, der höhnisch grinsend und mit obszöner Triumph-

---

378 - *Tagesspiegel* 12.6.1999
379 - *Spiegel*, 21.6.1999
380 - *FAZ*, 18.6.1999

geste, die Designerbrille im Haar und die Kippe im Mundwinkel, den Schauplatz seiner Verbrechen verläßt."

Orden für den Todesschützen

„Ein wenig anders ziehen sie davon, als sie einmarschiert waren, damals bei Nacht und Nebel, brandschatzend und auch mordend von Haus zu Haus, und nun ziemlich wohlgeordnet und frech am hellichten Tag - irgendwie hätte man eine demütige Haltung erwartet", findet Kempowski. Die kaum verhohlene Lust, die fehlende Demut durch Demütigung zu erzwingen, läßt sich mit einem G-3 natürlich besser befriedigen als mit dem Laptop. Bereits am zweiten Einsatztag erschießen die Deutschen in Prizren zwei Serben. „Auf unserer Seite ein Kratzer, die andere Seite ist ausgeschaltet worden", kommentierte Oberstleutnant Dietmar Jeserich. Der *Spiegel* fand den passenden historischen Vergleich: „Erstmals seit Ende des Zweiten Weltkrieges hat ... ein deutscher Soldat den Befehl gegeben, im Gefecht das Feuer auf einen Menschen zu eröffnen."[381]

Der *Spiegel-Almanach* berichtete von der Tötungsaktion unter der Überschrift „Im Ernstfall knallhart". Reporterin Susanne Koelbl war angetan von der „beeindruckenden Sachlichkeit", mit der der Todesschütze, Leutnant David Ferk, festgestellt hatte: „Ich habe nicht getötet, weil ich es wollte, sondern weil ich es mußte - und glatt getroffen. Wenn schon, denn schon." Ferk erschien in dem Bericht als Held, weil er die Nerven und eine ruhige Schußhand hatte, als „zwei serbische Freischärler, wild um sich schießend, in ihrem gelben Lada auf einen Sicherungszug" zurasen.[382] Vier Wochen nach den Schüssen verallgemeinerte der deutsche Kommandeur Harff: „Unsere Soldaten sind so ausgebildet, daß wir Schwächezeichen erst gar nicht aufkommen lassen. Es geht auch darum, die Waffe zu zeigen und zu benutzen. Wer schneller schießt und besser trifft, überlebt. Darum geht es hier."[383] „Böswillige könnten in den naßforschen Sätzen des Fallschirmjägergenerals den Geist jener berüchtigten 'Hunnenrede' Kaiser Wilhelms II. wittern, der dem deutschen Expeditionskorps im Juli 1900 befahl, bei der Niederschlagung des Boxeraufstandes in

---

381 - *Spiegel*, 21.6.1999
382 - *Spiegel-Almanach* 2000
383 - z.n. *Hamburger Abendblatt*, 12.8.1999

China keine Gnade walten zu lassen", kommentierte das *Hamburger Abendblatt*.[384]

Schließlich stellte sich bei der Untersuchung der Todesschüsse durch die Staatsanwaltschaft Koblenz heraus, daß der Tatablauf anders war: Einer der Serben in dem Lada hielt eine Handgranate hoch, der andere feuerte in die Luft - doch als die Deutschen ihrerseits einen Warnschuß abgaben, stoppten sie und legten den Rückwärtsgang ein. Trotzdem befahl Ferk: „Auf erkannten Feind Feuer frei!", dann gaben die Soldaten insgesamt 220 Schüsse auf die beiden Serben ab. Die Koblenzer Staatsanwälte sahen in Ferks Verhalten Notwehr, und Heeresinspekteur Willman verlieh Ferk in Scharpings Auftrag für die „beispielhafte Erfüllung der Soldatenpflicht" das Ehrenkreuz der Bundeswehr in Gold - die höchste Auszeichnung, welche die deutsche Armee zu vergeben hat. „Seit den Ereignissen von Prizren wird Ferk in der Armee wie ein Held hofiert ... Mittlerweile erreichen Ferk Abwerbungsangebote von Dienststellen überall in der Republik."[385]

Das Ghetto von Orahovac

Zu den Schandflecken im deutschen Sektor zählt die serbische Enklave von Orahovac. Ein Reporter des Pariser *Figaro* berichtet von seinem Besuch im Oktober 1999: „Die Stadt Orahovac sollte unter Kontrolle der russischen Truppen stehen, aber die Barrikade der UCK verhindert schon seit drei Monaten ihr Einrücken. Mit Passierschein der Kfor kommen wir durch. Etwa 900 Serben, Goraner und Zigeuner (von etwa 5.000 vor dem Kfor-Einmarsch, Anm. J.E.) leben in Gruppen in den oberen Teilen der Stadt, isoliert von der Welt, ohne Wasser und Licht, umzingelt von den bewaffneten Angehörigen der UCK. Die niederländisch-deutsche Kfor-Truppe hält sie gleichzeitig in einer Art Gefängnis und schützt sie. Herr Dupont-Moretti (ein französischer Anwalt, Anm. J.E.) ist niedergeschlagen, und entrüstet sagt er:'Noch nie habe ich ein Ghetto gesehen, jetzt habe ich eins gesehen.'"[386] Mitte November berichtet Simka Kazazic vom Humanitären Frauenkomitee Orahovac: „Ich kam

---

384 - *Hamburger Abendblatt*, 12.8.1999
385 - *Spiegel* 6/2000
386 - *Le Figaro*, übersetzt in: Serbien in der Welt, November 1999

gerade letzten Samstag von einem Besuch in Orahovac zurück. Die Situation dort war in der Tat schlechter - ich wiederhole schlechter - als vor zwei Wochen. Die Serben waren sechs Tage ohne Strom. Sie bekamen eine Stunde lang alle zwei oder drei Tage Wasser. Sie bekamen etwas Paprika, das erste Mal nach der Ankunft der Kfor. Ich glaube, er wurde von einer katholischen humanitären Organisation geliefert. Nur schlimm, daß wir keine Lebensmittel haben, die wir damit würzen können. Sicherheit, Lebensmittel, Kommunikation mit der Außenwelt - nichts hat sich geändert, es ist sogar schlechter geworden ... Serben dürfen Orahovac nicht verlassen - auch nicht in kleinen Gruppen -, wenn sie wollen. Sie dürfen nur gehen, wenn die Nato-Besatzer entscheiden, daß sie gehen dürfen. Und was den 'Begleitschutz' betrifft: Was ist denn diesen armen Leuten im serbischen Konvoi aus Orahovac passiert, die vor einigen Wochen in Pec attackiert worden sind? Die Kfor-Eskorte und die italienische Polizei in Pec standen oder saßen dabei, als die Serben brutal mißhandelt und ihre Autos und Habseligkeiten - alle! - gestohlen und verbrannt wurden. Nur zwei oder drei holländische Soldaten griffen ein und benutzten nicht einmal ihre Waffen. Offensichtlich ist das das 'Mandat' der Kfor."[387] Am Jahresende hatte sich die Situation noch nicht verbessert: „Trotz Checkpoints und Patrouillen warfen zwei Albaner vor zehn Tagen zwei Handgranaten in das einzige serbische Café in Orahovac, feuerten Garben aus ihren Maschinenpistolen hinterher. Die Bilanz: ein Toter, neun zum Teil schwer Verletzte. Nachts zerreißen Schüsse die Stille. Dann zucken die Serben zusammen, starren ängstlich in die Dunkelheit."[388]

Kurzer Prozeß

Am 20. August 1999 verhaftete die Kfor nach einer Anzeige von albanischer Seite in Orahovac drei Serben, darunter den früheren Bürgermeister Andjelko Kolasinac. Er „soll Listen albanischer Akademiker zusammengestellt haben, die zu liquidieren seien. Das wollen selbst etliche Albaner unten in der Stadt nicht glauben. Kolasinac

---

387 - Beitrag veröffentlicht unter www.emperors-clothes.com; bei dem erwähnten Angriff auf einen Flüchtlingskonvoi in der Nähe von Pec wurden 19 Fahrzeuge in Flammen gesetzt - *FR*, 30.10.1999
388 - *HA*, 27.12.1999

sei 'gut' gewesen, heißt es", berichtet Norbert Mappes-Niediek.[389] Als die drei Verhafteten den oben erwähnten französischen Anwalt mit ihrer Vertretung beauftragen, wird ihm vom deutschen Oberst Both der Zutritt zu den Gefangenen verwehrt. *Le Figaro* berichtet: „Der Oberst täuscht Überraschung vor. Diese drei Häftlinge haben schon einen Rechtsanwalt, und zwar einen Albaner, ja und? Erst nach zwei Stunden Herumdrucksen sagt er uns, nur der Untersuchungsrichter (aus der UCK), der augenblicklich nicht da ist, könne einem französischen Rechtsanwalt die Erlaubnis erteilen, seine serbischen Mandanten zu sehen. Dupont-Moretti kann mit ihnen weder sprechen noch sie sehen. Er kann nicht einmal das Dossier einsehen oder einen Blick auf die Anklage werfen. Absolut nichts!"[390] Die Ehefrau des inhaftierten Schweißers Stanislav Levic wird zitiert: „Der albanische Arbeitgeber meines Mannes hat schriftlich zu dessen Gunsten ausgesagt und bestätigt, daß er nie von seinem Arbeitsplatz ferngeblieben ist und demzufolge das Massaker, für das er beschuldigt wird, niemals begangen haben kann. Ich habe noch immer seine Aussage. Aber die UCK hat ihn bedroht, und er hat sich zurückgezogen." *Le Figaro* schlußfolgert: „So sieht der Gerichtsablauf im freien Kosovo aus: Die Kfor verhaftet die Serben aufgrund irgendeiner Anzeige und überstellt sie dem Untersuchungsrichter, einem albanischen Rechtsanwalt (dienstverpflichtet) und dem Gerichtsschreiber (alle aus der UCK)."[391]

Für die Zustände in Orahovac ist die deutsche Kommandantur im Sektor unmittelbar verantwortlich. Sie unternimmt nichts, um das Abkommen zwischen der Kfor und Rußland durchzusetzen, wonach zum besseren Schutz der serbischen Enklave die holländischen durch russische Truppen ersetzt werden sollen. In Presseberichten wurden Soldaten und Offiziere zitiert, die „Bedauern ... über den politischen Beschluß" zur Stationierung der Russen erkennen lassen.[392] Auch Außenminister Fischer war „sichtlich unwohl", „daß Amerikaner und Russen ... in bilateralen Gesprächen den Beschluß zur Stationierung russischer Truppen in Orahovac gefaßt haben."[393]

---

389 - *Tagesspiegel*, 27. 8.1999
390 - *Le Figaro* a.a.o.
391 - *Le Figaro*, a.a.o.
392 - *Tagesspiegel*, 27.8.1999; ähnlich in der *Tageszeitung*, 26.8.1999

Kein Wunder, daß die Vereinbarung bis zum Abzug der russischen Truppen aus dem Kosovo zum 1. August 2003 nicht umgesetzt wurde[394] - die Serben von Orahovac leben immer noch im Ghetto. Für Scharping aber war Orahovac immer ein „praktisches Beispiel des Zusammenlebens unterschiedlicher Bevölkerungsgruppen".[395]

Die UCK als Partner

Am Beispiel von Orahovac wird ein generelles Charakteristikum des deutschen Besatzungsregimes deutlich: Die Kompromißlosigkeit und Härte, mit der die Bundeswehr gegen die Serben vorgeht, kontrastierte auffällig mit ihrer Zurückhaltung gegenüber der UCK.

„Vor einer allzu harschen Gangart gegenüber der oft zwielichtigen Albaner-Truppe hüten sich die Deutschen", berichtete der Reporter der *Süddeutschen* schon Ende Juni 1999 aus Prizren.[396] Und weiter: „Auch glaubt die Bundeswehr, die UCK im Kampf gegen die drohende Anarchie gut gebrauchen zu können, gewissermaßen als untergeordnete Ordnungsmacht."[397] UCK-Milizionäre durften im deutschen Sektor von Anfang an ein „filigranes Polizeisystem"[398] aufbauen, in der Kfor-Chronologie der Hardthöhe ist bereits am 5. Juli von 2.000 von der deutschen Kommandantur zugelassenen UCK-Militärpolizisten die Rede. Sechzig russische Zivilisten, die als ausländische Mitkämpfer der Serben gelten, werden aus Prizren ausgewiesen,[399] die ausländischen Hiwis der UCK, von denen viele, wie die *FAZ* berichtet, „kein Wort Albanisch verstehen",[400] dürfen bleiben.

Welche Auswirkungen diese Komplizenschaft hat, wurde schon am 18. Juni 1999, eine Woche nach Stationierungsbeginn, deutlich. In einer ehemaligen Polizeistation in Prizren entdeckten Kfor-Soldaten einen Folterkeller, der aber, da von der UCK und nicht von den Serben eingerichtet, in der *Hamburger Morgenpost* hanseatisch-sachlich als „UCK-Gebäude mit Gefangenen" firmiert. Die zehn bis 15 Gefangenen, zumeist Roma, wiesen schwere Folterspuren am

---

393 - z.n. *Tageszeitung*, 26.8.1999
394 - Michael Martens, Die Russen geheim heim, in: *FAZ*, 5.6.2003
395 - *Spiegel* 16/2000
396 - *SZ*, 29.6.1999
397 - *SZ*, 29.6.1999
398 - *Spiegel*, 21.6.1999
399 - *FAZ*, 24.6.1999
400 - *FAZ*, 21.6.1999

ganzen Körper auf und bluteten, ein Siebzigjähriger war zu Tode gequält worden und hing noch gefesselt auf einem Stuhl. Korvettenkapitän Hanns-Christian Klasing nahm's gelassen und ließ Milde gegenüber den auf frischer Tat ertappten UCK-Schergen walten: „Die etwa 30 Kämpfer, die drinnen waren, sind den örtlichen UCK-Autoritäten übergeben worden."[401] Allein in den ersten zweieinhalb Wochen konnte die deutsche Kommandantur in Prizren Hinweise auf 300 Schwerverbrechen verzeichnen.[402] Der *Spiegel* bilanzierte die ersten vier Wochen deutscher Besatzung in Prizren so: „Systematisch vertreiben und berauben albanische Kriegsgewinnler Serben und Roma, besetzen deren Häuser oder zünden sie an."[403] Selbst ein erbitterter Serben-Kritiker wie Rupert Neudeck von der Hilfsorganisation Cap Anamur war bei einem Besuch in der deutschen Zone Anfang Juli 1999 geschockt. „Fünf weitere Häuser von Serben und Roma wurden in Prizren und der Umgebung letzte Nacht niedergebrannt. Und was tut das deutsche Kfor-Kontingent? Es verteilt über 2.000 Pakete mit Zivilkleidung an Mitglieder der UCK, die Kleider im Überfluß hat."[404] Die International Crisis Group, ein Think Tank der Nato-Staaten, berichtet, daß bei 300 Brandstiftungen in Prizren ganze zwei Verdächtige festgenommen wurden.[405]

Schon während des Krieges hatte die UCK ganz offen ihre Soldaten in Deutschland rekrutiert, von Solingen aus fuhren wöchentlich Busse mit Rekruten ins Kampfgebiet. „Merkwürdigerweise sind Polizei und Verfassungsschutz immer informiert. Sie betrachten das Geschehen aus der Distanz. Zum Eingreifen sahen sie offenkundig keinen Anlaß", wunderte sich die *Neue Zürcher Zeitung*.[406] Während die österreichischen Grenzer den Bussen den Transit verweigerten, gab Bayerns Innenminister Beckstein grünes Licht: Er wolle, „daß wir es ermöglichen, daß Kosovo-Albaner in den Kosovo gehen, um für ihr Vaterland zu kämpfen."[407] Schließlich sollen sogar deutsche Soldaten

---

401 - *Hamburger Morgenpost*, 18.6.1999
402 - *HA*, 28.6.1999
403 - *Spiegel*, 12.7.1999
404 - Presseerklärung, 9.7.1999
405 - International Crisis Group, What happened to the KLA, 3.3.2000 (www.intl-crisis-group.org/projects/sbalkans/reports/kos33rep.htm)
406 - *NZZ*, 29.4.1999
407 - *Spiegel*, 19.4.1999

Schulter an Schulter mit UCK-Guerrilleros um die Besetzung der Trepca-Mine bei Mitrovica gekämpft haben - das berichtet jedenfalls Qamil Meholli, der Kommandant des 1. Bataillons der UCK, gegenüber dem *Wall Street Journal*. Seine Truppen hätten den Auftrag gehabt, „Trepca um jeden Preis einzunehmen und zu halten und unser Leben zu geben für dieses wirtschaftliche Ziel." Zwei bewaffnete und zivil gekleidete Kommandotrupps der Bundeswehr hätten die fünf Luftangriffe der Nato vom Boden aus gesteuert.[408]

„Sanfte Entwaffnung"[409]

Vollmundig hatte Scharping bereits während des Krieges die Entwaffnung der UCK verkündet: „Wenn die nicht freiwillig erfolgt, muß sie durchgesetzt werden."[410] Nach einem Abkommen vom 21. Juni 1999 zwischen Kfor-Kommandant Michael Jackson und UCK-Chef Hashim Thaci sollten die UCK-Kämpfer ihre Waffen sukzessive abliefern, der deutsche Kommandeur Korff hatte sogar schon zwei Tage vor dem Jackson-Thaci-Vertrag zackig verkündet, „daß die UCK in seinem Sektor keine Waffen mehr trage."[411] Scharpings Staatssekretär Wichert verkündete tags darauf: „Wenn Sie auf die Erfolge des Umgangs mit der UCK in unserem Sektor blicken, kann man rückblickend eigentlich nur sagen, daß wir den richtigen Weg gegangen sind."[412]

Die Tatsachen sprechen eine andere Sprache: Die im Waffenstillstandsabkommen mit Belgrad völkerrechtlich verbindlich zugesicherte Entwaffnung der Guerilla blieb nur Kosmetik. Lapidar schreibt die Bundeswehr dazu im bereits zitierten Chronologie-Eintrag von Anfang Juli 1999: „Die Personalstärke der UCK in den Sammelräumen im Bereich des deutschen Sektors beträgt rund 1.700 Mann ... Bislang wurden 262 Waffen von der UCK abgegeben, schwere Waffen befinden sich kaum darunter." Mit anderen Worten: 80 Prozent der Guerilleros hatten ihre Waffen zu diesem Zeitpunkt noch. Zwar werden in der Folge weitere Waffen abgeliefert - doch

---

408 - Craig Copetas, Fighting for Our Jobs, in: *Wall Street Journal* (Europe), 27.7.1999
409 - *Süddeutsche Zeitung*, 21.7.1999
410 - Pressekonferenz am 7. Mai 1999 (www.bundeswehr.de/kosovo/pk_t_990507.htm)
411 - *Frankfurter Rundschau*, 21.6.1999
412 - Pressekonferenz des BMVg, 22.06.1999, unkorrigierte Tonbandabschrift auf http://bundeswehr.de

der Erfolg der Aktion ist höchst zweifelhaft. „(D)ie Entwaffnung geschieht in Harmonie. Wobei Argwohn, die UCK trenne sich zunächst bloß von ihrem alten Schrott, angebracht ist: In einem Container in der Nähe des Örtchens Dinovce haben Bundeswehrsoldaten ein Depot mit eingesammelten alten UCK-Waffen angelegt.

In dem Container ist, vorsichtig formuliert, noch viel Platz, alles in allem lagern dort vielleicht hundert Gewehre, alte AK-47, also Kalaschnikows, ein Haufen abenteuerlich aussehender Flinten aus ursprünglich albanischen Beständen sowie einige Maschinengewehre nebst Magazinen ... Wie sehr jedoch die Waffenfunde in den Lagern der UCK vom Zufall abhängen, zeigt ein Besuch ... in Suva Reka. Sie konnten ein Depot mit 64 Gewehren nur deshalb ausheben, weil ein bewaffneter UCK-Kämpfer auf der Straße bei einer Kontrolle sagte, er könne seine Waffen leider nicht abgeben - er bewache ein Waffenlager."[413]

Fast ein Jahr später, Im Juni 2000, wurden vom Kfor-Hauptquartier britische Soldaten in den deutschen Sektor kommandiert, um umfangreiche UCK-Depots mit schweren Waffen auszuheben[414] - waren die Deutschen unfähig oder unwillig, ihre Pflicht zu tun? Die Depots befanden sich in unmittelbarer Nähe des Hauptquartiers von Agim Ceku, der der angeblich zivilisierten Auffangorganisation der UCK, dem Kosovo-Schutzkorps, vorsteht. „Der Inhalt der ersten beiden Bunker reicht schätzungsweise, um zwei schwere Infanteriekompanie auszurüsten, die ganze Bevölkerung von Pristina auszulöschen und 900 bis 1000 Panzer zu zerstören", kommentierte Kfor-Sprecher Scott Slaten.[415]

„Heil Deutschland"

Daß die Kumpanei mit Terroristen keine deutsche Spezialität, sondern die generelle Linie der Kfor ist, belegt das nächste Kapitel. Und doch demonstrieren anfänglich insbesondere amerikanische und britische Kfor-Soldaten, im Unterschied zu den Deutschen, das sprichwörtliche „robuste" Verhalten nicht nur gegenüber den Serben, sondern wenigstens ab und zu auch gegenüber den Alba-

---

413 - *Süddeutsche Zeitung*, 21.7.1999
414 - *NZZ*, 11.7.2000
415 - *dpa*, 19.6.2000

nern. So lieferten sich GIs am 28. Juni 1999 „ein heftiges Feuergefecht mit Einheiten der UCK"[416], am 10. Juli kam es zu heftigem Schußwechsel in Gnjilane, amerikanische Kfor-Soldaten hoben ein UCK-Gefängnis aus und nahmen - anders als die Deutschen in Prizren - die anwesenden Schergen in Gewahrsam.[417] Am 3. Juli erschossen britische Kfor-Einheiten in Pristina zwei Mitglieder eines albanischen Lynchmobs, der unterwegs zu serbischen Wohnvierteln war.[418] In Mitrovica lieferten sich Anfang Februar 2000 französische Einheiten Feuergefechte mit albanischen Scharfschützen, von denen einer getötet wurde.[419]

Es gibt also gute Gründe dafür, daß eine UCK-Polizistin in Prizren ihren deutschen Kollegen „Ihr seid die Besten" zurief[420], und der UCK-Bürgermeister in Mitrovica in der französischen Zone stöhnte: „Ich wollte, die Deutschen kämen!."[421] Und es gibt gute Erinnerungen, wie die des Maslom Bokshi, eines von den Serben entlassenen Bankdirektors und Unternehmers aus Urosevac: „Als die Gestapo damals hier war, war alles besser. Wir haben durch sie die Freiheit bekommen."[422] Ähnliches hörte ein Reporter in Prizren von Ibrahim Barilo. „'Ich vermag es einfach nicht zu fassen', sagt er in altmodischem Deutsch, 'es ist fürwahr der schönste Tag in meinem Leben, ihr habt uns zum zweiten Mal gerettet.' Der 74jährige war 1944 Soldat in einem albanischen Hilfsregiment der Wehrmacht. Es hieß ORA, der Tod. Barilo muß sich an die Brüstung der türkischen Spitzbrücke lehnen. Ihm kommen die Tränen. 'Ich zittere vor Freude. Heil Deutschland.'"[423] Keine Einzelfälle, wie der *Spiegel* klarstellt: „Wie anno 1943, als Hitlers Wehrmacht ihre Unabhängigkeitsbestrebungen stützte, preisen in Sonderheit die UCK-Hierarchien den 'historisch belegten Pakt'..."[424]

Die Sentimentalität ist begleitet von Ausrottungsphantasien: Für Emin Xhinovci aus Mitrovica ging Hitler mit der Ermordung von

---

416 - *FAZ*, 29.6.1999
417 - nach www.serbia-info.com/news
418 - *FAZ*, 5.7.1999
419 - *Taz*, 18.2.2000
420 - *FR*, 21.6.1999
421 - *Spiegel*, 5.7.1999
422 - *Welt*, 7.7.1999
423 - *Die Zeit*, 17.9.1999
424 - *Spiegel* 35/1999

Frauen und Kindern zu weit, doch es sei „eine gute Idee all jene zu eliminieren, die nach unserem Blut dürsten" - „eine Umschreibung für Serben", wie der Reporter der Londoner *Times* mutmaßt.[425] Xhinovci, der im albanischen Teil der Stadt eine Pizzeria mit dem schönen Namen Hitleri betreibt und sich ganz nach seinem großen Vorbild mit Bärtchen und angeklatschten Haaren gestylt hat, ist sicherlich nicht repräsentativ für alle Albaner. Doch die Opfer der Pogrome nach dem Einmarsch der Kfor sind dieselben wie die nach dem Einmarsch der Wehrmacht: Serben, Juden und Roma. Während die Serben ihre Flucht recht und schlecht selbst organisierten und die 40 Kosovo-Juden sich allesamt ins Ausland, vor allem nach Israel, in Sicherheit bringen konnten (siehe dazu das folgende Kapitel), waren es vor allem die Roma, die überprozentual Opfer durch den albanischen Mob zu beklagen hatten. „Die Zigeuner gehören alle geschlachtet", vertraute ein UCK-Uniformierter einem Reporter der *Süddeutschen* offenherzig an.[426] Allein im deutschen Sektor registrierte das „European Roma Rights Center" in den ersten vier Wochen nach dem Einmarsch „über 250 Tötungsdelikte".[427] Erich Rathfelder von der *Taz* hat denselben Zeitraum ganz anders bilanziert: „In der deutschen Zone ist es bisher ganz gut gelungen, Ordnung zu schaffen ... In Prizren ... brennen keine Häuser ... Die Serben können sich vor Racheakten der kosovo-albanischen Rückkehrer sicher fühlen ..."[428] Auch der *Spiegel* ist fasziniert: „In und um Prizren ist es spürbar sauberer als in den anderen Regionen. In keinem Sektor weht zum Zeichen bereits fertig gestellter Dachstühle in größerer Zahl die vor kurzem noch verbotene rote Flagge mit dem schwarzen Doppeladler."[429] Ein deutscher Aufbauhelfer von der „Gesellschaft für technische Zusammenarbeit" (GTZ) findet, die „absolute Albanisierung" habe eine Energie freigesetzt, die „einfach umwerfend" ist.[430]

---

425 - *The Times*, 13.10.1999
426 - *SZ*, 29.6. 1999
427 - ERRC, Presseerklärung vom 9.7.1999 (romnet-l@telelists.com)
428 - *Die Presse*, 30.6.19999
429 - *Spiegel* 36/1999
430 - *Spiegel* 36/1999; Selbst ein halbes Jahr später hatte die Entwicklung noch nicht allen Schönfärbern die Sprache verschlagen. „Organisierte Wiederaufbau-Maßnahmen sind nur im deutschen Sektor zu beobachten. Ansonsten wirkt die internationale Gemeinschaft chaotisch und ineffektiv", schrieb am 24.04.2000 der frühere Linksradikale Mark Terkessidis im Berliner *Tagesspiegel*.

Ob Bundeskanzler Schröder angesichts dessen seine Aussage noch einmal wiederholen würde, der Einsatz der Bundeswehr sei geeignet, „die historische Schuld Deutschlands auf dem Balkan verblassen zu lassen"?[431] Der im Krieg höchste deutsche General, der damalige Nato-Militärausschußchef Klaus Naumann, denkt jedenfalls schon an eine Fortsetzung der deutschen Good-Will-Tour. Bisher habe nämlich lediglich „die erste Phase des Kosovo-Krieges" stattgefunden, „die zweite Phase läuft zur Zeit. Ich kann nicht sagen, wie lange sie dauern wird, wie das Ergebnis sein wird."[432]

---

431 - z.n. *FR*, 24.7.1999
432 - *Europäische Sicherheit* 11/99

Der albanische Faschismus

Menschrechte gesichert – die Lüge, mit der der Krieg im Nachhinein gerechtfertigt wurde

Behauptet wurde: „Wir haben es geschafft, daß Mord, Vertreibung und Gewalt beendet worden sind." (Verteidigungsminister Rudolf Scharping)[433]

Tatsache ist: Im Nato-Protektorat Kosovo herrschen Gangster und Faschisten. Mord, Vertreibung und Gewalt sind an der Tagesordnung.

Ein Jahr nach Kriegsbeginn zog Außenminister Joseph Fischer im Bundestag zufrieden Bilanz über die Zustände im Kosovo: „Seit der humanitären Katastrophe des letzten Frühjahres ist viel geleistet und erreicht worden: ... Die Zahl der ethnisch motivierten Gewalttaten ist erheblich zurückgegangen ... Internationale Experten bauen gemeinsam mit lokalen Vertretern von der regionalen bis zur kommunalen Ebene neue, funktionierende Verwaltungsstrukturen auf."[434] Kurz zuvor hatte auch Rudolf Scharping konstatiert: ‚Wir haben es geschafft, daß Mord, Vertreibung und Gewalt beendet worden sind."[435]

Die Erfolgsbilanz der Bundesregierung wird durch Aussagen deutscher Polizisten, die im Kosovo ihren Dienst ableisten, cementiert. „Ein Jahr nach den Nato-Luftangriffen gegen Jugoslawien: Im Kosovo blüht die organisierte Kriminalität. Ehemalige UCK-Kämpfer handeln mit Drogen, Menschen und erpressen Schutzgelder. Die UNO scheint machtlos und blockiert ihre eigenen Ermittlungen", faßten die Reporter des *Hamburger Abendblattes* die Erfahrungen zusammen, die ihnen deutsche Polizeibeamte vermittelten.[436] Für den Unmik-Polizisten München ist Kosovo „der Nährboden für die organisierte Kriminalität." „Mörder kommen im Kosovo nach

---

433 - *Bundeswehr aktuell*, 20.3.2000
434 - Stenographischer Bericht der Bundestagsdebatte vom 5. April 2000
435 - *Bundeswehr aktuell*, 20.3.2000
436 - *Hamburger Abendblatt*, 24.3.2000

spätestens 72 Stunden wieder frei, weil die Kapazitäten des Gefängnisses nicht ausreichen oder die Richter sich nicht trauen, Strafen auszusprechen. Die grünen Grenzen nach Albanien sind offen ... Falschgeld. Waffenhandel. Zuhälter verkaufen 13jährige Kinder an LKW-Fahrer, immer wieder werden Mädchen verschleppt. 40 Prozent des Heroins für Europa und die USA werden mittlerweile im Kosovo umgeschlagen, vermuten Experten. Und bei vielem ist die UCK dabei, glaubt Polizist Münich: 'TMK (das Kosovo-Schutzkorps, in dem die UCK aufgegangen ist, Anm. J.E.) ist nur ein anderes Wort für Mafia.'"[437] „Wer nicht zahlt, wird mit dem Tod bedroht", resümierte Ralf Dockenfuß vom Landeskriminalamt Kiel das Geschäft mit den Schutzgeldern. Besonders deprimierend ist für ihn, daß die Spitzen von UN-Verwaltung und Kfor, (damals) der Franzose Bernard Kouchner und der deutsche General Klaus Reinhardt, die Schutzgeld-Mafia um Hashim Thaci schützt. „Auch gegen die selbst ernannten UCK-Bürgermeister der Region Prizren gingen Dockenfuß und seine Kollegen vor. Mit 'offiziellen' Dekreten wollten die Kosovaren Bosniaken und Serben aus Häusern und Läden vertreiben. 'Das lief im Rahmen der ethnischen Säuberungen', sagte Dockenfuß. Immer mehr kam zusammen: illegale Gebühren für Baugenehmigungen, illegale Umbenennungen von Dörfern und Straßen. Als die Ermittler auf ein Verkündungsblatt Thacis stießen, die 'Official Gazette of Kosova', wurde ihnen klar, wie systematisch die Ex-Milizen vorgingen. Auf 38 Seiten legte Thaci einen Gesetzestext vor, der alles von der Steuer über das Kommunalwesen bis zur Nationalität regelte - komplett an der UNO, der eigentlichen Autorität in der Provinz, vorbei. Die Polizisten bündelten das Material zu einem 'vertraulichen Bericht' und empfahlen im Dezember 1999 eine Razzia gleichzeitig in allen Kommunen der Region Prizren. 'Die Akte wanderte ganz nach oben', sagt einer der Ermittler. Bis zum obersten UNO-Verwalter Bernard Kouchner in Pristina. 'Es dauert keine Woche, bis Kouchner mündlich verfügte, daß die Akte geschlossen werde', sagte der Unmik-Polizist."[438] Einer Hausdurchsuchung bei Thacis Bruder erbrachte im Januar 2000 dennoch kon-

---

437 - *Hamburger Abendblatt*, a.a.o.
438 - *Hamburger Abendblatt*, a.a.o.
439 - *Hamburger Abendblatt*, a.a.o.

krete Beweise - illegale Waffen wurden beschlagnahmt, eine Million Mark in bar gefunden. Kouchner verfügte schließlich, daß das Geld zurückgegeben wurde, Unmik- und Kfor-Spitzen entschuldigten sich höflich für die Durchsuchung. Münich faßt die Macht des UCK-Bosses in einem anschaulichen Beispiel zusammen: „Von jedem Schnitzel, das ich hier esse, bekommt Thaci 50 Pfennig." [439]

Daß über das Kosovo 40 Prozent des Heroinhandels nach Westeuropa und in die USA abgewickelt werden, scheint nicht übertrieben, wenn man die Dossiers kennt, die der BND bereits vor dem Krieg über die Drogengeschäfte der UCK angelegt hat: „Die albanische Mafia steuert den Heroinhandel, den sie auch als Tauschgeschäft gegen Waffen abwickelt, von ihren Stützpunkten in Albanien, Mazedonien und vor allem in der serbischen Provinz Kosovo aus ... Die muslimischen Albaner im Kosovo nutzen ihre weltweiten Verbindungen, um mit illegalen Geschäften ihren Lebensunterhalt, ihre separatistischen Aktivitäten - zum Beispiel Waffenkäufe - oder eine Flucht zu finanzieren. Dabei ist der Heroinschmuggel nach Westeuropa zu einer ihrer Einnahmequellen geworden." [440]

Neben dem Drogenhandel spielt die sexuelle Gewaltkriminalität für die Geldbeschaffung der UCK eine gewichtige Rolle. Der *Spiegel* berichtete Ende Februar 2000: „Etwa hundert albanische Mädchen und junge Frauen sind laut Informationen des Zentrums für Frieden und Toleranz innerhalb eines Monats allein in der Region Pristina gekidnappt worden." [441] Kann man sich vorstellen, daß in Hamburg-Altona oder Berlin-Kreuzberg, deren Einwohnerschaft etwa so groß ist wie die der Region Pristina, innerhalb von vier Wochen 100 Mädchen verschleppt werden und dies den meisten Medien höchstens eine beiläufige Erwähnung wert ist? Statt von Zwangsprostitution wäre eher von sexueller Sklaverei zu sprechen - die Opfer erhalten in den seltensten Fällen eine Entlohnung. „In den letzten paar Wochen sind im ganzen Kosovo zumindest vier (einschlägige) Lokalitäten geschlossen worden. Die italienische Militärpolizei ... sagte, daß ... bei fast allen Frauen sichtbare Zeichen von Gewalt waren", berichtete eine Reporterin des *San Francisco Chronicle*

---

440 - z.n. Udo Ulfkotte (*FAZ*-Redakteur, Anm. J.E.), Verschlußsache BND, München 1998, S.335/36
441 - *Spiegel* 8/2000

Ende Juli 2000.[442] „Prostituierte würden als Sklavenarbeiter behandelt", so ein Ermittler aus Kosovska Mitrovica gegenüber dem Blatt.

Der Bock wird Gärtner

Worauf sich die Nato mit der UCK eingelassen hatte, war schon kurz nach Stationierungsbeginn auch in westlichen Zeitungen zu lesen. Ende Juni 1999 berichtete Balkan-Experte Chris Hedges in der *New York Times*: „Die Oberbefehlshaber der UCK ... morden, verhaften und säubern in ihren Reihen, um potentielle Rivalen einzuschüchtern, sagen amtierende und frühere Kommandeure der Rebellenarmee und einige westliche Diplomaten. Die Kampagne, in deren Verlauf nicht weniger als ein halbes Dutzend Oberkommandierende erschossen wurden, wurde von Hashim Thaci und zwei seiner Leutnants, Azem Syla und Xhavit Haliti, dirigiert, wird gesagt."[443] Ein früherer UCK-Offizier bezeugte, daß zwei Exekutionen nach Kriegsbeginn im April 1999 stattfanden und den Serben in die Schuhe geschoben wurden.

Daß es nicht nur, wie bisher ausgeführt, um kriminelle Machenschaften und Bandenkriege konkurrierender Mafiagangs geht, sondern all dies nur ein Teilaspekt einer rassistischen Terrorherrschaft ist, zeigt der Fall von Agim Ceku. Ceku war während des Krieges Oberbefehlshaber der UCK und wurde im Oktober 1999 von der Kfor zum Kommandeur des Kosovo-Schutzkorps (TMK) ernannt, in das sich die UCK umbilden sollte.

Bevor er sich der UCK anschloß, hatte der Kosovo-Albaner als General in der kroatischen Armee gedient. Nach Angaben der militärischen Fachzeitschrift *Jane's Defence Weekly* war Ceku das „Gehirn der erfolgreichen Offensive der kroatischen Armee bei Medak" im September 1993.[444] Die unter dem Codenamen „Verbrannte Erde" geführte Operation führte zur vollständigen Zerstörung der serbischen Dörfer Divoselo, Pocitelj und Citluk, über 100 Zivilisten wurden ermordet.[445]

---

442 - *San Francisco Chronicle*, 24.7.2000
443 - *New York Times*, 25.6.1999
444 - *Jane's Defence Weekly*, 10.6.1999
445 - nach dem „Momorandum on the Violation of the Human and Civil Rights of the Serbian People in the Republic of Croatia" (http://serbianlinks.freehosting.net/memorandum.html)

Ceku war, ebenfalls nach Angaben von *Jane's Defence Weekly*, auch einer der hauptverantwortlichen militärischen Planer der „Operation Sturm", mit der die Truppen Zagrebs im Sommer 1995 die Krajina eroberte und die dort lebenden 200.000 Serben vertrieben.[446] Nach Ansicht des kroatischen Helsinki-Ausschusses für Menschenrechte kam es während des dreitägigen Blitzkrieges zu etlichen Massakern, denen mindestens 410 namentlich identifizierte Zivilisten zum Opfer fielen.[447] Die serbische Menschenrechtsorganisation Veritas berichtet, daß im Jahre 1995 insgesamt 2.101 serbische Zivilisten in der Krajina und in Kroatien getötet wurden oder spurlos verschwanden - die meisten davon während der „Operation Sturm".[448] Kanadische Blauhelmsoldaten waren Zeugen der Greuel kroatischer Truppen: „Alle Serben, die ihre Häuser nicht verlassen hatten, wurden von umherziehenden kroatischen Todeskommandos systematisch 'ethnisch gesäubert'. Jedes verlassene Tier wurde erschossen und jede mögliche serbische Wohnung wurde geplündert und angezündet."[449] Die Ereignisse fanden - anders als jene kurz vorher im bosnischen Srebrenica (vgl. S. 43 ff) - in der westlichen Öffentlichkeit kaum Resonanz. Für die *Taz* etwa hatte es gar keine Vertreibungen in der Krajina gegeben. „Warum verlassen Menschen auf Geheiß verrückter Führer ihrer Höfe, ihre Wohnungen, ihre Arbeitsplätze?", rätselte *Taz*-Kommentatorin Dunja Melcic stattdessen.[450] Und Hans Koschnick (SPD), damals EU-Kommissar in Mostar, rühmte die Krajina-Invasion gar als „Versuch, eine Rechtsordnung, eine staatliche Einheit wiederherzustellen."[451]

Ein interner Bericht des Internationalen Kriegsverbrechertribunals in Den Haag stellt unter dem Titel „Die Anklage.

---

446 - *Jane's Defence Weekly*, 10.6.1999. Vergleiche auch: "Nach der Operation 'Sturm' kamen 254.498 offiziell registrierte Flüchtlinge nach Serbien." (Broschüre des serbischen Informationsministeriums, Serbia - who is that?, Belgrad 1998, S.-3) - „Nach Schätzungen des UN-Hochkommissariats für Flüchtlinge sind von den ursprünglich über 150.000 Serben in der Krajina nach der Militäroperation der kroatischen Armee 'bestenfalls noch 3.000 bis 5.000' zurückgeblieben". (*Taz*, 5.10.1995)
447 - *Vecernij List* (Zagreb), 27.4.1999
448 - www.veritas.org.yu/listings.htm
449 - *The Sunday Sun* (Toronto), 2.11.1998
450 - *Taz*, 17.8.1995
451 - z.n. JW-Beilage, 26.8.1995
452 - *New York Times*, 21.3.1999
453 - Mündliche Information des Buchautors Michel Chossudowski. Chossudowski bezieht sich dabei auf das kroatische Fernsehen

Operation Sturm. Ein eindeutiger Fall" fest: „Während der militärischen Offensive begingen die kroatische Armee und die Sonderpolizei zahlreiche Verletzungen der internationalen Gesetze zum Schutz der Menschenrechte, unter anderem die Bombardierung von Knin und anderen Städten mit Granaten. Während der militärischen Offensive und den 100 Tagen, die folgten, wurden mindestens 150 serbische Zivilisten bei Massenerschießungen exekutiert und viele Hundert verschwanden." Weiter heißt es, daß es „ausreichend Material gibt, um gegen drei Generäle, die das Militär während der Operation Sturm befehligten", ein Verfahren wegen Kriegsverbrechen einzuleiten.

Der 150seitige interne Bericht aus Den Haag wurde ausgerechnet kurz vor Beginn des Krieges gegen Jugoslawien der *New York Times* zugespielt und dort auszugsweise veröffentlicht.[452] Das war etwas peinlich für die Nato, denn Ceku hatte erst während der Verhandlungen in Rambouillet Suleiman Selimi, der das dort angebotene Vertragspaket ablehnte, an der militärischen Spitze der UCK abgelöst. Eilfertig gab die Sprecherin des Tribunals daraufhin bekannt, daß „die Dokumente in keiner Weise die Schlußfolgerung der Anklage" darstellen. Die Aussagen von Zeugen und Mitarbeitern des Tribunals wurden heruntergespielt, es handele sich nur um „Meinungsäußerungen, Argumente und Hypothesen." Der interne Bericht wurde bis heute nicht freigegeben, und der Mitarbeiter, der ihn an die *New York Times* weitergegeben hatte, arbeitet nicht mehr für das Tribunal.[453] Als Nato-Sprecher Jamie Shea während des Krieges gefragt wurde, wie das westliche Bündnis zu einem Mann wie Ceku stehe, der in ethnische Säuberungen verwickelt gewesen sein soll, antwortete er: „Wen sie (die UCK, Anm. J.E.) zu ihrem Führer machen, ist ganz und gar deren Angelegenheit."[454]

Damit stand der weiteren Karriere von Agim Ceku nichts mehr im Wege.

Die Spur des Terrors

Wie Ceku mit Rückendeckung durch Thaci seinen Job im angeblich befreiten Kosovo erledigte, wurde schon bald nach dem Einmarsch der Kfor deutlich. Bereits am 1. August 1999 sagte der Kfor-

---

454 - z.n. *Konkret* 12/99

Oberkommandierende Michael Jackson: „Die Albaner sind nicht besser als die Serben, und sie benehmen sich genauso scheußlich."[455] Zu diesem Zeitpunkt hatte die Kfor bereits 198 Morde seit ihrem Einmarsch registriert, davon 73 an serbischen Zivilisten, während die serbisch-orthodoxe Kirche allein die Zahl der ermordeten Serben mit über 200 angab.[456] Nach Angaben von Human Rights Watch waren in dieser Zeit über 164.000 Serben bereits aus der Provinz geflüchtet, außerdem eine beträchtliche Zahl von Roma.[457] Jacksons Entrüstung vorausgegangen war das bis dahin schlimmste Massaker an serbischen Zivilisten: Am 23. Juli waren 14 Serben, darunter ein 15jähriger Junge, bei Feldarbeiten in Gracko massakriert worden. In Deutschland hielt sich die Aufregung freilich in Grenzen: „Völlig ausgeschlossen werden kann schließlich nicht, daß es sich bei der Bluttat um ein weiteres menschenverachtendes Manöver Milosevics handelte, mit dem er versucht haben könnte, die Aufmerksamkeit der protestierenden Serben von sich abzulenken,", kommentierte die *FAZ* auf der Titelseite.[458]

Da in jener Zeit vor allem albanische Leichen gefragt waren, um der Öffentlichkeit weitere Beweise für die Berechtigung des „humanitären" Nato-Krieges zu liefern, tauchten weitere Massengräber mit Serben gar nicht mehr in der westlichen Presse auf: So etwa die 15 Leichen in der Nähe des Dorfes Ugljare, die am 24. Juli - einen Tag nach Gracko - entdeckt worden waren und von der US-Army einen Monat verschwiegen wurden,[459] oder die 40 Leichen von Suncani Preg, einem Vorort von Pristina.[460]

Ende August erschien in *Koha Ditore*, einer der größten Tageszeitungen des Kosovo, ein Leitartikel ihres Herausgebers Veton Surroi. Er war Mitglied der kosovo-albanischen Delegation in Rambouillet gewesen und hatte dort die Führungsrolle Thacis akzeptiert. Unter der Überschrift „Kosovo-Faschismus - die Schande der Albaner" rechnete er mit den neuen Herren des Kosovo ab: „Die heutige Gewalt - mehr als zwei Monate nach der Ankunft der Nato-

---

455 - z.n. *Hamburger Abendblatt*, 2.8.1999; vgl. *The Telegraph*, 1.8.1999
456 - *AFP*, 1.8.1999
457 - *AP*, 4.8.1999
458 - *FAZ*, 26.7.1999
459 - *Tagblatt* (Schweiz), 2.9.1999
460 - Malte Olschewski, Der Krieg um den Kosovo, Frankfurt a.M. 1999, S.219

Truppen - ist mehr als nur eine emotionale Reaktion. Es ist die organisierte und systematische Einschüchterung aller Serben, weil sie Serben sind und deswegen kollektiv für das verantwortlich gemacht werden, was im Kosovo geschah. Diese Verhaltensweisen sind faschistisch. Mehr noch, genau gegen solche Verhaltensweisen ist das Volk von Kosovo in den letzten zehn Jahren aufgestanden und hat sich gewehrt, zuerst friedlich und dann mit Waffengewalt."[461]
Obwohl Surrois Engagement wichtig und mutig war - unmittelbar nach Erscheinen der Ausgabe erhielt er aus UCK-Kreisen eine Morddrohung[462] -, ist seine Gleichsetzung des albanischen Terrors nach dem Krieg mit dem serbischen vor dem Krieg ungenau und daher falsch. Zwei exemplarische Fälle mögen den Unterschied demonstrieren.

Der Lynchmob herrscht

Am 29. November 1999 wurde in Pristina Dragoslav Basic ermordet, seine Frau und seine Schwiegermutter wurden schwer verletzt. Professor Basic hatte an der Universität im kalifornischen Berkeley gelehrt und dort auch wieder einen Lehrauftrag bekommen. „Ein albanischer Akademiker bestätigte, daß Basic nicht der Verwicklung in Morde, Brandstiftungen und Plünderungen verdächtig war, die es vor den und während der Nato-Luftschläge gegeben hatte."[463] Die *New York Times* berichtet: „Sonntag abend waren die Basics zu Frau Jovanovic (der Schwiegermutter, Anm. J.E.) in Pristina gefahren um sie nach Hause zu bringen. Frau Jovanovic war Ende August zusammengeschlagen worden, als Teenager bei ihr eingebrochen hatten. Trotzdem lebte sie weiter allein. Aber der sonntägliche Feiertag, bei dem Hunderte von Albanern ihren Flaggentag begingen, Feuerwerkskörper abbrannten und in die Luft schossen, machte ihr Angst. 'In der Stadt war eine riesige Menschenmenge', sagte Tomislav Basic (der Sohn, Anm. J.E.) ... 'An einer Straßenecke mußten wir anhalten. Leute kamen zum Wagen und umringten ihn. Sie fragten nach irgendeinem Ausweis. Mutti und Vati versuchten englisch zu sprechen, weil serbisch in Pristina nicht erlaubt ist, aber

---

461 - *Koha Ditore*, 25.8.1999
462 - vgl. International Crisis Group, What happened to the KLA?, 3. März 2000 (www.intl-crisis-group.org)
463 - *Reuters*, 2.12.1999

irgendeiner der Bande fand heraus, daß wir Serben sind. ... Sie erschossen ihn wie einen Hund auf der Straße'."[464] Die verängstigten Frauen wurden weitergeschlagen, man steckte ihnen Feuerwerkskörper in den Mund. Schwer verletzt wurden sie schließlich ins Krankenhaus gebracht - sicherheitshalber aber nicht in Pristina, sondern nach Nis, jenseits der Provinzgrenze.[465]
Britische Kfor-Soldaten berichteten gegenüber *AP* von der Stimmung des Mobs. „Die Peace-Keeper rasten zum Tatort und bahnten sich einen Weg durch die Menge der Albaner, die anti-serbische Sprechchöre riefen und im Halbkreis um den brennenden Wagen standen. Die Soldaten drängten die Menge zurück, damit die Ärzte zu Basic, seiner Frau und ihrer Mutter durchkommen konnten ... Einige saßen auf einem Zaun, um besser sehen zu können. Viele klatschten. 'Es war wie bei einem Fußballspiel', sagte ein Soldat. Die Ärzte und andere, die sich verzweifelt um die Opfer bemühten, wurden bald selbst angegriffen und mit Feuerwerkskörpern beworfen, die auf ihre Köpfe zielten."[466] Unmik-Offizielle beklagten, daß sich „von hunderten Zuschauern, Augenzeugen einer brutalen Attacke auf unschuldige Leute, keiner gemeldet hat, um die Killer zu identifizieren und sie der Gerichtsbarkeit zu übergeben."[467]

Dies ist die erste Unterschied zwischen serbischer und albanischer Herrschaft im Kosovo: Auch vor dem Krieg wurden unschuldige Zivilisten in Pristina ermordet, und nur zu oft waren Serben die Täter. Doch dies waren immer Verbrechen, die von Kriminellen oder Paramilitärs bei Nacht und Nebel ausgeführt wurden. Die Täter mußten verdeckt vorgehen, weil sie wußten, daß große Teile, wenn nicht die Mehrheit der serbischen Bevölkerung ihre Taten nicht billigten und sie zur Anzeige bringen würden. Nachdem die UCK unter den Augen der Kfor die Herrschaft übernommen hatte, wurde in aller Öffentlichkeit geraubt und massakriert. Das Pogrom als Volksfest.

Die Gesetze des Blutes

In der Nacht zum 12. Oktober 1999 wurde der 38jährige Bulgare

---

464 - *New York Times*, 3.12.1999
465 - *AP*, 5.12.1999
466 - *AP*, 5.12.1999
467 - *AFP*, 8.12.1999

Valentin Krumov auf offener Straße in Pristina gelyncht - der erste Mord an einem Mitarbeiter der UN-Mission. Die UN-Polizei teilte mit, der Mann „sei bei einem Bummel in Pristina, wo er mit zwei Kolleginnen unterwegs war, von einem Unbekannten nach der Uhrzeit gefragt worden. Unklar sei, ob der UN-Mitarbeiter auf serbisch oder in seiner bulgarischen Muttersprache antwortete. Diese kann als eng verwandte Sprache von Unkundigen mit Serbisch verwechselt werden. Nach dem Wortwechsel sei der Bulgare von Kosovo-Albanern angegriffen, etwa 50 Meter verschleppt und dann erschossen worden, sagte der Sprecher der UN-Polizei, Dmitri Papotsew, weiter. Passanten hätten nach Beobachtungen anderer UN-Mitarbeiter einem der Tat verdächtigen Mann bei der Flucht geholfen."[468]

Den Ablauf einer ähnlichen Tat beschreibt der *Spiegel*: „Ein paar Kinder zeigen auf einem Stadtplatz von Pristina mit dem Finger auf einen etwa 25jährigen Spaziergänger. Der Mann in Jeans und Baumwollhemd spürt die Blicke im Kreuz und dreht sich um. Schon übertönt das böse Gemurmel der Verfolger das Krächzen der schwarzen Krähen, die wie Claqueure in den Laubbäumen hocken. Die Menschentraube klebt am Rücken des Flüchtigen und schwillt an. Immer mehr junge Burschen sind dabei, kräftige Kerle mit wutverzerrten Gesichtern. Der erste Faustschlag saust auf den Kopf des Mannes, dann noch einer. Zwei, drei, zehn Fäuste schlagen nach ihm. Das Freiwild rennt, stolpert, Verzweiflung im Blick. Das Verbrechen des Mannes, der hier gelyncht werden soll, besteht darin, ein Goranje zu sein. Er gehört zu einer kleinen muslimischen Volksgruppe, die Serbisch spricht, die Sprache der Feinde."[469]

Noch stärker als im Falle Basic wird hier deutlich: In tödlicher Gefahr sind nicht nur die Serben, sondern alle Nicht-Albaner. Veton Surroi würde vielleicht einwenden: Vor dem Krieg war es genauso, nur umgekehrt, da waren die Albaner in tödlicher Gefahr. Eine genaue Analyse auf der Grundlage der OSZE-Berichte (vgl. Elsässer Artikel im Anhang) zeigt jedoch einen wichtigen Unterschied auf: Die serbischen Behörden (und in der Regel selbst serbische Paramilitärs) unterschieden zwischen „loyalen" Albanern, mit denen sie zusammenarbeiteten, und (vermeintlichen oder echten)

---

468 - *FR*, 12.10.1999
469 - *Spiegel* 38/1999

UCK-Sympathisanten, die mehr oder minder schweren Repressalien ausgesetzt waren - sie nahmen also eine Differenzierung nach politischen Kriterien vor. Die kosovo-albanische Volksgemeinschaft funktioniert dagegen nach dem Gesetz des Blutes: Jeder, der kein albanisches Blut hat, ist per se ein Feind, und mag er sich noch so loyal verhalten. Wie aber definiert man albanisches Blut?

Der britische *Guardian* kommentierte: „Mehr als fünf Monate nach der Stationierung von 40.000 Peace-Keepern und fast 2.000 UN-Polizisten in einer Region von der Größe von Wales kann kein Angehöriger einer Minderheit - Serben, Roma, bosnische Muslime oder Kroaten - auf die Straße gehen vor Angst, auf der Stelle ermordet zu werden, weil er kein Albaner ist."[470]

Pristina ist judenfrei

Die Verfolgung der Roma durch albanischen Lynchmob begann schon während des Krieges, ohne daß die Öffentlichkeit in den westlichen Staaten davon Kenntnis nahm. „Anfang Juni 1999 griffen mehrere tausend kosovo-albanische Flüchtlinge im Flüchtlingslager Stenkovac in Mazedonien eine Zigeunerfamilie an, die sie der Kollaboration mit den Serben beschuldigte. Hilfskräfte mußten verhindern, daß ein siebenjähriger Junge vom wütenden Flüchtlingsmob auseinandergerissen wird, nachdem sie den Vater und Bruder des Jungen geschlagen hatte", heißt es in einem Bericht eines Nato-nahen Think Tanks, der International Crisis-Croup.[471] Bereits Anfang Juli, drei Wochen nach dem Nato-Einmarsch, forderte der Zentralrat Deutscher Sinti und Roma „Sofortmaßnahmen" der Kfor, da die UCK „mit blutigem Terror Kosovo albanisieren" wolle.[472] Der Appell verhallte erfolglos: Weitere vier Wochen später berichtete die „Gesellschaft für bedrohte Völker" von 90.000 geflüchteten Roma. Selbst diese seit langem anti-serbisch eingestellte Vereinigung muß den Unterschied zur Zeit der serbischen Herrschaft im Kosovo einräumen: „Jetzt haben Roma und Ashkali (eine albanischsprechende Roma-Gruppe, Anm. J.E.) keinen Platz mehr im Kosovo. Dabei hatten sich diese Minderheiten einen bescheidenen

---

470 *Guardian*, 30.11.1999
471 ICG Kosovo Briefing, Making Sense of Kosovo's Feuding Factions, (www.intl-crisis-group.org)
472 *FR*, 9.7.1999

Wohlstand erarbeitet, waren fest ansässig und integriert."[473] Ein Artikel des *Roma News Network* zieht Anfang Dezember 1999 Bilanz: „Der Krieg im Kosovo ist nicht vorbei. Seit dem 18. Juni terrorisieren UCK und Albaner die Kosovo-Roma. In einer Operation der ethnischen Säuberung wurden mehr als 20.000 Häuser von Roma zerstört ... Familien, deren Vorfahren hier schon 1320 siedelten, oder Ashkali mit einer sogar noch längeren mündlichen Überlieferung, wurden nicht nur obdachlos gemacht, sondern über 150.000 mußten in andere Länder fliehen ... Die Angriffe richten sich gegen alle Roma und Ashkali. Keiner wird verschont. Nicht die Rentner, nicht die Invaliden, nicht die Blinden, die man sicherlich nicht als Kollaborateure bezeichnen könnte."[474] Auch dieser Bericht macht die qualitative Verschlechterung der Lage der Roma im Vergleich zur jugoslawischen Zeit deutlich: „Die Abneigung der Albaner gegenüber Roma und Ashkali begann schon viele Jahre vor dem Krieg. Als die Albaner zum ersten Mal 1969 mit ihren Demonstrationen gegen die serbische Herrschaft begannen, wollten Roma und Ashkali nicht mitmachen. Während die Albaner Unabhängigkeit wollten, waren Roma und Ashkali noch zu weit unten auf der ökonomischen Leiter, um an einen solchen Luxus denken zu können. Alles, was sie wollten, waren Jobs und Erziehung. Und als sie schließlich diese zwei Dinge unter Tito erreichten, waren sie so dankbar, daß sie sich für jugoslawische Patrioten hielten, indem sie nicht auf die Straße gingen. Seitdem lehnten die Albaner die Roma und Ashkali ab."[475]

Das Schicksal der Juden erscheint auf den ersten Blick nicht so dramatisch wie das der Roma, weil ihre Gemeinschaft im Kosovo sehr viel kleiner war. Doch der albanische Mob verwirklichte, was den Nazis nicht gelang: Heute ist das Kosovo judenfrei. „Ende Juni (1999) mußten vier Generationen der Familie Prlincevic und andere Juden aus Pristina fliehen - das war fast das Ende für fünf Jahrhunderte jüdischer Siedlung im Kosovo ... Weil Herr Prlincevic und seine Familie gute Beziehungen mit Albanern hatte und albanische Nachbarn während der ethnischen Säuberungen des Kosovo durch serbische Streitkräfte beschützt hatte, glaubten sie keinen Grund zur

---

473 - GfbV, Roma und Aschkali im Kosovo brauchen dringend unsere Hilfe!, August 1999 (www.gfbv.de/dokus/bva/121text.htm)
474 - Die Agentur findet sich unter www.RomNews.com.
475 - Der Text ist unter: www.decani.yunet.com/testimonies11.html

Flucht zu haben, als sich die Serben zurückzogen. Sie glaubten auch an die Garantien der internationalen Gemeinschaft und die Versprechungen der Nato ... Aber als schwer bewaffnete albanische Paramilitärs eintrafen, offensichtlich aus Albanien, fanden sich die Juden Pristinas als Zielscheiben und Opfer ... Im April 1944 drangen albanische Faschisten auf Geheiß der Gestapo in die Wohnungen der 1.500 Juden Pristinas ein und plünderten sie, die meisten Juden wurden nach Bergen-Belsen deportiert. Die Mutter von Herrn Prlincevic, Bea Mandil, war eine der wenigen, die der Deportation entkam, aber ihre weit verzweigte Familie wurde im Holocaust fast ausgelöscht ... Die acht Appartements und drei Häuser ihrer großen Familie in Pristina wurden geplündert und zerstört. Jetzt lebt sie in beengten Verhältnissen in einer Belgrader Wohnung...", berichtete eine kanadische Tageszeitung Ende August 1999.[476]

Entfesselter Ethno-Wahn

Parallel richtet sich der Wahn ethnischer Reinheit auch gegen jene nicht-albanischen Bevölkerungsgruppen, die traditionell den Serben eher feindlich gegenüberstehen, ja sogar gegen „unalbanische" Albaner selbst. Selbst die *FAZ* mußte zum Jahresende 1999 konsterniert feststellen: „Es hat sich gezeigt, daß die Gewalt sich nicht 'verbraucht', wenn erst alle Serben und Roma verjagt worden sind. Sie kann sich vielmehr gegen jeden richten."[477]

„Medienberichten zufolge richten sich die Übergriffe militanter Kosovo-Albaner zunehmend auch gegen die noch verbliebenen Kroaten im Kosovo. Deshalb wurden am Wochenende 293 Kroaten von ihrer Regierung nach Zagreb ausgeflogen", berichtete AP bereits Ende Oktober 1999.[478] Ein dreiviertel Jahr später hat sich die Situation noch nicht gebessert: „Während des Monats Mai (2000) führten albanische Terroristen eine Anzahl von Angriffen gegen die Kroaten des Ortes Janjevo durch, der tatsächlich unter dem Druck der Terroristen der sogenannten UCK leergefegt worden ist: Von seinen 1.500 kroatischen Einwohnern blieben 350 zurück."[479]

---

476 - *The Globe and Mail*, 31.8.1999
477 - *FAZ*, 20.12.1999
478 - *Taz*, 1.11.1999
479 - Memorandum der Bundesregierung Jugoslawiens über die Implementierung der Sicherheitsrats-Resolution 1244 vom 10.Juni 1999, Belgrad, 7. Juni 2000

Besonders anschaulich ist das Beispiel der türkischen Minderheit, die aufgrund der geschichtlichen Erfahrungen - lange Zugehörigkeit der Provinz zum Osmanischen Reich, Bündnispartner gegen die Serben im 1. Weltkrieg - und aufgrund der gemeinsamen Religion der albanischen Mehrheit eigentlich ganz besonders nahe stehen müßte.[480] Doch auch die Kosovo-Türken sind unter Druck geraten, müssen sich anpassen oder fliehen. Mitte Juli 2000 beklagte der türkische Außenminister Ismail Cem, daß es um die Rechte der türkischen Minorität „unter UNO-Verwaltung schlechter bestellt ist als zu Zeiten der serbischen Verwaltung."[481]

Jetzt muß nur noch das eigene Volk gereinigt werden. „Tatsächlich traf die Gewalt zunehmend Albaner ... 'Es sind nicht mehr viele Serben zum Töten übrig geblieben', meinte dazu ein Vertreter der (UN-Verwaltung) Unmik", schrieb *Le Monde Diplomatique* im Frühjahr 2000.[482] Vor allem die Minderheit der Christen - der weniger als ein Zehntel der Kosovo-Albaner angehören - ist in Gefahr. Ein Jahr nach Kriegsende „leben im Gebiet von Prizren und Djakovica ungefähr 65.000 kosovo-albanische Christen unter großem Druck von albanischen Terroristen ... Die Häuser zweier Franziskanerpriester wurden niedergebrannt."[483]

„In vielen Dörfern richteten sich die Übergriffe gegen Funktionäre des Demokratischen Bundes von Kosovo (LDK), der Partei von 'Präsident' Ibrahim Rugova, die sich inzwischen verstecken müssen."[484] „Der sogenannte Geheimdienst der UCK hat anscheinend eine Liste mit Politikern und bekannten Namen aus Albanien und dem Kosovo angelegt, die als Hindernis seiner Übernahme der bewaffneten Bewegung im Kosovo betrachtet wurden. Eine Anzahl von Dokumenten, die vor einigen Monaten im Haus eines Führers des früheren UCK-Geheimdienstes entdeckt wurden, zeigen Hinrichtungslisten und ein Verfolgungsmuster von albanischen Oppositionspolitikern in Tirana und von Leuten aus der Umgebung Rugo-

---

480 - Von den 1,5 bis 1,8 Millionen Kosovo-Albanern sind nur 100.000 Katholiken.
481 - *Albanian Daily News*, 11.7.2000
482 - *LMD*, 3/2000, S.14
483 - Memorandum der Bundesregierung Jugoslawiens, a.a.o.. Eine ZDF-Reportage vom 27.6.2000 zeigte einen Gottesdienst katholischer Albaner unter Bundeswehr-Bewachung. „Es besteht Gefahr von Heckenschützen".
484 - *LMD*, a.a.o.

vas in Pristina ... In der Liste 'Nummer 7' werden die Pseudonyme der Betroffenen aufgedeckt. Zum Beispiel 'der Schal' für Ibrahim Rugova ... usw. Die Namen wurden an Leute gegeben, die sie verfolgen sollten, aber niemals die Liste als Ganzes. Das vollständige Faksimile war von Bislim Zyrapi, dem Chef des UCK-Geheimdienstes, unterzeichnet worden. Zumindest drei Personen von dieser Liste wurden exekutiert, ein weiterer wurde schwer verwundet", faßt die kosovo-albanische Zeitung *Bota Sot* Mitte Juli 2000 zusammen.[485]

Kennzeichnend für den Ethno-Wahn, der nach der sogenannten Befreiung des Kosovo herrscht, ist der Fakt, daß neben den Minderheiten auch 30.000 Albaner aus der Provinz geflohen sind – ausgerechnet nach Serbien, in das Land ihrer angeblichen Verfolger und Mörder.[486]

Die UCK ist überall

Auch bundesdeutsche Politiker und Medien müssen ab und zu das Ausmaß der Gewalt im Kosovo beklagen, doch verweisen sie in diesem Zusammenhang auf „Desperados" bzw. „Jugendliche und ehemalige UCK-Soldaten",[487] die dafür verantwortlich seien. Doch der Terror wird von der UCK insgesamt organisiert - ihre Entwaffnung und Umwandlung in ein ziviles Kosovo-Schutzkorps (TMK) sind vollständig fehlgeschlagen.[488] Darauf weisen zusammenfassende Langzeitstudien hin, seien sie von der OSZE oder selbst von der Nato-nahen International Crisis Group (ICG) verfaßt.

Die OSZE hat im zweiten Teil ihres Berichtes *As Told - As Seen* die Menschenrechtsverletzung im Kosovo vom 14. Juni bis zum 31. Oktober 1999 untersucht. Bilanzierend wird festgestellt: „Der Bericht umfaßt viele Zeugenaussagen, die die Verwicklung der UCK in die Gewalt betreffen, sowohl vor als auch nach der Demilitarisierungs-Deadline vom 19. September (1999)." Zwar sei zu berücksichtigen, daß auch Kriminelle sich des UCK-Labels bedienten. Dennoch „scheint es klar, daß das Ausmaß der UCK- (und nun der

---

485 - *Bota Sot*, 11.7.2000
486 - Angabe des Albaners Faik Jashari, Mitglied der Übergangsverwaltung im Kosovo, zitiert von Milosevic bei der Verhandlung in Den Haag am 8. März 2002 (z.n. *Blic*, Belgrad, 9.3.2002)
487 - *Taz*, 29.10.1999 (Erich Rahtfelder)
488 - Siehe dazu auch S. 181 ff. Die Entwaffnung laut Abkommen mit der Kfor sollte bis 19.9.1999 vollendet sein, bis Ende Dezember 1999 wurden - so Nato-Generalsekretär Robertson am 21.3.2000 - 10.000 Waffen abgeliefert.
489 - www.osce.org/kosovo/reports/hr/index.htm

TMK-) Verwicklung von solchem Charakter und Zuschnitt ist, daß die Frage einer expliziten oder stillschweigenden Verwicklung der Führungsspitze eine genaue Untersuchung der internationalen Gemeinschaft erfordert."[489] Die von der OSZE angemahnte „genaue Untersuchung" erbrachte im folgenden halben Jahr noch niederschmetterndere Ergebnisse. Die International Crisis Group berichtet Anfang Mai 2000: „Kein Mensch glaubt ernsthaft, daß das Kosovo-Schutzkorps etwas anderes als eine neue UCK-Manifestation ist, die ihre Anführer und Gefolgschaften geerbt hat ... Die Möglichkeit kann nicht ausgeschlossen werden, daß einige militärische Einheiten der alten UCK noch aktiv außerhalb des TMK existieren ... In der Mehrheit der Fälle haben Zeugen, viele von ihnen selbst Opfer, berichtet, daß die Angreifer UCK-Uniformen trugen oder sich selbst als UCK ausgaben ... Aufgrund des bloßen Musters ist klar, daß die Attacken in irgendeiner Weise dirigiert worden sind. Es ist unvorstellbar, daß das Abbrennen von mehr als 300 Häusern in Prizren, wo nur zwei Verdächtige festgenommen wurden, ohne Planung ablaufen konnte. Und es konnte auch nicht geschehen, ohne daß die verschiedenen UCK-Sicherheitskräfte in den Straßen die Täter irgendwie bemerkt hätten ..."[490] Nach den Beobachtungen der ICG ist der Terror der UCK nach der angeblichen Demilitarisierung nicht schwächer, sondern stärker geworden: „Während die Vendetta gegen die Serben und ihre 'Kollaborateure' anfänglich großteils spontan war - wenn UCK-Mitglieder darin verwickelt waren, so waren sie es nicht allein - , scheint in jüngster Zeit die Gewalt organisierter zu sein und mehr mit UCK-Elementen in Verbindung zu stehen. Die Gewalt gegen LDK-Mitglieder ist schwerlich anders zu erklären, als daß sie im Rahmen höherer UCK-Strukturen geplant und organisiert wird."[491]

Archipel Kosovo

Ende März 2000 berichtete Sefko Alomerovic, der Präsident des Helsinki-Komitees des vorwiegend von Muslimen bewohnten serbischen Bezirks Sandschak, im oppositionellen Belgrader Radiosen-

---

490 - International Crisis Group, What happened to the KLA, 3.März 2000 (www.intl-crisis-group.org)
491 - International Crisis Group, a.a.o.

der *Beta* von „zuverlässigen Beweisen über die Existenz von sechs Konzentrationslagern, in denen die Albaner verschleppte Bürger serbischer Nationalität gefangenhalten."[492] Wenn auch der Ausdruck „Konzentrationslager" falsche historische Assoziationen weckt, ist doch die Aussage selbst bestürzend genug, zumal sie von einem Mann geäußert wurde, der seit Jahren die Belgrader Regierung immer wieder wegen ihrer Menschenrechtsverletzungen attackiert hat. Gewöhnlich sind 50 Verschleppte laut Alomerovic „meist in Heizungsräumen, Garagen und Kellern von öffentlichen und privaten Gebäuden" untergebracht und werden „falls erforderlich an andere Orte gebracht."[493] Zuständig für die Lager sei der Chef der UCK-Geheimpolizei Aljos Malja.

Unmik und Kfor haben die Berichte des Helsinki-Komitees dementiert. Allerdings hat auch das Internationale Rote Kreuz 346 Serben registriert, die von bewaffneten Albanern verschleppt worden sind - Aufenthaltsort unbekannt.[494]

Der Verbleib anderer serbischer Gefangener ist hingegen bekannt: Im Juni 2000 saßen 466 in Unmik-Gefängnissen ein davon 43 seit elf Monaten ohne jede Anklage oder Prozeß. (Man vergleiche dazu die Angaben des eingangs zitierten deutschen Unmik-Polizisten Münich, daß verhaftete Albaner grundsätzlich nach sehr kurzer Zeit wieder auf freien Fuß gesetzt würden, weil die Gefängnisse überfüllt seien). Die meisten Festnahmen gehen - wie im vorigen Kapitel am Beispiel von Orahovac geschildert - auf Anzeigen aus der albanischen Bevölkerung zurück, gegen die es keine Einspruchmöglichkeit gibt, da kein nicht-albanischer Verteidiger Zutritt zu den Festgehaltenen erhält. Am 10. April 2000 traten 37 Serben und 5 Roma in den Hungerstreik. Unmittelbarer Anlaß war die Freilassung von Gjelal Ademi, einem Albaner, gegen den wegen einer Handgranatenattacke ermittelt wurde, bei der 22 Serben und 14 französische Soldaten verletzt wurden. Erst nach 40 Tagen erreichten sie die Zusage von Unmik-Chef Kouchner, daß ihr Prozeß bald eröffnet würde, und konnten ihren Protest abbrechen.[495]

---

492 - z.n. *Blic* (Belgrad), 28.3.2000
493 - *Reporter* (Banja Luka), 5.4.2000
494 - *Reporter*, a.a.o.
495 - Bundesregierung Jugoslawien, a.a.o.

Oh wie schön ist Kosova

Ein Jahr nach Kriegsende hatten es Unmik und Kfor geschafft, alle wesentlichen Artikel der UN-Sicherheitsresolution 1244, auf die der Friedensschluß zwischen Nato und Jugoslawien gründet und die folglich die einzige völkerrechtliche Basis für die Arbeit von Unmik und Kfor ist, systematisch zu verletzten.

Torpediert wurde die „Bekräftigung des Eintretens aller Mitgliedstaaten für die Souveränität und territoriale Unversehrtheit der Bundesrepublik Jugoslawien" (Präambel); stattdessen hat Unmik-Chef Kouchner das jugoslawische Recht und die jugoslawische Währung, Kernbereiche jeder staatlichen Souveränität, im Kosovo suspendiert. Der Dinar als offizielle Währung der Provinz wurde zunächst durch die Deutsche Mark und dann durch den Euro abgelöst.

Torpediert wurde, „daß nach dem Abzug eine vereinbarte Zahl jugoslawischen und serbischen Militär- und Polizeipersonals die Erlaubnis zur Rückkehr in das Kosovo erhält" (Artikel 4); stattdessen wurde der Zuzug paramilitärischer Gruppen aus Albanien toleriert, was die Sicherheitslage in der Provinz weiter verschlechtert.

Nicht erreicht wurde die zugesagte „Demilitarisierung der Kosovo-Befreiungsarmee und anderer bewaffneter kosovo-albanischer Gruppen" (Artikel 9b); statt dessen wurde die UCK in Form des „Kosovo-Schutzkorps" (TMK) legalisiert.

Nicht erreicht wurde die „Abschreckung von der Wiederaufnahme der Feindseligkeiten" (Artikel 9a) und die „Gewährleistung der öffentlichen Sicherheit und Ordnung" (Artikel 9d). Statt dessen hat sich im Kosovo eine Mischung aus „Drogen-Mafia-Gesellschaft"[496] und „albanischem Faschismus"[497] entwickelt. Es ist unfaßbar: Kein einziges der über eintausend Tötungsdelikte seit dem Einmarsch der Nato ist bisher gesühnt.[498]

---

496 - ein hoher Unmik-Beamter, zitiert in International Crisis Group, a.a.o.
497 - *Koha Ditore*, a.a.o.
498 - *Irish Times*, 4.7.2000

Das vollständige Scheitern aller in der UN-Resolution 1244 festgelegten Ziele wurde in der Folge von den Spitzen der UN-Verwaltung offen eingestanden. Kouchners Stellvertreter, der Deutsche Tom Koenigs, verkündete im Januar 2000 ungeniert, daß „die Vereinten Nationen ihr 1999 erklärtes Ziel, die Schaffung eines 'multi-ethnischen Kosovo', von der Tagesordnung abgesetzt haben".[499] „Kosovo gehört niemandem außer den Kosovaren", hatte Kouchner schon im Dezember auf einer Veranstaltung in Gnjilane versichert. „Ich fühle mich dem albanischen Volk sehr verbunden ... Ich liebe alle Völker, aber einige mehr als andere, und das trifft auf Sie (die Albaner) zu."[500]

Doch es geht nicht nur um den Bruch geschlossener Verträge und des Völkerrechts, sondern für viele um das nackte Überleben: Ein Jahr nach Kriegsbeginn, im März 2000, ist der überwiegende Teil der nichtalbanischen Minderheiten aus dem Kosovo vertrieben worden. Das UN-Flüchtlingswerk geht von mehr als 180.000 Flüchtlingen aus,[501] das jugoslawische Rote Kreuz von 204.000,[502] die jugoslawische Regierung von 350.000.[503] Die unterschiedlichen Zahlenangaben können damit erklärt werden, daß sich ein Teil der Flüchtlinge in Jugoslawien nicht offiziell registrieren läßt, da sie vom verarmten Staat ohnehin keine Unerstützung zu erwarten haben. Auch die relativ niedrigste Zahl, die des UNHCR, bedeutet, daß mehr als die Hälfte der Minderheitenbevölkerung aus dem Kosovo gejagt wurde - niemals vor dem Krieg mußte ein auch nur annähernd großer Prozentsatz der kosovo-albanischen Bevölkerung aus der Provinz fliehen.[504]

---

499 - *Berliner Zeitung*, 18.01.2000
500 - z.n. David Binder, The ironic justice of Kosovo, deutsch in: *Blätter für deutsche und internationale Politik* 5/2000
501 - *Reuters*, 23.5.2000; die UNHCR-Erhebung wurde im März und April gemacht und ergab 180.000 Kosovo-Flüchtlinge in Serbien (wovon 20.000 bereits während der Bombenangriffe geflüchtet waren) und weitere 30.00 in Montenegro
502 - *Reuters*, 22.3.2000
503 - *Reuters*, 22.3.2000
504 - Exakte Bevölkerungszahlen liegen für die Provinz nicht vor, weil die Kosovo-Albaner nach 1990 die jugoslawische Volkszählung boykottierten. Das Statistical Yearbook of Yugoslavia (1997) geht für 1991 von 1,6 Millionen Albanern, 194.000 Serben und 111.000 Angehörigen weiterer Minderheiten aus. Die Zahl der Albaner düfte bis 1999 etwa gleich geblieben sein, da dem starken Geburtenzuwachs eine ebenso starke Abwanderung nach Westeuropa entgegenstand. Im März 1999, unmittelbar vor dem Krieg, waren - so der Lagebericht des Auswärtigen Amtes vom 19.3.1999 - 170.000 Albaner ins Ausland geflüchtet - das wären auf der Grundlage der genannten Zahlen etwas mehr als zehn Prozent der albanischen Bevölkerung im Kosovo.

Viele Hunderte entschlossen sich zu spät zur Flucht: Sie wurden erschossen, erstochen, erschlagen, verbrannt - unter den Augen von 40.000 Kfor-Soldaten und mehreren tausend Unmik-Polizisten in einer Region von der Größe Hessens. Zwar brüstete sich Nato-Generalsekretär Lord Robertson in seiner Ein-Jahres-Bilanz im März 2000, daß sich „die Mordrate von über 50 pro Woche im Juni 1999 auf ungefähr fünf pro Woche heute" reduziert habe.[505] Doch im folgenden Monat schoß der death-toll wieder jäh auf das Dreifache in die Höhe.[506]

Vergleicht man die Statistik der Tötungsdelikte in dem Jahr vor dem Krieg mit dem Jahr nach dem Krieg, so erhält man ein Bild von den Resultaten des Menschenrechtsinterventionismus:

In dem Jahr vor dem Krieg, zwischen März 1998 und März 1999, wurden nach Angaben des UN-Menschenrechtsbeauftragten Jiri Dienstbier 1818 Einwohner des Kosovo getötet.[507] Die Mehrzahl starb bei den erbitterten Gefechten zwischen der UCK und den serbischen Sicherheitskräften bis Ende September 1998. (Nota bene: In der Zeit nach dem Holbrooke-Milosevic-Abkommen vom Oktober 1998 „habe die UCK mehr Kosovo-Albaner umgebracht als die Serben" - so vertrauliche Berichte von OSZE-Beobachtern, zitiert in einer *ARD*-Dokumentation vom 29.10.1999).

Im Jahr nach dem Krieg, zwischen dem 10. Juni 1999 und dem 4. Juni 2000, das heißt in einer Zeit ohne kriegerische Auseinandersetzung und in Anwesenheit einer angeblich „robusten" Friedenstruppe, wurden 1.027 Menschen getötet und weitere 945 verschleppt - auch um ihr Leben muß man fürchten.[508]

Haben Sie, liebe Leserin und lieber Leser, in diesem Jahr nach dem Kfor-Einmarsch in den Nachrichtensendungen auch nur ein einziges Mal die Begriffe gehört, mit denen Sie im Jahr vor dem Krieg agitiert wurden - „ethnische Säuberung", „Völkermord", „hu-

---

505 - www.nato.int/kosovo/repo2000/progress.htm
506 - Von 31. März bis 7. Mai 2000 wurden 74 Personen getötet; vgl. Tabelle in Bundesregierung Jugoslawiens, a.a.o., Annex II
507 - Commission on Human Rights, 56. Sitzung, Bericht von Jiri Dienstbier, Update vom 20. März 2000, S. 4
508 - Bundesregierung Jugoslawiens, a.a.o.. Nach *FAZ*, 6.6.2000, hat die Unmik seit August 1999 etwa 500 Tötungsdelikte registriert, wovon allerdings nur 36 Prozent Serben gewesen sein sollen. Der größte Teil der serbischen und montenigrinischen Toten - laut Belgrader Regierung 902 - fehlt also in der Unmik-Statistik.

manitäre Katastrophe"? Ist ihnen irgendein Prominenten-Appell bekannt, der die ermordeten Serben, Roma und Bosniaken beklagte? Gab es irgendeine Frauenorganisation, die das Leid der von der UCK als Sex-Sklavinnen verschleppten jungen Mädchen anprangerte? Eine Spendensammlung, um die Not der Flüchtlinge zu lindern? Ein Solidaritätskonzert von Künstlern, wenigstens eine Sondersendung nach der Tagesschau? Es gab nichts davon. Nichts. The sound of silence. Ein tödliches Schweigen, nur unterbrochen von den mörderischen Lügen, die Schröder, Scharping und Fischer weiter erzählten, ohne daß ihnen jemand den Mund verbot.

Der deutsche Gouverneur

Fortschritte im Kosovo – die Lüge vom Erfolg des westlichen Eingreifens fünf Jahre danach

Behauptet wurde: „Michael Steiner ist der richtige Mann für die Aufgabe im Kosovo." (Bundeskanzler Gerhard Schröder, 23. Januar 2002)[509]

Tatsache ist: Der deutsche Diplomat Michael Steiner an der Spitze der UN-Verwaltung im Kosovo hat die Ziele der albanischen Sezessionisten maßgeblich gefördert.

„Ich freue mich, daß die Dinge so gut stehen", sagte der frühere US-Präsident William Clinton bei seinem Besuch in Pristina am 19. September 2003. Am selben Tag erhielt der Amerikaner die Ehrendoktorwürde der Universität. Die feierliche Zeremonie wurde durch keinen Mißton gestört, und das war auch nicht verwunderlich: Kein einziger serbischer Student oder Professor war im Auditorium, weil es an dieser Universität keine Serben mehr gibt. Hat sich Clinton nicht gefragt, wo die Vertreter der Minderheiten geblieben waren, denen er noch bei seiner letzten Kosovo-Reise im Herbst 1999 die Hände geschüttelt hatte?

In den Wochen vor dem hohen Besuch hatten die Serben jedenfalls erneut erfahren müssen, was die Befreiung des Kosovo für sie bedeutet. Im Sommer 2003 hatten die albanischen Terroristen ihre Aktivitäten wieder verstärkt. „Seit Wochen vergeht kaum ein Tag ohne Anschläge oder gewaltsame Übergriffe", resümierte die Presse Anfang September.[510] Höhepunkt der Gewaltwelle war ein Überfall in der Nähe des Dorfes Gorazdevac am 13. August gewesen. Selbst die *FAZ* berichtete ausführlich, wenn auch mit zwei Monaten Verspätung: „An jenem Mittwoch vergnügten sich – wie an fast jedem Tag im Sommer – die Kinder des Dorfes in dem an dieser Stelle träge

---

509 - http://www.bundeskanzler.de/Pressemitteilungen-.7717.57332/Neuer-Sonderbeauftragter-des-VN-Generalsekretaer...htm?sort=-nc.Titel
510 - N.N., Die Opfer sind meist Serben, in: *FAZ*, 2.9.2003

fließenden Gewässer, als sie vom anderen Ufer mit Maschinengewehren beschossen wurden. Ein Junge und ein junger Mann starben durch Schüsse, andere Kinder wurden schwer verletzt. Seither ist die Stelle am Fluß verwaist. Für die Kinder des Dorfes ist es schon seit 1999 normal, daß ihre Welt am Dorfrand zu Ende ist ... Nun gehört auch das Flußufer zu den verbotenen Stellen."[511] Eines der Opfer, ein 15jähriger Junge, blutete stark. Der serbische Dorfbewohner Milovan Pavlovic transportierte ihn zur Rettung in das nahegelegene Pec (albanisch: Peja), die Hauptstadt des italienischen Besatzungssektors. „Doch in Peja verfuhren sie sich, dann ging ihnen das Benzin aus – ausgerechnet auf dem belebten Marktplatz. Die Leute wurden auf das Fahrzeug mit dem alten jugoslawischen Nummernschild aufmerksam. Rasch bildete sich eine Menge um die Serben und bedrohte sie. ‚Sie beschimpften uns und versuchten, uns aus dem Wagen zu zerren. Sie demolierten den Wagen und schlugen die Fenster ein. Zufällig fuhr eine Sondereinheit der UN-Polizei vorbei. Das hat uns gerettet', erzählt Pavlovic. Die Protokolle der UN-Polizei in Peja bestätigen den Hergang der Ereignisse in der Stadt Wort für Wort. Auch die Fotos des völlig demolierten Wagens sprechen für sich."[512] Ist schon der Angriff der Terroristen auf die Schulklasse ein unvorstellbares Verbrechen, so deprimiert die offene Aggressivität der Zivilisten gegenüber dem Schwerverletzten um so mehr. Offensichtlich hat sich, Clintons Freude zum Hohne, am Haß der siegreichen albanischen Mehrheit selbst auf die unschuldigsten Menschen aus anderen Volksgruppen, von denen schon im letzten Kapitel berichtet wurde, auch vier Jahre später nichts geändert. Dafür reduzierte die Kfor ihre Schutzmaßnahmen für die Bedrohten: Seit Januar 2003 wurden im gesamten Kosovo die Kfor-Eskorten eingestellt, die bis dato serbische Autokolonnen auf dem Weg durch die Albaner-Dörfer zur serbischen Grenze begleitet hatten.[513]

„In den letzten vier Jahren sind trotz des Protektorats 2.500 Serben und andere Nicht-Albaner ums Leben gekommen", klagte der serbische Ministerpräsident Zoran Zivkovic, ein durchaus Natofreundlicher Politiker, beim Staatsbesuch in Berlin Ende November

---

511 Michael Martens, Die Gefangenen von Gorazdevac, in *FAZ*, 13.10.2003
512 Martens, Die Gefangenen ..., a.a.o.
513 Renate Flottau, Täter und Opfer, in: *Spiegel* 50/2002

2003.[514] Dieser death-toll ist pro Kopf der Bevölkerung fast so hoch wie in den Palästinensergebieten seit Beginn der zweiten Intifada im Herbst 2000. Das Interesse der westlichen Medien an toten Serben ist jedoch weitaus geringer.

Dies könnte damit zusammenhängen, daß die UN-Verwaltung im Kosovo (Unmik) wesentlich niedrigere Angaben macht, ihre Statistik weist bis Ende 2002 „nur" 872 Mordopfer aus.[515] Die starke Diskrepanz der Unmik-Zahlen zu den Angaben der serbischen Regierung könnte darauf zurückgehen, daß viele Verbrechen nicht bei der Unmik-Polizei angezeigt wurden, weil es ohnedies nicht zur Strafverfolgung kommt (siehe unten).

Steiner hievt die UCK in die Regierung

Verantwortlich für die anhaltende (und im Jahr 2003 sogar wieder zunehmende) Stärke des albanischen Extremismus ist der deutsche Politiker Michael Steiner, der von Januar 2002 bis Juni 2003 Gouverneur der UN-Verwaltung im Kosovo war. „Wir haben seine Vorgänger beschimpft, den französischen Luftikus Bernard Kouchner und den stocksteifen dänischen Bürokraten Hans Haekkerup", sagte Serbiens prowestlicher Justizminister Vladan Batic im Rückblick. „Verglichen mit Steiner waren die jedoch wie Mutter Teresa."[516]

Steiner war dafür verantwortlich, daß die UCK, deren Partei die Kosovo-Albaner bei den Wahlen im Herbst 2001 eine Abfuhr erteilt hatten, doch noch in die Regierungsverantwortung gekommen ist und aus dieser Position heraus alle Fortschritte in der Provinz torpedieren konnte.

Betrachten wir die Abläufe: Bei den Parlamentswahlen am 17.

---

514 - z.n. Damir Fras / Frank Herold, Serben sehen sich wie Schurken behandelt, in: *Berliner Zeitung*, 1.12.2003. Das serbische Innenministerium gab am 10. November 2003 folgende Zahlen an: Seit der Machtübergabe an Unmik und Kfor seien 1192 Serben und 593 Angehörige anderer Nationalitäten im Kosovo ermordet worden. Das Schicksal von 790 entführter oder verschleppter und gefolterter Personen sei ungeklärt. Zivkovic hat offensichtlich diese drei Zahlen zusammengezogen und auch die Verschwundenen als Ermordete gerechnet – was nach vier Jahren erfolgloser Suche angemessen ist.
515 - nach Amnesty International, Serbia and Montenegro (Kosovo/Kosova) – Prisoners inour own homes, Bericht vom Mai 2003, unter www.amnesty.org. 1999 sollen es laut Unmik 414 Tote gewesen sein, 254 im Jahr 2000, 136 im Jahr 2001 und 68 im Jahr 2002. Die Unmik-Zahlen enthalten auch getötete Albaner.
516 - z.n. Renate Flottau, Trommelnde Faust, in: *Spiegel* 27/2003

November 2001 hatte Rugovas Demokratische Liga Kosovos (LDK) 47 Sitze erhalten, die von UCK Chef Hashim Thaci geführte Demokratische Partei Kosovos (PDK) 26 Sitze, die Allianz für die Zukunft des Kosovo (AAK) des abtrünnigen UCK-Führers Ramush Haradinaj acht Sitze. Die restlichen 39 Sitze verteilten sich auf die serbische Minderheit (21 Sitze) und andere Minoritäten sowie Kleinparteien. Da die LDK stärkste Partei geworden war, schien es logisch, daß sie auch die künftige Regierung führt und den Ministerpräsidenten stellt.

Doch unmittelbar nach der Wahl begann ein Powerplay von Thaci und seinen Extremisten mit dem Ziel, trotz ihres relativ schwachen Abschneidens an den Urnen selbst die künftige Koalition in Pristina zu dominieren. Da die LDK keine absolute Mehrheit hatte, bot sie der unterlegenen PDK zwei Vizepremier- und fünf Ministerposten an, wenn sie im Gegenzug den Kandidaten der LDK als Regierungschef wählt. Dies wurde unterstützt von Haekkerup als damaligem Leiter der UN-Mission. Er sorgte dafür, daß bei der konstituierenden Sitzung des Parlaments am 13. Dezember nicht, wie von Thacis Partei gefordert, die albanische Flagge mit dem schwarzen Doppeladler auf rotem Grund gehißt wurde, sondern die blaue Fahne der Vereinten Nationen. In seiner Ansprache vor den Abgeordneten beharrte er auf der Umsetzung der UN-Resolution 1244, die die Provinz zum integralen Bestandteil Jugoslawiens erklärt, und setzte sich damit in Gegensatz zu den Albanerparteien (auch der LDK), die auf eine möglichst schnelle Unabhängigkeit beharrten. Mehrfach ließ Haekkerup den Thaci-Leuten das Wort entziehen. Doch natürlich konnte er sie nicht zwingen, als Juniorpartner in eine LDK-Regierung einzutreten. Mehrere Wahlgänge zur Bestimmung des Premiers scheiterten.[517]

In dieser Situation arbeitete Haekkerup an einer neuen Idee: Die LDK sollte sich mit dem serbischen Wahlbündnis Povratak (Rückkehr) verbünden – eine solche Koalition „würde einen Herzenswunsch der Unmik erfüllen", hieß es in einer Expertise des Berliner Thinktanks Stiftung für Wissenschaft und Politik.[518] Zwar waren die

---

517 - Alle Angaben nach Wolf Oschlies (Balkanexperte der Stiftung Wissenschaft und Politik), Parlamentswahlen im Kosovo, unter: www.swp-berlin.org/produkte/brennpunkte/parlkos19.htm
518 - Oschlies, Parlamentswahlen ...., a.a.o.

strategischen Unterschiede zwischen beiden Gruppen fundamental
– die LDK für die Abspaltung des Kosovo, Povratak strikt dagegen –,
doch für einen kurzfristigen Modus Vivendi bürgten die pragmatischen Parteiführer Rada Trajkovic auf der einen, Nexhat Daci und
Fatmir Sejdiju auf der anderen Seite. Zum anderen waren Meldungen aus Den Haag durchgesickert, daß dort auch Anklagen gegen
die PDK- und AAK-Chefs Thaci, Ceku und Haradinaj vorbereitet
würden. Mit Leuten zu koalieren, die als Kriegsverbrecher vor Gericht stehen - das hätte die LDK leicht ablehnen können, und
Haekkerups Segen hätten sie gehabt, wenn sie diese Bundesgenossen ausgeschlagen hätten.

Doch es sollte anders kommen. Ende des Jahres 2001 trat der
Däne überraschend von seinem Posten zurück – angeblich nach
Morddrohungen durch den UCK-Untergrund. Sein Nachfolger wurde Steiner, und er setzte „durch Vermittlung der diplomatischen
Vertreter Berlins und Washingtons"[519] durch, daß die Forderungen
der Extremisten erfüllt wurden: Die gemäßigte LDK mußte mit der
extremistischen PDK einen Deal machen, der PDK-Mann Bajram
Rexhepi wurde Premierminister und führte die Regierung, Rugova
hatte sich mit dem mehr repräsentativen Posten des Präsidenten zu
begnügen.

Die Ermutigung der Hardliner sollte Folgen haben: Ende des Jahres 2002 begann eine neue Attentatsserie im Kosovo, der – neben
Serben und anderen Nicht-Albanern - auch 20 Anhänger von Rugova zum Opfer fielen.[520] Und als im Herbst 2003 unter Vermittlung
der UNO Gespräche über die weitere Entwicklung der Provinz in
Wien angesetzt wurden, boykottierten Rexhepi und seine Regierung
das Treffen. Obwohl zu dieser Zeit schon Rexhepis Fraktionsvorsitzender Fatmir Limaj unter dem Vorwurf von Verbrechen
gegen die Menschlichkeit an Den Haag ausgeliefert worden war,
tolerierten die westlichen Staaten den Affront. Es gab keinerlei
Sanktionen gegen die PDK, sondern Rexhepis Boykott wurde zum
Anlaß genommen, auch die Kosovo-Parlamentarier der Serben von
dem Wiener Treffen auszuladen.[521]

---

519 - rüb, Rugova neuer Präsident des Kosovo, in: *FAZ*, 5.3.2002
520 - vgl. Franz-Lothar Altmann Dusan Reljic (Stiftung Wissenschaft und Politik),
   „Zuspitzung im Kosovo im Schatten der Irak-Krise, in: *swp-Aktuell* 12, März 2003
521 - vg. tens., Gespräche über das Kosovo ohne Rexhepi, in: *FAZ*, 14.10.2003

Djindjics Vermächtnis

Während seiner Amtszeit setzte Steiner die Unterstützung der Extremisten fort und forcierte die „Übertragung zahlreicher Kompetenzen auf das Kosovo-Parlament."[522] Dabei suchte er die offene Konfrontation mit dem serbischen Ministerpräsidenten Zoran Djindjic, der zuvor an seiner Aufgeschlossenheit gegenüber der Nato selten einen Zweifel gelassen hatte. Anfang Februar 2003 schlug Djindjic angesichts der nicht abreißenden Gewaltwelle in der Provinz in einem Brief an den Nato-Oberbefehlshaber Südosteuropa vor, 1.000 Mann serbischer Sicherheitskräfte im Kosovo zu stationieren – ein Schritt, der in der UN-Resolution 1244, der völkerrechtlichen Grundlage für die Arbeit von Kfor und Unmik, ausdrücklich vorgesehen ist. Ende Februar brachte er eine Föderalisierung der Provinz ins Gespräch mit einem kleinen serbischen Sektor im Nord-Kosovo. Die serbischen Abgeordneten im Parlament von Pristina kündigten daraufhin die Schaffung einer eigenen parlamentarischen Vertretung für diese Region an.[523] Steiner konterte scharf: „Das Kosovo darf nicht für die innenpolitischen Probleme Serbiens genutzt werden." Kurz darauf, am 12. März, wurde Djindjic ermordet.

Besonders gravierend war Steiners letzte Amtshandlung Anfang Juli 2003: Er verabschiedete ein Dekret, mit dem das serbische Strafgesetzbuch und die serbische Prozeßordnung für die Provinz außer Kraft gesetzt wird. Dann unterzeichnete er ein Freihandelsabkommen, welches Kosovo mit Albanien in einer zollfreien Zone verbindet. Beide Erlasse sind ein schwerer Verstoß gegen die Verfügung der UN-Resolution 1244, wonach das Kosovo weiterhin integraler Bestandteil Jugoslawiens ist – eine Resolution, an die Steiner als UN-Gouverneur sich eigentlich hätte halten müssen. Kein Wunder, daß der Deutsche seine Last-Minute-Dekrete mit keinem Wort angekündigt hatte, als er kurz zuvor seinem Auftraggeber, dem UN-Sicherheitsrat, einen letzten Rechenschaftsbericht gab.[524]

Von der achtzehnmonatigen Amtszeit des Deutschen bleiben nur zwei positive Resultate: Zum einen brandmarkte er die albanische Nationalarmee (ANA, albanische Abkürzung AKSh), auf deren Kon-

---

522 - Renate Flottau, Trommelnde Faust, a.a.o.
523 - alle Angaben nach: Altmann/Reljic, „Zuspitzung ...", a.a.o.
524 - vgl. Jürgen Elsässer, Eine Provinz als Mitgift, in: *JW*, 9.7.2003

to die Gewaltwelle des Jahres 2003 im Kosovo, Südserbien und Mazedonien ging, ausdrücklich als „terroristische Organisation." Des weiteren hat er „im Chaos der Krisenprovinz ... neues Lebensglück gefunden – die 30jährige Albanerin Bukruja Baljai, eine ehemalige Journalistin."[525] „Steiner lasse ganze Straßenzüge sperren, wenn er seiner Freundin ein Blumenbukett bringen wolle", wollte die albanische Wochenzeitung *Java* erfahren haben. Ähnlich resolute Maßnahmen vermißte man bei Steiners Vorgehen gegen die Terroristen.

Straffreiheit für die Mörder

Bis zum November 2002 waren von den Vertriebenen laut Unmik-Statistik gerade 5.800 Menschen in das Kosovo zurückgekehrt. Die Zahl der rückkehrenden Serben war im Jahr 2002 mit gerade 924 und im Jahr 2003 mit etwa 700 sogar rückläufig.[526] Den Grund für das Zögern der Verjagten findet man in einer ausführlichen Expertise von Amnesty International über die Lage im Kosovo, publiziert Ende April 2003: „Ihre Furcht wird wieder verstärkt durch die fortgesetzte Straflosigkeit sowohl für diejenigen, die die Verletzungen und den Mißbrauch der Menschenrechte ... während der Zeit der bewaffneten Konflikte verübten, als auch für die Verantwortlichen der Verstöße, die sich nach Kriegsende fortgesetzt haben." Unmik und Kfor hätten bei der „Errichtung einer geschützten und sicheren Umgebung, in der Flüchtlinge und Vertriebene sicher nach Hause zurückkehren können", versagt, und damit eines der Hauptziele der UN-Resolution 1244 verfehlt.[527]

Typisch der Ablauf der Ermittlungen im Falle des Bombenattentats auf den Nis-Expreßbus am 16. Februar 2001 in der Nähe von Podujevo– mit elf Toten, darunter ein zweijähriges Kind, und 40 zum Teil schwer Verletzten der brutalste Anschlag in der Provinz nach dem Gracko-Massaker vom Juli 1999 (vgl. S. 192). Vier Kosovo-Albaner wurden in der Folge von der Unmik-Polizei festgenommen. Drei ließ man schnell wieder frei, aber der vierte, Ejup Ganic, blieb

---

525 - Flottau, Trommelnde Faust, a.a.o.
526 - 2000 und 2001 waren insgesamt 2.505 Serben zurückgekehrt. Dies und die Zahl 2002 nach Amnesty International, Serbia ... , a.a.o., S.21; Unmik-Chef Holkeri gibt die Gesamtzahl der zurückgekehrten Serben im August 2003 mit 4.100 an – das ergibt für 2003 die genannten knapp 700 Rückkehrer.
527 - Amnesty International, Serbia ... , a.a.o., S. 1, 3

in Untersuchungshaft, weil man seine DNA-Spuren an einer Zigarettenkippe in der Nähe des Tatorts festgestellt hatte. Doch ohne jede richterlicher Anordnung verbrachten ihn US-Soldaten aus dem Gefängnis in Pristina auf ihren Stützpunkt Camp Bondsteel, und von dort konnte er entkommen. Unmik-Kommissar Stu Kellock, dem die Ermittlungen bis dahin unterstanden hatten, äußerte sein Unverständnis: „Meiner Meinung nach ist er nicht geflohen. Ich dachte, ein Gefangener könne aus Bondsteel nicht einfach herauslaufen. Wahrscheinlich ist er zu Befragungen oder so etwas woanders hingebracht worden. Ich kann das immer noch nicht verstehen."[528] War das Verschwinden des Verdächtigen also ein großes Unglück? UN-Berichten zufolge arbeitete Ganic längere Zeit für den amerikanischen Geheimdienst CIA. Der Prozeß wäre deshalb wohl eine ernsthafte Blamage geworden. Auch Amnesty International formulierte „schwere Bedenken über das Versagen, die Verantwortlichen für das Podujevo Bus-Attentat vor Gericht zu bringen. Amnesty International ist betroffen, daß die Unmik-Polizei in ihrer Fähigkeit zu einer gründlichen und unparteiischen Untersuchung eingeschränkt wurde, und es gab Angaben von Unmik-Polizeioffizieren, daß sie bei ihren Untersuchungen durch US-amerikanische Kfor-Angehörige behindert wurden."[529]

Amnesty bilanziert im April 2003: „Bis heute ist keinem Albaner wegen Kriegsverbrechen gegen Minderheiten der Prozeß gemacht worden." Das höchste Urteil wegen eines Tötungsdelikts an einem Serben bekam ein Deutscher: Roland Bartetzko, ein UCK-Söldner, wurde für einen Mord, vierfachen Mordversuch und weitere terroristische Aktivitäten am 10. Mai 2002 zu 23 Jahren Haft verurteilt.

Die spektakulären Ermittlungen und Anklagen gegen Albaner wegen Kriegsverbrechen, die seit Sommer 2003 verstärkt durch die Presse gehen, betreffen ausschließlich Straftaten, die sie an anderen Albanern begangen haben. So wurden vier Mitglieder der UCK am 16. Juli 2003 von einem internationalen Gericht in Pristina unter Vorsitz eines britischen Richters zu Haftstrafen zwischen fünf und 17 Jahren wegen der Ermordung von Kollaborateuren verurteilt. Der bekannteste der Täter war Rrustem Mustafa, ein ehemaliger

---

528 - z.n. *Konkret*, Juli 2001
529 - Amnesty International, Serbia ... , a.a.o., S. 8

Gebietskommandant der Terrororganisation und späterer Kommandeur des Kosovo-Schutzkorps. Nach dem Richterspruch kam es zu zahlreichen Protestdemonstrationen, der kosovarische Premier Rexhepi „richtete gar eine unverhüllte Drohung an die Justiz. Jene, die mit Leib und Seele für Kosovos Unabhängigkeit gekämpft hätten, ließen sich nicht disziplinieren, sagte er."[530] Im März 2003 wurde der bereits erwähnte Fatmir Limaj, Thacis Stellvertreter an der Spitze der PDK und ihr Fraktionssprecher, nach Den Haag überstellt – er ist der erste albanische Angeklagte vor dem UN-Tribunal. Schon seit Jahren umlaufende Gerüchten wegen Haager Verfahren gegen die UCK-Spitze – Thaci, Ceku, Haradinaj - (vgl. S. 191 f) hatten sich bis Redaktionsschluß nicht bestätigt. Das Wohlergehen Thacis war Steiner sogar ein besonderes Anliegen: Der UCK-Führer war am 30. Juni 2003 am Flughafen von Budapest festgenommen worden – die ungarische Polizei hatte sich dabei auf einen internationalen Haftbefehl Jugoslawiens aus dem Jahre 1993 berufen. Der unfreiwillige Aufenthalt dauerte freilich nur einige Stunden: Der deutsche Unmik-Gouverneur kontaktierte höchstpersönlich den ungarischen Außenminister, um die Entlassung Thacis durchzusetzen.[531]

Auch die Ermittlungen gegen Haradinaj kamen dank Steiner nicht voran. Im April 2002 bekam die finnische Pathologin Helen Ranta, die schon die Racak-Leichen untersucht hatte (vgl. S. 87 ff), vom Haager Tribunal den Auftrag, eine Autopsie der 39 serbischen Leichen vorzunehmen, die im Sommer 1998 im kosovarischen Ort Glodjane ermordet wurden. Zur fraglichen Zeit war Haradinaj der UCK-Kommandeur in der Region gewesen. Überraschenderweise zog die Unmik die Untersuchung im August 2002 an sich, das Team von Frau Ranta protestierte ergebnislos. „Daß die Unmik ein erfahrenes pathologisches Team der Europäischen Union ausbremst und statt dessen ohne nennenswerte Erfahrungen auf diesem Gebiet Leber auf eigene Faust ermittelt, entbehrt zumindest einer sachlichen Grundlage."[532] Die von Steiner beauftragte Untersuchung verlief im Sande. „Sie haben einige Bilder vom Tatort aufgenommen. Viel herausgekommen ist dabei nicht", kommentierte ein Mitarbeiter von Frau Ranta.[533]

---

530 - Wok, Vergangenheitsbewältigung in Kosovo, in: *NZZ*, 19./20.7.2003
531 - vgl. Jürgen Elsässer, Freigelassener des Tages, in: *Junge Welt* 2.7.2003
532 - Martin Schwarz, Vorwürfe des EU-Pathologenteams, in: *NZ*, 13.8.2002
533 - Schwarz, Vorwürfe ..., a.a.o.

Schließlich wurde auch Ceku kurzfristig festgenommen, und zwar am 24. Oktober 2003 in der slowenischen Hauptstadt Ljubljana. Auch er kam dank einer Intervention des Unmik-Chefs wieder frei, diesmal war es Steiners Nachfolger Harri Holkeri. „Da es sich um eine Angelegenheit innerhalb meiner Jurisdiktion handelt, ist der von serbischen Behörden erlassene Haftbefehl ungültig", sagte der Finne zur Begründung.[534]

Die weitere Perspektive

Mehr und mehr sieht es danach aus, als ob die Terroristen für ihr Verhalten nicht nur durch allgemeine Straflosigkeit, sondern auch das Erreichen ihres Hauptziels belohnt würden: der endgültigen Abspaltung des Kosovo von Jugoslawien (bzw., so der neue Staatsname, von Serbien-Montenegro). Während Steiner mit seiner Formel „Standard vor Status" zumindest vor einer völkerrechtlichen Finalisierung seiner sezessionistischen Verwaltungspraxis zurückschreckte, haben sich mittlerweile eine ganze Phalanx vor allem US-amerikanischer Politiker für eine Lösung nach dem Geschmack der Albaner eingesetzt. Eine entsprechende Position vertreten der jetzige und der frühere Vorsitzende des Ausschusses für internationale Beziehungen des US-Repräsentantenhauses, der Demokrat Henry Hyde und der Republikaner Tom Lantos, der ehemalige demokratische Präsidentschaftskandidat Robert Dole, der New Yorker Bürgermeister Michael Bloomberg und der Vorsitzende des Senatsausschusses für Internationale Beziehungen, Joseph Biden.[535]

Daß „selbst moderate albanische Politiker ... inzwischen offen von einem neuen Waffengang reden", wirkt nicht als Argument gegen, sondern für ihre Ansprüche.[536] „Die Albaner würden nichts außer ihrer Unabhängigkeit akzeptieren" – warnte die einflußreiche International Crisis Group vor den sogenannten Endstatus-Gesprächen im Herbst 2003.[537] Soll heißen: Besser, wir geben ihnen freiwillig, was sie sich ansonsten mit Gewalt holen. Eine bemerkenswerte Variante des sogenannten Kampfes gegen den Terrorismus.

---

534 - vgl. Cathrin Schütz, UN-Schutz für Kriegsverbrecher, in: *JW*, 27.10.2003
535 - nach Altmann / Reljic, Zuspitzung ... , a.a.o.
536 - Flottau, Trommelnde Faust, a.a.o.
537 - Flottau, Trommelnde Faust, a.a.o.

Gefahr für Mazedonien

Regionale Stabilität – die Lüge von der friedensstiftenden Wirkung des westlichen Eingreifens

Behauptet wurde: „Ein Zurückziehen des europäischen und damit auch des deutschen Engagements hätte zur Folge, daß sich das Risiko der Destabilisierung, des Wiederaufbrechens ethnischer Konflikte erhöhen würde." (Joseph Fischer vor dem Bundestag, 23.10.2002)[538]

Tatsache ist: Die politische und militärische Einmischung von Nato und EU hat die Destabilisierung der Gesamtregion und das Wiederaufbrechen ethnischer Konflikte erst ermöglicht.

Zum zweiten Jahrestag des Nato-Krieges gegen Jugoslawien war das Jubeln der Apologeten in Katzenjammer übergegangen. „Die balkanischen Alpträume hätten eigentlich mit dem Sturz von Milosevic zu Ende sein sollen. Aber nun schüren albanische Nationalisten ethnische Unruhen und wollen ein Großkosovo erobern ... In Washington und London und in den Büros von Nato und UNO in Pristina ist eine Frage allgegenwärtig: Haben wir ein Monster geschaffen?", kommentierte der britische *Guardian* nach dem Ausbruch der Kämpfe in Mazedonien Mitte März 2001.

Die Verwirrung ist verständlich: Wer immer gedacht hatte, die UCK sei lediglich eine Selbstschutzorganisation der geknechteten Albaner gegen die angebliche Apartheid-Politik des „Milosevic-Regimes" gewesen, konnte sich nicht erklären, warum sich der blutige Aufstieg der UCK, der im Kosovo 1998 begann, drei Jahre später wiederholt - nun aber in Mazedonien. Denn dort, das müssen selbst bewährte Verteidiger der albanischen Sache zugeben, konnte man nicht von einer Unterdrückung ethnischer Minderheiten sprechen. „Die dortige albanische Minderheit zeigt seit Jahren die Neigung, Konflikte mit der mazedonischen Regierung zu suchen, obwohl die Albaner alle Menschen- und Minderheitsrechte genießen

---

[538] http://www.bundesregierung.de/Anlage446631/Nr.+84-2.pdf

und ihre Partei ... sogar Mitglied der Regierungskoalition ist und fünf Ministerien hält", schrieb Wolf Oschlies vom Bundesinstitut für ostwissenschaftliche und internationale Studien 1998.[539] Die Förderung der separatistischen Gewalt durch die deutsche Regierung bereits ab Anfang der neunziger Jahre wurde in diesem Buch bereits ausführlich dargestellt.(vgl. S. 71 ff) Für dessen neuerlichen Ausbruch in Mazedonien im Frühjahr 2001 ist die Nato als Ganzes verantwortlich, vor allem durch den Bruch der UN-Resolution 1244, die im Juni 1999 Grundlage für den Waffenstillstand zwischen Belgrad und dem westlichen Bündnis war und die Aufgaben der Verwaltung des Kosovo durch Kfor und Unmik regelte. Nach Artikel 9b der Resolution hätte die „Demilitarisierung der Kosovo-Befreiungsarmee und anderer bewaffneter kosovo-albanischer Gruppen" durchgeführt werden sollen. Doch von der UCK wurden nur ein Bruchteil ihrer militärischen Ausrüstung abgeliefert, und ein Großteil ihrer Kämpfer wurde von Nato und UNO in das angeblich zivile Kosovo-Hilfscorps TMK übernommen (vgl. S. 201 f). Über die innerhalb und außerhalb des TMK weiterbestehenden Strukturen der UCK im Kosovo wurden die Kämpfer in Mazedonien organisiert und mit Waffen versorgt. Daran trugen Deutsche und US-Amerikaner, deren Besatzungssektoren im Kosovo als einzige an Mazedonien grenzen, die Hauptschuld. Ein Beispiel: Als die GIs Anfang März 2001 zum ersten Mal gegen UCK-Rebellen losschlugen, blickten sie grimmig in die werbewirksam aufgestellten *CNN*-Kameras und ließen die Panzer rattern. Tatsächlich wurden 150 Terroristen eingekesselt. Was dann geschah, war allerdings nicht mehr im Fernsehen zu sehen: „Da es ... keinen Befehl gab, diese festzunehmen, zogen die Kfor-Soldaten wieder ab ... und ließen die albanischen Terroristen laufen. Diese zogen sich weiter auf mazedonisches Gebiet zurück - und griffen sogleich einen Konvoi der mazedonischen Regierung an, wobei ein Polizist getötet wurde."[540]

„Die albanische Frage ist offen"

Trotz dieses fahrlässigen Laissez-faire der Kfor konnte die maze-

---

539 - Wolf Oschlies, Kosovo '98 (II): Breitenwirkung und (mögliche) Lösungen des Konflikts, *Berichte des Bundesinstituts für ostwissenschaftliche und internationale Studien* 21-98, Köln 1998
540 - *FAZ*, 13.3.2001

donische Regierung Ende März 2001 die erste Runde in der Auseinandersetzung mit der UCK für sich entscheiden. Gute Dienste leisteten zehn kurzfristig vom russischen Präsidenten Wladimir Putin vermittelte Kampfhubschrauber aus der Ukraine - der Joker der ansonsten schlecht gerüsteten mazedonischen Armee beim Roll-Back gegen die Stellungen der Banditen rund um Tetovo, der zweitgrößten mazedonischen Stadt.[541]

Doch neues Unheil braute sich bereits zusammen. „Albanische Extremisten werden versuchen, die auf dem Schlachtfeld verlorene Schlacht am Verhandlungstisch zu gewinnen, mit tatkräftiger Unterstützung des ausländischen Faktors. Die ... Ereignisse ... zeigen klar, daß wir Zeugen einer Verschwörung sind ... Der Plan sieht Verhandlungen mit den Terroristen vor, unter Vermittlung der internationalen Gemeinschaft",[542] kommentierte die mazedonische Tageszeitung *Dnevnik* Ende März 2001. Die „Ereignisse", auf die das Blatt anspielt, betrafen unter anderem eine Stellungnahme von Bundesaußenminister Fischer vom 21. März 2001, auf dem Höhepunkt der Kämpfe um Tetovo: „Die albanische Frage ist offen." Die Formulierung - sie zierte tags darauf die Titelseite der *FAZ* - war eine Reprise aus dem Gruselkabinett der Weltgeschichte. „Die deutsche Frage ist offen", lautete jahrzehntelang der Schlachtruf all jener, denen es nicht um eine Reform der DDR oder um menschliche Erleichterungen gegangen war. „Die deutsche Frage ist so lange offen, wie das Brandenburger Tor geschlossen ist" - das erforderte die Beseitigung der DDR und die sogenannte Wiedervereinigung der Deutschen.

Droht folglich mit dem Fischer-Diktum die Beseitigung Mazedoniens und die Wiedervereinigung der Skipetaren, also ein Großalbanien? Notorische Optimisten konnten sich durch einen Nachsatz des Außenministers beruhigen lassen: „Einer gewaltsamen Veränderung der Grenzen wird die Staatengemeinschaft nicht zustimmen." Doch man lese genau: Nicht die Grenzrevision an sich, sondern nur die „gewaltsame" wurde von Fischer abgelehnt. Der Außenminister empfahl den Albanern statt dessen die Methode von Helmut Kohl. „Die internationale Gemeinschaft ist im Kosovo und auf dem Balkan, um zu zeigen, daß die 'albanische Frage' nach dem

---

541 - *Hamburger Abendblatt*, 22.3.2001
542 - *Dnevnik*, 21.3.2001

Vorbild der 'deutschen Frage' im Jahr 1990 nicht ohne Zustimmung der Nachbarn geregelt werden kann."[543] Wie es sich damals mit der „Zustimmung der Nachbarn" verhalten hat, dürfte man in Prag und Warschau nicht vergessen haben - sie waren bei den 4+2-Verhandlungen nämlich ausgeschlossen. Und wie selbst Paris und London über den Tisch gezogen wurden, kann man in den Memoiren von Margret Thatcher und von Mitterand-Berater Jacques Attali nachlesen. Jedenfalls: Was Fischer den Albanern nahebringen will, das deutsche Vorbild 1990, ist das Verschieben von Grenzen und das Auslöschen eines Staates.

Der Geheimpakt von Prizren

Am 9. April 2001 schloß die EU mit großem Brimborium ein „Beistands- und Assoziierungsabkommen" mit Mazedonien ab. Gegen die läppische Summe von 120 Millionen Euro - die Kriegsschäden seit Februar waren laut mazedonischer Handelskammer mit 95 Millionen Euro bereits fast genauso hoch[544] - und das vage Versprechen auf eine „potentielle" Teilnahme an EU-Beitrittsverhandlungen wurde darin Skopje die Zusage abgepreßt, mit den Albanern einen Dialog über „alle Forderungen der Minderheit" aufzunehmen. Es dürfe „kein Thema ... ausgeschlossen werden", so die Lesart der *FAZ*.[545]

Ende April 2001 starteten die Terroristen eine neue Offensive. In deren Folge wurden, ein trauriger Rekord, innerhalb weniger Tage zehn Regierungssoldaten ermordet. Mazedonische Extremisten zerstörten daraufhin in Bitola (woher vier der Opfer stammten) wahllos albanische Geschäfte. Die Regierung in Skopje wollte den nationalen Notstand ausrufen, doch nach Intervention des EU-Außenpolitikbeauftragten Javier Solana unterblieb diese Maßnahme - folglich konnten die Befugnisse der Armee bei der Terroristenbekämpfung nicht ausgedehnt werden. Kein Wunder, daß Albanerführer Arben Xhaferi daraufhin gegenüber der *FAZ* gestand: „Es wäre gut, wenn Solana noch öfter kommen könnte."[546]

Da mußte er nicht lange warten. Solana setzte seine Linie - statt

---

543 - Interview in *Le Monde*, 25.3.2000
544 - 192 Millionen Mark laut Pressemitteilung am 27.4.2001 (www.ok.mk)
545 - z.n. *FAZ*, 10.4.2001
546 - *FAZ*, 12.5.2001

militärischer Gegenmaßnahmen müsse die UCK-Untergrundarmee „politisch isoliert" werden - mit einem Bubenstreich der besonderen Sorte durch: Mitte Mai wurde nach nächtelangen Verhandlungen unter Teilnahme von Solana eine Allparteienregierung gebildet. „EU zwingt Parteien zusammen", lautete die sachlich richtige Überschrift in der *Taz*.

Die von Solana durchgesetzte Allparteien-Koalition führte zur Lähmung der politischen Exekutive in Mazedonien: Schon die bisherige Regierung hatte nur nach dem Prinzip der antagonistischen Kooperation funktioniert, denn der albanische Koalitionspartner, die Demokratische Partei (DPA, alban. PDSH), hatte aus seiner Sympathie für den bewaffneten Kampf keinen Hehl gemacht. DPA-Chef Xhaferi: „Wir fordern die Umwandlung des mazedonischen Staates in einen Bundesstaat der Mazedonier und Albaner. Wenn wir das nicht durch einen politischen Dialog realisieren können, werden wir es mit Gewalt erreichen."[547] Die Erweiterung der Regierung um die bis dato oppositionelle Albanische Wohlfahrtspartei PDP (und die sozialdemokratische SDMS, die aber, da staatsloyal, in diesem Zusammenhang unerheblich ist) machte erklärte Staatsfeinde zu Ministern. Die PDP hatte noch kurz zuvor demonstrativ die Unterzeichnung des Assoziierungsabkommens mit der EU boykottiert, weil darin eine Bestandsgarantie für Mazedonien gegeben worden war.

Das war der Auftakt zur nächsten Großoffensive der UCK, die innerhalb kürzester Zeit zehn Dörfer besetzte und Kumanovo mit seinen 100.000 Einwohnern von der Wasserversorgung abschnitt. Tausende albanische Dorfbewohner flohen vor den Kämpfen, nach Angaben des Internationalen Roten Kreuzes allein zweitausend über die Grenze nach Serbien.[548] Um diese augenfällige Fraternisierung mit dem Erzfeind zu stoppen, verhinderte die UCK weitere Fluchtbewegungen - bis zu 10.000 Dorfbewohner wurden von den Terroristen als Geiseln bzw. menschliche Schutzschilde genommen. Um freizukommen, mußten die Festgehaltenen 5.000 - 12.000 Deutsche Mark pro Familie zahlen, reichere Geiseln bis zu 50.000 Mark, gestand ein festgenommener Terrorist im mazedonischen Fernse-

---

547 - Im Interview mit *Dnevnik* (Skopje); z.n. *Balkan Info* (Paris) No. 56 Juni 2001
548 - *FAZ*, 26.5.2001

hen.[549] Wer nicht bezahlen könne, würde „schrecklich traktiert."ˋˋ Auch die *Neue Zürcher Zeitung* berichtete, es könne „angenommen werden, daß die UCK aus militärischen Gründen derzeit kein Interesse an der Evakuierung jener Bewohner hat, die sie angeblich schützt."[550]

Diese blutige Eskalation war nun für die sogenannte internationale Gemeinschaft kein Grund, um Skopje freie Hand zum entschlossenen Aufräumen zu geben, sondern, ganz im Gegenteil, um die Terroristen endgültig salonfähig zu machen: Am 22. Mai schlossen die beiden albanischen Parteien DPA und PDP in Prizren ein Abkommen mit der UCK. „Arrangiert" (*NZZ*[551]) wurde der Deal vom OSZE-Beauftragten in Skopje, dem US-Amerikaner Robert Frowick. „Das war ungefähr so, als würde ein US-amerikanischer Nordirland-Beauftragter die gemäßigten Katholiken in der Provinzregierung beschwatzen, daß sie hinter dem Rücken ihres pro-britischen Koalitionspartners eine Abmachung mit der 'Real-IRA' träfen", empörte sich ein britischer Diplomat.[552]

Reichsprotektorat Mazedonien

Vieles deutet darauf hin, daß das Abkommen von Prizren nicht nur mit dem Segen Washingtons, sondern auch Berlins zustande gekommen ist. Nicht nur der Ort der Zusammenkunft - Prizren ist die Hauptstadt der deutschen Kfor-Zone - deutet daraufhin, sondern vor allem die Tatsache, daß neben Frowick auch ein deutscher Diplomat den Kontakt zur neuen UCK herstellte: Am 27. Mai traf sich der Nato-Beauftragte in Mazedonien, Hans Jörg Eiff, mit dem UCK-Chef Ali Ahmeti.[553] Eiff ist ein erfahrener Diplomat: Von 1988 bis 1992 war er deutscher Botschafter in Belgrad, im Frühsommer 1998 Leiter der OSZE-Mission im Kosovo. Mit Eiffs Aktion war die formale Kritik, die es aus Berlin, Brüssel und Washington an Frowicks Geheimverhandlungen mit der UCK gegeben hatte, in der Praxis dementiert.

---

549 - *MKTV*, 5.5.2001; z.n. Wolf Oschlies, Wider den „Traum von vierzig Prozent" unter www.swp-berlin.org
550 - *NZZ*, 29.5.2001
551- *NZZ*, 24.5.2001
552 - z.n. Srdja Trifkovic, Frowick's Duplicity aggravates Crisis in Macedonia (www.rockfordinstitute.org)
553 - Die mazedonische Nachrichtenagentur *MIA*, 27.5.2001

Premierminister Ljubco Georgievski bezeichnete den Prizren-Pakt als „Kriegserklärung an die mazedonische Nation"[554] die erst wenige Tage alte Allparteienregierung stand vor dem Ende. Wieder vermittelte Solana: DPA und PDP widerriefen ihr Abkommen mit der UCK nicht - nach Beratung durch Solana erklärten sie es lediglich für „nicht mehr relevant",[555] und gleichzeitig wurde Georgievski dazu genötigt, die Inhalte des Abkommens zur Regierungspolitik zu erklären. Auf dem Nato-Gipfel im Mai in Budapest formulierte Fischer vor, was einen Tag später von Georgievski als „Kapitulation am Verhandlungstisch" bezeichnet und trotzdem übernommen wurde. Fischer laut *FAZ*: „Das Verlangen der albanischen Minderheit nach Gleichberechtigung und Gleichbehandlung müsse durch entschlossene Reformen zufriedengestellt werden, etwa durch die Aufwertung der albanischen Sprache, nicht zuletzt im Erziehungs- und Bildungssystem, eine größere Beteiligung in der staatlicher. Bürokratie und eine Anerkennung in der Verfassung."[556]

Dieses Muster - die UCK unternimmt provokatorische Vorstöße, Solana und andere westliche Unterhändler halten die mazedonische Regierung von wirksamer Gegenwehr ab - setzte sich der ganzen Sommer hindurch fort. Als beispielsweise die mazedonische Armee Ende Juni bei Aracinovo UCK-Verbände eingekesselt hatte, handelte Solana den freien Abzug aus - unter Mitnahme aller Waffen und in Begleitung von 17 US-Militärberatern.

Die US-Instrukteure standen im Dienst der MPRI (Military Professional Ressources Inc.), eines Privatunternehmens, das „de facto als Privatarmee des Pentagon und Hilfssheriff der CIA" agiert, wie der *Spiegel* schrieb, und schon vorher auf dem Balkan zum Einsatz gekommen war.[557] „In Bosnien bildeten die Instrukteure nach Abschluß des Dayton-Friedensvertrages nicht nur die bosnische Armee aus. Sie schickten etwa 300 der fähigsten Mudjahedin, die im Bosnien-Krieg mit Alija Izetbegovics Truppen gegen die Ser-

---

554 - *NZZ*, 29.5.2001
555 - *NZZ*, 31.5.2001
556 - *FAZ*, 30.5.2001
557 - Renate Flottau, Aufstand der Skipetaren, in: *Spiegel* 46/2003. Weiter heißt es dort mit Bezug auf Geheimdienstberichte, daß US-Special Forces aus Neapel den albanischen Terroristen 2001 neun Container mit Abhör- und Funktechnik geliefert hätten. „Damit konnten die albanischen Rebellen im Kosovo, in Albanien und Mazedonien ohne Wissen des mazedonischen Geheimdienstes miteinander kommunizieren."

ben kämpften, zur Spezialausbildung in die Türkei. 150 von ihnen waren 2001 auf albanischer Seite in Mazedonien im Einsatz."[558]

Die „neue Taliban"

Damit kommen wir vielleicht zum undurchschaubarsten Element der westlichen Intervention in Mazedonien: Der verdeckten Zusammenarbeit mit islamischen Fundamentalisten gegen die Zentralregierung in Skopje unmittelbar im Vorfeld des 11. September, der doch – zumindest nach offizieller Washingtoner Lesart – von diesen Kreisen geplant und durchgeführt worden ist.

Schon kurz nach Beginn der UCK-Angriffe in Mazedonien im Frühjahr 2001 warnte Premier Georgievski davor, der Westen habe eine „neue Taliban" in Europa geschaffen. Selbst für westliche Beobachter war schnell ersichtlich, daß die mazedonische UCK entsprechende Verbindungen hatte. Der italienische Journalist Pascali sprach im Fachblatt *Executive Intelligence Review* von einer „Achse Kabul-Pristina", über die der Drogenhandel und die Finanzierung der UCK läuft.[559] „Osama bin Laden ist der größte finanzielle Unterstützer der UCK in Mazedonien, wo er über einen persönlichen Repräsentanten verfügt, der sechs bis sieben Millionen Dollar für die UCK gezahlt hat ... Neben den Drogengeldern ist Osama bin Laden die zweitwichtigste Finanzquelle der UCK", schrieb die *Washington Times* im Juli 2001.[560] Mazedonische Quellen verdächtigen DPA-Chef Xhaferi als Bin Ladens Repräsentanten. Bezeichnend sei, so der mazedonische Fernsehsender *A1*, daß nach der Festnahme eines Mudjahedin, der einen Sprengstoffanschlag auf eine Polizeistation in Skopje geplant habe, Xhaferi dessen Freilassung mit dem Argument erwirkte, bei ihm handele es sich um einen „Hauptfinanzier" seiner Partei.[561]

Die sozialdemokratische Tageszeitung *Utrinski Vesnik* nennt namentlich zehn von Bin Ladens engsten Kampfgefährten, die als Verbindungsmänner zur UCK fungieren. Der wichtigste unter ihnen ist der Saudi-Arabier Fatah Ali Hasanin, der zwischen Kosovo und Mazedonien hin- und herpendelt und dafür unter anderem ein Kfor-

---

558 - Renate Flottau, Aufstand ..., a.a.o.
559 - Nachgedruckt in *Dnevnik*, 22.9.2001
560 - *Washington Times*, 22.7.2001
561 - www.a1.com.mk , 22.9.2001

Fahrzeug mit französischen Nummernschildern benutzt. Als Nummer drei in der Hierarchie wird Edi Debsi genannt, der „in Verbindung mit dem deutschen Geheimdienst stehen soll."[562]

Die Kapitulation von Ohrid

Am 13. August 2001 wurde von der mazedonischen Regierung nach wochenlangen Verhandlungen die Bereitschaft zu umfassenden Änderungen der Verfassung erklärt, im Gegenzug versprachen die UCK-Rebellen, ihre Waffen an die Nato abzugeben. Doch was von westlichen Politikern als „Friedensvertrag von Ohrid" bezeichnet wurde, war ähnlich wie das „Münchner Abkommen" 1938 eine gewaltsam erzwungene Unterwerfung unter die Forderungen von Ethno-Faschisten. „Bekäme die stattliche albanisch-mazedonische Minderheit im Parlament wirklich eine Sperrminorität bei Gesetzen, welche die Minderheit betreffen, wäre das ein Einfallstor für einen verfassungsgemäß abgesicherten Dauerseparatismus im Staat, der dann immer weniger gemeinsamer Staat wäre", hatte selbst die albanerfreundliche *Frankfurter Allgemeine Zeitung* zuvor gewarnt.[563] Doch genau dies war der Kernpunkt des Ohrid-Abkommens. Außerdem soll Albanisch „offizielle Sprache" in aller Gemeinden und Kreisen werden, wo die Albaner wenigstens ein Fünftel der Bevölkerung stellen, und wo sie in der Mehrheit sind, sollen sie gar den Polizeichef stellen. Außerdem sollen die Befugnisse lokaler Selbstverwaltung erheblich ausgedehnt werden - große Industriebetriebe, die bisher unter direkter oder indirekter Kontrolle des Wirtschaftsministeriums standen, können dann von den albanischen Kommunen privatisiert werden - lohnende Objekte für die UCK-Mafia. „Der slawo-mazedonischen Mehrheit der Bevölkerung (wird) eine gewaltige Umstellung abverlangt ... wenn man fair ist, muß man sagen: Das wäre ein anderes Land. Es erfordert viel Mut und Konsequenz, das umzusetzen", sagte CDU-Verteidigungsexperte Volker Rühe über das Abkommen von Ohrid.[564]

Premier Georgievski hatte kritisiert, im Vertrag fänden sich „95 Prozent" der Forderungen der UCK wieder.[565] Deshalb wollte er

---

562 - *Utrinski Vesnik*, 22.9.2001
563 - *FAZ*-Leitartikel, 20.7.2001
564 - Bundestags-Debatte vom 29.8.2001 (www.bundestag.de)
565 - z.n. *FAZ*, 20.7.2001

trotz der Geländegewinne der UCK während des Sommers nicht klein beigeben und unterschreiben. Doch dann begann in den albanischen Siedlungsgebieten des Landes eine Terrorwelle, die alles seit Ausbruch der Kämpfe im Frühjahr des Jahres übertraf. Ende Juli 2001 geriet sogar Innenminister Ljube Boskovski bei der Abfahrt vom Verhandlungsort in Ohrid in einen Hinterhalt, sein Wagen wurde von Kugeln durchsiebt, und zwischen dem 8. und 10. August wurden bei UCK-Anschlägen 19 mazedonische Soldaten und Polizisten ermordet. Als Georgievski und Boskovski weiter standhaft blieben, wurden 1.000 zusätzliche Terroristen vom Kosovo aus in Marsch gesetzt (zum Vergleich: Mitte Juli bezifferte die *FAZ* die Gesamtstärke der UCK in Mazedonien auf 1.200 bis 1.400 Kämpfer[566]). Am 10. und 11. August überschritten die neuen Einheiten die Grenze, ohne daß die Nato etwas dagegen unternahm.[567] Der Verdacht, daß dem Westen diese Invasion in der Endphase der Ohrider Verhandlungen durchaus gelegen kam, wird auch durch den Umstand erhärtet, daß es sich bei der Verstärkung laut Georgievski um TMK-Leute gehandelt haben soll[568] - also um Mitarbeiter des angeblich zivilen Kosovo-Hilfscorps (siehe oben).[569] Der Ministerpräsident klagte in einem Brandbrief an UN-Generalsekretär Kofi Annan: „Exzellenz, dies ist ein bisher beispielloser Fall in der internationalen Politik: Ein souveränes Land wird von einem Aggressor angegriffen, der aus einem UNO-Protektorat heraus operiert."[570]

Trotz der Unterzeichnung des Ohrid-Vertrages blieb die Stimmung im Land negativ. „Gegenwärtig lehnt eine deutliche Mehrheit ... den Friedensvertrag und den Einsatz der Nato ab", berichtete die *FAZ* noch Ende August 2001. [571] In dieser Situation begann die Nato mit der Stationierung von 4.500 Soldaten im Rahmen der Operation Essential Harvest, angeblich um die Entwaffnung der UCK in Angriff zu nehmen. Ein vermutlich nicht unerwünschter Nebeneffekt: Die nur von der Regierung, nicht aber vom Parlament unter-

---

566 - *FAZ*, 10.7.2001
567 - *ND*, 13.8.2001
568 - Georgievski-Erklärung in *MIA*, 613.8.2001
569 - Generalstabschef der mazedonischen UCK ist übrigens Gzim Ostreni, ein früher führender TMK-Kommandeur - vgl. *Dnevnik*, 17.8.2001
570 - z.n. *Spiegel*, 36/2001
571 - *FAZ*, 23.8.2001

stützte Einladung an das westliche Bündnis führte dazu, daß die Abgeordneten sozusagen vor den Geschützrohren der Nato über den Ohrid-Vertrag entscheiden mußten. Da die größte Regierungspartei, die konservative Partei der Nationalen Einheit (VMRO-DPMNE) trotz allem hin- und hergerissen war und die erforderliche Mehrheit gefährdet schien, griff die Nato am Tag vor der Abstimmung zur ultimativen Einschüchterung: Emissäre des Haager Tribunals begannen geräuschvoll mit Ermittlungen gegen Innenminister Boskovski, den Wortführer der Nato-Kritiker. Die Drohung mit Den Haag wirkte: 91 von 120 Abgeordneten stimmten am 6. September dem Ohrider Abkommen in erster Lesung zu. Selbst *Taz*-Korrespondent Erich Rathfelder, seit Jahren ein Freund des albanischen Volkes, kommentierte tags darauf, man habe „im Kolonialherrenstil Druck auf die mazedonischen Politiker" ausgeübt.[572]

„Lead Nation" Deutschland

„Zum ersten Mal eine Nato-Mission unter europäischer Führung", faßte die *FAZ* das Spezifikum von Essential Harvest zusammen.[573] Schon früh hatte sich die Bundesregierung nicht nur für ein passives Entgegennehmen der UCK-Waffen ausgesprochen, sondern ein „robustes Mandat" (Schröder) für den Mazedonien-Einsatz gefordert, also einen Kampfauftrag. „Damit ist Deutschland ... das einzige Nato-Mitglied, das schon jetzt seine Bereitschaft erklärt hat, sich an einem 'robusten' Nato-Einsatz zu beteiligen - einer Operation, die von der Allianz offiziell noch gar nicht in Betracht gezogen wird", kommentierte die *FAZ* Mitte Juli.

Die treibende Rolle Deutschlands war offensichtlich. „Die Bundesregierung tut so, als bliebe ihr wie einem treuen Vasallen nichts anderes übrig, als im Troß mitzulaufen. Doch ihre Unterstellung, es habe in Brüssel einen unbeeinflußbaren, weisen Ratschluß gegeben, dem sich Deutschland nur unter Mißachtung der Staatsräson habe verweigern können, ist Propaganda", kommentierte das Frankfurter Blatt.[574] Die ehemalige Justizministerin Sabine Leutheusser-Schnarrenberger (FDP) äußerte scharfe Kritik: „Warum, so ist zu fragen,

---

572 - *Taz*, 7. 9. 2001
573 - *FAZ*, 23.8.2001
574 - *FAZ*, 22.8.2001

versichert sich die Nato nicht von Anfang an der Unterstützung der Vereinten Nationen? ... Die Antwort auf die Frage ist so einfach, wie sie unter Völkerrechtsaspekten ernüchternd ist: Die Nato wollte nicht. Nach ihrem Kosovo-Selbstmandat sollte ein weiteres Präjudiz für die Absicht der Nato geschaffen werden, ihre Interessen ohne Rücksicht auf die Vereinten Nationen durchzusetzen. Der mit der 1999 proklamierten neuen Nato-Strategie ausgegebenen Losung 'Wenn möglich, mit den Vereinten Nationen, wenn nötig, ohne' sollte mit Essential Harvest die noch aggressivere Variante 'Möglichst nicht mit den Vereinten Nationen' hinzugefügt werden ... Stramm marschiert eine Bundesregierung mit, die per Koalitionsvertrag versprach, für die Stärkung der Vereinten Nationen einzustehen. Die sich zur Verdunkelung ihrer arg gewendeten Politik nicht scheut, die Öffentlichkeit mit dem Versuch zu täuschen, die jüngsten 'Statements' der Vereinten Nationen als Einverständnis mit Essential Harvest darzustellen."[575]

Nachdem Essential Harvest Ende September 2001 ausgelaufen war, zogen die knapp 5.000 Soldaten des westlichen Bündnisses wieder ab – mit Ausnahme der Deutschen, die die Nachfolgemission Amber Fox praktisch im Alleingang bestritten. „Jetzt könnte Mazedonien ... zu einem weiteren Meilenstein in der Geschichte Deutschlands ... werden. Die meisten Soldaten kommen aus Deutschland, der Kommandeur kommt aus Deutschland, und auch der zivile Vertreter der Nato in Mazedonien wird ... wieder ein Deutscher sein", freute sich die *FAZ* Ende September.[576] Die USA hatten, wie schon bei Essential Harvest, zur Zurückhaltung geraten und in den Nato-Gremien gegen die Entsendung weiterer Nato-Soldaten votiert; der Schutz der OSZE-Beobachtermission in Mazedonien könne von den Kfor-Reserven mitübernommen werden, die ohnedies im Lande stationiert seien.[577] Außenminister Joseph Fischer setzte das deutsche Konzept dennoch durch. „Einige Partner fühlten sich überrumpelt", wußte *Die ZEIT*.[578] Im Frühjahr 2003 gab die Nato den Oberbefehl über die Mission an die EU ab, eine Premiere für die Europäer. Von den 350 Soldaten des Kontingents kommen 70 aus Deutschland.

---

575 - *FAZ*, 28.8.2001
576 - *FAZ*, 29.9.2001
577 - vgl. *FAZ*, 25.9.2001
578 - *Die Zeit*, 4.10.2001

Im Hintergrund des starken deutschen Engagements stehen ökonomische Interessen. Wichtige Wirtschaftssektoren werden schon seit Jahren von Deutschland kontrolliert: So sind deutsche Unternehmer mit einem Import/Export-Anteil von 17 Prozent nicht nur die wichtigsten Handelspartner, sondern über eine österreichische Partnerbank auch Mehrheitseigner der größten Bank (die ihrerseits ein Drittel aller Finanztransaktionen abwickelt). Im Januar 2001 wechselte ein Filetstück der Zukunftstechnologie den Besitzer: Die Aktienmehrheit der mazedonischen Telekom ging an die ungarische Matav, die ihrerseits mehrheitlich der Deutschen Telekom gehört.[579] Bis Ende 2003 hat sich die *Westdeutsche Allgemeine Zeitung* in zahlreiche mazedonische Medien eingekauft.

Außerdem könnte die EU mit einem von ihr dominierten Protektorat Mitverfügung über die geplante US-Pipeline durch Mazedonien bekommen. Diese Pipeline des AMBO-Konzerns soll kaspisches Öl von der bulgarischen Schwarzmeerküste zu Verladestationen an der albanischen Adriaküste transportieren, Baubeginn sollte ursprünglich bereits Ende 2001 sein. Der Brite Michael Jackson, der erste Kommandeur der Kfor, stellte einen direkten Zusammenhang zur Besetzung des Balkans durch die Nato her: „Sicherlich werden wir lange hierbleiben, um die Sicherheit der Energiekorridore zu gewährleisten, die durch Mazedonien führen."[580] Dem britischen *Guardian* konnte man weitere Details über dieses Projekt entnehmen: „Für den Westen wäre das wahrscheinlich die wichtigste Route zu dem Öl und Gas, das jetzt in Mittelasien gefördert wird. 750.000 Barrel pro Tag. Ein notwendiges Projekt, so die US-Agentur für Handel und Entwicklung, weil es ... US-Unternehmen in eine Schlüsselrolle bei der Entwicklung dieses lebenswichtigen Ost-West-Korridors bringen wird."[581]

Griechenland als nächstes Ziel

Das im Westen hochgelobte Abkommen von Ohrid hat nur zu einer kurzfristigen Beruhigung der Lage geführt. Zwar wandelte sich die UCK folgsam in eine politische Partei namens Demokratische Union

---

579 - Informationsamt der mazedonischen Regierung (http://www.sinf.gov.mk)
580 - z.n. Michel Collon, Après le Kosovo, la Macédonie, Rund-Mail vom 15.3.2001
581 - z.n. Michel Collon, Après le Kosovo, la Macédonie, Rund-Mail vom 15.3.2001

für Integration (DUI, alban. Abkürzung BDI) um. Ali Ahmeti, Oberbefehlshaber der Terroristen bis zum Herbst 2001, wurde nicht nur Vorsitzender der DUI, sondern – wahrlich eine Blitzkarriere – auch Minister in der neuen mazedonischen Regierung. Bei den Parlamentswahlen im September 2002 war es nämlich zu einem Wachwechsel gekommen: Die VMRO-DPMNE war wieder von den Sozialdemokraten der SDSM als Mehrheitspartei der Slawen verdrängt worden, und die Majorität bei den albanischen Wählern hatte nicht mehr Xhaferis DPA erzielt, sondern die im bewaffneten Kampf gestählte DUI. Auf Druck des Westens mußte dann die SDSM mit den angeblich geläuterten Staatsfeinden koalieren.[582]

Ahmetis Leute setzten in der Regierung politisch fort, was sie zuvor militärisch begonnen hatten. Die in Ohrid beschlossene Dezentralisierung des Landes bot dafür die Grundlage. „Die albanische Seite (und hier ist man sich in Regierung und Opposition einig) dringt auf ein geschlossenes Band albanisch dominierter Gemeinden im Westen des Landes. Die mazedonische Seite befürchtet, daß so die Bruchlinie zur späteren Aufteilung des Landes gelegt würde ..."[583]

Doch die politischen Fortschritte bei der Zerstörung Mazedoniens waren der in die Opposition verdrängten DPA nicht genug. Auf ihrem Kongreß am 14. Juli 2003 forderte sie eine Aufteilung des Landes in einen albanischen und einen slawischen Sektor, weil „Ohrid nicht funktioniert."[584] Eine Föderation oder Konföderation könnte dann eine lockere Klammer bilden. Parteichef Xhaferi war zuvor noch weiter gegangen und hatte einen ethnisch reinen Albanerstaat propagiert. „Wenn sie bis Ende des Jahres (2003) ihre Ziele nicht erreicht hätten, so Xhaferi, schlage die Stunde der ANA – und das bedeute Krieg. Der werde dann allerdings nicht mehr um Menschenrechte geführt, sondern schlicht um Territorium", berichtete *Spiegel*-Korrespondentin Renate Flottau nach einem Gespräch mit Xhaferi.[585]

Mit ANA ist die sogenannte Neue Albanische Nationalarmee

---

582 - SDSM 47,4 Prozent, VMRO-DPMNE 24,4 Prozent, BDI 11,8 Prozent, PDSH knapp über fünf Prozent – laut *FAZ*, 17.9.2002
583 - ahn., Stockender Reformkurs in Mazedonien, in: *NZZ*, Anfang Oktober 2003
584 - Bernhard Küppers, Ein Traum, ein Herzenswunsch und viele Gespenster, in: *SZ*, 4.8.2003
585 - Flottau, Aufstand ...., a.a.o.

gemeint, die in die Fußstapfen der formal aufgelösten UCK getreten ist. Sie hat ihre Terroroffensive mit 30 Anschlägen im Kosovo und in Südserbien begonnen (vgl. S. 209 ff) und Anfang September 2003 auch zum ersten Mal nach dem Abkommen von Ohrid wieder in Mazedonien angegriffen. Das Ergebnis der mehrtägigen Gefechte waren fünf Tote.[586] Auch im Nato-Nachbarland ist die ANA aktiv geworden. „Im Norden Griechenlands bereiten militante Albaner der bewaffneten Kampf vor. Ihr erklärtes Ziel: die Schaffung eines Großalbanien", berichtete der *Spiegel* im November 2003.[587] Besonders die Abhaltung der Olympischen Spiele in ihrem Ursprungsland im Jahre 2004 ist den Kämpfern ein Anreiz. Die Waffenbeschaffung ist angelaufen, im kroatischen Opatija wurde Mitte Juni 2002 mit Emissären der albanischen Diaspora die Lieferung von 2.000 Kalaschnikows, mehreren Raketen, 800 Gewehr- und Handgranaten, 12 Panzerfäusten sowie zahlreichen Panzerwesten vereinbart.[588] Zu den Sympathisanten der Gruppe gehört auch der albanische Thronerbe Leka I. Zogu, Nachfahre von König Zogu aus der Zeit zwischen dem Ersten und Zweiten Weltkrieg. Nachdem ihn Spanien 1979 wegen Waffenhandel ausgewiesen hatte, lebte er in Südafrika, in den neunziger Jahren zog es ihn in die alte Heimat zurück. Sein Programm: „Die albanische Nation ist auf fünf Länder verteilt ... Solange dies so ist, wird es keinen Frieden auf dem Balkan geben."[589] Die Redeweise von den fünf Ländern – gemeint sind Albanien, Serbien, Mazedonien, Griechenland und Montenegro - taucht noch häufiger auf. „Stellen Sie sich vor, ihr Land wäre zerstückelt und hätte fünf Hauptstädte - was würden Sie tun?", hat ein UCK-Kommandant deutsche Kfor-Offiziere gefragt. „Sie haben mich umarmt und gemeint, sie würden so handeln wie wir."[590]

---

586 - Michael Martens, Noch droht kein neuer Bürgerkrieg, in: FAZ, 9.9.2003
587 - Flottau, Aufstand..., a.a.o.
588 - Flottau, Aufstand..., a.a.o.
589 - z.n. Küppers, Ein Traum ..., a.a.o.
590 - *Spiegel*, 36/2001

E.
Die Aufarbeitung

Im Namen des Volkes

Wie Justiz und Politik in Deutschland auf die neue Beweislage in der Kriegsschuldfrage reagieren

Die deutsche Justiz ist bemüht. Im Frühjahr 2001 leitete ein Frankfurter Staatsanwalt ein Ermittlungsverfahren gegen den Außenminister wegen uneidlicher Falschaussage ein. Joseph Fischer hatte im Prozeß gegen seinen früheren Genossen Hans-Joachim Klein Aussagen über seine Wohnverhältnisse und seine Terrorverdächtigen Frühstücksgäste Anfang der siebziger Jahre getroffen, die nicht der Wahrheit entsprachen. Was für eine Lappalie, und außerdem lange her, denkt der Leser vielleicht, aber ein deutscher Staatsanwalt kennt seine Pflichten.

Diese Pflichten betreffen nach neuester Rechtsauffassung auch Straftaten, die weder von noch an deutschen Staatsbürgern verübt worden sind, und auch gar nicht auf deutschem Staatsgebiet stattgefunden haben. Am 21. Februar 2001 entschied der Bundesgerichtshof, "daß deutsche Gerichte nicht nur für die Verfolgung des in Bosnien begangenen Völkermordes zuständig seien, sondern auch für andere Delikte."[591] Er verwarf damit die Revision eines Serben, der wegen schwerer Straftaten im bosnischen Bürgerkrieg zu neun Jahren Haft verurteilt worden war und gegen die Zuständigkeit deutscher Gerichte Einspruch erhoben hatte. Mit dieser Grundsatzentscheidung spurtete die deutsche Justiz an die Weltspitze: Die anderen westlichen Länder erkennen bei der Verfolgung von Völkermord auf dem Gebiet des ehemaligen Jugoslawien die alleinige Zuständigkeit des UN-Tribunals an und liefern Tatverdächtige nach Den Haag aus.[592] Wenn

---

591 - *FAZ*, 22.0.2001
592 - Bei Verdacht auf Völkermord im ruandischen Bürgerkrieg haben sich allerdings auch schon Belgien, die Schweiz und Kanada das Privileg gegönnt, Tatverdächtige ausländische Staatsbürger vor Gericht zu stellen und nicht an das zuständige UN-Tribunal auszuliefern. - Vgl. *FAZ*, 18.4.2001

Ausländer an Ausländern und im Ausland straffällig werden, ohne daß Völkermord vermutet werden muß, interessiert das in anderen Staaten die Justiz überhaupt nicht. Doch damit nicht genug: Am 30. Juni 2002 trat sogar das deutsche „Völkerstrafgesetzbuch" in Kraft, mit dem die deutsche Justiz ermächtigt wird, nicht nur auf dem Balkan, sondern weltweit tätig zu werden. „Kriegsverbrechen, Völkermord, Verbrechen gegen die Menschlichkeit, egal von wem und wo begangen, egal ob Bundesbürger dabei waren oder nicht, dürfen von jedem Staatsanwalt ermittelt und angeklagt werden", faßt der *Spiegel* zusammen.[593] Damit beansprucht Deutschland nicht nur dieselbe Kompetenz wie das Haager Ad hoc-Tribunal zu Jugoslawien, sondern auch wie der ständige Internationale Strafgerichtshof (IstGH), der gerade erst gegen den Widerstand der USA ebenfalls in Den Haag eingerichtet worden ist.

Da die Aufmerksamkeit der deutschen Justiz für Kriegsverbrechen im allgemeinen und auf dem Balkan im besonderen so groß ist, müßte man erwarten, daß diese noch steigt, wenn eine deutsche Tatbeteiligung vermutet werden kann. Doch das Gegenteil ist der Fall: Die Aufmerksamkeit erlischt. Nicht nur, daß die Justiz verweigert, was - siehe das eingangs erwähnte Beispiel der Ermittlungen gegen Fischer - ihre Pflicht wäre, nämlich bei einem begründeten Anfangsverdacht selbst Strafverfahren einzuleiten. Nein, sie hat sich bislang auch geweigert, entsprechende Anzeigen aus der Bevölkerung zu bearbeiten.

Immerhin 200 solcher Anzeigen gingen seit dem 24. März 1999 bei der Bundesanwaltschaft ein. Alle berufen sich auf den Paragraph 80 des Strafgesetzbuches, wo es unmißverständlich heißt: „Wer einen Angriffskrieg (Artikel 26 Abs. 1 des Grundgesetzes), an dem die Bundesrepublik Deutschland beteiligt sein soll, vorbereitet und dadurch die Gefahr eines Krieges für die Bundesrepublik Deutschland herbeiführt, wird mit lebenslanger Freiheitsstrafe oder mit Freiheitsstrafe nicht unter zehn Jahren bestraft." Im angesprochenen Grundgesetzartikel 26.1 heißt es: „Handlungen, die geeignet sind und in der Absicht vorgenommen werden, das friedliche Zusammenleben der Völker zu stören, insbesondere die Führung eines Angriffskrieges vorzubereiten, sind verfassungswidrig. Sie sind unter Strafe zu stellen."

---

593 - Thomas Darnstädt, Weltpolitik im Landgericht, in: *Spiegel* 28/2002

In weitgehend identischen Schreiben beschied Generalbundesanwalt Kay Nehm den Antragstellern: „Anhaltspunkte für das Vorliegen einer Straftat sind nicht gegeben." Von einem Angriffskrieg könne „nicht die Rede sein". Die Bundesregierung habe „zusammen mit ihren Bündnispartnern ausschließlich in dem Bestreben gehandelt, eine völker- und menschenrechtswidrige Unterdrückung und Vertreibung der Kosovo-Albaner abzuwenden und zu beenden ..."

Zum Beweis, daß lediglich diese noblen Absichten vorlagen, zitierte der Generalbundesanwalt ausschließlich aus der Fernsehansprache des Bundeskanzlers zu Kriegsbeginn: „Wir waren zu diesem Schritt gezwungen, um weitere schwere und systematische Verletzungen der Menschenrechte im Kosovo zu unterbinden und um eine humanitäre Katastrophe dort zu verhindern." In „den letzten Wochen und Monaten" habe man „nichts, aber auch gar nichts unversucht gelassen, eine friedliche Lösung des Kosovo-Konfliktes zu erzielen ... Gleichzeitig hat das Milosevic-Regime seinen Krieg gegen die Bevölkerung im Kosovo noch intensiviert ... Wir hatten deshalb keine andere Wahl ..." Daraus schlußfolgerte der Generalbundesanwalt, der Nato-Einsatz „bezweckt lediglich die Wiederherstellung des Friedens in der Krisenregion, indem erklärtermaßen eine mit diplomatischen Mitteln zu findende friedensschaffende und friedensichernde Lösung befördert werden soll. Dies wird vom Straftatbestand des § 80 StGB nicht erfaßt."

Auffällig ist zunächst die in der neueren Justizgeschichte recht seltene Argumentation des Generalbundesanwalts: Er hat sich bei der Zurückweisung der Anzeige(n) ausschließlich auf die Einlassungen eines Tatverdächtigen bezogen und eine weitere Untersuchung, etwa des Tatverlaufs und der Tatumstände, nicht für notwendig gehalten. Dies wäre etwa bei Schröders Ausführungen zur Konferenz von Rambouillet notwendig gewesen. Seiner Behauptung, „einzig die Belgrader Delegation hat durch ihre Obstruktionspolitik alle ... Vermittlungsversuche scheitern lassen", steht immerhin die Darstellung u.a. seines Parteifreundes und Bundestagsabgeordneten Hermann Scheer gegenüber, wonach in Rambouillet von Milosevic die Annahme eines „Nato-Besatzungsstatut für ganz Jugoslawien" verlangt worden sei. (vgl. S. 102) Es ist bezeichnend, daß sich die deutsche Justiz die Auffassung des Bundeskanzlers zu eigen gemacht hat, ohne eine völkerrechtlichen Prüfung des Vertrags-Annex B, auf den Scheer und andere Kritiker anspielen, vorzunehmen.

Viel wichtiger ist allerdings, daß seit dem zitierten Ablehnungsbescheid - er stammt vom April 1999 - eine Fülle von Fakten bekannt geworden sind, die die Behauptungen Schröders widerlegen und auch bezeugen, daß die so oder ähnlich argumentierenden Politiker wissentlich die Unwahrheit sagten.

Aufstieg und Niedergang des WDR

Der 8. Februar 2001 war kein guter Tag für die Bundesregierung. Kurz nach dem *WDR*-Beitrag zu Racak (vgl. Seite 97 f.) lief in der *ARD*, ebenfalls unter Regie der *Monitor*-Redakteure Jo Angerer und Mathias Werth, das Feature „Es begann mit einer Lüge." Zum ersten Mal wurde dadurch die Kriegsbegründung der Herren Schröder, Scharping und Fischer zur besten Sendezeit mit den Fakten konfrontiert. Anschließend wußte ein Millionenpublikum, was vorher nur einige tausend Leser dieses Buches und ähnlicher Bücher gewußt hatten: Daß es keinen serbischen Hufeisenplan gab, daß der Bundesverteidigungsminister Massaker erfunden hatte.

Im Film wurden die politisch Verantwortlichen durch Zeugenaussagen im Originalton schwer belastet. So sagte etwa Norma Brown, eine im Kosovo tätige US-Diplomatin: „Bis zum Beginn der Nato-Luftangriffe gab es keine humanitäre Krise. Sicher, es gab humanitäre Probleme, und es gab viele Vertriebene durch den Bürgerkrieg. Aber das spielte sich so ab: Die Leute verließen ihre Dörfer, wenn die Serben eine Aktion gegen die UCK durchführten - und kamen danach wieder zurück. Tatsache ist: Jeder wußte, daß es erst zu einer humanitären Krise kommen würde, wenn die Nato bombardiert. Das wurde diskutiert: In der Nato, der OSZE, bei uns vor Ort und in der Bevölkerung."

Vor allem das Lob von Nato-Sprecher Jamie Shea belastete die deutsche Führung schwer: „Nicht nur Minister Scharping, auch Kanzler Schröder und Minister Fischer waren ein großartiges Beispiel für politische Führer, die nicht der öffentlichen Meinung hinterher rennen, sondern diese zu formen verstehen. Es stimmt mich optimistisch, daß die Deutschen das verstanden haben. Und jenseits der sehr unerfreulichen Begleiterscheinungen, der Kollateralschäden, der langen Dauer der Luftangriffe, hielten sie Kurs. Wenn wir die öffentliche Meinung in Deutschland verloren hätten, dann hätten wir sie im ganzen Bündnis verloren."

In die Geschichte des Tonfilms werden die Passagen eingehen, wo es Angerer und Werth gelang, Verteidigungsminister Rudolf Scharping selbst ins Kreuzfeuer zu nehmen und vor Millionen Fernsehzuschauern zu blamieren: Sie konfrontierten ihn mit der Darstellung seines Ministeriums über eine bevorzugte serbische Terrormethode während des angeblichen Hufeisenplans: Die Serben kommen in Dörfer, öffnen die Gashähne in den Kellern und stellen eine brennende Kerze auf den Dachboden. Die Fernsehleute hatten nach dieser Methode ebenfalls Gasexplosionen durchführen wollen - ohne Erfolg. Kunststück: Propangas ist schwerer als Luft und steigt nicht nach oben. Scharping stammelte hilflos herum und schwieg schließlich.

Der Film wurde zum Gegenstand einer haßerfüllten Kampagne in den regierungsnahen Medien. Der *Kölner Stadt-Anzeiger* nannte ihn einen „späten Triumph der Milosevic-Propaganda",[594] die *FAZ* sprach von einem „Fall von Bulldozer-Journalismus".[595] „Schöngeredete Apartheid" lautete der Vorwurf des *Spiegel*.[596] Der SPD-Bundestagsabgeordnete Eberhard Brecht sagte im Parlament: „Wenn ich *WDR*-Intendant wäre, würde ich mich von dieser Herren (gemeint: Angerer und Werth, Anm. J.E.) trennen ..."[597]

Neben Verbalinjurien wurde auch mit schärferen Mitteln gegen den Film vorgegangen – allerdings ohne Erfolg. So legten der CDU-Bundestagsabgeordnete Norbert Blüm und Rupert Neudeck vom Komitee Cap Anamur Beschwerde beim *WDR*-Rundfunkrat ein, die von diesem im Juni 2001 mehrheitlich abgewiesen wurde.[598] Scharping brachte schwere Geschütze in Stellung und beantragte über den Hamburger Promi-Anwalt Matthias Prinz am 2. März 2001 „zur Beseitigung der Wiederholungsgefahr" eine umfängliche Unterlassungsverpflichtung des Senders. Doch die *WDR*-Juristen lehnten ab, und der Film wurde im Regionalprogramm ohne die kleinste Änderung erneut ausgestrahlt. Daraufhin passierte - nichts. Scharpings Anwälte verfolgten die Sache nicht weiter, sein Ministerium verweigerte auf Nachfragen der Gewerkschaftszeitung *M*

---

594 - *Kölner Stadt-Anzeiger*, 6. März 2001
595 - Überschrift über einem Artikel von Matthias Rüb, 1. März 2001
596 - *Spiegel*, 11/2001
597 - Aktuelle Stunde des Bundestags am 30.03.2001, z.n. dem stenographischen Protokoll
598 - *Funkkorrespondenz* 48.2001

jede Begründung.⁵⁹⁹ Da die juristische Pression fehlgeschlagen war, versuchte man die *WDR/Monitor*-Redakteure auf andere Weise einzuschüchtern. Im Juni 2001 zeigte der politische Rivale des *WDR*, der CSU-nahe *Bayrische Rundfunk (BR)*, im Rahmen des *ARD-Weltspiegel* eine Dokumentation zum zweiten Jahrestag des Kriegsendes. Am Ende des Beitrages äußert sich ein UCK-Kommandant namens Lieshe über den *WDR*-Beitrag „Es begann mit einer Lüge." Der Kommentator des Bayrischen Rundfunks sagt in der Anmoderation: „Massaker zu leugnen wird nicht nur von Betroffenen verübelt. UCK-Kommandant Lieshe war darüber so wütend, daß er ankündigte, die Autoren der Sendung liquidieren zu wollen, sollten sie jemals wieder im Kosovo auftauchen."⁶⁰⁰ Mit anderen Worten: Der *Bayrische Rundfunk* überbrachte den *WDR*-Kollegen via TV eine UCK-Morddrohung – ohne sich davon auch nur mit einer Silbe zu distanzieren.

Als Milosevic zum Prozeß-Auftakt in Den Haag am 14. Februar 2002 den *WDR*-Film im Gerichtssaal vorführen ließ, kam es erneut zu denunziatorischen Angriffen. *FAZ*-Autor Matthias Rüb sprach von der „Zustimmung, ja Zuneigung" des Expräsidenten für die *WDR*-Regisseure,⁶⁰¹ CSU-Generalsekretär Thomas Goppel verlangte eine „offizielle Entschuldigung des *WDR*-Intendanten Fritz Pleitgen.⁶⁰²

Obwohl der Sender den Angriffen offiziell nie nachgab, muß der starke Druck zu Kräfteverschiebungen bis auf die Ebene der Programmgestaltung und der Redaktionen geführt haben. Auffällig ist jedenfalls, daß es bis Jahresanfang 2004 keine ähnliche kritische Sendung zur deutschen Balkanpolitik mehr gab. Und in einem Fall hat die früher als „Rotfunk" geschmähte Sendeanstalt sogar ein direktes Dementi ihrer verdienstvollen Reportage vom Februar 2001 verbreitet: Am 1. Dezember 2003 lief unter dem Titel „Das Tribunal. Angeklagt: Slobodan Milosevic" eine Sendung über den Haager Prozeß.⁶⁰³ Regisseur Thomas Schmitt unterschlug dabei alle

---

599 - *M*, 7/2001
600 - *Funkkorrespondenz*, 22. Juni 2001
601 - *FAZ*, 15.2.2002
602 - René Martens, Ein harter Gegner, in: Funkkorrespondenz 9.2002
603 - vgl. Jürgen Elsässer, Nie wieder Aufklärung, in: *JW*, 3.12.2003

Widersprüchlichkeiten, in die sich Zeugen und Anklage während des Verfahrens verstrickt hatten (vgl. S. 255 ff), und konzentrierte sich einzig auf die Dämonisierung des Angeklagten. So sah man einen albanischen Zeugen Greueltaten aus dem Ort Izbica anhand eines Videofilms und von US-Satellitenaufnahmen schildern – der Hinweis, daß die beiden Bildbelege nicht kongruent waren und offensichtlich unterschiedliche Orte zeigten, unterblieb ebenso wie die Information, daß ein gleichzeitig aufgenommener Beitrag des serbischen Fernsehens ein friedliches Izbica gezeigt hatte (vgl. S. 148 ff). Im Falle der in einem Kühllaster entdeckten Leichen, angeblich zum Zwecke der Vertuschung im Kosovo ausgegraben und nach Zentralserbien verbracht, wurde zwar deutlich, daß diese Toten niemals wieder gefunden und somit auch nicht identifiziert werden konnten. Milosevics Hinweis auf Polizeiakten, wonach solche Kühllaster in der Region auch zum Schmuggel von Flüchtlingen aus Osteuropa via Serbien in die EU benutzt wurden, wurde glücklicherweise weggeschnitten. (vgl. S. 272) Raffiniert war auch, daß man unkommentiert stehenließ, was ein anonymer jugoslawischer Soldat dem Diktator ins Gesicht schleuderte: „Sie waren es ja, die die schändlichen Befehle gegeben haben, die wir ausführen mußten." Demgegenüber hatte selbst die *Neue Zürcher Zeitung* nach Ende des Verhandlungskomplexes Kosovo konstatiert: „Aber bisher wurde kein einziges Dokument vorgelegt, das zu einer Verurteilung führen könnte." (vgl. S. 273)

Varvarin: „Im Namen des Volkes"

Vier Jahre nach dem Krieg kam es schließlich doch noch zu einer juristischen Aufarbeitung. 35 serbische Bürger aus der Kleinstadt Varvarin hatten vor dem Landgericht Bonn auf Schadensersatz wegen des Nato-Bombardements am 30. Mai 1999 geklagt. Das Städtchen hatte keinerlei militärische Bedeutung, die altersschwache Brücke über den Fluß Morava war für Armeetransporte ungeeignet. Als zwei Kampfbomber diese an jenem Tag angriffen, fand direkt daneben ein Kirchenfest mit über 3.000 Besuchern statt. Ein Versehen kann ausgeschlossen werden: Die Flugzeuge kehrten nach dem ersten Beschuß zurück und feuerten ihre Laserbomben ein zweites Mal ab. So starben auch die Retter, die den Überlebenden hatten zu Hilfe kommen wollen. (vgl. ausführlich S. 22 ff).

Das Urteil vom 10. Dezember 2003 klammerte ausdrücklich die

Frage nach der Völkerrechtswidrigkeit des Nato-Angriffes und der deutschen Mitverantwortung aus und ließ damit einen Schwerpunkt der Klage unter den Tisch fallen. Statt dessen fällte Richter Heinz Sonnenberg eine Grundsatzentscheidung: Können Individualkläger aus einem Staat A einen Staat B verklagen? Die bisherige Rechtssprechung in der Bundesrepublik hatte dies verneint, zuletzt im Sommer 2003 in einem Prozeß, den Hinterbliebene der Opfer eines SS-Massakers in der griechischen Ortschaft Distomo angestrengt hatten. Sie sollten sich statt dessen, wie andere Naziopfergruppen, an ihren eigenen Staat wenden, der ein Reparationsabkommen mit der BRD aushandeln müsse und sie dann mit diesem Geld entschädigen könne. Noch bei der Eröffnung des Varvarin-Prozesses im Oktober 2003 hatte Sonnenberg betont, daß der Bundesgerichtshof „ausdrücklich offengelassen" habe, ob diese Rechtsprechung über Verbrechen des Zweiten Weltkrieges auch für die heutige Zeit gelte. Doch am Ende schlug Sonnenberg die von ihm geöffnete Tür für die serbischen Kläger wieder zu und wies ihre Ansprüche ab. In seiner Urteilsbegründung[604] führte er aus, daß sowohl die Haager Landkriegsordnung als auch das Genfer Abkommen zum Schutz der Zivilbevölkerung im Kriege nur den Vertragsparteien, also den Unterzeichnerstaaten, das Recht zur Klage gäben. Eine Ausnahme sei lediglich in solchen Fällen möglich, wo Staaten für grenzüberschreitende Individualklagen ein vertragliches Regelsystem geschaffen hätten. Dies sei etwa in Form der Europäischen Menschenrechtskonvention aus dem Jahre 1950 geschehen. Bedauerlicherweise können sich aber nur Bürger der Staaten darauf berufen, die diese Konvention ratifiziert haben – Jugoslawien gehört nicht dazu. Sonnenberg: „Individualrechte gibt es, aber nicht für unsere Kläger." So werden die Bürger eines Landes diskriminiert, das für seine buntgemischte Bevölkerung – fünf Nationen, drei Religionen und zahllose Minderheiten – verfassungsmäßige Rechte garantiert hatte, von denen – Europäische Menschenrechtskonvention hin oder her – ein Türke oder ein Italiener in Deutschland nur träumen können.

Wie stark das Völkerrecht im Umbruch ist, zeigt die Einrichtung des Internationalen Strafgerichtshofes in Den Haag (IStGH), vor

---

604 - schriftliche Urteilsbegründung unter: www.justiz.nrw.de (in der „Rechtsbibliothek" unter „Varvarin" suchen)

dem Staaten auch wegen individueller Menschenrechtsverletzungen angeklagt werden können. Dieser weltweiten Entwicklung trägt das Urteil des Landgerichts Bonn keinerlei Rechnung, obwohl die deutsche Regierung, anders als die US-amerikanische, zu den Förderern des IStGH gehört. Damit entsteht ein gespaltener Bezug auf die Menschenrechte, der schlimmer ist als ihre Ignorierung: Ihre Verteidigung sei wichtiger als die Staatssouveränität, heißt es immer dann, wenn ein Krieg gerechtfertigt werden soll. Melden sich nach dem Krieg die Opfer, steht die Staatssouveränität wieder über allem.

Depleted Credibility

Die westliche Diskussion um die Uranmunition ist heuchlerisch und zielt auf eine Effektivierung der Kriegführung.

Soviel Betroffenheit war nie: Nachdem im Frühjahr 2001 ein paar „unserer" Soldaten an Krebs erkrankt sind, sahen selbst hartgesottene Befürworter des Nato-Krieges gegen Jugoslawien Gelegenheit zu einer lauwarmen Verfahrenskritik am elfwöchigen Bombardement. Anlaß war der damalige Einsatz von Munition, die mit abgereichertem Uran (engl. depleted uranium - DU) gehärtet wurde. „Wir haben den begründeten Verdacht, daß die Dinge nicht so einfach sind, wie sie immer von der Nato dargestellt werden" meinte der italienische Ministerpräsident Guiliano Amato,[605] sein portugiesischer Amtskollege Antonio Guterres forderte „lückenlose Aufklärung."[606] Auch in Deutschland sprangen Politiker, die sich bisher noch für keine Lüge gegen die Serben zu schade waren, auf den Zug auf: Von Außenminister Joseph Fischer hörte man, er sei „kein Freund dieser Munition",[607] die frischgebackene Ministerin Renate Künast und die grüne Bundeswehr-Seelsorgerin Angelika Beer bezeichneten einen befristeten Einsatzstop für die Uranwaffe als nicht ausreichend,[608] und die sozialdemokratische Bundestagsabgeordnete Margot von Renesse sprach gar von einem „Kriegsverbrechen."[609] Auch die finnische Pathologin Helen Ranta, deren Expertise über das „Racak-Massaker" der Nato 1999 einen entscheidenden Kriegsgrund lieferte, forderte das Verbot der DU-Munition.[610] Daß die ganze Empörung nicht dem Schicksal der betroffenen Bevölkerung auf dem Balkan galt, machte der deutsche Kanzler deutlich: „Ich habe eine gesunde Skepsis gegen die Verwendung einer Munition, die zur Gefährdung der eigenen Soldaten führen kann."[611]

---

605 - z.n. *Jungle World*, 10.01.2001
606 - z.n. *Jungle World*, a.a.O.
607 - so sein Sprecher Rolf Michaelis lt. *Taz*, 9.1.2001
608 - *Junge Welt*, 8.1.2001
609 - z.n. *Zeit*, 11.01.2001
610 - *Jungle World*, 10.01.2001
611 - *Berliner Zeitung*, 9. 1. 2001, S.1

Wenigstens einer hielt sich ausnahmsweise etwas zurück: Verteidigungsminister Scharping wandelte auf dem Höhepunkt der Debatte mit seiner neuen Gespielin und einer Flasche Champagner durch die Dünenlandschaft der Bretagne. In einer TV-Talkshow (*Biolek: Nur die Liebe zählt*) kraulte er Gräfin Pilati-Borggreve den Rücken und blickte bei einer uranhaltigen Frage des Moderators noch entrückter als sonst. Eine durchaus erfolgreiche Strategie: Kein Journalist mochte Scharping noch auf einen Eintrag in seinem *Kriegstagebuch* vom 28. Dezember 1998 ansprechen. Drei Monate vor dem Krieg hatte er als „einen Vorgeschmack auf das, was an Propaganda auf die Nato ... zukommen wird" perhorresziert: „Behauptungen über Umweltzerstörung, die angebliche Verwendung atomarer Munition usw."[612] Am 19. April 1999 trat, wie Scharping prognostiziert hatte, die „serbische Propaganda" in Aktion. „Dieser Krieg tötet Leute aller Nationalitäten in Jugoslawien und vergiftet ihr Land mit radioaktiven Waffen aus abgereichertem Uran", hieß es in einer Erklärung des serbischen Informationsministeriums. Es sollte noch elf weitere Monate dauern, bis diese Behauptung höchstoffiziell vom Pentagon bestätigt wurde. Am 21. März 2000 räumte die US-Regierung ein, daß im Kosovo 31.500 DU-Geschosse abgefeuert worden waren.[613] Spätestens an diesem Tag war Scharping also einer weiteren Desinformation überführt worden.

Die westliche Öffentlichkeit reagierte erst zehn weitere Monate später alarmiert, als nämlich bekannt wurde, daß eine Reihe von Nato-Soldaten - die britische *Times* errechnete Mitte Januar 2001 insgesamt 26 - an Krebs gestorben waren. In Portugal hatte der Vater eines Toten als Ursache die im Kosovo verwendete Uranmunition ins Spiel gebracht, und damit eine zumindest publizistische Kettenreaktion ausgelöst: Unsichtbare Todesstrahlen plus unheilbare Leukämie plus unverantwortliche Politiker - in Portugal standen Präsidentschaftswahlen an -, das ist der Stoff, der in der Mediengesellschaft Quote bringt. Zeitungen erinnerten schnell an mysteriöse Opfer des Golfkriegs - damals hatten US-Amerikaner und Briten

---

612 - Scharping, Kriegstagebuch, a.a.o., S.44
613 - Die jugoslawische Armee geht von 50.000 abgefeuerten DU-Geschossen aus (vgl. *Blic*, 5.1.2001). Ob die niedrigere Angabe des Pentagon stimmt, ist unklar - nach dem Krieg hatten die USA nämlich „den Überblick verloren, wie viele Urangranaten im Kosovo abgefeuert worden waren" (*Independent*, 22.11.1999)

sogar noch erheblich mehr Uranmunition verfeuert als auf dem Balkan. So berichtet die ansonsten Nato-konforme *Tageszeitung* von „einigen hundert" nach dem Krieg an Krebs oder Leukämie gestorbenen US-GIs,[614] Shaun Rusling vom britischen Veteranenverband beziffert die am Golfkriegs-Syndrom gestorbenen in der Armee Ihrer Majestät auf 521.[615]

Die Kriegspartei warnte vor „Hysterie" (US-Außenministerin Madeleine Albright) und bemühte die Fakten, wenn auch recht selektiv. So wurde die radioaktive Wirkung von DU in Frage gestellt - abgereichertes Uran hat mit 0,2 Prozent tatsächlich weitaus weniger Zerfallsisotope vom Typ U-235 als Natururan mit 0,7 Prozent, von AKW-Brennelementen (drei Prozent) oder gar Atomwaffen (über 90 Prozent) ganz abgesehen. Allerdings werden bei diesen Angaben die chemo-toxische Wirkung des Schwermetalls ebenso ignoriert wie die noch wenig erforschten Gefahren radioaktiver Niedrigstrahlung. „Die wissenschaftliche Literatur kenne ... keinen Fall von Leukämie, der durch Kontakt mit abgereichertem Uran hervorgerufen wurde", behauptet zumindest die Weltgesundheitsorganisation WHO.[616] Allerdings ist die empirische Basis der „wissenschaftlichen Literatur" unzureichend, da die WHO die gesundheitliche Lage im Irak nach 1991 gar nicht untersucht hat (USA und Großbritannien hatten ihr Veto eingelegt).[617]

Zwei weitere Argumente der DU-Verharmloser schließen sich gegenseitig aus: Einerseits heißt es, die Leukämierate etwa unter den italienischen Balkan-Soldaten sei niedriger als im statistischen Bevölkerungsdurchschnitt.[618] Andererseits wird gesagt, es sei sehr unwahrscheinlich, daß schon so kurze Zeit nach dem Einsatz in Bosnien und auf dem Kosovo bei Soldaten Krebs ausbreche - die Krankheit müsse andere, frühere Ursachen haben. Drei der acht in Italien verstorbenen Soldaten seien gar nicht auf dem Balkan eingesetzt gewesen.[619] Was

---

614 - *Taz*, 4.01.2001
615 - *JW*, 9.1.2001; ein britischer Parlamentsausschuß geht von 400 Toten aus - vgl. *FAZ*, 10.01.2001
616 - *Frankfurter Rundschau*, 9. 1. 2001
617 - *Taz*, 9.1.2001
618 - Laut italienischer Krebsstatistik hätten unter den 60.000 auf dem Balkan eingesetzten Italienern 10,8 an Leukämie erkranken müssen, de facto seien es aber nur sechs, so Luttwak in: *FAZ*, 11.01.2001
619 - *Berliner Zeitung*, 9.1.2001

bleibt vom ersten Argument noch übrig, wenn mit größerem zeitlichem Abstand zu ihrer Balkan-Mission ähnlich viele Sfor- und Kfor-Soldaten an Krebs erkranken wie Teilnehmer der Operation Desert Storm?

Ein konkretes Beispiel mag verdeutlichen, wie man mit Wissenschaft und Statistik lügen kann. Edward Luttwak, Berater am Center for Strategic and International Studies in Washington, berichtet von den 33 GIs, die am Golf unter „friendly fire" durch Uranmunition verwundet wurden. „Die Hälfte von ihnen trägt immer noch beträchtliche Splitter von Uranmunition im Körper ... Alle stehen unter strenger ärztlicher Überwachung. Keiner leidet unter irgendwelcher Strahlenerkrankung, geschweige denn an Leukämie."[620] Bei Luttwak erfährt man nichts über das Schicksal anderer unfreiwilliger Versuchsobjekte: Eine Einheit der US-Army hatte nach dem Golfkrieg von DU-Munition beschossene Fahrzeuge und die darin gefundenen Körperteile vergraben oder dekontaminiert. Mindestens zehn der 50 Mann starken Truppe sind bisher gestorben, und nur ein einziger ist nicht am Golfkriegs-Syndrom erkrankt - der, der die ganze Zeit einen ABC-Schutzanzug getragen hatte.[621] Der Unterschied zwischen den beiden Gruppen besteht offensichtlich darin, daß im zweiten Fall, bei den intensiven Aufräum- und Putzarbeiten, massiv Uranstaub in die Lunge und das Verdauungssystem gelangte (ein Punkt, der auch bei der Belastung der Zivilbevölkerung eine Rolle spielt - s. unten), während bei dem von Luttwak angeführten Beispiel die Uransplitter zwar im Fleisch stecken, aber nicht von sensiblen inneren Organen aufgenommen wurden. David Rokke, damals US-Oberst, Direktor eines Pentagonprojektes zur Erforschung der Folgewirkungen der Uran-Munition und Kommandeur der besagten Einheit, beurteilte den DU-Einsatz im Irak als „Verbrechen gegen Gott und die Menschheit."[622]

Trotz dieser Fakten stößt die Agitation der amerikanischen Friedensbewegung unter den Golfkriegs-Veteranen nur begrenzt auf Resonanz. Zu viele wissen aus unmittelbarer Erfahrung: Selbst wenn alle Opfer des „Golfkriegs-Syndroms" auf den Einsatz von

---

620 - Edward Luttwak, a.a.o.
621 - nach JW, 9.1.2001; im Spiegel vom 15.1.2001 gibt Rokke an, 20 von 100 Soldaten des Dekontaminationstrupps seien gestorben
622 - Spiegel vom 15.1.2001

abgereichertem Uran zurückgeführt und andere Erklärungen - durch Kriegsschäden entwichene Pestizide, irakische Chemiewaffen, Impfstoffe - ausgeschlossen werden könnten, so hätte der Einsatz dieser mysteriösen Waffe immer noch mehr Nato-Soldaten das Leben gerettet als gekostet.

Mit ein wenig Mathematik und einem Minimum an militärischem Sachverstand kann man sich die lebensrettende Wirkung der Uranwaffen - jedenfalls für die angreifenden Soldaten - klarmachen: Durch die Intervention der Alliierten 1991 kamen mindestens 190.000 irakische Soldaten ums Leben - teilweise durch den in den ersten Wochen geführten Luftkrieg, teilweise im Laufe der danach einsetzenden Bodenoffensive von Kuwait aus.[623] Auf diese Bodenoffensive waren die Iraker eigentlich gut vorbereitet: Da der Angriff nicht überraschend kam, sondern monatelang durch ein Ultimatum vorbereitet war, konnten sie dichtgestaffelte Artilleriestellungen im Wüstensand eingraben und dahinter einige hundert T-72 sowjetischer Bauart in Stellung bringen. Trotz dieser ausgezeichneten Abwehrposition wurden die Panzerschlachten zu einem blutigen Fiasko für die Truppen Saddam Husseins. Die Amerikaner konnten ohne nennenswerte Verluste durchstoßen: Ganze 126 tote GIs blieben auf den Schlachtfeldern zurück, mehr als die Hälfte davon starben durch versehentlichen Beschuß aus den eigenen Reihen. Das Verhältnis von irakischen Gefechtstoten zu denen der anti-irakischen Koalition dürfte also bei mindestens 500:1 liegen - eine um ein Vielfaches schlechtere Relation zwischen Angreifern und Angegriffenen als etwa im Zweiten Weltkrieg oder in den israelisch-arabischen Kriegen.

Mit ausschlaggebend dafür war die Verwendung abgereicherten Urans durch US-amerikanische und britische Streitkräfte: Durch die Härtung mit DU erreichten die Panzergeschosse der Alliierten auf eine weitaus größere Distanz durchschlagende Wirkung als die der Iraker. Im Schnitt konnte ein M-1-Panzer einen T-72 auf eine Distanz von 3 km ausschalten - dieser hätte auf knapp 2 km herankommen müssen, um seinerseits in eine effektive Schußposition zu kom-

---

623 - 100.000 Soforttote, außerdem verstarben lt. Greenpeace weitere 90.000 der insgesamt 300.000 Verletzten (Zahlenangabe nach: International Action Center, Depleted Uranium - How the Pentagon Radiates Soldiers & Civilians with DU Weapons, New York 1997; Kurzfassung unter www.iacenter.org)

men. Es wurde sogar ein Fall bekannt, wo ein britischer Challenger-Tank aus einer Distanz von über 5 km einen irakischen Panzer zerstörte. In einem anderen Fall durchschlug eine amerikanische DU-Granate den Turm eines T-72 glatt und bohrte sich dahinter in einen zweiten irakischen Panzer - auch dieser wurde zertrümmert.[624] Auf diese Weise kamen die alliierten Panzer nur selten unter feindliches Feuer - und wenn doch, dann erwies sich das abgereicherte Uran ein weiteres Mal als lebensrettend: Durch die Verstärkung der M1-Panzerungen mit DU prallten die irakischen Geschosse oft wirkungslos ab.

Fazit: Selbst wenn man alle nach dem Krieg am ominösen „Golfkriegs-Syndrom" verstorbenen amerikanischen und britischen Soldaten der Spätwirkung der Uran-Munition zur Last legt, bisher maximal 1000 Tote, so hätte dieselbe Waffe doch einer weitaus größeren Zahl von alliierten Soldaten das Leben gerettet.

Völlig anders muß DU-Munition aber beurteilt werden, wenn man ihre Wirkung auf das angegriffene Land, seine Soldaten und vor allem die Zivilbevölkerung betrachtet - der Terminus Kriegsverbrechen ist hier durchaus gerechtfertigt. Der Unterschied ergibt sich wesentlich aus der andersartigen radiologischen und toxischen Belastung für Angreifer und Angegriffene: Wenn ein DU-Geschoß aufschlägt, wird die Uranummantelung pulverisiert und verteilt sich in der Luft - die überlebenden Opfer des Angriffs atmen die Partikel unmittelbar ein. Bis jedoch die Soldaten der angreifenden Kriegskoalition in das beschossene Gebiet einrücken, vergeht einige Zeit, im Falle der Besetzung des Kosovos sogar Tage oder gar Wochen - in diesem Fall hat der Regen die DU-Partikel bereits aus der Luft herausgewaschen. Nun befindet sich der DU-Staub zwar immer noch im Erdreich oder gar im Grundwasser, aber das stellt für die Angreifer keine

---

624 - Alle Angaben und Einzelbeispiele nach International Action Center, a.a.o.
625 - In Bosnien befinden sich die Sfor-Soldaten allerdings lange Zeit in einer ähnlichen Lage wie die Zivilbevölkerung, denn erst im Dezember 2000, nach über fünf Jahren, gab die Nato die Verwendung von DU-Munition bei der Bombardierung der bosnischen Serben im Herbst 1995 zu (so der italienische Verteidigungsmnister Sergio Mattarella lt. *SZ*, 4.1.2001). Noch 1997 hatte ein französischer Nato-Sprecher in Sarajevo erklärt: „Die Nato hält kategorisch daran fest, daß während der Luftangriffe in Bosnien nie Uran-Munition verwendet worden ist. Daher sind die Truppen auch keinerlei Vorsichtsmaßnahmen gegen das abgereicherte Uran unterworfen worden." (*Berliner Zeitung*, 9.1.2001)

Gefährdung mehr dar (ausgenommen selbstverständlich Dekontaminationstrupps wie der oben geschilderte): Die alliierten Soldaten wurden bekanntlich 1991 sofort nach Kriegsende wieder aus dem Irak abgezogen, und die Kfor-Truppen im Kosovo werden zumeist mit importierten Nahrungsmitteln versorgt.[625] Die Zivilbevölkerung der angegriffenen Länder muß weiter mit dem giftigen Erbe leben:[626] Kinder spielen in ausgebrannten Panzern und nehmen kontaminierte Geschoßhülsen und Bodenpartikel in Hände und Mund, Vieh grast auf verseuchter Erde, das Trinkwasser reichert sich an.

Die kumulierte Wirkung über längere Zeiträume hinweg ist jedenfalls verheerend: Im Irak soll sich die Zahl der Krebserkrankten und der Mißbildungen bei Neugeborenen verzehnfacht haben. Eine Studie der britischen Atomenergiebehörde, im November 1991 zum *Independent* durchgesickert, geht von 500.000 zusätzlichen Krebstoten im Irak aus. Dieser Hochrechnung wurde eine Hinterlassenschaft von 40 Tonnen DU-Munition zugrundegelegt.[627] In der Realität waren es im Irak 1991 zwischen 260 und 400 Tonnen,[628] im Kosovo 10,5 Tonnen, in Bosnien mehr als drei Tonnen. Die Prognose des serbischen Arztes Dejan Dimov, wonach 30 Prozent mehr Krebserkrankungen aufgrund des DU-Einsatzes zu erwarten sind - bei derzeit 150.000 Krebskranken wären das 45.000 -, ist also noch vergleichsweise optimistisch.[629]

Immerhin sollen bereits 192 serbische Soldaten aus dem bosnischen Bürgerkrieg an Leukämie erkrankt sein,[630] so die Schweizer *Sonntagszeitung*, mit Verweis auf Belgrader Regierungsquellen. Robert Fisk, Korrespondent des britischen *Independent*, hat vor Ort recherchiert: „Ich sehe 300 Grabsteine, die die Inschrift tragen könnten: An abgereichertem Uran gestorben", berichtete er Mitte Januar aus dem ostbosnischen Dörfchen Bratunac.[631] "Bis zu 500 der 5.000 serbischen Flüchtlinge in Bratunac, deren ursprünglicher Wohnort Hadzici (ein Stadtteil von Sarajevo) im Spätsommer 1995 von Nato-

---

626 - Die Halbwertszeit von Uran 238 beträgt 4.500 Millionen Jahre.
627 - *Le Monde diplomatique*, Juni 1999
628 - Scott Peterson vom Christian Science Monitor spricht im *Middle East Report* 215 von 340 Tonnen.
629 - *SZ*, 5.1.2001
630 - *Sonntagszeitung* (Schweiz), 24. Dezember 2000
631 - *Independent*, 13. 1. 2001; die Höhe der Zahl wurde von Slavica Jovanovic vom örtlichen Gesundheitszentrum bestritten (Kontakt: Piotr.bein@imag.net)

Kampfflugzeugen mit DU-Bomben eingedeckt worden ist, sind an Krebs gestorben."[632] In der Taz hatte Balkan-Korrespondent Erich Rathfelder ähnliche Informationen aus Bratunac noch als „neue Gerüchte" bezeichnet.[633] Daß nicht Rathfelder, sondern Fisk auf der richtigen Spur ist, beweisen die Zahlen, die das Gesundheitsministerium in Sarajevo - also der pro-westlichen Regierung der moslemisch-kroatischen Föderation - bekanntgegeben hat. Demnach starben 1998 je 152 von 100.000 Bosniern an Krebs, 1999 waren es bereits 230 - ein Anstieg von über 50 Prozent. [634]

---

632 - Weitere einhundert starben lt. Fisk an Herzkrankheiten oder Krankheiten der inneren Organe.
633 - *Tageszeitung*, 9.1.2001
634 - *AFP*, 4.1.2001

Kein Völkermord

Im Haager Prozeß ist die Anklage gegen Slobodan Milosevic juristisch gescheitert

Obwohl bei Drucklegung dieses Buches im Frühjahr 2004 der Prozeß gegen den früheren jugoslawischen Präsidenten noch im Gange ist, ist es nicht vorausgreifend, an dieser Stelle eine abschließende Analyse und Bewertung vorzunehmen. Denn abgeschlossen ist tatsächlich der Teil des Prozesses, in dem die Anklagevertreter ihre Beweise vorzulegen hatten. Vieles, was nach Erscheinen des Buches in Den Haag noch passiert, wird sicherlich noch von Belang sein, aber nichts davon wird die Glaubhaftigkeit der Anklage erhärten können: Ab Mai 2004 werden nur noch die Entlastungszeugen auftreten, die Milosevic benannt hat.

Die Frage der Rechtmäßigkeit des Verfahrens gegen den ehemaligen jugoslawischen Präsidenten kann an dieser Stelle nur gestreift werden. Von Milosevic selbst wurde in seiner Verteidigungsrede darauf verwiesen, daß bereits die Einrichtung des Internationalen Gerichtshofes für das ehemalige Jugoslawien (engl. Abkürzung ICTY) – so die offizielle Bezeichnung für das Haager Tribunal – einen Bruch des Völkerrechts darstellte.[635] Den entsprechenden Beschluß faßte nämlich nicht die UN-Vollversammlung, sondern nur der UN-Sicherheitsrat – ganz so, als ob die internationale Rechtssprechung auch zu den Aufgaben der Friedenserhaltung und Friedenssicherung gehörten, die nach der UN-Charta allein in den Kompetenzbereich dieses höchsten Gremiums fallen. Während die spätere Einrichtung des Internationale Strafgerichtshof (IStGH) von den Unterstützerstaaten jeweils ratifiziert wurde und der Gerichtshof deswegen auch ohne die Unterstützung der USA völkerrechtliches Gewicht hat, hielt der Weltsicherheitsrat ein solches Verfahren beim ICTY für läßlich. Angesichts dieser fehlenden völkerrechtlichen Legitimation wiegt es schwer, daß Milosevic Ende Juni 2001 von der serbischen Regierung unter dem damaligen Premier Zoran Djindjic nach Den Haag überstellt wurde, obwohl das

---

635 - www.slobodan-milosevic.org/spch-icty.htm

serbische wie das jugoslawische Verfassungsgericht die Auslieferung abgelehnt hatten.[636] Gegen die Unvoreingenommenheit des Tribunals spricht auch, daß dort mehr Serben als Angehörige anderer Nationalitäten angeklagt sind. So sitzen neben Milosevic noch zwei andere serbische Staatsführer in der Zelle – die ehemalige Präsidentin der serbischen Republik (Republika Srpska) in Bosnien, Biljana Plavsic, sowie der serbische Präsident Milan Milutinovic. Nach einem weiteren ehemaligen Präsidenten der bosnischen Serben, Radovan Karadzic, wird ebenso gefahndet wie nach dessen Oberbefehlshaber Ratko Mladic. Auch der jugoslawische Oberbefehlshaber des Kosovo-Korps Nebojsa Pavkovic und drei weitere Generäle sollen ausgeliefert werden, forderte Den Haag im Herbst 2003.[637] Gegen Präsidenten und Oberbefehlshaber der Kroaten, Muslime oder Albaner gibt es dagegen bis dato keine Haager Steckbriefe. Der höchste nicht-serbische Angeklagte war der kroatische Generalsstabschef Janko Bobetko, er starb als freier Mann Ende April 2003. Sein General Ante Gotovina entzieht sich bis dato erfolgreich der Festnahme, die Regierung in Zagreb bestreitet jede Kenntnis über seinen Aufenthaltsort, muß deswegen aber noch lange nicht – wie die Regierung in Belgrad in vergleichbaren Fällen - mit Sanktionen rechnen. Die Spitzen der albanischen Untergrundarmee UCK, Hashim Thaci und Agim Ceku, üben sogar heute noch höchste politische Funktionen im Kosovo aus, obwohl ihre Verantwortung für schwerste Kriegsverbrechen vielfach dokumentiert ist (vgl. S. 190 ff). Ob die Protektion für die Genannten damit zusammenhängt, daß Chefanklägerin Carla del Ponte ihrerseits in kriminelle Aktivitäten des albanischen Untergrunds verwickelt ist, wie ein gerichtsbekannter Zeuge behauptet (vgl. Interview im Anhang), kann nur eine genauere Prüfung ergeben.

Last not least wird die Verteidigung des Angeklagten mit allen Mitteln behindert. Während der Gerichtshof jährlich über ein Budget von 100 Millionen US-Dollar verfügt,[638] wurden Spendenkonten der Verteidigung in Deutschland eingefroren.[639] Vom Internationalen

---

636 - vgl. Jürgen Elsässer, Arturo Ui in Belgrad, in: Konkret, 8/2001
637 - vgl. Wok, Serbien unter Druck des UNO-Tribunals, in: NZZ, 22.10.2003
638 - Nach René Vautravers, Der robuste Angeklagte, in: NZZ, 22.9.2002
639 - Interview mit Klaus Hartmann, dem Vizepräsidenten des Internationalen Komitees zur Verteidigung Slobodan Milosevic, in: JW, 17.10.2003

Unterstützerkomitee darf der Angeklagte nur ein Mal pro Monat Besuch empfangen, jeder Kontakt zur serbischen Unterstützergruppe Sloboda ist seit April 2003 gänzlich untersagt. Da seine Frau Mira Markovic seit März 2003 ebenfalls zur Fahndung ausgeschrieben ist – entgegen erstem Pressebericht werden ihr keine Gewaltstraftaten, sondern kleinere Finanzdelikte zur Last gelegt -, kann auch sie nicht mehr kommen. Schließlich wurden dem Angeklagten gerade drei Monate Verhandlungsdauer bewilligt, in denen er im Frühjahr 2004 Zeugen eigener Wahl vor Gericht laden kann (wobei sich das Gericht vorbehält, Zeugen abzulehnen) – während die Anklagevertretung einen über sechs Mal längeren Zeitraum, nämlich von Februar 2002 bis Jahresende 2003, zur Verfügung hatte. Die Objektivität des Haager Tribunals geriet nicht zuletzt durch einen Ausspruch des seinerzeitigen Nato-Pressesprechers Jamie Shea während des Krieges 1999 ins Zwielicht: „Die Nato-Länder haben die Mittel bereitgestellt, um das Tribunal einzurichten, wir sind die größten Geldgeber. Wenn (die damalige Chefanklägerin, Anm. J.E.) Frau Arbour Ermittlungen führt, dann macht sie das, weil wir es ihr erlauben."[640] Gabriella Kirk McDonald, die erste Präsidentin des Tribunals, sagte: „Wir profitieren von der starken Unterstützung durch die beteiligten Regierungen und uns zugeneigter Einzelpersonen wie Ministerin Albright. Als ständige Vertreterin bei den Vereinten Nationen war sie fest entschlossen, das Tribunal einzurichten. Wenn wir von ihr sprechen, nennen wir sie oft die ‚Mutter des Tribunals'."[641]

Ein Konstruktionsfehler

Abseits der Stärken und Schwächen einzelner Belastungszeugen hat die Anklageschrift selbst einen gravierenden Konstruktionsfehler: Milosevic ist nämlich nicht wegen Völkermordes im Kosovo angeklagt, „obwohl das der wesentliche Grund für den Nato-Luftkrieg war" (*Frankfurter Allgemeine Sonntagszeitung*).[642] Als Carla del Ponte von *Le Monde* gefragt wurde, warum dieser Anklagepunkt fehle, mußte sie zugeben: „Weil es keine Beweise dafür gibt."[643] Um

---

640 - Jamie Shea bei seiner täglichen Pressekonferenz am 17.5.1999, mit ungläubigem Unterton zitiert in: Michaela Wiegel, Die Lust an der Provokation, in: *FAZ*, 12.2.2002
641 - z.n. *Solidaire* (Brüssel), 11.04.2001
642 - *FAS*, 24.3.2002

die Peinlichkeit zu kaschieren, daß der Hauptkriegsgrund der Nato nicht gerichtsverwertbar war, wurde die Anklage gegen Milosevic nach dessen Auslieferung schließlich auf die Geschehnisse in Kroatien und Bosnien-Herzegowina erweitert, und erst hier tauchte das Delikt Völkermord auf. Da die Aufnahme dieser zusätzlichen Punkte in die Anklage nicht Gegenstand der Auslieferung des Angeklagten nach Den Haag war, ist sie juristisch zumindest umstritten.

Anstelle des Völkermords im Kosovo wird Milosevic der Tod von „Hunderten kosovoalbanischer Zivilisten" vorgeworfen, die Anklage listet 577 namentlich auf, zumeist Männer im wehrfähigen Alter. Nota bene: Vorher hatten nicht nur selbsternannte Experten, sondern auch die Haager Ankläger selbst den serbischen und jugoslawischen Sicherheitskräften die Ermordung von über 10.000 Kosovo-Abanern attestiert - Frau del Ponte hatte die Zahl sogar akribisch genau auf 11.334 Tote beziffert (vgl. Seite 153).[644] Wie aber will man Milosevic - und nicht marodierenden Soldaten oder Freischälern - den Tod auch nur dieser 577 anlasten, wenn kein von ihm unterzeichneter oder zumindest nachweislich abgesegneter Mord- und Vertreibungsplan auftaucht? „Wäre das ein Dokument mit Deckblatt, Datum und Unterschrift, so wäre es fantastisch. Aber meist sieht so etwas eher nach Gesprächswiedergaben und Schlußfolgerungen aus", erklärte del Pontes Vorgängerin Louise Arbour, nachdem sie Milosevics angeblichen Vertreibungsplan („Operation Potkova") vom deutschen Verteidigungsminister Scharping erhalten hatte.[645] (vgl. Seite 117 ff)

Ersatzweise wurde versucht, Milosevic auch ohne Vorliegen eines schriftlichen Dokuments für alle Scheußlichkeiten verantwortlich zu machen. Das las sich dann beispielsweise in der Anklageschrift so: „Die Terror- und Gewaltkampagne gegen die kosovoalbanische Bevölkerung wurde von den Streitkräften der FRJ und Serbien ausgeführt, die von Slobodan Milosevic ... Anweisungen, Ermutigungen und Unterstützung bekamen." Es war ein schwerer Schlag für dieses vage Konstrukt, daß zwei jugoslawische Generäle im Jahr 2001 in Armeearchiven gesucht und nichts gefunden haben, was nach „An-

---

643 - z.n. John Laughland, Visitors' Justice, in: *The Spectator*, Februar 2002 (?)
644 - Bericht vom 10.11.1999, auf der UN-Nachrichtenseite (www.un.org/peace/kosovo/news/kos6oday.htm)
645 - *Hamburger Abendblatt*, 24.3.2000

weisungen, Ermutigungen und Unterstützung" aussah. In ihrem Buch *Zasto su optuzeni* (Verlag Grafomark, Belgrad 2001) schreiben Dusan Vilic und Bosko Todorovic, es gebe „im gesamten Archiv des Pristina-Korps und der Dritten Armee kein einziges Dokument ..., das nicht auf dem Schutz der Zivilisten besteht."[646]

Vilic und Todorovic zitieren einige „streng vertrauliche" Armee-Verschlußsachen ausführlich und im Wortlaut. So fordert der Befehl 873-367 vom 4. Mai 1998, die „Rückkehr der Flüchtlinge ... zu gewährleisten", alle Dorfbewohner „mit jeder möglichen Höflichkeit ... zu behandeln", verboten werden „ausdrücklich alle Belästigungen, Sachbeschädigung und Beschlagnahme von Eigentum " Der Befehl 873-458/1 vom 17. Juni 1998 gibt strenge Anweisungen zur Behandlung von Gefangenen und verbietet Mißhandlungen, Folter und Verurteilungen ohne Kriegsgericht. Am 27. März 1999, drei Tage nach Beginn der Nato-Angriffe, werden die Militärgerichte auf ihre „Pflicht" aufmerksam gemacht, gegen brandschatzende und plündernde Soldaten und Einheiten „die Höchststrafen des Gesetzes" zu verhängen und diese Strafen zur Abschreckung öffentlich bekanntzugeben (Befehl 250-152/7). Wenig später heißt es im Befehl 455-101, alle Flüchtlinge müßten „freies Geleit" bekommen und gegen „unkorrektes Verhalten von Individuen und Gruppen" - eine Anspielung auf die Aktivitäten von serbischen Freischärlern - „geschützt werden." Im Befehl 872-92/1 vom 19. April 1999 wird die Armee aufgefordert, den Flüchtlingen Nahrung und Unterkünfte zur Verfügung zu stellen, sie selbst und ihr zurückgelassenes Eigentum zu schützen und „die Inbrandsetzung von Häusern und anderer Objekte, deren Besitzer albanischer Nationalität sind, zu verhindern." Zum häufigen Vorwurf, die Armee habe Leichen ermordeter Zivilisten beseitigt, um ihre Verbrechen zu vertuschen, wird der Befehl 28-141 vom 31. März 1999 zitiert, der - gemäß international üblicher Regularien - eine Säuberung von Schlachtfeldern und Gefechtsorten zum Schutz vor Seuchen vorsieht, „jedes Detail" müsse „von den örtlichen Zivilbehörden" protokolliert werden.

Die Generäle räumen ein, daß sich Armeeangehörige Verstößen

---

646 - Dusan Vilic/Bosko Todorovic, Zasto su optuzeni, engl. Übersetzung: Why they were indicted, unter www.emperors-clothes.com/book/book1.htm. Wichtige Dokumente daraus finden sich auch im neuen lesenswerten Buch von Ralph Hartmann, Der Fall Milosevic, Karl Dietz Verlag Berlin

gegen diese Befehle - mit anderen Worten: Verbrechen gegen die albanische Zivilbevölkerung - haben zuschulden kommen lassen. So ist in der Verschlußsache 12-378 vom 20. Mai 1999 von einer „großen Anzahl krimineller Aktivitäten in verschiedenen Formen" die Rede, begangen „sowohl von Einheiten, die direkt in Kampfhandlungen verwickelt waren, als auch von Einheiten, die zur Kontrolle des Territoriums und Sicherung lebensnotwendiger Infrastruktur" verlegt worden waren. In diesem Zusammenhang werden die Kommandanten noch einmal zum Durchgreifen aufgefordert. Insgesamt seien nach einer späteren Armeeaufstellung 172 Personen wegen solcher Vergehen verurteilt worden. Auffällig ist, daß zwei Drittel der Delinquenten Kosovo-Serben waren. „Das ist ein Indiz dafür, daß Armeeangehörige aus dieser Provinz oft zu Vergeltungsmaßnahmen griffen, weil Familienangehörige von albanischen Terroristen ermordet oder auf andere Weise drangsaliert worden sind", schlußfolgern Vilic und Todorovic. Auch Ex-Geheimpolizeichef Rade Markovic gab als Zeuge in Den Haag an, daß es im Krieg etwa 200 Strafmaßnahmen gegen Polizeiangehörige und 200 weitere gegen Armeeangehörige gegeben habe.[647]

Kriminelle Handlungen einzelner Soldaten oder ganzer Einheiten sind schändlich, aber keineswegs „typisch serbisch", sondern eher typisch für den Krieg als Verfallsform von Sozietät und Humanität im allgemeinen. In jedem Fall bleibt festzuhalten, daß Straftaten und Kriegsverbrechen nicht nur gegen mehrfachen und ausdrücklichen Befehl der jugoslawischen Militärspitze begangen, sondern auch entsprechend geahndet wurden. Zwar darf man bezweifeln, daß die Kommandeure die Truppendisziplin während der Bombardierung mit der erforderlichen Konsequenz durchsetzten. Doch auszuschließen ist nach dieser Aktenlage der Umkehrschluß, daß die Delikte im Auftrag der Armeeführung erfolgten.

Bliebe nur noch die theoretische Möglichkeit, daß Milosevic an der Armeeführung vorbei die großangelegte ethnische Säuberung des Kosovo angeordnet hat - über eine „parallele Kommandostruktur, die direkt von Belgrad über Telefon ins Kosovo verlief", wie *FAZ*-Spezialist Matthias Rüb vor Verhandlungsbeginn glauben machen

---

647 - http://www.un.org/icty/transe54/020726IT.htm
648 - *FAZ*, 1.2.2002

wollte.[648] Auch er mußte zugeben: „Schriftliche Dokumente ... gibt es nämlich so gut wie nicht." Das war Del Pontes Dilemma: Ihre Anklageschrift behauptete allen Ernstes, die serbischen und jugoslawischen Sicherheitskräfte hätten auf Anordnung Milosevics „bis 20. Mai 1999 über 740.000 Kosovo-Albaner ... vertrieben" – präsentierte dafür aber keinen einzigen schriftlichen Befehl. Hatte Milosevic also nur per Flüsterpropaganda und SMS über Telefonketten diese Großaktion orchestriert, so wie wenn Autonome klandestin zur Hausbesetzung mobilisieren? Der Prozeßverlauf sollte zeigen, ob del Ponte dieses Dilemma lösen konnte.

Prominente Zeugen

Um das Fehlen schriftlicher Dokumente zu überspielen bot die Anklage eine Vielzahl von Zeugen auf, die Milosevics Verantwortung für die Verbrechen nachweisen sollten – vom 19. Februar bis 11. September 2002, dem Ende der Beweisaufnahme im Punkt Kosovo, allein 124.

Doch deren Performance war über weite Strecken so schwach, daß sich sogar der pro-westliche Premier Djindjic darüber entrüstete, „wieviel Geld verpulvert wurde, damit dieses Gericht nach fünf Jahren mit solch belanglosen Zeugen aufwartet.“[649] Umgekehrt waren die Auftritte des Angeklagten oft so überzeugend daß sogar das Springerblatt *Welt am Sonntag* konstatieren mußte: „In Belgrad ist Milosevic ein Held.“[650]

Kein Wunder, daß das regierungstreue serbische Staatsfernsehen *RTS* - der einzige Sender, der im ganzen Land zu empfangen ist - die Übertragung der Haager Verhandlungen nach kurzer Zeit einstellte und auch das Interesse der westlichen Medien am anfänglich so genannten „Jahrhundertprozeß" erlosch.[651]

Die Schwäche der albanischen und serbischen Zeugen, die im folgenden noch detailliert dargestellt wird, versuchte die Anklage dadurch auszugleichen, daß sie Prominenz aus den Nato-Staaten vorlud. So erschienen der deutsche General Klaus Naumann, während des Krieges Vorsitzender des Nato-Militärausschusses, der

---

649 - z.n. *SZ*, 1. 3. 2002
650 - *Welt am Sonntag*, 17.2.2002
651 - Die Übertragung wurde am 11.3.2002 eingestellt - vgl. *FAZ*, 21.3.2002

Brite Paddy Ashdown, langjähriger Hochkommissar für Bosnien-Herzegowina, sowie dessen Nachfolger, der Österreicher Wolfgang Petritsch, und der Norweger Knut Vollebaeck, ein ehemaliger Vorsitzender der OSZE, und als Nachzügler (im Dezember 2003) auch der seinerzeitige Nato-Oberbefehlshaber Wesley Clark vor Gericht. Da sie jedoch nicht die mutmaßlichen Tatorte und Opfer, sondern nur den mutmaßlichen Täter bzw. Auftraggeber persönlich in Augenschein genommen hatten, und zwar vor Kriegsbeginn, kamen ihre Aussagen über den Versuch eines laienpsychologischen Täterprofils nicht hinaus.

Einmal lehnte das Gericht den Auftritt eines zweifelhaften Zeugen ab: Mit Kevin Curtis hatte die Anklage für den 21. Februar 2002 als Zeugen einen ihrer Mitarbeiter nominiert. Daß Staatsanwälte sich gegenseitig als Zeugen aufrufen, war Richter Richard May wenigstens in diesem einen Fall zuviel. Bei ähnlich umstrittenen Zeugen hatte das Gericht allerdings keine Einwände: Am 3. Juni 2002 sagte Fred Abrahams von der Organisation Human Rights Watch aus. Er hatte nicht nur an der Abfassung der Anklage gegen Milosevic mitgearbeitet, sondern bereits im August 1998 in einem Beitrag für die *International Herald Tribune* gefordert, der jugoslawische Präsident müsse in Den Haag angeklagt werden.[652] Am 30. Oktober 2003 trat sogar noch Graham Blewitt als Zeuge auf, der Stellvertreter der Chefanklägerin del Ponte.

Apartheid im Kosovo?

Bei der folgenden Zusammenfassung wichtiger Zeugenaussagen wird auf eine Quellenangabe im einzelnen meist verzichtet, da die Transkripte der Verhandlung unter dem jeweiligen Tag auf der Website des UN-Tribunals leicht eingesehen werden können (http://www.un.org/icty/transe54/transe54.htm).

In den ersten Wochen versuchte das Gericht Aufschluß über die politische und rechtliche Position der Albaner im Kosovo zu gewinnen. Als erster Zeuge wurde am 19. Februar 2002 Mahmut Bakalli aufgerufen, der in den achtziger Jahren die kosovarische Sektion der KP Jugoslawiens angeführt hatte. Er gab an, nach der Verfassungsänderung 1989 und der dadurch verfügten Beschneidung der Auto-

---

652 - IHT, 5.8.1998

nomie der Provinz hätten sich seine Landsleute in einer Apartheid-Situation befunden. „Auf Milosevics Fragen gab er dann zu, daß es für ganz Serbien ein einheitliches Unterrichtsprogramm gegeben habe, das genauso auch im Kosovo gegolten habe. Außerdem gab er zu, daß in den staatlichen Schulen die Schüler auch in albanischer Sprache hätten unterrichtet werden können. Doch die albanischen Schüler hätten sich geweigert, in die staatlichen Schulen zu gehen", berichtete die *FAZ*.[653] Außerdem „räumte Bakalli nach Insistieren Milosevics ein, daß durch die Verfassungsänderung von 1989 formell die Autonomie nicht aufgehoben worden sei ... Ein regelrechtes Wortgefecht zwischen Milosevic und Bakalli gab es über dessen Aussage, daß albanische Arbeiter nach der Wegnahme des Autonomiestatus in den Betrieben des Kosovo gezwungen worden seien, eine Loyalitätserklärung für die neue Verfassung abzugeben; andernfalls seien sie entlassen worden. Milosevic bestritt, daß es solche Loyalitätserklärungen und die damit verbundenen Folgen gegeben habe und verlangte, den Text einer solchen Erklärung zu sehen. Der Zeuge konnte das nicht im Moment, versprach aber, nach seiner Rückkehr nach Pristina dem Gericht einen solchen Text nachzureichen. Auch nannte er den Namen von einigen Betrieben, in denen diese Loyalitätserklärungen abverlangt worden sein sollen. Er fügte hinzu, daß die albanischen Arbeiter nicht in solchen Betrieben arbeiten wollten. Milosevic hakte nach, bis Bakalli den Boykott des Arbeitsplatzes durch albanische Arbeiter mit einer Entlassung gleichsetzte."

Die *FAZ*-Unterzeile – „Milosevic bringt den ersten Zeugen der Anklage in peinliche Situationen" – bezog sich unter anderem auf dessen Selbstcharakterisierung als „unabhängiger Intellektueller." „Entgegen seiner Behauptung, er habe keine Kontakte zur ‚Befreiungsarmee des Kosovo' (UCK) gehabt, sei Bakalli einige Monate vor den Verhandlungen von Rambouillet als ‚politischer und diplomatischer Berater' für den politischen Flügel der UCK unter Adem Demaci tätig gewesen. Von ... Milosevic in die Enge getrieben, sagte Bakalli schließlich, daß er auf diese Beratungstätigkeit in politischen Fragen stolz sei."[654]

---

653 - Ernst Levy, Der Angeklagte in der Pose des Richters, in: *FAZ*, 20.2.2002
654 - Ernst Levy, Der Angeklagte ..., a.a.o.

Auch Ibrahim Rugova, der oft als kosovarischer Ghandi apostrophierte Präsident der Kosovo-Albaner, konnte Zweifel an seiner Gewaltfreiheit und seinem distanzierten Verhältnis zur UCK nicht überzeugend ausräumen. Anläßlich seiner Aussage am 6. Mai 2002 präsentierte Milosevic ein „Flugblatt mit einem UCK-Logo und der Unterschrift Rugovas, in dem die Kosovo-Albaner aufgefordert wurden, nach Mazedonien und nach Albanien zu gehen, da die UCK bei der Großoffensive nicht mehr in der Lage sei, die Bevölkerung zu beschützen."[655] Milosevic behauptete des weiteren, „Rugova sei im April 1993 anläßlich der Entgegennahme einer amerikanischen Auszeichnung mit einem amerikanischen Kongreßabgeordneten zu einem Gespräch zusammengetroffen; dabei sei ein Plan erörtert worden, nach dem die Armee und Polizei im Kosovo provoziert werden sollten und Vorbereitungen für die Ankunft von fremden Truppen vorgesehen gewesen seien. Der Plan habe zudem vorgesehen, daß die Albaner das Kosovo in großen Zahlen verlassen sollten, damit man von Massendeportationen sprechen und dann die ausländischen Truppen einmarschieren könnten."[656] Rugova bezeichnete das Flugblatt als Fälschung und verwies auf orthographische Fehler im Text, die Albaner nicht machen würden. Er stritt ab, 1993 ein solches Gespräch geführt zu haben.

Die Racak-Pleite

Mit Spannung war die Beweisaufnahme zum angeblichen Massaker in Racak erwartet worden, war doch dies der einzige Anklagepunkt im Komplex Kosovo, der Milosevic aus der Zeit vor dem Bombardierungsbeginn zur Last gelegt worden war (vgl. Seite 87 ff). Dagegen stand die Behauptung Milosevics, die Toten seien keine unschuldigen Zivilisten gewesen, sondern Opfer militärischer Auseinandersetzungen, die von der UCK aus größerem Umkreis zusammengetragen und TV-wirksam drapiert worden seien. Die Vernehmung von Helena Ranta, der Leiterin der gerichtsmedizinischen Kommission der EU, die die Racak-Leichen autopsiert hatte, brachte für Kenner der Materie wenig Neues. Bemerkenswert war immerhin, daß die Finnin erneut bestätigte, keine Schmauchspuren-

---

655 - E.L., Rugova bezichtigt Milosevic der Lüge, in: *FAZ*, 7.5.2002
656 - E.L., Rugova..., a.a.o.

tests an den Händen der Opfer vorgenommen zu haben – das wäre die einzig sichere Methode gewesen, um einen Schußwaffengebrauch der Opfer vor dem Tod auszuschließen. Daß sie dennoch auf ihrer abschließenden Pressekonferenz vom 17. März 1999 die Toten als „unbewaffnete Zivilisten" bezeichnet hatte, sah sie weiterhin als unproblematisch an. Im Kreuzverhör gab sie Details preis, wie gezielt diese Pressekonferenz in Szene gesetzt worden war: Die nicht an Medienarbeit gewohnte Ärztin wurde vorher wochenlang von einem EU-Rechtsberater auf ihre Aufgabe vorbereitet und auf dem Podium von zwei EU-Diplomaten eingerahmt, ihre expressis verbis „persönliche" Stellungnahme zum EU-Bericht umgetitelt und dadurch dessen Aussage verschärft. Expertisen anderer Forensiker, die die Leichen untersucht hatten, durften auf der Pressekonferenz eine Woche vor Kriegsbeginn nicht vorgetragen werden. Weil sie nicht zur Nato-Propaganda vom Mord an den „unbewaffneten Zivilisten" paßten? Frau Ranta wich aus und gab Nichtwissen vor. Sie habe mit der Organisation der Pressekonferenz nichts zu tun gehabt. (Vgl. das Wortlautprotokoll der Vernehmung vom 12. März 2003 auf S. 310 ff.).

Des weiteren hörte das Gericht am 22. Mai 2002 den gerichtsmedizinischen Experten Eric Bacard, der Leichen an verschiedenen Fundorten untersucht hatte, auch diejenigen von Racak. Allerdings hatte er seine Analysen erst nach dem Krieg vorgenommen, als die Leichen schon skelettiert waren, weswegen er sich nicht festlegen konnte und wollte, ob der Tod der Untersuchten auf Kampfeinwirkungen oder auf Exekutionen zurückging. Aus der Tatsache, daß keine Schüsse aus kurzer Distanz oder aufgesetzte Schüsse festgestellt werden konnten, seien Exekutionen eher auszuschließen. Als er im Kreuzverhör nach den Pulverspuren an den Händen der Leichen gefragt wurde, die serbische und weißrussische Ärzte festgestellt und daraus auf den Schußwaffengebrauch der fälschlich als Zivilisten deklarierten Kämpfer geschlossen hatten, wies Bacard den angewendeten Schmauchspurentest als unzuverlässig zurück. Allerdings konnte er nicht angeben, warum kein anderer Test vorgenommen worden war, etwa an Kleidungsresten, die auch bei den zur Zeit seiner Untersuchung schon skelettierten Leichen noch vorhanden gewesen seien.

Am 13. Mai konnte auch der Zeuge John Drewienkiewicz, operativer Leiter der OSZE-Mission im Kosovo, der Anklage nicht weiterhelfen. In seiner schriftlichen Aussage hatte der britische General noch behauptet, nichts von militärischen Auseinandersetzungen am fraglichen Tag in Racak zu wissen. Weiterhin hatte er erklärt, seine Leute hätten auch gar nichts mitbekommen können, da ihr Beobachtungspunkt mindestens fünf Meilen von dem Dorf entfernt gelegen sei. Auf Milosevics Antrag wurde dann eine Videoaufnahme der Nachrichtenagentur *AFP* gezeigt, auf der deutlich Gefechtslärm zu hören ist. Der General bekannte, es sei „das erst Mal, daß er davon hörte, dort hätte es Zusammenstöße gegeben." Drewienkiewicz wird von Mitgliedern der OSZE-Mission beschuldigt, Informationen der Verifikateure an militärische Dienststellen der USA und Großbritanniens weitergegeben zu haben (vgl. mein Artikel zu *As Told, As Seen* im Anhang).

Drei albanische Zeugen berichteten am 31. Mai und 5. Juni 2002 in aller Ausführlichkeit von allerhand Scheußlichkeiten in Racak. So sollen die serbischen Sicherheitskräfte ihren Opfern die Augen ausgestochen und ihre Herzen aus dem Leib geschnitten haben. Milosevic wies darauf hin, daß bei der vierwöchigen gerichtsmedizinischen Untersuchung der Leichen – vermutlich sind niemals in der Justizgeschichte Leichen länger und gründlicher autopsiert worden - keinerlei solche Verletzungen hatten festgestellt werden können (vgl. auch S. 91 ff)

Am 7. Juni 2002 wurde Ian Robert Hendrie gehört, ein Londoner Polizist, der zur OSZE-Mission im Kosovo gehörte und mit deren Leiter, dem US-Amerikaner William Walker, am Tatort war. Zum Beweis des angeblichen Massakers zeigte er Fotos der Leichen, die in einem Graben in der Nähe des Dorfes lagen. Milosevic fragte nach, warum unter den Leichen nur kleine Blutansammlungen zu sehen seien und keine größeren Blutlachen, und warum, obwohl die Leichen zum Teil übereinander lagen und gleichzeitig exekutiert worden sein sollen, kein Blut von einem auf den anderen Toten gespritzt sei. Ein Indiz dafür, daß man die leblosen Körper post mortem zusammengetragen und TV-wirksam arrangiert hatte? Dem ratlosen Zeugen wurde von Richter May aus der Patsche geholfen: „Der Zeuge ist kein gerichtsmedizinischer Experte, und man kann nicht erwarten, daß er über solche Dinge Bescheid weiß."

Aufschlußreich war auch die Aussage von Shukri Buja, des UCK-Kommandanten von Racak. Dieser berichtete am 5. Juni 2002 detailliert über Ausrüstung und Bewaffnung seiner Einheit mit Mörsern und schweren Maschinengewehren. Milosevic kommentierte: „Ich bin froh, daß sie das klargestellt haben, denn ... ein Zeuge aus Racak hat ausgesagt, ihre Männer seien nur mit Jagdgewehren bewaffnet gewesen." Vorwürfe an die Adresse der Sicherheitskräfte, sie seien mit unverhältnismäßiger Härte gegen die Aufrührer vorgegangen, sind nach diesen Angaben wohl zu relativieren.

Immer noch kein Hufeisenplan

Im Unterschied zum bereits erwähnten General Drewienkiewicz gab dessen Stabsoffizier bei der OSZE, der Brite Richard Ciaglinski, am 16. April 2002 vor Gericht an, er habe von einem serbischen Offizier von der Existenz serbischer Pläne zur Vertreibung der Kosovo-Albaner gehört. Obwohl sich Ciaglinski weigerte, den Namen seines Gewährsmannes zu nennen, gab dieser Hinweis der Anklage neue Hoffnung. Schließlich hatten sie noch einen weiteren Zeugen, der die Andeutung des Briten aufgreifen und belegen wollte: Ratomir Tanic, der erste Serbe, der gegen Milosevic aussagte.

Sein Auftritt dauerte vom 14. bis zum 21. Mai und war damit einer der längsten im Prozeß. In einem schriftlichen Statement hatte er behauptet, daß es einen militärischen Übungsplan namens Hufeisen gegeben habe, der später in der Realität ge- und mißbraucht worden sei. Die Staatsführung habe sich ein „kleines Bombardement" durch die Nato gewünscht, um die Albaner aus der Provinz treiben zu können. Im Auftrag seiner Partei „Neue Demokratie", die in der zweiten Hälfte der neunziger Jahre Teil von Milosevics Regierungskoalition war, habe er an vielen Sitzungen auf Spitzenebene teilgenommen, auf denen über das Kosovo verhandelt worden sei. Er bezeugte auch, es habe eine zweite Kommandostruktur gegeben, die Milosevic nutzte, um unter Umgehung der polizeilichen und militärischen Kommandokette die ethnische Säuberung anzuordnen.

Anläßlich seines persönlichen Auftreten im Zeugenstand büßte Tanic indes seine Glaubwürdigkeit vollkommen ein. Der Angeklagte präsentierte die Aufzeichnung einer Fernsehtalkshow mit Dusan Mihajlovic, der bereits zu Milosevics Zeiten den Vorsitz der „Neuen Demokratie" inne gehabt hatte und danach (also auch noch während des Prozesses) Polizeiminister der neuen pro-westlicher Regierung des Parteienbündnisses DOS war. Über sein Parteimitglied sagte Mihajlovic: „Tanic hat niemals bei der Fassung und Durchsetzung von Beschlüssen teilgenommen, er war nur ein Beobachter so wie jeder

Bürger." Und weiter: „Ich wußte, daß Ratomir verrückt genug war, um sich als Zeuge zu bewerben, aber ich hätte nie gedacht, daß man ihn nehmen würde." Der Vizechef der Partei, Nebojsa Lekovic, erklärte: „Tanic hat nie in irgendeiner Weise an Verhandlungen mit Kosovo-Albanern teilgenommen und mußte das Land wegen riesiger unbezahlter Schulden verlassen ..."
Noch desaströser war freilich, daß Tanic selbst zugab, mit dem britischen, italienischen und russischen Geheimdienst zusammengearbeitet zu haben. Am 15. und 16. Mai bekannte er, daß er seine schriftliche Stellungnahme zum Prozeß im Beisein von mindestens zwei britischen Agenten abgefaßt hatte. Die entsprechende Zusammenarbeit mit dem MI-6 habe schon 1993 „im Zuge der Vorbereitung von Dayton" begonnen. Kleiner Schönheitsfehler: Die Dayton-Verhandlungen wurden sehr kurzfristig erst im Herbst 1995 angesetzt. Im Augenblick, so gab er auf Befragung zu, arbeite er an einem Buch, das vom britischen Nachrichtendienst finanziert werde, In dem Buch, so sagte er weiter, gehe es ausschließlich um die Vorwürfe gegen Milosevic.[657]

---

657 - Tanics Behauptung einer zweiten verdeckten Kommandokette wurde am 5. Juli 2002 auch von Shukri Aliu, einem ehemaligen Oberst der jugoslawischen Armee von der Zivilverteidigung in Pristina, wiederholt. Demnach habe es neben dem regulären einen geheimen Generalstab gegeben. Allerdings hatte Aliu den Treffen dieses Generalstabes – angeblich jeden Dienstag um 17 Uhr in Pristina – nicht selbst beigewohnt, sondern nur von einem Vorgesetzten davon erfahren. Angeblich gebe es auch eine geheime Verordnung aus dem Jahre 1997, die Milosevic ein Umgehen der normalen Kommandostruktur gestatte. Doch der Zeuge benannte weder seinen Gewährsmann, noch konnte er das entsprechende Dokument präsentieren.

658 - Am 29. Oktober 2002 erschien der „beschützte Zeuge" C001, der dann unter seinem eigenen Namen Slobodan Lazarevic aussagte. Lazarevic ist angeblich ein Oberst des militärischen Geheimdienstes KOS mit über 30 Jahren Diensterfahrung. Unter den Schutzmaßnahmen des Tribunals lebt Lazarevic heute mit einer neuen Identität in England als Securitychef eines Flughafens. Im Zeugenstand bestätigt er u.a., daß Milosevic die Republik der Krajinaserben ganz unter seiner Kontrolle hatte und daß er für die Vertreibung der dortigen Kroaten persönlich verantwortlich sei. Im Kreuzverhör verstrickt sich aber der Zeuge in Widersprüchen m.B. auf seiner Tätigkeit als KOS-Angehöriger. Dem Angeklagten gelingt es nachzuweisen, daß Lazarevic nie beim militärischen Geheimdienst gewesen sein kann und daß also auch seine Behauptungen eines Insiders wertlos sind. Vom amicus curiae Tapuskovic wurde der Zeuge mit einigen Fotos in Verlegenheit gebracht, auf denen er in brittischer Uniform im Gespräch mit anderen britischen Offizieren zu sehen ist. Als Erklärung gab der Zeuge, er sammle eben verschiedene Uniformen. Am 18. Februar 2003 bestätigt der Chef des militärischen Geheimdienstes General Aleksandar Vasiljevic im Zeugenstand, daß Lazarevic nie seinem Dienst angehört habe. (Germinal Civikov, Der Prozeß des Jahrhunderts, Manuskript im Besitz des Autors)

(Ein weiterer Kronzeuge und angeblicher Geheimdienstmitarbeiter, Slobodan Lazarevic, sagte am 29. Oktober 2002 im Verhandlungskomplex Kroatien aus – und wurde ebenfalls der Falschaussage und der Kooperation mit dem britischen Geheimdienst überführt).[658]

Massaker und „Massaker"
Immer wieder wurde im Haager Gericht über einzelne Greueltaten berichtet. Zumindest in einigen Fällen war das absolut glaubhaft. So traten zwei Jugoslawen als Augenzeugen auf, die im Krieg als Soldaten an Ort und Stelle gewesen waren: Am 9. Mai 2002 sprach Nike Peraj über Massaker in der Nähe von Djakovica. Am 6. September 2002 schilderte der anonymisierte Zeuge K 41 eine Säuberung. Auch er selbst habe dann an Exekutionen mitgewirkt, dabei sei auch ein Baby ermordet worden, bezichtigte sich der Mann. Bei einer ähnlichen Aktion im Dorf Trnje will ein weiterer jugoslawischer Soldat zugegen gewesen sein. Der 26jährige Muslim aus Montenegro sagte am 17. Juli anonym aus.

Allerdings wirkten viele albanische Zeugen, die sich als Opfer oder Überlebende vorstellten, nicht besonders seriös. Germinal Civikov, der als Journalist bei der *Deutschen Welle* regelmäßig vom Prozeß berichtete, faßt zusammen. „Mehrere Zeugen behaupteten beispielsweise explizit und wenig glaubhaft, sie hätten noch nie von einer UCK gehört. Sie hätten auch nichts davon mitbekommen, daß serbische Polizisten oder Kosovo-Serben jemals von der UCK getötet worden waren. Viele Zeugen folgten dieser Argumentationslinie. Jede Tötung und jede Vertreibung wurde ohne Umschweife den jugoslawischen Sicherheitskräften angelastet. Einige Zeugen hatten jedoch 1999, im sicheren Gefühl des Sieges, bei ersten Vernehmungen stolz von ihrer Tätigkeit für die UCK berichtet. Vor Gericht wollten sie davon nichts mehr wissen. Milosevic fiel es in solchen Fällen leicht, auf die Widersprüche zwischen Einvernahme und Aussage hinzuweisen und die Glaubwürdigkeit der Zeugen in Frage zu stellen. Des weiteren wurde von Belastungszeugen behauptet, sie hätten während der drei Kriegsmonate seit dem 24. März 1999 nichts von Nato-Angriffen gesehen oder gehört ... Manche Zeugen berichteten sogar, sie seien von jugoslawischen Flugzeugen bombardiert worden. Die Anklagevertretung reagierte daraufhin nervös, der Angeklagte gelassen, denn allen Seiten war klar, daß wegen der absoluten Luftüberlegenheit der Nato während der drei Kriegsmonate keine jugoslawische Maschine den Boden verlassen konnte."[659] Neben Racak blieben weitere spektakuläre Greueltaten in Den Haag ungeklärt. Civikov referiert ein besonders unglaubwürdiges Beispiel: „Am 14. Juni 2002 präsentiert der Ankläger Dermot Grum den Zeugen Lazim Taci, der auch eine Massenerschießung überlebt habe. Als Beweis läßt der Ankläger Fotos von Jacke, Weste und Hemd des Zeugen sehen, die alle drei Einschußlöcher aufweisen. Daraufhin bestätigt der Zeuge, daß er zu einer größeren Gruppe gehörte, die von einem Polizisten mit einem schweren Maschinengewehr von 11 Meter Entfernung niedergemäht wurde. Der Zeuge habe sich fallen lassen und sei später unter den Leichen herausgekrochen. Zu Hause angekommen zieht er seine Jacke aus, und da fallen drei Kugeln auf den Boden. Sie hatten Jacke, Weste und Hemd durchbohrt, ihn aber unversehrt gelassen. Als Erklärung dieses Wunders meint der Zeuge im Kreuzverhör, daß Gott es offensichtlich so gewollt habe, damit er, Lazim Taci, von diesem Massaker berichten kann."[660]

Weiterhin bezeugten am 26. August zwei UCK-Anhänger das angebliche Massaker in Izbica mit mehr als 100 Toten. Einer von beiden legte allerdings nur eine schriftliche Aussage vor und war nicht zur mündlichen Auskunft bereit. Das mitgebrachte Videoband mit Aufnahmen des US-Fernsehens wurde vom Gericht zunächst als Beweismittel zurückgewiesen. Der zweite Zeuge mußte sich selbst von Ankläger Geoffrey Nice die Frage gefallen lassen, ob das umstrittene Band tatsächlich Originalaufnahmen zeige. Schon während des Krieges hatte das serbische Fernsehen eigene Aufnahmen des Dorfes und Interviews mit Dorfbewohnern ausgestrahlt, die ein völlig anderes Bild gegeben hatten (vgl. Seite 148 f). Im Kreuzverhör gab der Zeuge an, UCK-Kommandant gewesen zu sein.

Am 27. August 2002 sprachen zwei weitere Mitglieder der UCK über die angebliche Ermordung von knapp 100 Häftlingen im Dubrava-Gefängnis bei Istok (vgl. auch mein Artikel auf S. 300 ff.), die sie selbst durch Glück überlebt hätten. Neben der Unwahrscheinlichkeit ihrer Darstellung widerspricht dem auch die

---

659 - Germinal Civikov, Gericht und Gerechtigkeit, in: Novo Nr.66, September - Oktober 2003
660 - Germinal Civikov, Der Prozeß des Jahrhunderts, a.a.o.

Analyse des bereits erwähnten Forensikers Bacard. Demnach starben die untersuchten Opfer nicht durch Schüsse, sondern durch herabfallende Trümmer und Explosionsverletzungen. Das könnten die Folgen eines Handgranateneinsatzes durch serbische Wärter gewesen sein. Plausibler ist allerdings, daß die Verletzungen auf die Bomben zurückgeht, mit der die Nato das Gefängnis kurz vor dem angeblichen serbischen Verbrechen zerstört hatte.

Ein angeblicher serbischer Insider, mit dem Kürzel K25 anonymisiert, berichtete am 9. Juli 2002 über die Erschießungen von sechs Personen in Mala Krusa. Der Polizeioffizier gab an, die Exekutionen seien „vermutlich von örtlichen Polizisten" ausgeführt worden, wollte sich aber nicht weiter festlegen. Im Kreuzverhör brachte K25 dann eher Entlastendes für den Angeklagten vor: Vor jeder Polizeioperation seien die Dorfbewohner zur eigenen Sicherheit evakuiert worden, überdies durften per Anordnung Zivilisten nicht verletzt oder getötet werden, selbst wenn dadurch UCK-Kämpfer die Chance zum Entkommen erhielten. Er selbst habe nie einen anderslautenden Befehl erhalten, und kein Offizier unter seinem Kommando sei je an Kriegsverbrechen beteiligt gewesen. Der Begriff „Säuberung" sei zwar verwendet worden, aber nicht im Sinne von „ethnischer Säuberung", sondern nur im Sinne der Zurückdrängung von Terroristen.

Diese Aussage bestätigt die eingangs zitierten Recherchen der Generäle Vilic und Todorovic in den Archiven der jugoslawischen Armee: Es gab keine Befehle von oben zur Deportation oder gar Liquidierung der Kosovoalbaner.

Gefrierleichen und Zeugenerpressung

Am 22. und 23. Juli 2002 sagte der serbische Polizeioffizier Dragan Karleusa aus. Das Thema war gewichtig: Bis heute sind trotz intensiver Grabungsarbeiten im Kosovo nur etwa 4.000 Leichen oder Leichenteile gefunden worden, also erheblich weniger als die ursprünglich von Carla del Ponte behaupteten 11.334 kosovoalbanischen Opfer (vgl. Seite 154). Die Lücke versuchte die Anklageschrift dadurch zu schließen, daß sie Milosevic ein großes Vertuschungsmanöver zur Last legte. Auf seinen Befehl hin seien tote Albaner mittels Kühllastwagen nach Zentralserbien verfrachtet und dort heimlich vergraben worden. Pünktlich zur Auslieferung von Milosevic nach Den Haag waren „mindestens 36" Albaner aus Suva

Reka in der Nähe von Belgrad ausgegraben worden, hatte seinerzeit die *NZZ* vermeldet. „Alle hätten in derselben Straße gelebt, wie die gefundenen Dokumente zeigten", hieß es mit Verweis auf das serbische Innenministerium.[661] Wenige Sätze weiter war jedoch zu lesen: „Die Identifizierung der Opfer werde mehrere Monate dauern." Ist es glaubhaft, daß die Täter Leichen zur Vertuschung von Verbrechen über mehrere hundert Kilometer nach Belgrad transportierten, ihnen dann aber, um es Den Haag leichter zu machen, die Personalpapiere ließen? Und: Was sind das für seltsame Dokumente, aus denen man den Wohnort der Opfer bis auf die Straße genau ablesen kann - nicht aber deren Identität?

Karleusa hatte die Kommission geleitet, die den spektakulärsten Kühlwagenfund mit 86 Leichen untersucht hatte. Milosevic wies darauf hin, daß die Toten wohl eher auf das Konto einer Menschenschmugglerbande gehen könnten, die Serbien als Transit für Flüchtlingstransporte in geschlossenen Lkw von Osteuropa in die EU nutzten, entsprechende Polizeidokumente belegten deren Umtriebe. Im Kreuzverhör mußte Karleusa einräumen, daß es keine Identifizierung der Toten gegeben habe und es folglich nicht bewiesen werden könne, ob sie aus dem Kosovo stammten oder nicht. Polizeiminister Dusan Mihajlovic, der die Vorwürfe gegen Milosevic stützt, hatte zuvor gegenüber der Presse schon für Verwirrung mit der Aussage gesorgt, von den 86 Leichen sei nur eine einzige durch eine Kugel getötet worden. „Alle anderen wurden auf unterschiedliche Weise getötet, sagte er ohne weitere Einzelheiten zu nennen."[662]

Am 26. Juli 2002 sollte ein Insider auftreten, mit Hilfe dessen Milosevic des Vertuschungsmanövers doch noch überführt werden sollte. Der Chef der jugoslawischen Staatssicherheit Rade Markovic war im März 2001 in Serbien verhaftet worden und hatte eine schriftliche Aussage unterzeichnet, die seinen früheren Vorgesetzten der planmäßigen Vertreibung der Kosovo-Albaner und der anschließenden Beseitigung der Spuren seiner Verbrechen bezichtigte. Doch im Kreuzverhör nahm er diese Aussagen nicht nur zurück, sondern beschuldigte darüber hinaus die Belgrader Vernehmungsbehörden, ihn

---

661 - *NZZ*, 29.06.2001
662 - Albanians Killed in Kosovo Were Systematically Removed, *AFP*, 8.6.2001
663 - „Mit den Kreuzverhören habe ich Mühe", Interview mit Carla del Ponte, in: *NZZ*, 26.9.2002

zu diesen Falschaussagen gepreßt zu haben. „Sie sprachen über meine schwere Lage und machten mich auf alle möglichen weiteren Konsequenzen aufmerksam. Dann boten sie mir als Alternative an, Milosevic als Auftraggeber der Verbrechen zu beschuldigen, dadurch werde meine Verantwortung getilgt." Im Gegenzug für eine Falschaussage hätten ihm die Behörden „eine neue Identität, die Ausreise in ein anderes Land und lebenslange finanzielle Unterstützung" angeboten. (vgl. Auszüge aus dem Wortlautprotokoll auf S.317 ff.).

Del Pontes Fazit

Läßt man die acht Monate Revue passieren, in denen Carla del Ponte Milosevic schwerer Verbrechen im Kosovo zu überführen versuchte, so reiht sich eine Blamage an die andere: Die Glaubwürdigkeit der meisten albanischen Zeugen war nicht besonders hoch, weil sie sich in Widersprüche verstrickten oder ihre Zugehörigkeit zur Terrororganisation UCK zugeben mußten. Von zwei serbischen Kronzeugen, beide zuvor als Insider und Überläufer gehandelt, hatte der eine zugegeben, daß ihm der britische Geheimdienst souffliert habe, der andere den Ermittlungsbehörden Erpressung und Nötigung zur Falschaussage vorgeworfen. Viele der Zeugen, die allesamt von der Anklage benannt worden waren, schossen vor Gericht auf das eigene Tor.

Wie tief die Enttäuschung der Chefanklägerin war, läßt sich einem Interview entnehmen, das sie der *Neuen Zürcher Zeitung* nach Abschluß des Verhandlungskomplexes zum Kosovo gewährte.

„Frage: Teilen Sie die Auffassung ..., wonach bereits jetzt genügend Beweise gegen Milosevic vorliegen, um ihn zu verurteilen?

Del Ponte: Nein. Es gibt im Zusammenhang mit Kroatien und Bosnien-Herzegowina noch andere Straftaten, für die Milosevic verantwortlich ist

Frage: Konnten Sie beweisen, daß Milosevic für die Greueltaten direkte Verantwortung trägt?

Del Ponte: Ich würde diese Frage gerne beantworten. Ich kann dies lediglich im Gerichtssaal tun. Bis zum Mai 2003 werden wir diese Fragen beantworten ...

Frage: Aber bisher wurde kein einziges Dokument vorgelegt, das zu einer Verurteilung führen könnte.

Del Ponte: Warten wir ab ..."[663]

F.
Nachwort

Der dritte Weltkrieg beginnt in Jugoslawien

Der dritte Weltkrieg begann in Jugoslawien. Am 10. Juni 2009 rückten russische Eliteeinheiten aus dem nahen Bosnien über den Grenzfluß Drina vor und erreichten in den frühen Morgenstunden Pristina, die Hauptstadt des Kosovo. Die dort verbliebenen Serben säumten die Einfallstraßen und schmückten die Panzer mit Rosen, boten den slawischen Brüdern Brot und Salz, den traditionellen Gruß. Doch die stählernen Kolosse rasselten weiter, hinaus auf den Flughafen der Stadt, besetzten das Rollfeld. Im Nato-Hauptquartier in Brüssel war man von dem Coup überrascht, im Oval Office ließ sich der Präsident das Rote Telefon bringen. Doch sein Gesprächspartner im Kreml ließ sich verleugnen, die Lage blieb unklar. War der Handstreich eine Aktion der sowjetisch geprägten Generalität, gar der Auftakt zu einem Putsch der Alten Garde? Nach zwei Stunden hektischer Konferenzen war die Antwort des Nordatlantikpaktes klar: Britische Truppen aus dem Kosovo-Korps kesselten den Flughafen von Pristina ein und forderten den russischen Kommandanten zur Übergabe auf. Nach Ablauf des Ultimatums stürmten Fallschirmjäger den Tower, Apache-Hubschrauber schalteten die Artillerie des Gegners aus. *CNN* hatte die Nachricht über die „Wiederherstellung von Ruhe und Ordnung im Kosovo auf der Grundlage der UN-Resolution 1244" gerade verbreitet, als das U-Boot Wladiwostok, das sich in der Adria auf Tauchfahrt befand, zwei Marschflugkörper auf den kosovarischen US-Stützpunkt Bondsteel abschoß. Der US-Präsident bestieg die Airforce One und gab der Sechsten Flotte den Befehl, ihre Ankerplätze im Mittelmeer zu verlassen und durch die Dardanellen vorzustoßen, Kurs auf die russische Schwarzmeerküste.

Eine Zukunftsgeschichte? Nur zum Teil. Die beschriebene Eskalation hat bereits angefangen, und zwar schon zehn Jahre vor dem fiktiven Datum, am 10. Juni 1999. Nach der Kapitulation der jugoslawischen Armee im Kosovo sind tatsächlich russische Truppen aus Bosnien nach Pristina vorgerückt. Auf ihren Fahrzeugen hatten die Soldaten die Aufschrift Sfor, die sie als Teil der UN-mandatierten Stabilisierungstruppe im Nachbarstaat auswies, hastig zu Kfor umgepinselt. Kfor, das war die gerade erst beschlossene Besatzungsstreitmacht für das Kosovo. Der russische Präsident Boris Jelzin hatte zugestimmt, daß sie unter dem Oberbefehl der Nato gebildet wurde – doch seine Generäle wollten wenigstens dafür sorgen, daß die strategisch wichtige Hauptstadt der Provinz nicht in die Hände des alten Feindes fiel. Die schnell nachrückenden Truppen des britischen Kfor-Kontingents hatten die Kanonen auf die renitenten Besatzer des Flugplatzes gerichtet, aus Brüssel wurde die Order zum Sturmangriff gegeben – da bewahrte ein Mann seine Kaltblütigkeit und verweigerte den Befehl. Michael Jackson, der britische Oberkommandeur der Kfor, brüllte seinen Vorgesetzten am Telefon an: „Ich werde doch für Sie nicht den Dritten Weltkrieg riskieren." Nur wegen dieser Befehlsverweigerung fand der Angriff nicht statt, und nur deswegen konnte mit den Russen noch eine gütliche Einigung gefunden werden Hätte die Nato so funktioniert, wie es ihr Reglement vorsieht, wären die Folgen nicht auszudenken gewesen.

Der General, der an diesem Tag mit dem Äußersten pokerte, war der damalige Nato-Oberbefehlshaber, der US-Amerikaner Wesley Clark. Die Unbotmäßigkeit von Jackson nahm er zähneknirschend hin – eigentlich hätte er den Weltkriegsverweigerer von der Militärpolizei festnehmen lassen müssen. Ein deutscher General hat das im Nachhinein kritisiert. „Das schwächliche Zurückweichen von Briten und Amerikanern war sicher die falsche Antwort in einer Situation, die niemals zu einem ernsten Konflikt zwischen der Nato und Rußland geführt hätte", schrieb Klaus Naumann, damals Vorsitzender des Nato-Militärausschusses und damit höchster europäischer Offizier im Bündnis.[664]

Daß der Planet in jenen Tagen am Rande einer gefährlichen Eskalation stand, ist nie ins Bewußtsein einer breiteren Öffentlichkeit gekommen, weil die zuständigen Nato-Gremien den Konflikt gedeckelt haben. Der Brite Jackson wurde wegen seiner Befehlsverweigerung nie offiziell gerügt, sondern konnte seine Amtszeit als Kfor-Kommandeur untadelig zu Ende bringen. Clarks Karriere hingegen bekam einen Knick. US-Generalstabschef Hugh Shelton erwirkte seine Versetzung in den vorzeitigen Ruhestand, aus „Gründen der Integrität und des Charakters."[665]

Doch fünf Jahre später probte der Brandstifter von damals eine zweite Karriere: Clark bewarb sich als Kandidat der Demokratischen Partei für die amerikanischen Präsidentschaftswahlen im

---

664 - Z.n. Klaus Naumann, Frieden – der noch nicht erfüllte Auftrag. Bonn 2002, S.60
665 - z.n. Horst Bacia, General Clark, das ist eine infame Lüge, in FAZ, 20.12.2003

Herbst 2004. Er konnte sich zunächst breiter Unterstützung erfreuen, die vom ehemaligen Präsidentenberater Zbigniew Brzezinski über den Multimilliardär George Soros bis zum Filmregisseur und Bestsellerautor Michael Moore reichte. Doch besser als Clark schnitt bei den Vorwahlen John Kerry, der Senator von Massachusetts, ab – viele sehen in ihm bereits den Nachfolger von Amtsinhaber George W. Bush. Kerry gilt als gemäßigter Gegner der US-Kriegspolitik. Dabei wird übersehen, daß er – ähnlich wie Clark – beim Angriff auf Jugoslawien zu den Falken gehörte. „Er unterstützt die Entsendung von Bodentruppen in den Kosovo", meldete die US-Presse im April 1999.[666] Das war eine Position, die noch nicht einmal im Nato-Hauptquartier durchsetzungsfähig war.

Bei ihrem Comeback profitieren die US-Demokraten von der allgemeinen Geschichtsvergessenheit: Zum fünften Jahrestag des von ihrem Präsidenten William Clinton unterstützten Nato-Überfalls auf Jugoslawien ist die Erinnerung daran geschwunden. Alle Augen sind auf die neuen Schlachtfelder im Nahen und Mittleren Osten gerichtet. Mit den steigenden Verlusten der US-Amerikaner im Irak und in Afghanistan meldet sich das Gespenst Vietnam zurück, das nach den Blitzsiegen über die Taliban und über das Regime Saddam Husseins so erfolgreich gebannt schien. Wird die Supermacht am Euphrat und am Hindukusch in einen Abnutzungskrieg wie einst am Mekong gezwungen? Wie lange kann der ökonomisch kränkelnde Riese die Kosten für die Besatzung noch aufbringen? Was passiert, wenn immer mehr tote Boys im Body-Bag zurückkommen?

Die Demokraten können darauf verweisen, daß die Kriege Clintons, ganz anders als die seines Nachfolgers, erfolgreich geendet haben, jedenfalls von Washington aus betrachtet. Auf dem Balkan herrscht Ruhe, kein einziger GI ist im Kampf getötet worden, ein Teil der Truppen konnte bereits zurückgezogen worden. Bosnien und das Kosovo sind befriedete Provinzen des Imperiums geworden, Serbien ist zumindest kein Schurkenstaat mehr. Die übrigen Fragmente des einst großen Jugoslawien – Slowenien, Kroatien, Mazedonien, Montenegro – wetteifern darum, wer der Nato besser dienen könnte.

---

666 - Tricia Mohan, Despite spectre of Vietnam, Kerry, defends Kosovo, in: *Yale Daily News*, 20.4.1999

Auch in Deutschland hofft die Regierung auf einen Machtwechsel im Weißen Haus. Mit Clinton ist Gerhard Schröder besser gefahren: Mit ihm hat man sich die balkanische Beute recht einvernehmlich aufgeteilt, während der hemdsärmlige Texaner Bush nun den deutschen Firmen Geschäfte im Zweistromland verwehren will, nur weil die Bundeswehr beim Angriff auf Irak etwas abseits stand. Kein Wunder also, daß dieselben deutschen Medien, die 1999 Schröder und Clinton jedes Märchen glaubten, nun fleißig die Lügen von Bush und dem britischen Premier Tony Blair aus dem Jahr 2003 aufdecken. So weiß jeder halbwegs interessierte Deutsche, wie fadenscheinig das Gerede von den irakischen Massenvernichtungswaffen war und wie unverblümt Bush mit der Behauptung gelogen hat, Saddam habe sich in Schwarzafrika Atombombenuran besorgen wollen. Auch den peinlichen Auftritt von Außenminister Colin Powell vor dem UN-Sicherheitsrat wird man nicht vergessen, als er fehlende Beweise mit windigen Dias und zusammengestoppelten Tonbandaufnahmen ersetzen wollte. Von Joseph Fischers Medienmassaker in Racak und Rudolf Scharpings Hufeisen-Finte aber haben die wenigsten gehört.

Je mehr Bush wackelt, um so mehr werden sich seine gemäßigten Kritiker verkneifen, auf die Leichen im Keller der demokratischen Opposition hinzuweisen, um deren Wahlchancen nicht zu gefährden. Spiegelbildlich wird sich derselbe Vorgang hierzulande abspielen: Je stärker Schröder unter Druck von Angela Merkel und Edmund Stoiber kommt, um so mehr werden sich die moderaten Kriegsgegner hinter dem Sozialdemokraten zusammenscharen, um den Machtwechsel zu einer unionsgeführten Bundesregierung zu verhindern. Alle vereint gegen Bush, alle vereint für Schröder - und deshalb kein Wort mehr über den Überfall auf Jugoslawien, mit dem jener nichts und dieser sehr viel zu tun hatte.

Dieses taktische Schweigen wird künftige Kriege nicht verhindern helfen, sondern sie vorbereiten. Denn wenn die Nato, assistiert von den Richtern in Den Haag, alle Verantwortung für die 3.000 zu Tode gebombten Jugoslawen deren ehemaligem Präsidenten Slobodan Milosevic zuweisen kann, wenn also trotz aller Kritik am Krieg 2003 der Krieg 1999 als gerechtfertigt im kollektiven Gedächtnis bleibt, wird die Friedensbewegung immer Schlagseite haben. Sie wird auf Unterstützung zählen können, wenn sie gegen den unilateralen Amok der Bush-Leute wettert – aber gegen innerhalb der Nato besser abgestimmte Aggressionen wie auf dem Balkan wird sie die Segel streichen müssen. Die Kombination von Menschenrechts-Demagogie und Militärgewalt, die Verkleidung der Nato als bewaffneter Arm von Amnesty International könnte auf Dauer erfolgreicher sein als der offene Machtanspruch der texanischen Öl-Lobby.

Je tiefer die US-Army zwischen Bagdad und Basra im blutigen Morast versinkt, umso verführerischer wird eine alternative Variante des Intervenierens präsentiert werden: Man greift die vermeintlichen Schurkenstaaten nicht frontal an, sondern hetzt deren Bevölkerung entlang der ethnischen und religiösen Bruchlinien gegeneinander auf, gießt über sogenannte Nichtregierungsorganisationen Benzin ins Feuer, wartet den Ausbruch des offenen Bürgerkrieges ab und geht erst im letzten Stadium mit eigenen Soldaten vor Ort. Das hat in Kroatien, Bosnien, im Kosovo und in Mazedonien geklappt – und in der Regel ganz ohne UN-Mandat.

Die weiteren Stationen bei diesem Vorgehen könnten Weißrußland, Moldawien, die Ukraine und andere Staaten der ehemaligen Sowjetunion sowie die rohstoffreichen Republiken in Zentralafrika sein. Und wenn sich ein atomar gerüstetes Land wie Indien, Rußland und China die Salami-Taktik nicht gefallen läßt und der sogenannten humanitären Einmischung militärisch Paroli bietet, wird sich den beteiligten Militärs schnell die Frage stellen, die uns am Anfang begegnet ist: Soll ich dafür den Dritten Weltkrieg riskieren? Dann kann man nur beten, daß Generale wie Wesley Clark und Klaus Naumann nicht das Kommando haben.

Anhang

Dokumente und Analysen zu den 70er und 80er Jahren

„Die Libanonisierung des Landes"

Internationale Presseberichte und Expertisen zur Lage im Kosovo zwischen Anfang der siebziger und Anfang der neunziger Jahre
1966/1970: „Zunehmende 'Albanisierung' des Kosovo. Die Kosovo-Albaner beherrschen Partei und Bürokratie. Albanisch wird inoffizielle Amtssprache. Die Belgrader Zentralregierung beobachtet eine wachsende Korruption, Cliquenwirtschaft und Überbevölkerung bei gleichzeitig niedriger Produktivität. Die schlechte wirtschaftliche Lage sowie anti-serbische Repressionen veranlassen immer mehr Kosovo-Serben zur Abwanderung.
1974: Verfassungsrechtliche Erweiterung der Autonomie des Kosovo durch ein Mitspracherecht auf Bundesebene."
(Verteidigungsministerium der Bundesrepublik Deutschland, Die Geschichte des Kosovo; unter www.bundeswehr.de/im_einsatz/kfor/chronik/diegeschichtedeskosovo1.html)
„Eine für das Schicksal Jugoslawiens folgenschwere Konfrontation freilich wurde der nach-titoistischen Führung ohne deren eigenes Zutun aufgezwungen: die Revolte im Kosovo. Am 11. März 1981 kam es in der Universitätsmensa von Pristina zu einer Demonstration ... Ihre vordergründige Parole war 'Kosovo-Republika'. Objektive Gründe für Proteste bestanden aber kaum. Das albanische Element hatte sich im Kosovo durchgesetzt, die Autonomie war gesichert und die wirtschaftlichen Verhältnisse, obschon zurückgeblieben, besserten sich, mit Zuschüssen aus dem übrigen Jugoslawien."
(Viktor Meier, Der Titostaat in der Krise: Jugoslawien nach 1966, in: Dunja Melcic (Hrsg.), Der Jugoslawien-Krieg. Handbuch zu Vorgeschichte, Verlauf und Konsequenzen. Opladen/Wiesbaden 1999, S.206)
Die „Politparole 'Kosovo Republika' ... ist durch die Losung vom 'ethnisch reinen Kosovo' ergänzt worden ... Demnach soll Kosovo in ein albanisches Territorium, frei von anderen Nationalitäten umgewandelt werden."
(Frankfurter Rundschau, 8.10.1984)
„Die Nationalisten haben ein zwei-Punkte-Programm: Zum einen die Errichtung einer - wie sie es nennen - ethnisch reinen albanischen Republik und sodann die Verbindung mit Albanien, um ein Großalbanien zu bilden ... Ungefähr 57.000 Serben haben den Kosovo im letzten Jahrzehnt verlassen ... Der Exodus der Serben ist zugegebener Maßen eines der Hauptprobleme ... im Kosovo..."
(New York Times, 12. Juli 1982)
„Niemand bestreitet, daß für viele Serben im Kosovo das Leben schwierig geworden ist. Es gibt ernste Anzeichen dafür, daß der Ankauf serbischer Anweser gesteuert und finanziell unterstützt wird - von wem und wie ist schwer zu sagen. Es gibt auch Fälle von Belästigung, sogar von Überfällen auf Serben, auch von Vergewaltigungen. Es stimmt wohl ebenso, daß Anliegen der Serben von den Behörden im Kosovo oft nachlässig behandelt werden."
(Frankfurter Allgemeine Zeitung, 11. Juli 1986)
„Albaner in der Regierung haben die öffentlichen Kassen und Vorschriften manipuliert, um Land, das Serben gehört, an sich zu reißen ...
Slawisch-orthodoxe Kirchen sind angegriffen worden, und Flaggen wurden abgerissen. Brunnen sind vergiftet und Weizen ist verbrannt worden. Slawische Jungs wurden niedergestochen, und einige junge Albaner wurden von älteren Angehörigen angehal-

281

ten, serbische Mädchen zu vergewaltigen ...

Das Ziel der radikalen Nationalisten ist, wie einer im Interview sagte, ein 'ethnisches Albanien, das Westmazedonien, Südmontenegro, Teile Südserbiens, Kosovo und Albanien selbst einschließt'. Das schließt große Stücke der Republiken ein, die die südliche Hälfte Jugoslawiens bilden ... Andere albanische Separatisten geben eine Vision eines Großalbaniens zu, das eher von Pristina in Südjugoslawien als von Tirana regiert wird, der Hauptsadt des benachbarten Albanien ...

Da die Slawen vor der fortgesetzten Gewalt fliehen, wird aus Kosovo, was die albanischen Nationalisten schon seit Jahren fordern, besonders nachdrücklich seit den blutigen Unruhen der Albaner in Pristina 1981 - eine ethnisch reine albanische Region, eine 'Kosovo Republik' im Wortsinne ...

Im letzten Sommer haben die Behörden im Kosovo angeblich 40 albanische Angriffe auf Slaven in zwei Monaten dokumentiert. In den letzten zwei Jahren sind 320 Albaner wegen politischer Verbrechen verurteilt worden, fast die Hälfte davon wurde als schwer bezeichnet ...

Hochrangige Offiziere haben von der Libanonisierung ihres Landes gesprochen und die Unruhen mit Nordirland verglichen ...

Der Bundessekretär für Verteidigung, Flottenadmiral Branko Mamula, berichtete ... von Versuchen der Albaner, die Streitkräfte zu unterwandern. 'Zwischen 1981 und 1987 sind insgesamt 216 illegale Organisationen mit 1.435 Mitgliedern albanischer Nationalität in der Jugoslawischen Volksarmee entdeckt worden ...

Zwar leben noch 200.000 Serben und Montenegriner in der Provinz, aber verstreut und ohne Zusammenhalt. In den letzten sieben Jahren sind 20.000 von ihnen geflohen, viele haben Ackerboden und Häuser zurückgelassen, um in den sicheren slawischen Norden zu kommen.

Bis September letzten Jahres verfolgte die Mehrheit der serbischen KP-Führung eine Politik des Kompromisses mit der Parteispitze im Kosovo unter ihrem albanischen Führer Azem Vlasi. Aber während einer 30-stündigen Sitzung des Zentralkomitees Ende September entfernte Slobodan Milosevic Dragisa Pavlovic von der Spitze der Belgrader Parteiorganisation, der größten des Landes. Milosevic beschuldigte Pavlovic ein Versöhnler zu sein, der zu sanft mit den albanischen Radikalen umgeht ...

Andere jugoslawische Politiker haben Alarm geschlagen. Ohne Zweifel ist Kosovo ein Problem des ganzen Landes, ein Pulverfaß, auf dem wir alle sitzen, sagte Milan Kucan, der Vorsitzende der slowenischen KP ...

Die Hoffnung besteht darin, daß etwas getan werden wird, um die Herrschaft des Gesetzes im Kosovo durchzusetzen und gleichzeitig die Albaner zurück in den Jugoslawischen Mainstream zu ziehen."
(New York Times, 1. November 1987)

„Niemand hat ernsthaft bezweifelt, ... daß die Verfassung von 1974 dringend reformbedürftig war, weil sie die Ausübung (serbischer) Souveränitätsrechte in den beiden auf ihrem Territorium liegenden autonomen Provinzen Vojvodina und Kosovo unmöglich machte. Serbiens politische und wirtschaftliche Entwicklung war, darüber gibt es keinen Zweifel, durch diese Verfassung behindert."
(Süddeutsche Zeitung, 31.3.1989)

„Serbien hat dem Kosovo die Autonomie weggenommen, wird allgemein behauptet. Das trifft inzwischen auch zu, war von Anfang an aber nicht so. Serbien hat mit seiner Verfassung vom 28. März 1989 dem Kosovo und der Vojvodina allein die politische Autonomie genommen, um (wie es damals hieß) mittels 'staatlicher Kompetenz auf seinem gesamten Territorium ... den anderen sozialistischen Republiken in unserer jugoslawischen föderativen Gemeinschaft gleichberechtigt zu werden' ...

Den nächsten Fehler machten die Albaner, als sie 1990 - 1992 parastaatliche Alleingänge - 'Republika Kosova', 'Präsident', 'Regierung', 'Verfassung', 'Parlament' etc. - unternahmen und von aller Welt deren Anerkennung verlangten. Und weil sie buchstäblich alles Serbische boykottierten (serbische Pässe ausgenommen, weil sie sonst nicht aus dem Kosovo herausgekommen wären). Offiziell behaupteten sie, für die verhaßten serbischen Institutionen ein albanisches Parallelsystem zu haben.

Diese albanische Total-Verweigerung nützte allein - Milosevic! Mit den Stimmen, die man z.B. in Belgrad und Umgebung zur Erringung eines Parlamentssitzes benötigt, bekommt man im Kosovo leicht ein Dutzend Sitze. Weil die Albaner alle Wahlen boykottierten, gingen ihre Stimmen auch der Opposition gegen Milosevic _. verloren. Das wiederum verhalf Milosevic, im Kosovo relativ leicht Mehrheiten zu gewinnen, mit denen er dann auch in ganz Serbien obsiegen konnte - die Albaner haben den serbischen Diktator 'gemacht', auch wenn sie ihn stürzen wollten."

„Der Nationalismus ist das schlimmste Problem"

Vollständiger Wortlaut der Rede von Slobodan Milosevic auf dem Amselfeld am 28. Juni 1989

Rudolf Scharping behauptete auf dem SPD-Kriegsparteitag im April 1999: „1989 hat Milosevic auf dem Amselfeld eine Rede gehalten und ein ethnisch reines Großserbien verkündet." Und im selben Monat schrieb der Spiegel: „Auf der 600-Jahr-Feier der Amselfeld-Schlacht hämmerte Milosevic 1989 Hunderttausenden geschichtsseligen Landsleuten ein, daß sie 'vor weiteren Kämpfen' stünden. Zwei Jahre später fielen in Slowenien, das mit solchen Serben nichts mehr zu tun haben wollte, die ersten Schüsse des neuen Balkankrieges."

Daß diese Darstellungen nicht der Wahrheit entsprechen, kann man anhand der wörtlichen Wiedergabe der Rede überprüfen. Die Übersetzung der FAZ vom Juni 1999 ließ wichtige Passagen aus - diese werden im Folgenden durch Kursivierung kenntlich gemacht – und enthielt insbesondere am Schluß tendenziöse Fehler.

An diesem Ort, im Herzen Serbiens, auf dem Kosovo Polje, hat vor sechs Jahrhunderten, vor genau 600 Jahren, eine der größten Schlachten damaliger Zeiten stattgefunden. Fragen und Geheimnisse haben dieses Geschehen wie viele andere große Ereignisse begleitet, es wurde Gegenstand ununterbrochener wissenschaftlicher Untersuchungen und nicht zuletzt auch der Neugier des Volkes.

Durch soziale Umstände bedingt findet das große sechshundertjährige Jubiläum der Kosovo-Schlacht in einem Jahr statt, in dem Serbien nach vielen Jahrzehnten seine staatliche, nationale und geistige Integrität wiedergefunden hat. So fällt es uns heute nicht schwer die Frage zu beantworten: Wie werden wir vor Milos auftreten? (Gemeint: Milos Obilic – serbischer Held der Kosovo-Schlacht, J.E.)

Wie das Leben und die Geschichte spielen, sieht es so aus, als ob Serbien gerade 1989 seinen Staat und seine Würde wiedergewonnen hat, um das historische Ereignis ferner Vergangenheit zu feiern, das für Serbien sowohl symbolisch als auch geschichtlich eine große Bedeutung für die Zukunft hat.

Heute ist schwer zu sagen, was bei der Kosovo-Schlacht historische Fakten sind und was zur Legende gehört. *Aber das ist auch nicht wichtig.* Erfüllt von Schmerzen, aber auch von Hoffnung ist das Volk gewöhnt, sich zu erinnern, ganz wie es eigentlich auch bei anderen Völkern der Fall ist. Das Volk hat sich wegen des Verrates geschämt, hat aber auch die Tapferkeit gepriesen. Deshalb ist heute schwer zu sagen, ob die Kosovo-Schlacht eine Niederlage oder ein Sieg für das serbische Volk war, ob wir als Folge der Niederlage in die Sklaverei kamen oder ob wir aus dieser Niederlage gelernt haben, die Zeiten der Sklaverei zu überleben. Die Antworten auf diese Frage werden das Volk und die Wissenschaft weiterhin suchen müssen. Was aber nach all diesen Jahrhunderten, die hinter uns liegen, Gewißheit geworden ist, das ist die Tatsache, daß wir auf dem Kosovo vor 600 Jahren unsere Uneinigkeit erfahren mußten.

Wenn wir eine Niederlage auf dem Kosovo erlitten haben, dann war das kein Ergebnis der gesellschaftlichen oder militärischen Überlegenheit des Osmanischen Reiches, sondern Ergebnis der tragischen Uneinigkeit an der Spitze des serbischen Staates. Damals, im fernen 1389, war das Osmanische Reich nicht nur stärker als das serbische Königreich, sondern auch glücklicher. Uneinigkeit und Verrat auf dem Kosovo werden das serbische Volk weiter als das Böse durch seine ganze Geschichte hindurch begleiten. Auch im letzten Krieg haben Uneinigkeit und Verrat das serbische Volk und Serbien in eine Agonie geführt, deren geschichtliche und moralische Konsequenzen die der faschistischen Aggression übertroffen haben.

Auch später, nach der Gründung des sozialistischen Jugoslawiens, war die Spitze der serbischen Führung in diesem neuem Land uneinig und neigte zu Kompromissen auf dem Rücken des eigenen Volkes. Die Zugeständnisse, die viele der serbischen Führer zum Nachteil des eigenen Volkes machten, wären weder historisch noch ethisch von irgendeinem Volk auf der Welt akzeptiert worden. Dies gilt um so mehr, weil die Serben während ihrer ganzen Geschichte niemals Eroberer oder Ausbeuter waren. Das nationale und historische Wesen der Serben in ihrer ganzen Geschichte, insbesondere auch während der beiden Weltkriege, war die Befreiung von Knechtschaft und das Leben in Freiheit, und so bleibt es auch heute. Die Serben haben sich immer wieder selbst befreit und, wenn es ihnen möglich war, halfen sie auch anderen, sich zu befreien.

Und die Tatsache, daß sie in dieser Region als ein großes Volk gelten, ist doch keine Schande und keine Sünde. Es ist ein Vorteil, den sie niemals gegen andere ausspielten. Aber ich muß sagen, hier auf diesem legendären Kosovo Polje, daß die Serben diesen Vorteil auch niemals zu ihrem eigenen Wohl genutzt haben.

Den serbischen Politikern und Führern und deren Vasallenmentalität ist zu verdanken, daß die Serben Schuldgefühle den anderen und sich selber gegenüber hatten. Die Uneinigkeit der serbischen Politik hat Serbien zurückgeworfen, und ihre Inferiorität hat Serbien gedemütigt. Das ging so über Jahre und Jahrzehnte. Wir sind heute hier auf das Kosovo Polje gekommen, um zu sagen, daß heute die Dinge anders liegen. *Es gibt keinen anderen, keinen geeigneteren Ort als Kosovo Polje, um zu sagen, daß die Einigkeit in Serbien auch dem serbischen Volk, den Serben und jedem Bürger Serbiens, unabhängig von seiner nationalen und religiösen Zugehörigkeit, Wohlstand bringen wird.*

Serbien ist heute geeint und anderen Republiken gleichgestellt. Es ist bereit, alles zu tun, um das materielle und soziale Leben aller seiner Bürger zu verbessern. Mit Verständnis füreinander, mit Zusammenarbeit und Geduld wird Serbien dabei erfolgreich sein. Deshalb ist auch der Optimismus mit Blick auf die Zukunft, wie er heute allenthalben in Serbien festzustellen ist, durchaus gerechtfertigt. *Dieser Optimismus basiert auf der Freiheit, die allen Menschen ermöglicht, positive, kreative und humanitäre Fähigkeiten zum Wohl der gesamten Gesellschaft und auch zum eigenen Wohl zu entfalten.*

In Serbien haben niemals nur die Serben gelebt. Heute leben in diesem Lande mehr als jemals zuvor Bürger anderer Völker und Nationalitäten. Und das ist natürlich kein Nachteil für Serbien. Im Gegenteil: Es ist ein Vorteil Serbiens. *In diesem Sinne ändert sich das nationale System, so wie es heute auch in anderen Ländern, insbesondere in den hochentwickelten Ländern der Welt, der Fall ist. Immer mehr und immer erfolgreichere Bürger verschiedener Nationen und verschiedener Religionen leben in einem gemeinsamen Land zusammen.* Im besonderen Maße soll der Sozialismus als eine progressive, demokratische Gesellschaft die Menschen zusammenführen und dazu beitragen, deren Trennung nach nationaler oder religiöser Zugehörigkeit zu überbrücken. Der einzig maßgebende Unterschied zwischen den Menschen im Sozialismus sollte der Unterschied zwischen denen sein, die arbeiten, und denen, die nicht arbeiten wollen. Zwischen Menschen, die füreinander da sind und sich gegenseitig achten, und solchen, die keinen Respekt vor ihren Mitmenschen haben. Die Bürger Serbiens, die von ihrer eignen Arbeit leben, verdienen die Achtung aller, sie müssen einander respektieren, *unabhängig von ihrer nationalen Zugehörigkeit*. Gerade auf solchen Prinzipien der gegenseitigen Achtung und des gegenseitigen Respekts basiert unser Land.

Jugoslawien ist eine multinationale Einheit und kann nur überleben, wenn völlige Gleichberechtigung zwischen allen im Land lebenden Nationen hergestellt wird. Die Krise, die Jugoslawien getroffen hat, hat sowohl nationale als auch soziale, kulturelle und religiöse Zwietracht hervorgebracht. Dabei ist der Nationalismus das schlimmste Problem. Ihn zu überwinden ist die Voraussetzung dafür, die anderen Mißstände zu beseitigen und die Konsequenzen zu mildern, die der Nationalismus hervorgebracht hat.

Seit dem Bestehen von multinationalen Gesellschaften war deren Schwachstelle immer das Verhältnis zwischen den einzelnen Nationen. Es besteht die Gefahr, daß die Frage der angeblichen Bedrohung einer Nation durch eine andere aufgeworfen werden kann, was wiederum zu einer Welle von Verdächtigungen, Anschuldigungen und Intoleranz führen kann, einer Welle, die unaufhaltsam wächst und sehr schwer zu stoppen ist. *Diese Gefahr bedrohte uns die ganze Zeit.*

Innere und äußere Feinde multinationaler Gesellschaften wissen das und tun alles, sie durch das Anstacheln nationaler Konflikte zu zerstören. Gegenwärtig wird das in Jugoslawien versucht - nie zuvor hatten wir solche tragischen nationaler Konflikte zu ertragen, die die Existenz unserer Gesellschaft in Frage stellten.

Gleichberechtigte und harmonische Beziehungen zwischen den jugoslawischen Völkern sind die unabdingbare Voraussetzungen *für das Überleben Jugoslawiens, die einzige Möglichkeit, aus der gegenwärtigen Krise einen Ausweg zu finden* vor allem um ökonomische und soziale Prosperität für das Land zu erreichen. In dieser Hinsicht unterscheidet sich Jugoslawien nicht von anderen Ländern der Welt, und insbesondere nicht von den entwickelten Ländern.

Die heutige Welt zeichnet sich immer stärker durch Toleranz, Kooperation und Gleichberechtigung zwischen den Nationen aus. Die moderne ökonomische, technologische, aber auch politische und kulturelle Entwicklung führt die Menschen verschiedener Nationen zueinander, macht die Völker voneinander abhängig und trägt Zug um Zug zu ihrer Gleichberechtigung bei. Zur Zivilisation, der die Menschheit zustrebt, haben vor allem die gleichberechtigten und vereinten Völker Zutritt Auch wenn wir nicht an der Spitze dieses Weges in die Zivilisation sein können, so möchten wir doch auch nicht die letzten sein.

Zur Zeit der großen historischen Schlacht auf dem Kosovo Polje blickten die Menschen hinauf zu den Sternen, von denen sie sich das Heil erhofften. Jetzt, sechs Jahrhunderte später, blicken sie wieder hinauf zu diesen Sternen - um sie zu erobern (*FAZ: ...und bitten für den Sieg*). Und auf jeden Fall dürfen sie sich heute nicht mehr erlauben, uneinig zu sein und sich von Haß und Verrat leiten zu lassen, leber sie doch nicht mehr in kleinen, schwachen und kaum miteinander verbundenen Welten. Heute können die Menschen dieses Planeten nicht einmal ihren eigenen Planeter erobern, wenn sie sich nicht einig sind, geschweige denn andere Planeten, solange sie nicht in Harmonie und Solidarität leben.

Gerade deshalb haben, vielleicht wie nirgendwo sonst auf dem Boden unseres Heimatlandes, die Worte Einigkeit, Solidarität und Gemeinsamkeit soviel Sinn auf dem Kosovo Polje, dem Symbol der Uneinigkeit und des Verrates. Diese Uneinigkeit, die für die Niederlage in der Schlacht verantwortlich war und auch für das unglückliche Schicksal, das Serbien ganze fünf Jahrhunderte lang ertragen mußte, ist im Gedächtnis des serbischen Volkes und wird es bleiben. Auch wenn es mit den historischen Gegebenheiten nicht unbedingt übereinstimmen mag, so bleibt doch die Gewißheit, daß das Volk seine Uneinigkeit als seine größte Tragödie erlebt hat. Deshalb haben wir die unbedingte Verpflichtung, die Uneinigkeit zu überwinden - das ist die unbedingte Voraussetzung, um künftig Niederlagen, Mißerfolge und Stagnation durchzustehen.

Das Volk in Serbien ist sich in diesem Jahr bewußt geworden, daß es seine innere Einheit als unverzichtbare Voraussetzung für das heutige Leben und seine weitere Entwicklung finden muß. Ich bin überzeugt, daß Serbien aufgrund dieses Bewußtseins der Einigkeit nicht nur als Staat, sondern auch als erfolgreicher Staat leben wird. Deshalb, so denke ich, macht es doch Sinn, gerade hier auf dem Kosovo, wo einmal Uneinigkeit auf tragische Weise und für Jahrhunderte Serbien zurückgeworfen hat, zu sagen, daß nur die Einheit uns die Kraft geben wird, Serbien zu erneuern und die Würde zurückzuerlangen. *Und dieses Bewußtsein von der inneren Einigkeit stellt auch für Jugoslawien eine Notwendigkeit dar, weil das Schicksal Jugoslawiens in den Händen aller seiner Völker liegt.*

Die Kosovo-Schlacht ist auch ein Symbol für Tapferkeit. Das drückt sich in Gedichten, Legenden, in der Literatur und in Erzählungen aus. Die Helden des Kosovos inspirieren seit sechs Jahrhunderten unsere Kreativität, sie nähren unseren Stolz, sie lehren uns nicht zu vergessen, daß es einmal eine Armee gegeben hat, die tapfer und stolz war - eine der wenigen, die trotz der Niederlage nicht verloren hat

Sechs Jahrhunderte später stehen heute wieder Kämpfe bevor. (*FAZ: Sechs Jahrhunderte später befinden wir uns wieder in Kriegen ...*) Es sind keine bewaffneten Kämpfe (*FAZ: Schlachten*), die wir auszutragen haben, obwohl auch solche nicht auszuschließen sind. Aber unabhängig davon, welche Kämpfe uns bevorstehen, sie können nicht ohne Entschlossenheit, Tapferkeit und Aufopferung gewonnen werden, also nicht ohne die guten Eigenschaften, die man auch damals auf dem Kosovo demonstrierte.

Unser heutiger Kampf zielt auf die Verwirklichung der ökonomischen, politischen, kulturellen, der umfassenden Prosperität unseres Landes. Und dieser Kampf wird um so erfolgreicher sein, je mehr wir uns der Zivilisation nähern, in der die Menschheit im 21. Jahrhundert leben wird. Auch für einen solchen Kampf brauchen wir Tapferkeit. *Natürlich eine andere Art von Tapferkeit.* Es bleibt aber eine Herzensangelegenheit, ohne die nichts auf der Welt, nichts Ernsthaftes, nichts wirklich Großes erreicht werden kann. *Eine Tapferkeit, die aus dem Herzen kommt und immer für die Menschheit lebensnotwendig bleiben wird.*

Vor 600 Jahren verteidigte Serbien hier auf dem Kosovo tapfer nicht nur sich selbst, sondern auch Europa. *Serbien stand damals für die Verteidigung europäischer Kultur, Religion und der europäischen Gesellschaft insgesamt.* Deshalb ist es heute ungerecht und im Widerspruch zur Geschichte, ja es ist sogar absurd, die Zugehörigkeit Serbiens zu Europa in Zweifel zu ziehen. Serbien gehört zu Europa, heute wie in der Vergangenheit, *und zwar auf eine Art und Weise, die seiner Würde und seinem Wesen entspricht.* In diesem Geiste möchten wir heute eine Gesellschaft aufbauen, die reich und demokratisch ist. Dadurch wollen wir zum Wohlergehen unserer Kinder und unseres Landes beitragen, das heute völlig zu Unrecht leiden muß. Wir wollen das Unsere tun, um das Streben aller progressiver Menschen unserer Zeit nach einer neuen, schöneren Welt zu unterstützen.

Die Erinnerungen an die Tapferkeit der Kosovo-Helden soll ewig leben!
Hoch lebe Serbien!
Hoch lebe Jugoslawien!
Hoch lebe der Frieden, hoch lebe die Brüderschaft zwischen den Völkern!

Übersetzung nach dem Redetext, abgedruckt in der Belgrader Tageszeitung Politika *am 29. Juni 1989. Übersetzung: Dr. Donka Lange. Zuerst abgedruckt in* Konkret *5/2000. Eine ebenfalls vollständige Version eines anderen Übersetzers findet sich in dem Buch von Ralph Hartmann,* Der Fall Milosevic, *Karl Dietz Verlag, Berlin 2002.*

Der Bundesnachrichtendienst auf dem Balkan

Interview mit Antun Duhacek.
Duhacek arbeitete seit 1950 für den jugoslawischen Geheimdienst UDBA und war von 1955 bis 1968 dessen Direktor. Von 1969 bis 1974 war er Abgeordneter im kroatischen Republiksparlament und u.a. Sprecher für Volksgruppenfragen. Von 1991 bis 1994 fungierte er im kroatischen und bosnischen Bürgerkrieg als Militärberater der Serben. Seit 1998 lebt er in Jugoslawien.

Elsässer: In Den Haag sitzt Milosevic auf der Anklagebank, aber eigentlich sind doch Helmut Kohl und Hans-Dietrich Genscher, damals Kanzler und Außenminister der Bundesrepublik Deutschland, die Hauptschuldigen an der Zerstörung Jugoslawiens.
Duhacek: Deutschland versuchte das schon seit langem, spätestens Ende der achtziger Jahre ging es in die entscheidende Phase. Dabei wurde die Bonner Regierung von Österreich, Italien und dem Vatikan unterstützt. Der Bundesnachrichtendienst (BND) koordinierte die Unterstützung für die Teilrepubliken Kroatien und Slowenien, die sich von Jugoslawien trennen wollten.
Elsässer: Welche geheimdienstlichen Erkenntnisse haben Sie darüber?
Duhacek: Der BND übernahm Ende der 80er Jahre die direkte operative Führung des kroatischen Auslandsgeheimdienstes – der war de jure noch Teil des gesamtjugoslawischen Dienstes UDBA, de facto schon seit den frühen siebziger Jahren praktisch ohne Belgrader Kontrolle. Bei einem persönlichen Treffen zwischen dem Bundesaußenminister und dem kroatischen Geheimdienstchef Josip Manolic im Februar 1990, im Vorfeld der Wahlen im – damals noch zu Jugoslawien gehörenden – Kroatien, hat Genscher 800 Millionen Mark versprochen. Manolic wollte das Geld gleich in bar mitnehmen, der spätere Präsident Franjo Tudjman und sein damaliger Mitstreiter (und heutige Präsident) Stipe Mesic warteten dringend darauf. Schließlich floß das Geld erst kurz nach den Wahlen im März 1990.

Leute des BND übergaben die 800 Millionen Mark in Zagreb, Cash.
Elsässer: Das muß ein ziemlich schwerer Koffer gewesen sein.
Duhacek: Die Deutschen haben ja auch eine Gegenleistung dafür bekommen. Manolic hatte im Februar 1990 mit dem BND ein sehr weitreichendes Geheimabkommen geschlossen. Es umfaßte im wesentlichen drei Punkte. Erstens: Zusammenarbeit des von ihm kontrollierten kroatischen Dienstes mit dem BND im Vorgehen gegen Jugoslawien und Serbien. Zweitens: Der BND stellt seinen kroatischen Partnern alle Aufklärungsergebnisse zur Verfügung, die er und befreundete NATO-Dienste in und über Jugoslawien sammeln, zum Beispiel über die Situation in der jugoslawischen Armee, ihre Truppenbewegungen und so weiter. Das sollte bei den bald beginnenden militärischen Auseinandersetzungen ein großer Vorteil für Zagreb werden. Drittens: Manolic unterstellt einen Teil seiner Informanten und informellen Mitarbeiter, zum Beispiel in Belgrad, direkt dem BND.

Elsässer: Erich Schmidt-Eenboom nimmt in »Der Schattenkrieger«, seinem Buch über die BND-Aktivitäten von Klaus Kinkel, an vielen Stellen auf Sie Bezug. Bei ihm heißt es aber, daß schon »unmittelbar vor dem Tode Titos« in Zagreb »alle Entscheidungen in strategischen Fragen nur noch in Absprache ... mit BND-Instanzen und Ustascha-Repräsentanten getroffen werden«. Das war zu Beginn der 80er Jahre.
Duhacek: Das waren enge Kontakte, aber sie mußten noch verdeckt abgewickelt werden. Die heiße Phase begann erst Ende der achtziger Jahre, als aus dem Apparat, den Manolic und sein Ziehvater Ivan Krajacic im Verborgenen aufgebaut hatten, der offizielle Geheimdienst des neuen kroatischen Staates wurde. Ab ungefähr Mai 1990 funktionierte dieser Geheimdienst wie ein Anhängsel des BND. Die deutsche Seite verlangte für ihre Leistungen die totale Unterordnung des kroatischen Dienstes, und die hat sie auch bekommen.
Duhacek: Zum Beispiel forderte der BND 1993/94 eine Säuberung des kroatischen Dienstes. Alle, die aus einer Partisanentradition stammten, mußten gehen. Dazu muß man wissen, daß das gesamte Tudjman-Projekt, der neue kroatische Staat und alle seine Institutionen, zunächst einen Kompromißcharakter trug. Der kroatische Nationalismus und die Feindschaft gegen Jugoslawien waren der gemeinsame Nenner; auf dieser Plattform trafen sich die Kräfte, die sich während des Zweiten Weltkrieges noch bekämpft hatten, nämlich Nationalkommunisten und Ustascha-Faschisten. Nun verlangte der BND, daß erstere hinausgesäubert werden. Deswegen wurde Josip Manolic in den Geheimdienststrukturen entmachtet, und Stipe Mesic verließ mit ihm und einigen anderen frustriert die Tudjman-Partei HDZ und gründete eine eigene.
Elsässer: Das hat der BND verlangt?
Duhacek: Tudjman hat es sogar zugegeben. 1994 schrieb er über seinen Bruch mit Manolic: »Als es zu einer solchen Situation mit Herrn Manolic kam, das muß ich dazu noch sagen – 1992, als wir formell anerkannt waren, aber noch keine wirklichen Freunde hatten – kamen die Vertreter einer der Hauptmächte der Welt zu mir und sagten: ›Herr Präsident, Sie sind sich wahrscheinlich bewußt, daß Sie eine neue Verteidigungs- und Sicherheitsstruktur aufbauen müssen. Wir sind bereit, Ihnen dabei zu helfen, aber bitte ohne Joza Manolic.‹«
Elsässer: Aber was sollte der BND gegen Manolic haben? Er war doch derjenige, der den Deutschen 1990 den kroatischen Dienst ausgeliefert hatte.
Duhacek: Der BND mißtraute denen, die aus der Partisanentradition kamen. Diese hatten schließlich vier Jahre lang gegen die Deutschen gekämpft. Sie erschienen ihm nicht sicher, jedenfalls nicht auf lange Sicht. Nehmen Sie etwa Manolic. Er ist Träger des Partisanenordens »Kämpfer des ersten Tages«.
Elsässer: Aber aus dem Zitat Tudjmans geht nicht klar hervor, wer die Ablösung von Manolic verlangt hat. Er sagte nur »Vertreter einer der Hauptmächte der Welt«. Könnten das nicht auch die US-Amerikaner gewesen sein?
Duhacek: Nein, die US-Amerikaner hatten keinerlei Einfluß. Die Deutschen waren absolut dominant. Und als 1995 US-Militärberater die kroatische Offensive zur Eroberung der Krajina (und der Vertreibung ihrer serbischen Bevölkerung) dirigierten, taten sie das auf Wunsch der Deutschen. Kohl und Genscher wollten sich nicht die Finger schmutzig machen, ein deutscher Militäreinsatz wäre damals innenpolitisch nicht

populär gewesen. Aber die Deutschen haben die Waffen geliefert, vor allem Restbestände aus den ehemals sozialistischen Ländern Polen, Tschechoslowakei und DDR.
Elsässer: Mittlerweile ist die Tudjman-Partei HDZ in Kroatien abgewählt, im Jahre 2000 wurde Mesic zum Präsidenten gewählt. Haben die Deutschen also ihren Einfluß verloren? Mesic müßte, nach allem, was Sie geschildert haben, ziemlich sauer auf den BND sein.
Duhacek: Man hat sich arrangiert. Mesic kann nicht ohne die Deutschen, und die Deutschen können nicht ohne ihn, zur Zeit jedenfalls. Tudjman ist tot, seine rechte Hand Gojko Susak, der erste Verteidigungsminister, ist ebenfalls tot. Und daß Mesic sich jetzt bemüht, einige der 300.000 vertriebenen Serben nach Kroatien zurückzuholen, ist auch für Deutschland als Hauptwirtschaftspartner sinnvoll: Gebiete wie die Krajina und Slawonien sind seit der ethnischen Säuberung durch die kroatischen Nationalisten wie entvölkert. So liegt ein Drittel des Landes wirtschaftlich brach.
Erstveröffentlichung in Junge Welt, *8.11.2003*

Dokumente und Analysen zu den 90er Jahren

Rajko Dolecek

Todeslager, Massenvergewaltigungen, Massaker
Die wichtigsten westlichen Lügen über den Bürgerkrieg in Bosnien-Herzegowina (1992 -1995)
Roy Gutman, Redakteur des New Yorker Boulevardmagazins Newsday, besuchte Banja Luka im Juli 1992. Von den serbischen Behörden wurde ihm sofort gestattet, gemeinsam mit einer Delegation des Internationalen Roten Kreuzes das nahegelegene Gefangenenlager bei Manjaca zu besichtigen, wo Moslems und Kroaten verhört wurden. Am 19. Juli schrieb Gutman einen Artikel über seinen Besuch: „Manjaca ist eine von vielen Haftanstalten, die ein Vertreter der amerikanischen Botschaft in Belgrad, der Hauptstadt von Serbien, üblicherweise als ‚Konzentrationslager' bezeichnet. Dies ist ein weiteres Beispiel für den Mißbrauch von Menschenrechten, der gegenwärtig ein Maß erreicht, welches man in Europa seit den Zeiten des Dritten Reiches der Nazis nicht mehr gesehen hat."

Medienhit Todeslager
Im selben Artikel schrieb Gutman über das Gefangenenlager von Omarska (nicht weit entfernt von Banja Luka), welches er nicht selbst gesehen hatte, was aber von der Delegation des Internationalen Roten Kreuzes besucht worden war: Er sei überzeugt, daß dies ein „Todeslager" sei. Seine Berichte von Massenexekutionen und Folterungen stammten von einem Moslem namens Meho, der aus dem Lager entlassen worden war, angeblich auf Grund seines Alters (63 Jahre). Die Wahrheit von Mehos Aussage wurde später angeblich durch die moslemische Wohlfahrtorganisation Merhamet (= Gnade) bestätigt. Hujca, seine zweite Informationsquelle in Bezug auf die Massenmorde, war nicht Zeuge des Tötens, sondern hatte nur davon gehört. Gutman gibt zu - ganz nebenbei und am Ende des Textes -, daß es ihm nicht möglich war, Bestätigungen für diese Berichte aus einer unabhängigen Quelle zu erhalten. Ohne zu dieser Zeit jemals Omarska besichtigt zu haben, veröffentlichte Gutman am 2. August 1992 einen weiteren Artikel in *Newsday* über die Schrecken Omarskas, des nahegelegenen Flüchtlingslagers in Trnopolje und des Lagers von Brcko.

Das Rote Kreuz beschrieb Omarska nicht als „Todeslager", obwohl es sicherlich kein angenehmer Ort gewesen sein kann. Omarska wurde Ende August geschlossen. Gutmans Gewährsmann war Alija Lujinovic, ein Moslem aus Brcko, und laut Gutman wurde seine Aussage durch die moslemische Kommission für Kriegsverbrechen gestützt. Lujinovic erwähnte Massexekutionen, Vergewaltigungen, 90 Prozent der 1.500 Gefangenen seien getötet worden. Gefangene wurden angeblich verbrannt und zu Viehfutter verarbeitet. Auch hierzu gab es keine Bestätigung aus unabhängigen Quellen. Die Mehrheit der Berichte von Gutman beruhte auf Hörensagen aus erster oder zweiter Hand, aber sie wurden natürlich von den mit Sicherheit nicht unparteiischen moslemischen Behörden bestätigt."

Anfang August 1992 kam ein Team des Fernsehsenders ITN unter der Leitung von Penny Marshall nach Bosnien und filmte das Flüchtlingslager von Trnopolje in der Nähe von Prijedor. Dort entstand das – später weltbekannte - Bild des extrem abgemagerten Moslems Fikret Alic hinter Stacheldraht:

Ein riesiger Propagandahit über ein von den Serben geführtes Konzentrationslager war geboren.

Gutman erhielt in der Folge für seine Reportagen über die serbischen Faschisten und Massenmörder den Pulitzer-Preis. Penny Marshall entlastete sich später selbst, sie sagte im Fernsehen, daß Trnopolje kein Konzentrationslager war. Die britische Zeitung *The Guardian* zitierte sie am 9. August 1992: „...ich verwendete das Wort 'Konzentrationslager' nur einmal, als ich sagte, daß die Serben sagten, es wäre keines. Tatsächlich glaube ich, daß es technisch gesehen ein Konzentrationslager war und zwar in dem Sinne, daß es ein Ort war, an welchem viele Menschen konzentriert waren, im Gegensatz zu einem Todeslager. Ich verwendete die Worte einer Frau, welche es als eine Strafanstalt bezeichnete."

Aus dem Frieden und der Ruhe ihrer Hotels und Büros in Zagreb, Wien und Washington beschreiben Redakteure furchtbare Dinge, fast als wären sie Augenzeugen gewesen. Sie zitieren moslemische Berichte von mindestens 105 Lagern, die von den Serben betrieben wurden (angeblich auch in Jugoslawien selbst), durch welche innerhalb von vier Monaten 260.000 Menschen gegangen sein sollen, 17.000 davon hätten ihr Leben gelassen. Mindestens 130.000 Menschen seien weiter in Gefangenschaft. Verständlicherweise wollte niemand veröffentlichen, daß internationale Untersuchungen der Standorte der meisten angeblichen Lager keine Ergebnisse zeitigten, und keiner wollte die vom Internationalen Roten Kreuz herausgegebenen realistischen Zahlen veröffentlichen, welche die Gesamtzahl der Gefangenen in den verschiedenen Lagern aller am Krieg beteiligten Parteien auf 10.000 bis 11.000 bezifferten

Es ist höchst interessant, daß damals praktisch niemand über die zahlreichen anderen Lager schrieb oder wenigstens für sie Interesse zeigte, in denen Serben von Moslems oder Kroaten gefangengehalten wurden, wie etwa Bradina, Bugojno, Celebci, Dretelj, Livno, Ljubuski, Odzak.

Niemand kann bestreiten, daß diese verschiedenen Lager aller am Krieg beteiligten Parteien schlecht waren. In ihnen wurden die Menschenrechte mit Füßen getreten. Es war aber gleichermaßen schlecht, dies alles nur einer Seite zuzuschreiben. Die britische Journalistin Joan Phillips lieferte eine realistische Beschreibung der Situation in ihrem Text „20 Dinge, die Sie über die Serben wissen, und die nicht wahr sind" (Kampagne gegen Militarismus, London, Februar 1994, Nr. 4): „Tatsächlich ist es so, daß die serbischen Gefangenenlager so sind, wie sie Journalisten in allen Kriegszonen der Welt finden könnten. Es sind in der Regel keine besonders schönen Orte, dort hungern Gefangene, sie werden geschlagen und sogar getötet. Aber sie können nicht mit den Todeslagern der Nazis verglichen werden, in denen wirklich Millionen während des Zweiten Weltkrieges getötet wurden. Heute haben alle drei Kriegsparteien in Bosnien Lager. Anfang 1993 hatten die Kroaten und Moslems mehr Gefangene in ihren Lagern als die Serben."

Bei einer Konferenz in London am 6. März 1997 wurde offenbar, welch ein Betrug das weltberühmte Bild des abgemagerten Moslems hinter dem Stacheldraht des Flüchtlingslagers in Trnopolje war. Der deutsche Journalist Thomas Deichmann, der Amerikaner George Kenney und der britische Journalist M. Hume bewiesen, daß sich nicht die „Gefangenen" hinter dem hohen Stacheldrahtzaun befanden, sondern das Fernsehteam von P. Marshall, welches seine Filmaufnahmen von einem kleinen Bereich um ein Warenlager herum machte, das mit Stacheldraht eingezäunt war. Penny Marshall plazierte die „Gefangenen", die sich ungehindert bewegen konnten, so dramatisch wie möglich. In Belgrad traf der Autor einen Fernsehmitarbeiter aus Prijedor namens R. Mutic, der detaillierte Filmaufnahmen besitzt, die zeigen, wie Penny Marshal die Bewohner des Lagers von Trnopolje auf die Positionen schickte, auf denen sie später im Bild erscheinen.

Emotion pur: Vergewaltigungslager

Als die journalistische Sensation der angeblichen Todeslager ihre Attraktivität zu verlieren begann und als man ahnte, daß die unglaublichen Gefangenenzahlen nicht der Wahrheit entsprachen, als sogar die CIA nicht in der Lage war, Vernichtungslager nachzuweisen, wurde ein neuer Knüller gefunden. Die Serben wurden angeklagt, als Teil ihrer Kriegesstrategie moslemische Frauen systematisch zu vergewaltigen. Politiker der Europäischen Gemeinschaft und der USA benutzten die von den Moslems und Kroaten und den sie unterstützenden westlichen Medien verbreitete fantastische Desinformation - teils wider besseren Wissens, teils in Unkenntnis.

Die Hysterie über die serbischen Vergewaltigungen kam erst im November 1992 voll zum Ausbruch, obwohl der Krieg in Bosnien-Herzegowina schon fast ein halbes Jahr gewütet hatte. Bei Friedensgesprächen in Genf im Herbst 1992 schockierte der Außenminister der Regierung in Sarajevo, Haris Silajdzic, mit seinem Bericht, daß 30.000 moslmische Frauen vergewaltigt worden seien. Die Medien der Welt, darunter vor allem die westlichen Medien, erhöhten diese Zahl weiter. Während aus den ersten Monaten des Krieges in Bosnien-Herzegowina kein derartiger Vorfall berichtet wurden, kamen plötzlich aus moslemischen und kroatischen Regierungsquellen und von verschiedenen Organisationen immer unglaublichere Zahlen von Vergewaltigungsopfern. Westlichen Medien begannen von „Vergewaltigungslager" zu schreiben. In der Tschechischen Republik wurde die Rekordziffer für Vergewaltigungsopfer von einer Reporterin aus Bosnien-Herzegowina, Jitka Obzinova, erreicht, die am 5. Dezember 1992 in der Fernsehsendung *Teilt Bosnien nicht* mitteilte, dass 100.000 moslemische Frauen vergewaltigt worden waren. Sie setzte dem Ganzen die Krone auf, indem sie behauptete, die Serben hätten bereits die Vergewaltigung an 30.000 moslemischen Frauen zugegeben. Dies traf absolut nicht zu.

Die angeführten furchtbaren Zahlen vergewaltigter moslemischer Frauen erreichten auch das Gipfeltreffen der Europäischen Gemeinschaft in Edinburgh im Dezember 1992. Ohne die Wahrheit unter der Flut furchtbarer Medienberichte zu suchen, erklärte das europäische Parlament am 17. Dezember 1992, „in der Republik Bosnien-Herzegowina selbst befinden sich mehrere 1.000 Frauen und Mädchen, die gefangen gehalten und systematisch vergewaltigt werden. Viele von ihnen sind schon schwanger. Diese Lager sind regelrechte Vergewaltigungslager und Todeslager, in denen Vergewaltigung als Kriegstaktik angewendet wird." Der niederländische Professor für Staatsrecht an der Universität Leiden, Fric Karlshoven, war einer der wenigen, die nach Beweisen fragten.

Die europäische Gemeinschaft entsandte die frühere britische Botschafterin in Dänemark, Ann Warburton, mit einer Kommission in das frühere Jugoslawien, um die Angelegenheit zu untersuchen. Während zweier Aufenthalte verbrachte sie mehrere Tage in Zagreb und Sarajevo, hatte zahllose Gespräche mit den dortigen Behörden und sprach mit vier Opfern. Unter Verwendung eines bislang unbekannten Verfahrens, dessen Einzelheiten nicht veröffentlicht wurden, führte die Kommission eine Berechnung durch und erklärte am 8. Januar 1993, daß 20.000 (moslemische) Frauen vergewaltigt worden waren. Wenige Wochen später gab Ann Warburton zu bedenken, es wäre besser gewesen, eine Zahl von 10.000 bis 20.000 Frauen anzugeben oder vielleicht überhaupt keine Zahl zu nennen. Ein Mitglied der Kommission, Simone Veil, eine frühere Ministerin der französischen Regierung und frühere Präsidentin des Europäischen Parlaments, trat aus der Kommission aus, da sie mit deren Schlußfolgerungen nicht übereinstimmte. Sie war schokkiert über die winzige Anzahl von Opfern, die angehört worden waren - vier Frauen - und darüber, daß der Hauptteil der berücksichtigten Informationen von den moslemischen und kroatischen Behörden stammte. Die Kommission bestätigte später, es seien auch serbische und kroatische Frauen vergewaltigt worden. Zu dieser Zeit lehnte die Europäische Gemeinschaft es ab, eine Delegation serbischer Frauen, die über ihre Vergewaltigungen sprechen wollten, in Brüssel zu empfangen.

Im Januar 1993 untersuchte der frühere polnische Ministerpräsident Tadeusz Mazowiecki das Phänomen der Vergewaltigung im Auftrag einer Uno-Kommission. Er sprach mit 30 Vergewaltigungsopfern und mit 19 Frauen, die angeblich infolge einer Vergewaltigung schwanger waren. Mit Hilfe einiger Berechnungen wurde in seinem Bericht die Zahl der Vergewaltigungsopfer auf 12.000 beziffert. Trotzdem gab

Newsweek am 4. Januar 1993 die Zahl der vergewaltigten Moslems mit bis zu 50.000 an. Tom Post, der an dieser Zahlenangabe beteiligt war, hatte die Zahl auf der Recherchegrundlage von 28 befragten Frauen hochgerechnet.

Beraterin von *Newsweek* war die deutsche Journalistin Alexandra Stiglmayer. Sie bezeichnete die nordbosnische Stadt Doboj als eine „Stadt der Vergewaltigung". Einzige Informationsquelle: Hörensagen. Dort, und zwar in einem Lager in der Schule Djuro Pucar, wurde angeblich eine moslemische Frau namens Besina festgehalten, die in Interviews mit Frau Stiglmayer für die Zeitschriften *Stern* und *Weltwoche* über ihre furchtbaren Erfahrungen sprach. Der Journalist Martin Lettmayer ging dieser Geschichte nach. Er fand in der als Vergewaltigungslager bezeichneten Schule keinen einzigen Beweis für die Berichte von Frau Stiglmayer. In seinem Artikel in der "Weltwoche" vom 17. März 1993 werden weitere journalistische Erfindungen entlarvt: Die Bordelle, über die Erich Rathfelder in der *Tageszeitung* am 2. Dezember 1992 berichtet hatte, existierten nicht.

Zwei dänische Journalisten, N. Krause und M. Hartz, gaben in der *Jyllands Posten* vom 28. Februar 1993 an, dass 117 verschiedene Untersuchungsgruppen bei ihren Recherchen zu den Massenvergewaltigungen an moslemischen Frauen mit insgesamt 20 Vergewaltigungsopfern - und zwar immer denselben - gesprochen hatten. *Frau Stiglmayer erhielt für ihre Berichterstattung einen Journalistenpreis.*

Wie mit Zahlen gespielt wird, wurde von dem französischen Fernsehjournalisten Jerome Bondy in der Sendung *Special Envoy* am 4. Februar 1993 gezeigt: „Als ich 50 Kilometer von Tuzla entfernt war, wurde mir gesagt: Geh' in die Oberschule in Tuzla, dort wirst du 4.000 Vergewaltigungsopfer finden. Zwanzig Kilometer davor entfernt schrumpfte die Zahl auf 400. Zehn Kilometer davon entfernt betrug sie nur noch 40 und als ich dort war, fand ich nur vier Frauen, die etwas berichten wollten."

Falls die Berichte über Massenvergewaltigungen zutreffend wären, wäre ein massenhaftes Auftreten von Schwangerschaften und Geburten zu erwarten gewesen. In verschiedenen Ländern Europas einschließlich der tschechischen Republik wurden Vorbereitungen getroffen für eine Flut dieser unglücklichen Kinder - aber es kamen keine.

Welcher Unsinn auf der Suche nach propagandistischen Stories selbst in seriöse Zeitungen Eingang findet, zeigt folgende Episode: Judy Darnell, eine angebliche Krankenschwester aus New Jersey, die sich als „authentische Bosnien-Expertin" vorstellte, veröffentlichte am 13. Januar 1993 in der amerikanischen Zeitschrift *Today* die überzeugende Geschichte eines fünf Monate alten Babys, einer Frucht der systematischen Vergewaltigung moslemischer Frauen durch serbische Tschetniks. Unmittelbar danach, am 15. Januar 1993, veröffentlichte die *New York Times* das Foto eines zwei Monate alten Mädchens namens Emina, deren Mutter – ein sehr junges moslemisches Mädchen - in einem serbischen Gefangenenlager vergewaltigt worden war. Mission impossible: Der Krieg in Bosnien hatte im April 1992 begonnen. Eine Schwangerschaft dauert in der Regel neun Monate. Das erste Baby wäre also im vierten Schwangerschaftsmonat und das zweite im siebten geboren worden.

(Letzteres wäre theoretisch sogar möglich. Doch das Baby, das kein Siebenmonatskind war, wurde im November 1992 geboren und war demnach im Februar oder Ende Januar gezeugt worden.)

Das Rote Kreuz erklärte Anfang 1993, es gäbe keinerlei Informationen über die Existenz dieser Art Lager in Bosnien-Herzegowina, weder in der Gegenwart, noch in der Vergangenheit. Niemand von der Unprofor fand eines, nicht einmal die CIA. Kein Grund für die unermüdliche Judy Darnell, ihre Berichterstattung zu ändern: Sie erklärte auf *CBS* am 5. Februar 1993, man habe gesicherte Informationen über 47 serbische Vergewaltigungslager in Bosnien-Herzegowina.

Massaker in Sarajevo (I)

Beim "Brotschlangen-Massaker" am 27. Mai 1992 wurden 18 Zivilisten von einer Granate zerfetzt. Die amerikanische Regierung, die europäische Union, die islamischen Staaten sowie der UN-Sicherheitsrat machten sofort die Serben verantwortlich und verhängten am 30. Mai drakonische Sanktionen (UN-Resolution 757) gegen die

Bundesrepublik Jugoslawien, vorgeblich in Erwartung eines Angriff der jugoslawischen Volksarmee (JVA) gegen das Territorium des „souveränen Staates" Bosnien-Herzegowina, obwohl sich zu diesem Zeitpunkt nur wenige Einheiten der JVA in Bosnien-Herzegowina befanden und diese Bosnien-Herzegowina endgültig am 6. Juni 1992 verließen.

Bosnien-Herzegowina war – mit einer für die bisherige internationale Praxis unüblichen Geschwindigkeit – am 6. April als eigenständiger Staat anerkannt worden. Die jugoslawische Bundesarmee mußte Bosnien-Herzegowina innerhalb weniger Wochen verlassen. Die Arroganz der Vereinigten Staaten erreichte am 16. April 1992 (d. h. zehn Tage nach der „Anerkennung" von Bosnien-Herzegowina) einen Höhepunkt, als das Außenministerium die JVA wegen militärischer Einmischung in die inneren Angelegenheiten von Bosnien-Herzegowina als „unabhängigen Staat mit international anerkannten Grenzen" verurteilte. Kurz vor der Verabschiedung der Resolution Nr. 757 am 30. Mai 1992 sandte jedoch UN-Generalsekretär Boutros-Boutros Ghali dem Sicherheitsrat einen Bericht über die Präsenz starker Einheiten der kroatischen Armee und deren Aktivitäten in Bosnien-Herzegowina. Dieser Bericht wurde mehrere Tage zurückgehalten, so daß die JVA als alleiniger Aggressor verurteilt werden konnte.

Kurz danach wurden die westlichen Regierungen und Medien durch einen Artikel von L. Doyle in der Londoner Zeitung *Independent* vom 22. August 1992 schockiert: „Moslems töten ihrer eigenen Leute" - Untertitel: „Das Massaker unter den nach Brot anstehenden Menschen in Bosnien war ein Propagandahit, sagte die Uno." Die dargestellten Fakten waren vertrauliche Informationen, die man von Vertretern der Unprofor und der Uno erhalten hatte. Sie besagten, daß nicht die Serben, sondern die Moslems die Explosionen hervorgerufen hatten. Außerdem liefern einige Aussagen des kanadischen Generals L. Mackenzie, damals Kommandant der Unprofor in Bosnien, indirekte Beweise dafür, daß die Moslems für den Anschlag vom 27. Mai 1992 verantwortlich waren (siehe sein Buch Peacekeeper. The Road to Sarajevo, Douglas McIntyre, Vancouver/Toronto, 1993).

Massaker in Sarajevo (II)

Bei der Explosion auf dem Marktplatz von Markale am 5. Februar 1994 wurden 68 Menschen getötet und 200 verwundet. Es gab zahlreiche Seltsamkeiten: So erschien die Zahl der von einem einzigen Mörsergeschoß verursachten Toten und Verletzten aus militär-technischer Sicht zu hoch. Außerdem wollten die örtlichen Behörden nicht zulassen, daß unmittelbar nach der Explosion Vertreter der Unprofor den Ort des Massakers betraten. Trotzdem berichtete *CNN* sofort über das „serbische Massaker", und die ganze Welt sah die zerfetzten menschlichen Körper und den See aus Blut, „hervorgerufen durch ein serbisches Mörsergeschoß". Präsident Clinton sagte, es sei „höchstwahrscheinlich", daß die Serben Schuld daran trügen und Außenminister Warren Christopher wiederholte es aus „innerster Überzeugung". Es spielte keine Rolle, daß die Serben die Schuld heftig abstritten. Frau Albright (damals noch UN-Botschafterin der USA) und Anthony Lake (Sicherheitsberater des Präsidenten) forderten sofort Luftschläge gegen die Serben.

Als relativ schnell Informationen darüber durchsickerten, daß es sich offensichtlich um kein serbisches Mörsergeschoß handelte, wurde die Veröffentlichung unterdrückt. Der französischen Fernsehjournalisten B. Volker (*TV TF1*) schlüpfte durch die Informationssperre und berichtete: „Das Mörsergeschoß, welches auf dem Marktplatz von Sarajevo 68 Menschen tötete und zu einem Ultimatum der Nato gegen die bosnischen Serben führte, wurde laut einem Bericht der Vereinten Nationen aus moslemischen Stellungen abgefeuert." Von einem Verbot, diese Informationen freizugeben, spricht u. a. D. Owen in seinem Buch Balkan-Odyssey (Victor Gollanz, London 1995): „Die Menschen um (Unprofor-)General Rose machten nie einen Hehl daraus, daß er bei diesem Treffen mit den bosnischen Moslem-Führern (Izetbegovic und General Delic) sagte, daß er gerade Informationen erhalten habe, die zeigten, daß das Mörsergeschoß nicht aus dem serbisch kontrollierten Gebiet gekommen sei, sondern aus dem moslemischen Teil der Stadt (8. Februar 94)..." Der endgültige Beweis dafür, daß die Serben fälschlich angeklagt wurden, war die Erklärung, die Yasushi Akashi, UN-Sondergesandter für Bosnien, am 6. Juni 1996 gegenüber *dpa* in New York abgab. Demnach lag ein geheimer UN-Bericht vor, in welchem die bosnischen Moslems des Massakers an Zivilisten auf dem Markt von Markale im Februar 1994 angeklagt wurden. Der oben erwähnte B. Volker erklärt, daß der Bericht über die muslimische Herkunft der Rakete an den UN-Generalsekretär Ghali weitergegeben worden war und der diesen Bericht im Interesse „höherer Politik" nicht veröffentlicht hatte. Volker zitiert auch die Worte von Präsident Mitterrand: „....vor wenigen Tagen informierte mich Mr. Butros Ghali darüber, daß das Geschoß, welches auf dem Marktplatz von Markale in Sarajevo eingeschlagen war, eine moslemische Provokation war."

Massaker in Sarajevo (III)

Am 28. August 1995 fand ein weiteres Massaker auf dem Marktplatz von Markale statt. Es wurden 37 Menschen getötet und 90 verwundet. Obwohl britische und französische Experten keinen Beweis dafür gefunden hatten, daß die Urheber Serben waren, sondern erklärten, daß das Massaker wahrscheinlich die Moslems ausgeführt hätten, gaben die UN eine von General R. Smith unterzeichnete Erklärung heraus, in welcher die Serben beschuldigt wurden. Hierbei ignorierte der General offensichtlich den Bericht der britischen und französischen Experten sowie die Einschätzung des Artillerieexperten der UN für den Sektor Sarajevo, des russischen Obersts Alex Demurenko. Weniger als 40 Stunden später begannen ausgedehnte Nato-Luftschläge gegen serbische militärische und zivile Ziele. Diese Luftschläge waren schon lange vorher vorbereitet worden und wurden mit einer ausgedehnten gemeinsamen kroatischen und moslemischen Offensive gegen die Streitkräfte der Republika Srpska vor allem in Westbosnien koordiniert. Die Serben verloren große Teile des von ihnen gehaltenen Territoriums und mußten schließlich dem Teilungsvertrag von Dayton zustimmen.

Die *Sunday Times* veröffentlichte am 1. Oktober 1995 einen Artikel von Hugh Manners mit dem Titel „Serben 'unschuldig' an Massaker - Experten wiesen USA darauf hin, daß der Mörser bosnisch war". Der bekannte Journalist David Binder kam in der amerikanischen Zeitschrift *The Nation* am 2. Oktober 1995 zu ähnlichen Schlußfolgerungen, ebenso wie Oberstleutnant J. R. Stray vom militärischen Geheimdienst der USA. „Verkauf des bosnischen Mythos an Amerika: Warnung an den Käufer!" war der Titel seines Aufsatzes (In: *Foreign Military Studies Office*, Oktober 1995).

Bald stellte sich heraus, daß die Provokation offensichtlich von bestimmten westlichen Geheimdiensten langfristig vorbereitet worden war. Der russische Geheimdienst hatte bereits seit Februar 1995 davon Kenntnis. Der Plan (angeblich mit der Bezeichnung Cyclone-2) war Teil eines geheimen Memorandums, welches am 10. August 1995 in Zagreb vom Kommandanten der Unprofor, General B. Janvier, und für die Nato von Admiral L. Smith unterzeichnet worden war. Dieses Memorandum wurde am 13. September 1995 dem UN-Sicherheitsrat als „geheim" übergeben. Zu dieser Zeit hatte die erwähnte Offensive gegen die bosnischen Serben ihre Ziele bereits weitgehend erreicht.

Die russischen Medien erlangten Kenntnis vom Inhalt. Laut Artikel 7 des Memorandums erklärte sich die Unprofor bereit, sämtliche für die Nato-Schläge gegen serbische Ziele erforderlichen Informationen zu liefern, um einen größtmöglichen Erfolg zu sichern. Der Sprecher von B. B. Ghali, Joe Sills, bestätigte am 12. September 1995 ebenfalls die Existenz des Schriftstücks und erklärte, daß das „Memorandum ein internes Dokument ist, und das Sekretariat nicht verpflichtet war, den Sicherheitsrat darüber zu informieren."

Der russische Geheimdienst gab an, daß der Mörser vom Dach eines Gebäudes in der Nähe des Marktes in Markale abgefeuert worden war. Es handelte sich offensichtlich nicht um ein übliches Mörsergeschoß. Ein israelischer Experte erklärte, es handele sich wahrscheinlich um ein „intelligentes Geschoß" spezieller Konstruktion, welches früher von der Hisbollah und den Mudjahedin in Afghanistan benutzt worden war.

Yossef Bodansky, Direktor der parlamentarischen „Taskforce on Terrorism and Unconventional Warfare" der Republikaner im US-Abgeordnetenhaus, schreibt sowohl in seinem Buch *Target America. Terrorism in the US Today* (New York 1993) als auch in seinen jüngsten Veröffentlichungen über die Explosionen in Sarajevo. Er geht davon aus, daß der serbische Geheimdienst von den Planungen Wind bekommen hatte. Am 26. August 1995 (zwei Tage vor dem Massaker in Markale) hatte Bodansky Gelegenheit, mit einem führenden Vertreter der Republika Srpska in Belgrad zu telefonieren, der ihm besorgt erzählte, daß in Sarajevo wieder einmal „etwas Furchtbares gegen die Serben geplant wird."

Propaganda mit den Opferzahlen

Die Desinformation über den Bürgerkrieg in Bosnien-Herzegowina wird anschaulich durch den Umgang mit der Zahl der Todesopfer. Es ist furchtbar, wenn man das nachrechnen muß - selbst ein Toter ist zu viel -, aber dies ist die einzige Möglichkeit zu zeigen, wie viele Lügen aus dieser menschlichen Tragödie erwachsen sind. Die moslemischen und kroatischen Propagandisten, die auf jede erdenkliche Weise von PR-Agenturen, westlichen Medien und Politikern unterstützt wurden, erschufen das furchtbare Bild eines „bosnischen Holocaust". Jeder Krieg ist furchtbar, aber es ist nicht korrekt, einfach das Wort Holocaust darauf zu verwenden.

Im Dezember 1992 berichtete die moslemische Regierung in Sarajevo von über 128.000 Toten. Später wurde erklärt, daß es mehr als 17.000 Tote seien, die Übrigen seien vermißt. Eine Kommission des US-Senates gab in einem Bericht vom 18. August 1992 an, in Ostbosnien seien nachweislich 35.000 Moslems getötet worden. Die Kommission bezifferte die Anzahl der Gefangenen, vor allem Moslems, in serbischen Lagern mit 170.000 (Quelle: Ed Vulliamy, Time of Hell, 1994). Im Juni 1993 verkündete die Sprecherin des moslemischen Informationsministeriums in Sarajevo, Senada Krezo, die Anzahl von 200.000 Toten. Diese Zahl wurde von den westlichen Medien sowie von vielen Politikern übernommen, ohne daß irgendjemand sich dafür interessiert hätte, wie sie zu dieser Zahl gelangt war. Von Ed Vulliamy wird Frau Krezo mit der Zahl von 300.000 Toten zitiert, Rekordhalterin war aber wiederum die tschechische Reporterin Jitka Obzinová: In einer Fernsehsendung am 11. Juli 1993 gab sie die Anzahl der Toten mit 500.000 an.

Bis 1995 wurde die Zahl von 250.000 Toten, welche die Regierung in Sarajevo angab, weltweit zitiert. Allerdings korrigierte sich Sarajevo Anfang 1995 auf 145.000. Der frühere Mitarbeiter der Jugoslawien-Abteilung des US-Außenministeriums, G. Kenney, überraschte aber alle, als er in einer detaillierten Analyse im *New York Times Magazine* vom 23. April 1995 die Anzahl sämtlicher Todesopfer in Bosnien-Herzegowina (1992 bis Frühjahr 1995) mit 25.000 bis 60.000 angab. Kenney erklärte: „Bosnien ist kein Holocaust und kein Ruanda, Bosnien ist ein Libanon."

Der britische Geheimdienst schätzte 1994, daß insgesamt 50.000 bis 60.000 Menschen getötet worden seien, und auch von der CIA durchgeführte Analysen gaben die Anzahl der Todesopfer in der Größenordnung von Zehntausenden an (S. Trifkovic, „Chronicles", August 1996). Wenn man hierzu die während der Nato-Bombardierung (1995) und während der kroatischen und später moslemisch-kroatischen Offensive (August bis September 1995) getöteten serbischen Zivilisten zählt, kann die Anzahl der Todesopfer für sämtliche Kriegsparteien insgesamt nicht mehr als 100.000 betragen. Der stellvertretende Kommandeur der US-Streitkräfte in Europa (1992 bis Juni 1995), General C. Boyd, schätzt die Verluste insgesamt auf 70.000 bis 100.000 („Frieden schließen mit den Schuldigen", *Foreign Affairs*, September/Oktober 1995) und fragt, ob diese Anzahl an Todesopfern nach 38 Monaten, also drei Jahren Kriegführung, die Anklage wegen Völkermord rechtfertige.

US-Verteidigungsminister W. Perry gab bei einer Anhörung vor dem Militärausschuß des Senates am 7. Juni 1995 folgende Zahlen an: 1992 hätten die Verluste „nach besten Schätzungen" ca. 130.000 betragen, 1993 lagen sie bei 12.000 und 1994 bei 2.500. Am 18. Oktober 1995 hingegen sprach Perry vor dem Ausschuß für internationale Beziehungen des Abgeordnetenhauses von mehr als 200.000 Toten, Präsident Clinton kam am 27. November 1995 sogar auf 250.000.

Heuchelei und Flüchtlinge

Wohl jeder, der während des gesamten ethnisch-religiösen Bürgerkrieges im früheren Jugoslawien Informationen über Flüchtlinge von führenden westlichen Politikern oder Medien erhielt, hätte geglaubt, daß bis 1995 fast alle Flüchtlinge Moslems oder Kroaten waren. Einer der ersten, der die Aufmerksamkeit auf die ethnische Vertreibung von Serben lenkte, war der berühmte NS-Kriegsverbrecherjäger Simon Wiesenthal, der schon 1991 über die Vertreibung von 40.000 Serben aus Kroatien sprach.

Während der Zeit der Sanktionen gegen die Bundesrepublik Jugoslawien im Jahre 1993 waren in Serbien fast 600.000 Flüchtlinge registriert - und wurden von Serben versorgt. Sie waren aus Kroatien sowie aus dem von Moslems und Kroaten kontrollierten Teil von Bosnien-Herzegowina geflüchtet bzw. vertrieben worden. Unter den Flüchtlingen befanden sich auch Tausende von Moslems und Kroaten. Laut Informationen des Serbischen Roten Kreuzes wurden mehr als 90 Prozent der Flüchtlinge von Familien aufgenommen, größtenteils nicht ihren eigenen Familien, sondern von fremden Familien, aus Mitgefühl.

Im Zuge der kroatischen Aggression gegen die serbische Krajina-Republik im Sommer 1995 wurden über 200.000 Serben aus ihren Häusern vertrieben und auf ihrer Flucht von kroatischen und moslemischen Geschützen und Flugzeugen beschossen und bombardiert. Die Waffen und Munition waren von Deutschland, den USA, Argentinien und islamischen Staaten trotz des UN-Waffenembargos geliefert worden

Als die Nato im September 1995 die bosnischen Serben bombardierte (s.o.) und parallel in Westbosnien eine kroatisch-moslemische Offensive einsetzte, wurden weitere 100.000 Serben aus ihren Heimstätten vertrieben. Nachdem im Abkommen von Dayton Sarajevo der moslemisch-kroatischen Föderation zugesprochen worden war, erhöhte sich die Anzahl der serbischen Flüchtlinge um weitere 70.000 bis 100.000. Bis 1991 war Sarajevo die zweitgrößte serbische Stadt in Jugoslawien gewesen.

Insgesamt wurden zwischen 1991 und 1996 eine Million Serben vertrieben oder gezwungen, aus ihrer Heimat zu fliehen.

Mit freundlicher Genehmigung des Autors entnommen aus:
Dr. Rajko Dolecek, I Accuse. Critical Remarks on the Role of the European Union, Nato and the USA in Yugoslavia. Frame-Ups and Frauds in Kosovo. 3. Auflage, Questions and Opinions Library, Prague 2000.
Der Ausschnitt umfaßt die Seiten 20 bis 39 des Buches und wurde etwas gekürzt. Die Unterkapitel zu Srebrenica wurden weggelassen, weil das Thema in diesem Buch bereits auf Seite 43 ff ausführlich behandelt wird.
Übersetzung von Doleceks Text: Regina Baumert
Kontakt zum Autor: profrajkodol@quick.cz

„Eine Schlechterbehandlung konnte nicht festgestellt werden"

Das Auswärtige Amt zur Lage im Kosovo von 1990 bis Ende 1997
Quelle: Auswärtiges Amt, Lagebericht über die asyl- und abschiebungsrelevante Lage in der Bundesrepublik Jugoslawien (Stand: November 1998), 514-516.80/3 YUG, 18. November 1998 (vollständige Kopie im Besitz des Autors)

„Seit der Abschaffung der Autonomie des Kosovo, spätestens aber seit dem Zerfall des alten jugoslawischen Staates, ist nach Ansicht der meisten albanischen politischen Organisationen die Grundlage für den Verbleib des Kosovo im serbischen bzw. jugoslawischen Staatsverband entfallen. Daher wird von ihnen seither konsequent die Errichtung eines unabhängigen Staates 'Kosova' mit eigenen Staats- und Verwaltungsstrukturen betrieben.

In diesem Sinne politisch aktive albanische Volkszugehörige werden nicht wegen ihrer ethnischen Zugehörigkeit, sondern als 'Separatisten' verfolgt. Die bloße Mitgliedschaft im LDK[1] oder in anderen politischen Parteien erhöht die Wahrscheinlichkeit von Verfolgungsmaßnahmen jedoch nur unwesentlich. Die gleiche Einschätzung gilt für Lehrer im parallelen Bildungssystem. Obgleich auch immer wieder Lehrer unter den Repressionsopfern sind, sieht auch der CDHRF[2] die Lehrerfunktion nicht als konkreten Anknüpfungspunkt für Repressionsmaßnahmen. (Auskunft des CDHRF - Vizevorsitzenden Ulaj vom 03.11.1998). Allerdings kann jede exponierte berufliche

oder politische Position ein zusätzliches Risikomoment darstellen." *(Seite 5)*
„Nach den Angaben des CDHRF...., der die ihm berichteten Repressionen auch statistisch erfaßt, waren 1997 ca. 5.600 Personen, also ca. 0.29 Prozent der albanischen Bevölkerung (1997 geschätzt ca. 2 Mio.), von staatlichen Repressionsmaßnahmen betroffen. 1996 hatte die 'Betroffenheitsquote' ebenfalls bei 0,29 Prozent, 1995 bei 0,58 und 1994 bei 0,6 Prozent gelegen. Nicht berücksichtigt wurde allerdings auf der einen Seite die Vielzahl der sonstigen 'kleinen' staatlichen Wilkürmaßnahmen, auf der anderen Seite aber auch die Möglichkeit, daß die Verhöre, Hausdurchsuchungen und Festnahmen auch im Rahmen 'ganz normaler' polizeilicher Ermittlungstätigkeit und ohne den Hintergrund politisch motivierter Repressionsabsicht stattgefunden haben können."
(Seite 6)
„Übergriffe gegen die albanische Bevölkerungsgruppe fanden in der Vergangenheit auch durch Privatmilizen und Banden statt, ohne daß die serbischen bzw. jugoslawischen Sicherheitskräfte dagegen eingeschritten wären. Seit 1994 sind solche Fälle praktisch nicht mehr zu verzeichnen. Allerdings kam es nach Ausbruch der Kämpfe im Kosovo im März 1998 wiederholt zu bislang nicht bestätigten Berichten über das Auftreten paramilitärischer Gruppen im Kosovo."
(Seite 9)
„In allen Gefängnissen in Jugoslawien werden Fälle der Mißhandlung der Inhaftierten und der Verletzung ihrer Menschenrechte registriert. Menschenrechtsverletzungen sind im jugoslawischen Strafvollzug zahlreich, aber i.d.R. nicht von hoher Intensität. Am häufigsten kommen Schläge durch das Gefängnispersonal vor. In vielen Fällen versuchen Gefängniswärter, durch kleinere Mißhandlungen und Schikanen die Zahlung von Bestechungsgeldern (bzw. Sachwerten) zu erreichen ...
Nach Erkenntnis des Auswärtigen Amtes unterscheidet sich die Lage hinsichtlich der Verletzung der Menschenrechte der Inhaftierten in den Straf- und Besserungsanstalten und Gefängnissen im Kosovo nicht wesentlich von der Lage in derartigen Anstalten außerhalb des Kosovo. Da im Kosovo nur ein Gefängnis (Smrekovnica) existiert, in dem Haftstrafen von über einem Jahr verbüßt werden, verbüßen zahlreiche Kosovo-Albaner ihre Haftstrafen in Gefängnissen außerhalb des Kosovo."
(Seite 11)
„Der Wehrdienst wird in Jugoslawien bei der Armee geleistet. Die Dauer des Grundwehrdienstes beträgt 12 Monate. Dem Recht zur Wehrdienstverweigerung aus Gewissensgründen wird mit den Möglichkeiten Rechnung getragen, in der VJ waffenfreien Dienst (Sanitätsbereich, Straßenbau, nachgeordneter Bürodienst) oder außerhalb der jugoslawischen Arme (serb.: Vojska Jugoslavije, VJ) einen Zivildienst zu leisten. Die Dauer des Dienstes beträgt in beiden Fällen 24 Monate."
(Seite 11)
„Als konkrete staatliche Verfolgungsmaßnahme kann der Erhalt eines Einberufungsbescheides in einem Land mit allgemeiner Wehrpflicht, insbesondere auch angesichts der Möglichkeit des Zivildienstes, jedoch nicht ausgelegt werden. Staatliche Zwangsmaßnahmen bei Wehrdienstentzug von Kosovo-Albanern finden nur exemplarisch statt, mit dem Ziel, die drohende Einberufung glaubhaft zu machen. 1996 (Januar bis September) wurden nach Angaben des CDHRF 15 (1995: 105) kosovo-albanische Wehrpflichtige wegen Wehrdienstentzuges verhaftet, aber nur 7 von ihnen verurteilt (die Zahl der sich dem Wehrdienst Entziehenden war jedoch weitaus größer). Da im Unterschied zu 1996 für 1997 durch den CDHRF keine aktuellen Zahlen zu dieser Thematik mehr gemeldet werden, geht das Auswärtige Amt davon aus, daß Fälle von Verhaftung und ggf. Verurteilung albanischer Wehrpflichtiger extrem selten sind."
(Seite 12)

Folter
„Fälle von Folter werden von Menschenrechtsorganisationen vor allem im Zusammenhang mit politischen Prozessen (sog. 'Offiziers- und Polizistenprozessen', Prozesse gegen Mitglieder der Kosovo-Befreiungsarmee und -bewegung) gemeldet. Diese Meldungen sind als sehr glaubwürdig einzustufen. Nach UN-Berichten ist im Jahr 1997 zumindest ein Gefangener zu Tode gefoltert worden. Mit Hilfe der Folter sollen

Geständnisse erpreßt worden sein, die im Prozeß regelmäßig die einzige Grundlage für die Verurteilung bildeten. Widerrufe der Geständnisse wurden in der Hauptverhandlung regelmäßig nicht zur Kenntnis genommen.
Die Behörden sind Foltervorwürfen bisher trotz ausdrücklicher Aufforderung u.a. durch die EU und die USA nicht nachgegangen."
(Seite 14)

Todesstrafe
„In der Republik Montenegro wurde die Todesstrafe seit 1992 nicht mehr verhängt. In der Republik Serbien ergehen jährlich ca. 5 bis 6 Todesurteile, in aller Regel in Fällen mehrfachen Mordes. Die letzte Vollstreckung der Todesstrafe fand im Jahre 1991 statt ...
Unmenschliche bzw. erniedrigende Strafen sind weder vorgesehen, noch werden sie praktiziert.
Fälle von andauernder Haft ohne Anklage und Urteil wurden nur in zwei Fällen bekannt."
(Seite 15)

Medizinische Versorgung
„In der BRJ besteht eine staatliche Gesundheitsversorgung auf der Grundlage einer gesetzlichen Krankenversicherung. Sie ist vom Bestehen eines Arbeitsverhältnisses unabhängig. Personen, die sich beim zuständigen Arbeitsamt arbeitslos melden, sind über das Arbeitsamt krankenversichert und können das staatliche Gesundheitssystem in Anspruch nehmen. Dies gilt auch für mittellose Rückkehrer aus dem Ausland. Grundsätzlich sind in Jugoslawien lebensrettende und -erhaltende Maßnahmen für den Patienten kostenlos."
(Seite 21)
„In der Provinz Kosovo wurde ein Teil der ethnisch albanischen Ärzte aus dem (serbisch geführten) staatlichen Gesundheitssystem entlassen und wechselte in das sog. 'parallele' albanische Gesundheitssystem über (nach Unicef-Angaben sind jedoch nach wie vor 50,83 % aller im staatlichen Gesundheitssystem Kosovos Tätigen ethnische Albaner).
Das staatliche Gesundheitssystem ist gerade im Kosovo etwas besser ausgestattet als in den anderen Landesteilen, was auf die serbische Politik, Anreize für die Wiederansiedlung von Serben in dieser Region zu schaffen, zurückzuführen ist. Kosovo-Albanern wird die Nutzung staatlicher medizinischer Einrichtungen nicht verwehrt (nach IRKR-Angaben Stand 2/98 sind 90 % aller Patienten Albaner), eine Schlechterbehandlung ethnisch albanischer Patienten durch serbische Ärzte konnte bislang nicht festgestellt werden. Aufgrund der massiven innerethnischen Spannungen im Kosovo hält der weitaus größere Teil der Kosovo-Albaner die Inanspruchnahme der (serbischen) staatlichen Heilfürsorge jedoch für inakzeptabel.
Die kosovo-albanische Politik der konsequenten Nichtanerkennung des serbischen Staates und seiner Einrichtungen macht auch hinsichtlich der medizinischen Versorgung keine Ausnahme. Von staatlicher Seite durchgeführte Vorsorgemedizin - Impfaktionen, Verteilung von Medikamenten, Überlandfahrten von Ärzten usw.) wird in der Regel von Kosovo-Albanern aus Angst oder Mißtrauen gegenüber serbischen Ärzten oder aus 'Gruppenzwang' boykottiert. Da die parallelen albanischen Gesundheitseinrichtungen für Vorsorgemedizin nicht ausgestattet sind, treten im Kosovo epidemische Krankheiten wie TBC, Typhus u.a. häufiger auf als in der restlichen BRJ."
(Seite 22)
„Albanisch-sprachige Zeitungen im Kosovo, vor allem aber in Drittländern (Albanien, westeuropäisches Ausland) erscheinende albanisch-sprachige Zeitungen veröffentlichen häufig Meldungen über mutmaßliche Verfolgungs- und Unterdrückungsschicksale, die vor Veröffentlichung durch die Redaktion nicht auf inhaltliche Richtigkeit überprüft wurden. So liegt es im Bereich des Möglichen, aus einem nicht verifizierten Bericht über ein Verfolgungsschicksal eine Zeitungsmeldung zu machen, die dann wiederum von Menschenrechts- und Flüchtlingsorganisationen aufgegriffen und verbreitet wird. Auch Verfälschungen einer zutreffenden Zeitungsangabe können

297

auftauchen. Ferner sind vor allem Meldungen über Verfolgungs- und Unterdrückungshandlungen serbischer Behörden in albanisch-sprachigen Exilzeitungen häufig suggestiv formuliert, inhaltlich übertrieben und stark ausgeschmückt. Ein tatsächliches Verfolgungsschicksal kann nach Einschätzung des Auswärtigen Amts allein durch vorgelegte Zeitungsmeldungen nicht glaubhaft gemacht werden. Hier empfiehlt sich – neben der Möglichkeit der Überprüfung durch das Auswärtige Amt – eine direkte Nachfrage z.B. beim über Repressionsfälle im Kosovo regelmäßig gut informierten CDHRF (Fax: 00381-38-30409, Anfrage in englischer Sprache). In letzter Zeit stellt das Auswärtige Amt jedoch verstärkt fest, daß die Auskünfte des CDHRF nicht frei von politischer Beeinflussung sind, auch inhaltlich falsche Auskünfte sind bereits vorgekommen. Bexhet Shala, Generalsekretär des CDHRF, hatte im Sommer 1997 gegenüber einem Angehörigen des UN-Hochkommissariats für Menschenrechte eingeräumt, ihm sei bekannt, daß der CDRHF auch Meldungen über Mißhandlungen aufnehme und veröffentliche, von denen er wisse, daß die Mißhandlungen gar nicht erfolgt seien und die Meldungen nur der Vorbereitung eines Asylverfahrens im Ausland dienen solle ...

Festzuhalten ist, daß von Menschenrechtsorganisationen keine nennenswerten Repressionsmaßnahmen gegen Familienangehörige der in den UCK-Verfahren Verurteilten berichtet werden."
(Seite 23/24)

„Der Präsident der Rechtsanwaltskammer des Kosovo, Xhafer Maliqi, bestätigte gegenüber der deutschen Botschaft in Belgrad, daß 'bekanntermaßen über 90 % der im Ausland kursierenden kosovo-albanischen Gerichtsdokumente gefälscht' sind."
(Seite 26)

---

1 - Demokratische Liga des Kosovos, Partei von Ibrahim Rugova, J.E.
2 - „Council for the Defence of Human Rights and Freedom, Pristina, von Kosovo-Albanern geleitete Menschenrechtsorganisation, verfügt über ein Netzwerk von Büros und Mitarbeitern, umfangreiche Informationen über Menschenrechtsverletzungen, in letzter Zeit zunehmend unter politischem Einfluß" - Definition des Auswärtigen Amtes aus demselben Dokument

„Abgrenzung zwischen UCK-Kämpfern und Zivilisten schwierig"

Das Auswärtige Amt zur Eskalation im Kosovo ab Frühjahr 1998
Quelle: Auswärtiges Amt, Lagebericht über die asyl- und abschiebungsrelevante Lage in der Bundesrepublik Jugoslawien (Stand: November 1998), 514-516.80/3 YUG, 18. November 1998 (vollständige Kopie im Besitz des Autors)

Ungekürzte Wiedergabe der Seiten 16 (Mitte) bis 18 (Mitte) ohne Auslassungen.

6.2 Kosovo-Konflikt

6.2.1 Kampfhandlungen

Im Kosovo kam es nach den Polizeiaktionen von Ende Februar/Anfang März 1998 zu einer erheblichen Eskalation und Militarisierung des Konflikts. Seit April 1998 war ein starker Anstieg der Anschläge auf Polizisten und Polizeieinrichtungen zu verzeichnen, die Polizei mußte sich in der Folge aus zahlreichen betroffenen Gebieten zurückziehen, die Gebiete wurden ausschließlich von der UCK kontrolliert.

In den 'befreiten Gebieten', die sich von Srbica im Norden bis nach Orahovac im Süden sowie Glogovac im Osten bis Klina bzw. Decani im Westen (allerdings unter Ausklammerung der genannten Ortschaften) erstreckten, kam es zum völligen Zusammenbruch der staatlichen Ordnung. Staatliche Stellen (Polizeistationen, Post, Standesämter usw.) stellten ihre Arbeit ein.

Die UCK versuchte in mehreren Offensiven, das von ihr kontrollierte Gebiet auch auf die o.a. Ortschaften sowie auf die Bergwerke im Westen Pristinas (Belacevac) und bei Kosovska Mitrovica (Stari Trg) auszudehnen, allerdings ohne dauerhaften Erfolg.

Im Grenzbereich zu Albanien (Region um Ponosevac, Lunic, Morina) kam es immer wieder zu Zusammenstößen zwischen der grenzsichernden jugoslawischen Armee und bewaffneten Gruppen, die Nachschub an Waffen und Kämpfern aus Albanien und Kosovo zu liefern versuchten. Bei einzelnen Zwischenfällen sollen Gruppen bis zu tausend Mann versucht haben, durch die Grenze in den Kosovo durchzubrechen. Im Zuge dieser Gefechte wurden durch die jugoslawische Armee Tonnen von Waffen und Material sichergestellt. Die UCK versuchte immer wieder, die 'befreiten Gebiete' mit der Grenze zu Albanien zu verbinden, um die Nachschubwege sicherzustellen.

In diesen Gefechten haben sich UCK-Einheiten immer wieder auch in Ortschaften zurückgezogen und aus der Deckung, teilweise auch mit Unterstützung der Zivilbevölkerung, weitere Kampfhandlungen durchgeführt.

Seit dem 24.07.1998 hatten Polizei und Armee begonnen, die Kontrolle über 'befreite Gebiete' wieder herzustellen. In einer ersten Aktion wurde die zur Versorgung der Stadt Pec unverzichtbare Straße Pristina-Pec geräumt. In einer zweiten Aktion wurde die Kontrolle über die Ortschaft Malisevo, einer angeblichen 'Hochburg der UCK', wiederhergestellt und die bislang zusammenhängenden 'befreiten Gebiete' in mehrere Teilgebiete gespalten.

Bis Ende August 1998 sollen in den Kämpfen laut CDHRF ca. 600 Albaner umgekommen sein, eine Unterscheidung zwischen UCK-Kämpfern und Zivilisten wurde bei dieser Angabe nicht getroffen.

Im Anschluß an weiträumige Operationen war es den serbischen Sicherheitskräften bis Ende August 1998 gelungen, die UCK-Kämpfer aus allen größeren Ortschaften zu vertreiben und alle wichtigen Landtransversalen des Kosovo wieder unter ihre Kontrolle zu bringen. Dabei wurden sie durch Einheiten der jugoslawischen Armee (VJ) unterstützt. Ziel der serbischen Sicherheitskräfte ist es seitdem, die in die Wälder geflüchteten UCK-Kämpfer von Überfällen auf die Straßenverbindungen abzuhalten und ein Wiedereinsickern in die zurückeroberten Ortschaften zu verhindern.

In einem weiteren Schritt zur Konsolidierung der Lage wurde die Grenzsicherung gegenüber den Nachbarstaaten Albanien und Mazedonien verstärkt. Eine Ausweitung des Grenzstreifens und verstärkte Kontrollen sollen den UCK-Kämpfern die logistischen Wege abschneiden.

Ein klares Bild über die weitere Entwicklung läßt sich zur Zeit nur schwer gewinnen. Nach dem durch das Milosevic-Holbrooke-Übereinkommen erforderlich gewordenen Rückzug der Sicherheitskräfte aus dem Konfliktgebiet ist es vielerorts zu einer Rückkehr der UCK in kosovo-albanische Dörfer gekommen.

6.2.2 Auswirkungen auf die Bevölkerung

Die Kampfhandlungen wiesen typisch militärisches Gepräge auf und waren darauf abgerichtet, die Kontrolle über die von der UCK besetzten Gebiete zurück zu erlangen.

Dabei nahmen die serbischen Sicherheitskräfte Opfer unter den unbewaffneten Zivilisten in Kauf und richteten – häufig auch lange nach bereits erfolgter Eroberung der Dörfer und Vertreibung der Bevölkerung - gezielt Schäden an Gebäuden an.

Die UCK hatte in den 'befreiten Gebieten' breiten Rückhalt in der Bevölkerung. Auch nach albanischer Darstellung hat sich die Bevölkerung teilweise aktiv an den bewaffneten Auseinandersetzungen beteiligt. Auf UCK-Seite sollen auch Frauen mitgekämpft haben, auch ein 15-jähriger UCK-Angehöriger wurde schon von internationalen Beobachtern angetroffen. Insofern ist die Abgrenzung zwischen UCK-Kämpfern, mitkämpfenden Einwohnern und reinen Zivilisten sowohl für die Sicherheitskräfte als auch für die objektive Bewertung der Sachlage schwierig..

Im Zuge der Gegenoffensive der Sicherheitskräfte zogen sich die UCK-Einheiten zurück. Mit ihnen flüchtete jedoch auch nahezu die gesamte Zivilbevölkerung aus den betroffenen Ortschaften, so daß weite Teile des Konfliktgebietes kurz nach den Auseinandersetzungen fast menschenleer waren. UCK-Kämpfer und Bevölkerung zogen sich auch z.T. in unzugängliche Berg- und Waldgebiete in der Nähe ihrer alten Wohnstätten zurück. Beobachter trafen in der kampflos in die Hand der Sicherheitskräfte gefallenen Ortschaft Malisevo (ehemals fast 20.000 Einwohner) nur noch einen einzigen (!) Einwohner an. Die serbischen Sicherheitskräfte verhindern den Exodus der Bevölkerung nicht. Hierauf sind auch die im Vergleich zu Bosnien und Herzegowina geringen Verluste auf Seiten der kosovo-albanischen Zivilbevölkerung zurückzuführen.

Die Kampfhandlungen im Kosovo wurden von beiden Seiten mit militärischen Mitteln geführt, wobei auf serbisch-jugoslawischer Seite die Sicherheitskräfte bei der Einnahme von Ortschaften auch mit schweren Waffen vorgingen. Beim Einzug der serbischen Sicherheitskräfte in zurückeroberte Ortschaften kam es zu Übergriffen gegen dort verbliebene Bewohner. Die durch die Presse wiederholt gemeldeten 'Massaker' und Meldungen über „Massengräber" trugen zur Beunruhigung der Flüchtlinge bei, konnten jedoch durch internationale Beobachter bislang nicht bestätigt werden. Serbische Regierungsmedien behaupten ihrerseits, Teile der Zivilbevölkerung seien durch Gewaltandrohung der UCK an der Rückkehr in ihre Dörfer gehindert worden.

Mittlerweile ist ein Teil der Bewohner wieder in einige der betroffenen Ortschaften zurückgekehrt. Nach Rückzug der Sicherheitskräfte ist der Rückkehrprozeß offenbar in größerem Rahmen in Gang gekommen. Der Konflikt wirkt sich nicht auf den gesamten Kosovo aus. So verläuft das öffentliche Leben in Städten wie Pristina, Gnijlan und Urosevic in relativ normalen Bahnen."

Auf Seite 5/6 des Lageberichts findet sich der Hinweis, daß „seit Beginn der bewaffneten Auseinandersetzungen bereits zwischen 30.000 und 50.000 Serben den Kosovo verlassen haben."

Jürgen Elsässer

Leichenberge vom Hörensagen

Eine Analyse der OSZE Studie „As Seen - As Told" über Menschenrechtsverletzungen im Kosovo

Die OSZE veröffentlichte am 6. Dezember 1999 unter dem Titel *Kosovo/Kosova: As Seen, As Told* eine zweibändige Analyse über Menschenrechtsverletzungen im Kosovo.[3] Der erste Teil mit 434 Seiten umfaßt den Zeitraum vom Oktober 1998 bis Juni 1999, als der Kosovo noch unter serbischer Herrschaft stand. Der zweite Teil mit 332 Seiten dokumentiert Menschenrechtsverletzungen, die nach dem Einmarsch der Kfor bis zum Oktober 1999 vorgekommen sind.

Der erste Teil zerfällt seinerseits in zwei Teile: Die Geschehnisse im Kosovo bis zum 20. März 1999 konnten die zuletzt knapp 1.400 OSZE-Verifikatoren direkt vor Ort beobachten (daher die Formulierung „as seen"): Sie wurden von Bürgern des Kosovo, aber auch von den serbischen Behörden und der UCK über Vorfälle informiert und zur Tatortbesichtigung eingeladen. Nach ihrer Ausweisung am 20. März war ihnen diese relativ zuverlässige Form der Verifikation nicht mehr möglich. Die Verbrechen während des Krieges haben sie nur „as told" registrieren können, nämlich wie es ihnen albanische Flüchtlinge bei Interviews in den Flüchtlingslagern erzählten.

Die Zeit vor dem Krieg

Der OSZE-Bericht wurde von vielen Nato-Befürwortern bei Erscheinen als Rechtfertigung der eigenen Position gefeiert. So schrieb etwa Bernard-Henry Lévy: „Endlich sind die Dinge klar. Erstens, die Ausschreitungen von Serben gegen die Zivilbevölkerung, insbesondere die muslimische, begannen lange vor den Nato-Angriffen. Zweitens, sie lassen sich nicht mit den von der UCK begangenen Taten vergleichen. Drittens, den Ermittlern liegen nach Angaben von *Le Monde* Beweise über Greueltaten vor, die einem vorsätzlichen Plan folgten und daher, um es klar zu sagen, in jedem Fall - ob mit oder ohne Intervention der Alliierten - stattgefunden hätten. Ende der Diskussion."[4]

Die Sätze zeigen nur, daß Lévy den OSZE-Bericht überhaupt nicht studiert hat. Er kann sich allenfalls auf das Vorwort stützen, nicht auf die folgenden über vierhundert Seiten Berichte der Verifikateure. Im Vorwort heißt es sehr kategorisch: „Es muß betont werden, daß eine offensichtliche Schlußfolgerung der Analyse ist, daß es sicherlich nicht so etwas wie ein Gleichgewicht oder eine Gleichwertigkeit der beiden Seiten im Wesen oder im Ausmaß der begangenen Menschenrechtsverletzungen gab. Das Leiden im Kosovo im Zeitabschnitt, der von der OSZE-Beobachtermission überwacht wurde, war in der überwiegenden Mehrzahl der Fälle kosovo-albanisches Leiden, verursacht von dem jugoslawischen und serbischen Militär- und Sicherheitsapparat."[5]

Ob im Vorwort von den übergeordneten OSZE-Gremien um den Missionsleiter William Walker eine nachträgliche Umgewichtung der Vor-Ort-Berichte der Verifikateure vorgenommen wurde? Beobachtungen des Schweizer Geologen und OSZE-Beobachters Pascal Neuffer legen dies nahe: „Wenn Berichte nicht kritisch genug gegenüber Aktionen der Serben waren, wurden sie abgeändert oder zerrissen. Als die Mission zu Ende war, entdeckten einige Italiener Berichte, in denen amerikanische Regierungsbeamte und albanisches Personal Italiener, Russen und Holländer einer 'pro-serbischen' Haltung beschuldigten, weil sie über Menschenrechtsverletzungen der UCK berichtet hatten."[6] Eine Schlüsselrolle bei diesen Manipulationen muß der britische General John Drewienkiewicz gespielt haben, der im OSZE-Hauptquartier die „Fusions"-Abteilung leitete. Ein anonymer OSZE-Beobachter sagte einer Schweizer Zeitung gegenüber: „Offiziell war seine Aufgabe die Koordination der Sicherheitsaufgaben. In Wirklichkeit wußte niemand so genau, wofür er verantwortlich war ... Zug um Zug bekamen wir mit, daß das ein Zentrum für die Koordination von Informationen war, die amerikanischen und britischen Militärs zugespielt wurden."[7] Drewienkiewicz wurde im Haager Prozeß gegen Milosevic von der Anklage als Zeuge aufgerufen.

Was die Verifikateure vom Beginn ihrer Untersuchungstätigkeit am 26. November 1998 bis zu ihrem Abzug am 20. März 1999 im Kosovo gefunden haben, stützt jedenfalls nicht das Resümée aus dem Vorwort des OSZE-Berichts oder Lévys vorschnelles Urteil. So wird an mehreren Stellen (S. 37, S. 38, S. 42, S. 173, S. 228, S. 286) festgestellt, daß sich die Situation im Kosovo erst mit Beginn der Luftangriffe drastisch verschlimmerte: „Nach dem Beginn der Nato-Luftangriffe auf die Bundesrepublik Jugoslawien in der Nacht vom 24. auf den 25. März wurden willkürliche Hinrichtungen im gesamten Kosovo zu einer allgemeinen Erscheinung. Bis dahin hatte sich die Aufmerksamkeit der jugoslawischen und serbischen Militäreinheiten und Sicherheitskräfte auf Gemeinden in Gebieten des Kosovo konzentriert, in denen sich die Nachschubwege oder Lager der UCK befanden."[8]

Bemerkenswert ist auch, daß in elf der 30 Stadt- und Landkreise bis zum Abzug der OSZE am 20. März keine schwerwiegenden Menschenrechtsverletzungen registriert wurden, jedenfalls keine Tötungsdelikte (in Gnjilane, Gora, Kosovska Kamenica, Leposavic, Lipljan, Novo Brdo, Strpce, Vitina, Zubin Potok und Zvecan) oder nur ein Tötungsdelikt, dieses jedoch an einem Serben (Kreis Obilic). Die neun relativ ruhigen Zonen hatten als Charakteristikum gemeinsam: In ihnen war die UCK nicht aktiv. So heißt es etwa über den Kreis Gnjilane: „Einige der Dörfer um die Stadt Gnjilane waren fast nur von Serben bewohnt ... Als Folge hatte die UCK Schwierigkeiten, bei der Infiltration anhand ihrer gewöhnlichen Vorgehensweise, die ländlichen Gebiete als Basis zu benutzen."[9] Für den Kreis Novo Brdo werden „Umstände, die der UCK-Infiltration nicht förderlich waren", in der serbischen Bevölkerungsmehrheit gesehen.[10] In Vitina gab es doppelt so viele Serben wie Albaner, letztere stellten jedoch den Polizeichef (übrigens ein gutes Beispiel für das angebliche serbische Apartheid-Regime). Mit anderen Worten: Solange die UCK sich nicht einnistete, war das Verhältnis zwischen den Volksgruppen relativ erträglich. Polizei und serbische Paramilitärs nutzten die Abwesenheit der UCK nicht, um brutaler gegen die Albaner vorzugehen, sondern hielten sich mehr zurück als anderswo. Eine serbische Bevölkerungsmehrheit bedeutet für die albanische Minderheit nicht mehr, sondern weniger Repression.

Die Tötungsdelikte

Stadt für Stadt, Gemeinde für Gemeinde ist jede Menschenrechtsverletzung von den OSZE-Verifikatoren penibel protokolliert worden. Beschränkt man sich auf die gravierendsten Menschenrechtsverletzungen, nämlich die Tötungsdelikte, so kann man eine relativ exakte Zählung vornehmen. Die Opfer lassen sich in drei Gruppen aufteilen: a)

301

solche, die eindeutig von der UCK getötet wurden; b) nicht aufgeklärte Tötungsdelikte; c) solche, die eindeutig auf das Schuldkonto der Serben gingen. Bei der Einteilung wurden in jedem Fall die Maßstäbe der OSZE zu Grunde gelegt: So wurden die 45 Toten von Racak als albanische Zivilisten, die von den Serben massakriert wurden, gerechnet. Bei den 24 Toten von Rogovo wurden 20 UCK-Kämpfer angenommen, vier jedoch entsprechend der OSZE-Erkenntnisse als albanische Zivilisten gewertet. An einigen Stellen gibt die OSZE keine genauen Zahlen bekannt, sondern spricht von einigen (some, several, a number of) Toten. Solche Ungenauigkeiten kamen in allen drei Kategorien vor. Zur Vereinfachung der Zählung wurden in diesen Fällen jeweils fünf Opfer angenommen. Demnach ergibt sich bis zum Abzug der OSZE am 20. März 1999 folgendes Bild:

a) Von der UCK wurden 54 Menschen getötet, nämlich 36 (serbische oder albanische) Zivilisten und 18 Polizisten oder Militärs.

b) Unaufgeklärt blieben 87 Tötungsdelikte an Zivilisten, wobei 33 davon Serben oder - nach Auskünften ihrer Angehörigen - loyale Albaner waren. Für deren Tod ist mit hoher Wahrscheinlichkeit die UCK verantwortlich - die Serben jedenfalls dürften wohl kaum die Unterstützer der Staatsmacht liquidiert haben.

c) Von Serben (Polizei, Militärs, Paramilitärs) wurden 133 Menschen getötet, davon 46 UCK-Kämpfer und 87 Zivilisten.

Über diese Opferbilanz können nun zwei Raster gelegt werden: Zum einen das Raster „Tötung von Zivilisten", zum anderen das Raster „Tötungsdelikte als Verstoß gegen die bürgerliche Rechtsordnung."

Tötung von Zivilisten: Berücksichtigt man nur zivile Opfer, so sind die Serben für den Tod von 87, die UCK ist für den Tod von 69 verantwortlich, nämlich 36 aus Kategorie a) und wahrscheinlich 33 aus Kategorie b). Der Tod von 54 Zivilisten aus Kategorie b) bliebe ungeklärt. Es könnten Serben, Albaner oder Roma gewesen sein -, oder es ist, soweit es sich erwiesenermaßen um albanische Zivilisten handelte, nicht klar, ob ihre Loyalität eher beim Staat oder bei der UCK lag. Die Täter könnten also in diesen 54 Fällen sowohl serbische Militärs bzw. Paramilitärs als auch UCK-Kommandos gewesen sein, auch gewöhnliche Kriminalität kann in einigen Fällen nicht ausgeschlossen werden.

Tötungsdelikte als Verstoß gegen die bürgerliche Rechtsordnung: Jeder bürgerlich-demokratische Staat der Welt hält einerseits die Bekämpfung terroristischer Gruppen und den Schutz des staatlichen Gewaltmonopols für legitim, andererseits Angriffe bewaffneter Gruppen auf seine Beamten und Repräsentanten für ein besonders gravierendes Delikt. Läßt man diese Logik auch für Jugoslawien gelten, so müßten auf dem UCK-Schuldkonto nicht nur die getöteten Zivilisten, sondern auch die getöteten Polizisten und Militärs auftauchen; umgekehrt wäre es im allgemeinen legitim, daß die serbischen Sicherheitskräfte im Kampf UCK-Bewaffnete erschossen haben. In diesem Fall wären serbischen Tätern weiterhin ausschließlich die getöteten Zivilisten anzulasten, also die bereits aufgeführten 87. Der UCK hingegen wären zusätzlich zu den 69 getöteten Zivilisten auch die 18 getöteten Polizisten und Soldaten vorzuwerfen, in der Summe also ebenfalls 87.

Bei diesen Angaben sollte man nicht vergessen, daß sie auf dem OSZE-Bericht fußen. Die offiziellen Zahlen Belgrads weichen davon ab. So geht die jugoslawische Regierung nicht von 87 UCK-Morden aus, sondern errechnete für den demselben Zeitraum 156 Tötungsdelikte (127 Zivilisten, 27 Polizisten, zwei Soldaten).[11]

Vor allem aber gibt die OSZE-Übersicht möglicherweise die Zahl der serbischen Morde viel zu hoch an. Denn das Gros der 87 den Serben zugerechneten Morde an Zivilisten, nämlich 45, hat demnach an einem einzigen Tag stattgefunden: am 15. Januar in Racak. Die Widersprüche der OSZE-Version zu diesem Ereignis sind auf Seite 84 ff. benannt.

Die Zeit nach Kriegsbeginn

2.800 Kosovo-Albaner wurden von der OSZE während des Krieges in albanischen und mazedonischen Flüchtlingslagern befragt. Addiert man deren Berichte und

Schätzungen, muß die Zahl der von serbischen Militärs und Paramilitärs Ermordeten tatsächlich deutlich über 10.000 liegen. Insofern stützt der Bericht, anders als die Ergebnisse der bisherigen Exhumierungsarbeiten an Crime Sites im Kosovo, die von Carla del Ponte, der Chefanklägerin des Kriegsverbrechertribunals in Den Haag, im November 1999 bekanntgegebene Zahl von angeblich 11.334 während des Krieges von Serben getöteten Kosovo-Albanern.

Dieser Teil des OSZE-Berichtes hat jedoch ein strukturelles Manko: Nach ihrem Abzug am 20. März konnten die OSZE-Beobachter die albanischen Klagen nicht mehr vor Ort überprüfen. Auf eine Gegenrecherche bei den serbischen Behörden oder auf serbische Augenzeugen hat die OSZE verzichtet. Auch westliche Journalisten, die während des Krieges im Kosovo geblieben waren (vgl. Seite 84), wurden nicht befragt. Generell ist unklar, inwiefern die von der OSZE befragten Flüchtlingsgruppen von UCK-Informanten durchsetzt oder beeinflußt waren. Erinnert sei an die einschlägigen Erfahrungen von Brigade-General Heinz Loquai, des deutschen Militärattachés bei der OSZE in Wien: „(G)erade im Kosovo scheint ... ein traditionelles Netzwerk der informellen Kommunikation sowohl die Informationsausbreitung als auch die Mythen- und Legendenbildung zu begünstigen. Der Medien- und Informationskrieg wurde ein ganz wichtiger Teil des Bürgerkriegs. Auf diesem Terrain waren die Kosovo-Albaner ihrem Gegner haushoch überlegen..."[12]

Auf jeden Fall müssen drei Opfergruppen von der Summe der angeblich von Serben Ermordeten subtrahiert werden: Opfer vom Hörensagen, Opfer militärischer Auseinandersetzungen, Opfer der Nato-Bombenangriffe.

Leichenberge vom Hörensagen

Die meisten Morde wollen die befragten albanischen Zeugen selbst gesehen haben, aber ausgerechnet über einige der größten Massaker liegen nur Berichte aus zweiter und dritter Hand vor. Einige Beispiele:

Kreis Glogovac: „Viele Befragten berichteten, daß ein Massaker von mehr als 200 Leuten in Stutica stattfand ... Alle Berichte jedoch kamen vom Hörensagen, wenn auch viele Befragten die Tötung kleinerer Zahlen von Menschen während dieser Zeit berichteten." (S. 195) Addiert man, was Augenzeugen direkt gesehen haben wollen, kam man nur noch auf 29 Tote. Bei Ausgrabungen nach dem Waffenstillstand wurden schließlich „21 Leichen an drei Orten" gefunden. (ebenda)

Kreis Pristina/Nord: Im Dorf Devet Jugovica sollen, so die Aussage von einem (!) Befragten, um den 22. April 70 Männer getötet worden sein. „Es muß jedoch betont werden, daß das nur Hörensagen war", heißt es weiter. (S. 322)

Kreis Pristina/Südost: Im Dorf Marmor soll Ende März ähnliches passiert sein: „Ein (!) Befragter hörte (!) von einem Massaker an 70 Leuten ungefähr zu dieser Zeit (Ende März, J.E.)." (S. 328)

Bei einer Greuelmeldung aus dem Kreis Podujevo stützt sich der OSZE-Bericht sogar explizit auf eine UCK-Quelle. „Ein junger Mann, der sich als UCK-Kämpfer von gerade 22 Jahren identifizierte, berichtete in einer regelrechter Litanei von Leuten, deren Ermordung er gesehen oder bei deren Bestattung er geholfen hatte ..." Am 24. April sah er etwa bei Alabak 62 Leichen. „Einige waren zweigeteilt, ein Körper soll wie Hackfleisch ausgesehen haben. Viele Körper waren mit einem hölzernen Kreuz zusammengeheftet, auf welchem stand: 'Die kann das UCK-Parlament mit nach Den Haag nehmen." (S. 304) Andere Zeugen, die diese Aussagen bestätigen oder in Frage stellen, tauchen im OSZE-Bericht nicht auf.

Opfer militärischer Auseinandersetzungen

Für einige Orte drängt sich die Frage geradezu auf, ob unter den gefundenen oder im OSZE-Bericht nur behaupteten Toten nicht zumindest auch Opfer von Kämpfen zwischen der jugoslawischen Armee und der UCK sind. Allein bei deren großer Bodenoffensive im April/Mai, der Operation „Arrow", sollen nach serbischen Angaben beim Durchbruchsversuch über die albanische Grenze 500 Guerilleros getötet worden sein.[13] Tahir Zema, Oberst vom „gemäßigten Offiziersflügel der UCK", klagte kurz vor Kriegsende, „Tausende von UCK-Guerilleros" seien „in Kämpfen mit Serben verletzt oder getötet worden."[14] Auch viele serbische Soldaten müssen im Kosovo gefallen sein: „Die jugoslawischen Grenzverteidigungskräfte gerieten durch die Vorstöße der UCK in die Defensive und waren gezwungen, den Schutz ihrer vorbereiteten und getarnten Stellungen zu verlassen. Damit wurden sie zum Angriffsziel der Nato-Flugzeuge. Dramatischer Höhepunkt dieser Entwicklung war der Angriff amerikanischer B-52-Bomber am Berg Pashtrik im Grenzraum zu Albanien (7.6.), dem zwischen 500 und 600 serbische Kämpfer zum Opfer gefallen sein sollen."[15] Beispiele aus dem OSZE-Bericht: In der Rugova-Schlucht/Kreis Pec „wurden viele UCK-Kämpfer bei Gefechten im Gebirge getötet." (S.296)

In Kolic / Kreis Pristina wurden um den 30. März herum „20 Männer in UCK-Unifom getötet" (S. 323), bei schweren Gefechten um den 18. April wurden „71 UCK-Kämpfer getötet." (S.324)

In Budakovo / Kreis Suva Reka sollen - nach der Aussage eines einzelnen Zeugen - am 20. April ungefähr 100 Menschen getötet worden sein. „(E)s wurde geschossen und Granaten wurden abgefeuert. Es gab UCK-Truppen im Dorf", schreibt die OSZE. (S.365)

Im OSZE-Bericht werden für den Kreis Kacanik etwa 200 Tote erwähnt. In der Taz-Chronologie rangiert der Ort als erster in der „Topographie des Schreckens", nachdem die Kfor kurz nach dem Einmarsch 81 Tote gefunden hat. Die Darstellung, hier habe serbischer Terror gewütet, wird durch Paul Watson von der Los Angeles Times in Frage gestellt. Er sprach im Mai 1999 mit albanischen Dorfschützern, die Kacanik Schulter an Schulter mit den Serben gegen die Angriffe der UCK verteidigten. Von der vierzigköpfigen Einheit, die im September 1998 aufgestellt worden war, waren nur noch sechs übrig - alle anderen hatte die UCK entführt.16 Auch der OSZE-Bericht erwähnt, daß es um den 8. April zu heftigen Kämpfen mit der UCK gekommen ist. Die abgedruckte Augenzeugendarstellung stammt vom einem UCK-Kämpfer; in ihr wird behauptet, daß 40 bis 70 Dorfbewohner von serbischen Heckenschützen getötet worden sind. (S. 223) Nur in einer Fußnote kann man lesen, daß die angeblichen serbischen Soldaten „grüne Tarnuniformen mit UCK-Abzeichen" trugen. (S. 226)

In der Stadt Pristina / Bezirk Vranjevac begannen am 25. März heftige Gefechte, „als UCK-Mitglieder angeblich zehn Polizisten erschossen". Daraufhin setzten Vertreibungen ein, und die UCK tötetete weitere fünf und später noch einmal vier Polizisten. (S. 315)

Opfer der Serben - oder der Nato?

Und wo sind die Toten der Nato-Bombenangriffe geblieben? An einigen Orten, wo im OSZE-Bericht serbische Massaker erwähnt werden, gab es auch furchtbare „Kollateralschäden" unter der Zivilbevölkerung:

Im Kreis Djakovica sollen „bis Ende April mindestens 300 Menschen"getötet worden sein,[17] der OSZE-Bericht spricht allein für die Ortschaft Meja von fast 400 Toten. Falls Gräber gefunden werden sollten, muß das kein Beweis für die Richtigkeit dieser Behauptung sein, denn auch die Nato hat in Djakovica ein Massaker veranstaltet: Bei einem angeblich versehentlichen Angriff auf einen albanischen Flüchtlingstreck starben am 14. April 75 Menschen, darunter 19 Kinder.

Dasselbe gilt für Istok, wo es ein Gefängnis gab. „Das Dubrava-Gefängnis wurde Mitte Mai von mehreren Nato-Bomben getroffen, die angeblich mehrere Insassen und serbische Beamten töteten. Anschuldigungen behaupten, daß später 100 Häftlinge von serbischen Sicherheitskräften ... exekutiert und später in einem Massengrab im nahen Rakos beerdigt wurden, zusammen mit den Opfern der Bombenangriffe." (S.214) Die serbische Seite geht davon aus, daß 92 Opfer auf das Konto der Nato gingen.

In der Umgebung von Prizren fanden deutsche Soldaten „zwei Gräber mit insgesamt 70 Leichen".[18] Opfer der Serben? Nicht unbedingt: „Sechs Kilometer nördlich von Prizren liegt das Dorf Korisa ... Hier bombardierte die Nato am 13. Mai versehentlich eine Gruppe von Flüchtlingen und tötete bis zu 100 Menschen", heißt es im Spiegel, wenn auch unter dem irreführend-eindeutigen Vorspann: „Tag für Tag werden serbische Verbrechen entdeckt."[19]

Festzuhalten gilt, daß die hohen Opferzahlen des OSZE-Berichtes für die Zeit nach dem 20. bzw. 24. März durch die bisherigen Exhumierungsarbeiten in keiner Weise gedeckt sind (vgl. Seite 84) Im Unterschied zu der Periode vorher, die die CSZE-Verifikatoren vor Ort im Kosovo überwachen konnten, ist die Zuverlässigkeit der OSZE-Studie für die 78 Kriegstage relativ gering.

3 - *OSCE Office for Democratic Institutions and Human Rights, Kosovo/Kosova As Seen, As Told. An analysis of the human rights findings of he OSCE Kosovo Verification Mission October1998 to June 1999*, Warsaw December 1999 (im Internet unter http://www.osce.org ???)
4 - Le Point, *14.1.2000*
5 - *OSCE Office..., a.a.o., S.IX*
6 - z.n. Ulisse, Come gli Americani hanno sabotato la missione dell' Osce", i n: Limes, supllemento al n. 1/99, p.113, L'espresso, Rome, 1999.
7 - La Liberté (Genf/Lausanne), 22.4.1999
8 - *OSCE Office..., a.a.o., S.38*
9 - *OSCE Office..., a.a.o., S. 200*
10 - *OSCE Office ..., S.267*
11 - *Government of the Federal Republic of Yugoslavia, Positions and Comments concerning the OSCE Report „As Told, As Seen"*, vom 7.2.2000
12 - Loquai, S.22/23
13 - nach www.serbia-info.com/news/1999-07/07/13134.html
14 - Stern, 10.6.1999
15 - Österreichische Militär-Zeitschrift 5/99
16 - Los Angeles Times, 31.5.1999
17 - Taz, 17.6.1999
18 - Taz, 17.6.1999
19 - Spiegel, 21.6.1999

Carla del Ponte und die Albanermafia

Interview mit Felipe Turover, der gegen die Haager Chefanklägerin prozessiert
Der 37jährige Turover stammt aus einer republikanischen spanischen Familie, seine Eltern flohen mit ihm vor Franco in die Sowjetunion. Nach dem Tod des Diktators kam Turover wieder in sein Geburtsland zurück, um dann bereits Ende der achtziger Jahre wieder als Finanzmann in Moskau am Perestrojka-Programm mitzuarbeiten. Er arbeitete von 1992 bis 1999 für die Jelzin-Regierung im Schuldenmanagement mit westlichen Gläubigerbanken

Elsässer: Sie sind der Hauptbelastungszeuge in der Affäre Mabetex, die auch als Russia-Gate bekannt wurde. Um was handelt es sich dabei, und was hat Carla del Ponte damit zu tun?
Turover: Mabetex ist eine Baufirma mit Sitz in Lugano in der italienischen Schweiz. Sie gehört dem Kosovoalbaner Beghijet Pacolli, der mittlerweile einen Schweizer Paß hat. Pacolli und sein Geschäftspartner Viktor Stolpowskich bekamen in den neunziger Jahren Aufträge aus dem Kreml in Höhe von umgerechnet zwei Milliarden Euro, es ging angeblich um Bau- und Sanierungsarbeiten im Regierungs- und Präsidentenkomplex. Nachgewiesenermaßen sind in diesem Zusammenhang Dollarsummen in Milliardenhöhe außerhalb Rußlands verschwunden, im Gegenzug wurden Schmiergelder in Millionenhöhe nach Moskau gezahlt. Pacolli hat für Kreditkarten Jelzins und der beiden Jelzin-Töchter gebürgt, das hat die Banca del Gottardo, die die Karten ausgegeben hat, bestätigt.
Carla del Ponte, damals Schweizer Bundesanwältin, hat mich im Verlaufe des Jahres 1997 kontaktiert und mich aufgefordert, als Zeuge in der Sache zur Verfügung zu stehen. Später hat sie den ermittelnden russischen Generalstaatsanwalt Jurji Skuratow in die Schweiz eingeladen und mich mit ihm bekannt gemacht. Sie galt damals schon als

große Kämpferin für Gerechtigkeit, deswegen bin ich ihrem Wunsch gefolgt. Das war ein beinahe tödlicher Fehler.
Elsässer: Warum?
Turover: Ich war auf Ehrlichkeit angewiesen und habe del Ponte von Anfang an darauf hingewiesen, daß mich meine Aussage in Lebensgefahr bringt. Schließlich arbeitete ich damals noch als Berater für die russische Staatsspitze - also genau für die Leute, die ich mit diesen Dokumenten schwer belastete. Was aber machte Frau del Ponte? Sie gab meinen vollen Namen und meine Funktion an die Presse. Das ist so, als hätte ich von Medellin aus Informationen über den Escobar-Clan an die US-Drogenpolizei geliefert und müßte dann, während ich noch in der Höhle des Löwen bin, meinen Namen als Kronzeuge gegen Escobar in der *New York Times* lesen. In meinem Fall war es nicht Medellin, sondern Moskau, und die Zeitung war der *Corriere della Sera*, aber die Wirkung war dieselbe: Ich war aufgeflogen, und nur durch überstürzte Flucht aus Moskau konnte ich mein Leben retten. Seither, seit mittlerweile drei Jahren, lebe ich undercover. Dafür bedanke ich mich bei Carla del Ponte. Sie hat den Killern den Weg zu mir gewiesen.
Elsässer: Ist das nicht reichlich übertrieben? Was kann eine Schweizer Bundesanwältin für einen Artikel in einer italienischen Tageszeitung?
Turover: Die beiden Journalisten vom *Corriere* haben alle Informationen von del Ponte bekomme, inklusive meiner Mobilfon-Nummer. Sie selbst sagten es mir, weil sie wissen, daß ich in Lebensgefahr bin.
Elsässer: Del Ponte hat das dementiert.
Turover: Dann sagt sie die Unwahrheit. Das habe ich übrigens schon oft gesagt, und nie hat sie mich wegen übler Nachrede verklagt. Der Grund ist ganz einfach: Sie hat keine Beweise, aber ich.
Elsässer: Mabetex-Chef Pacolli ist ja nicht nur ein Baulöwe, sondern soll auch gute Verbindungen zu den kosovo-albanischen UCK-Terroristen haben.
Turover: Das ist richtig. Zu seiner Firmengruppe gehörte, nach seinen eigenen Angaben, mindestens bis zum Jahr 2000, die kosovo-albanische Tageszeitung *Bota Sot*, die selbst von der OSZE wegen rassistischer Artikel verurteilt wurde. Sie hetzte vor allem gegen Serben, gegen mich als den „Juden Turover" auch antisemitisch.
Elsässer: Sollten kosovo-albanische Bestechungsgelder an den Jelzin-Clan gezahlt worden sein, könnte das das Verhalten des russischen Präsidenten im Frühjahr 1999 erklären. Als die Nato den Krieg gegen Jugoslawien vorbereitete, rührte er keinen Finger zum Schutz des angeblichen Brudervolks der Serben. Bei der Konferenz in Rambouillet etwa, als die Nato-Staaten extrem einseitig zugunsten der Albaner agierten, protestierte Moskau nicht, obwohl seine Diplomaten mit am Verhandlungstisch saßen. Kauften die Kosovo-Albaner Jelzins Stillhalten?
Turover: Das ist eine mögliche Erklärung. Es handelt sich bei diesen Geschichten um eine Symbiose aus Politik, Plünderung und Geldwäsche im großen Stil.
Elsässer: Und del Ponte?
Turover: Alle Ermittlungsverfahren in der Schweiz zur Mabetex-Affäre wurden politisch von höchster Stelle niedergeschlagen. Mehr noch: Die Unterlagen, die del Ponte von ihrem russischen Amtskollegen Skuratow bekommen hatte, sind auf wundersame Weise bei Pacolli gelandet. Der hat seine Moskauer Freunde Jelzin und Borodin benachrichtigt, und in der Folge wurde Skuratow, ein ehrlicher und kompetenter Jurist, kaltgestellt - trotz dreier praktisch einstimmiger Entschließungen des russischen Senats zu seinen Gunsten. Das Ende von Skuratow war auch das Ende der Moskauer Mabetex-Ermittlung - das letzte Verfahren wurde im Dezember 2000 eingestellt.
Elsässer: Handelte del Ponte als Schutzpatronin der albanischen Mafia oder des Jelzin-Clans?
Turover: Weder noch. Sie handelt nur in ihrem eigenen Interesse. Politische Ziele sind ihr völlig egal. Nehmen Sie etwa den Zeitpunkt, als sie mit ihren Erkenntnissen zu Mabetex inklusive meines Namens an die Öffentlichkeit ging, Ende August 1999. Das war ja nicht nur ein Schlag gegen mich, sondern auch gegen Jelzin. Zwar hat sie später nicht weiterermittelt, aber in diesem Augenblick haben ihre Enthüllungen Jelzin schwer geschadet. Vorausgegangen war, im Sommer 1999, der spektakuläre Coup russischer

Eliteeinheiten im Kosovo: Nach dem Waffenstillstand hatten sie den Flughafen von Pristina besetzt, die Nato kam zu spät. Fast wäre es deswegen zum dritten Weltkrieg gekommen, wie der britische Kfor-Chef Michael Jackson damals sagte. Moskau pokerte hoch, wollte eine eigene Besatzungszone im Kosovo, um die Serben zu schützen. In dieser Situation mußte Jelzin desavouiert werden. Die damalige US-Außenministerin Madeleine Albright trifft sich also im Juli 1999 auf dem Londoner Flughafen Heathrow mit del Ponte und macht ihr das wahrscheinlich klar. Im August geht dann de Ponte über den *Corriere della Sera* mit ihren Enthüllungen gegen Jelzin an die Öffentlichkeit, und Mitte September legt Albright in einem Statement auf CNN zur russischen Regierungskorruption nach. Jelzin muß in dieser Situation ein Amtsenthebungsverfahren und Strafverfolgung befürchten. Entlastung bringen ihm Ende September zwei Bombenanschläge in Moskau, angeblich begangen von tschetschenischen Terroristen. Russische Truppen marschieren in Tschetschenien ein, damit wird das öffentliche Interesse von Russia-Gate abgelenkt.

Elsässer: Agierte del Ponte in dieser Situation als Befehlsempfänger in Washingtons?
Turover: Sie ist genausowenig pro-amerikanisch wie pro-albanisch. Sie handelt im Schweizer Interesse, d.h. im Interesse der Mafia-Politik in der Schweiz.
Elsässer: Das müssen Sie näher erklären.
Turover: Die Schweiz und die Schweizer Banken leben hauptsächlich von der Geldwäsche. Alle Diktatoren und alle großen Kriminellen dieser Welt deponieren ihr schmutziges Geld hierzulande; vor allem der Kanton Tessin eignet sich hervorragend, man bringt die Millionen einfach im Koffer oder im Handschuhfach von Italien über die Grenze. Alle Politiker im Tessin wissen davon, alle profitieren davon. Und del Ponte als Staatsanwältin des Kantons hat diese Praktiken geschützt, schon vor der Mabetex-Affäre Ende der neunziger Jahre. Nehmen Sie etwa den Fall einer Aktiengesellschaft in Chiasso, gegen die wegen Geldwäsche für die italienische Mafia ermittelt wurde - die Ermittlungen wurden von ihr eingestellt. In erster Linie ist del Ponte aber pro del Ponte. Für ihre Karriere würde sie alles tun, sogar George W. Bush anklagen. Als Juristin ist sie im übrigen eine Null. Können Sie sich vorstellen, daß sie nach meiner Kenntnis in ihrer bisherigen Laufbahn keine einzige Anklage gewonnen hat? Ihr einziges Talent liegt in der Selbstdarstellung, in der Selbstvermarktung.
Elsässer: Ihr Agreement mit Albright hat sich jedenfalls rentiert. Wenig später wurde sie Chefanklägerin in Den Haag - auf Vorschlag Washingtons. Die Zürcher *Weltwoche* wunderte sich: „Warum der Amerikaner sie als Nachfolgerin der unbequemen und vorzeitig abservierten Louise Arbour haben wollten, bleibt ein Rätsel. Denn sie haben nie einen Hehl daraus gemacht, daß sie den Gerichtshof für einen nutzlosen Schwulst halten."
Turover: Del Ponte und die Schweizer Regierung halfen Albright, und dafür wurde sie - die Amerikaner sind ehrliche Leute, sie zahlen für ihre Aufträge - mit dem Posten in Den Haag belohnt. Auch dort verkauft del Ponte sich glänzend. Dabei ist der Prozeß eine einzige Katastrophe. Sie hat überhaupt nichts in der Hand gegen Milosevic, de jure müßte er sofort freigelassen werden. So kann sich Milosevic, der selbst nur ein Bandit und Betrüger ist, als unschuldig Verfolgter darstellen, und der serbische Nationalismus ist im Aufschwung, wie sich bei den letzten Wahlen zeigte. Weiß man in Den Haag wirklich nicht, daß die Schweizer Bundesregierung einen Sonderermittler in der Affäre del Ponte eingesetzt hat? Wie kann eine Frau Chefanklägerin des UN-Kriegsverbrechertribunals bleiben, die selbst Gegenstand höchstrichterlicher Untersuchungen wegen schwerer Verbrechen ist?
Elsässer: Sie haben im März 2001 Anzeige gegen Carla del Ponte und unbekannt gestellt, u.a. wegen Gefährdung Ihres Lebens und Mordversuch (tentato assassinio) im Zusammenhang mit Russia-Gate. Aber der Schweizer Bundesanwalt Valentin Roschacher hat die Anzeige gegen seine Amtsvorgängerin abgewiesen. Wie können Sie also sagen, es sei eine Sonderermittlung gegen del Ponte im Gange?
Turover: Roschacher hat del Ponte geschützt, und deshalb habe ich ihn wegen Begünstigung zu ihren Gunsten verklagt, und diese Klage ist nicht nur angenommen worden, sondern es wurde im Mai 2002 sogar ein Sonderermittler vom Schweizer Bundesrat eingesetzt, Arthur Hublard, der ehemalige Generalstaatsanwalt des Kantons Jura. Der untersucht meine Anklagen gegen Roschacher - aber damit ist auch die Causa del Ponte

endlich auf dem Tisch. Überdies habe ich gegen die Schweiz eine Klage vor dem Europäischen Gerichtshof für Menschenrechte in Strasbourg angestrengt.
Elsässer: Gegen die Schweiz - nicht gegen del Ponte?
Turover: In Strasbourg kann man nicht gegen Privatpersonen klagen. Aber in der Substanz richtet sich die Anklage vor allem gegen del Ponte, weil sie als Bundesanwältin der Schweiz mein Leben in Gefahr gebracht hat. Es ist ein Unding, daß sie weiter in Den Haag amtiert, solange zwei solche Verfahren anhängig sind.
Elsässer: Sie leben verdeckt im Untergrund und wechseln ständig den Aufenthaltsort. Wie lange werden Sie das durchhalten?
Turover: Ich muß, wegen del Ponte, sonst bin ich ein toter Mann. Natürlich habe ich mich abgesichert, indem ich sicherstellte, daß im Falle meines Ablebens noch brisantere Informationen öffentlich werden als bisher schon. Aber eine beruhigende Sicherheit gibt mir das nicht. Bisher wurden jedenfalls schon mindestens fünf Belastungszeugen in der Affäre Mabetex aus dem Weg geräumt. Das letzte Opfer war die persönliche Sekretärin von Pacolli, eine 32jährige Frau, Tod im Badezimmer, angeblich ein Blutgerinsel. Es gab nie eine Autopsie der Leiche, sie wurde am nächsten Tag verbrannt.
(Erstveröffentlichung in Konkret, Dezember 2002)

Wortlautauszüge aus dem Milosevic-Prozeß

Das gerichtsoffizielle Typoskript der einzelnen Verhandlungen[20] wurde ins Deutsche übersetzt und mit Zwischenüberschriften versehen. Die folgende Wiedergabe ist jeweils stark gekürzt, aber im Sinngehalt unverändert. Auslassungen sind mit Punkten gekennzeichnet.

Kreuzverhör des kroatischen Präsidenten Stipe Mesic

Der kroatische Präsident Stipe Mesic, im Amt seit Januar 2000, war Anfang der 90er Jahre Parlamentspräsident in Zagreb. Anfang Oktober 2002 sollte er als Zeuge vor dem Haager Gerichtshof die Schuld des ehemaligen jugoslawischen Präsidenten Milosevics am Auseinanderfallen Jugoslawiens belegen. Der Diktator in Belgrad, so will es die Anklageschrift, habe 1990/91 die Serben in der Republik Kroatien zum Aufstand angestachelt und von 1993 bis 1995 den Serben in der Republik Bosnien-Herzegowina den Völkermord an ihren muslimischen Landsleuten befohlen. Die folgende Dokumentation der Verhandlung setzt ein, nachdem Milosevic mit einigen Beispielen belegt hat, daß Kroatien schon 1992 eigene Truppen nach Bosnien-Herzegowina entsandte.
Milosevic: Ist es möglich, daß Sie als Parlamentspräsident davon nichts wußten?
Mesic: Es gab einige Eingaben ... – die Eltern sagten, sie (ihre Söhne, Anm. J.E.) seien nach Bosnien gegangen. Ich bat sowohl den Präsidenten als auch den Verteidigungsminister um Informationen, und sie sagten mir, daß das nur Freiwillige waren ..., Freiwillige, die in Bosnien-Herzegowina geboren waren ...
Milosevic: ... Ist es wahr, daß auch Ihr Neffe, der kein Freischärler war und nicht aus Bosnien-Herzegowina stammt, mit seiner Einheit nach Bosnien-Herzegowina ging? ...
Mesic: Meine Neffen waren nicht in der Armee. Sie sind zu jung dafür.
Milosevic: ... Wir kommen später darauf zurück ...
Mesic: Als ich Parlamentspräsident war, wußte ich von den Lagern, die die serbische Seite in Bosnien und Herzegowina unterhielt ... Wenn es andere Verbrechen gegeben haben sollte, so habe ich davon nichts erfahren.
Milosevic: Bis wann waren Sie Parlamentspräsident, Herr Mesic?
Mesic: ... vom 7. September 1992 bis zum 24. Mai 1994.
Milosevic: ... Über diesen Zeitabschnitt, ... in dem Sie nichts wußten, ..., lassen Sie mich Ihnen berichten: Am 3. Juli 1993 kritisierte (der österreichische Außenminister, Anm. J.E.) Alois Mock die Kroaten wegen ihrer Aktivitäten gegenüber den Muslimen (in Bosnien, Anm. J.E.), und er schickte eine Protestnote an die Regierung Kroatiens. Am

4. Februar (1993, Anm. J.E.), auch während ihrer Präsidentschaft, verabschiedete der Sicherheitsrat der UNO ... eine Resolution, in der Kroatien mit schwerwiegenden Konsequenzen gedroht wird, wenn es seine regulären Truppen nicht innerhalb von zwei Monaten aus Bosnien zurückzieht ....
Richter Richard May (an Milosevic): ... Wir machen damit nicht weiter, bis Sie nicht erklärt haben, was das für eine Bedeutung hat. Sie sind es, dem die Anklageschrift Verbrechen in Kroatien in der Zeit zwischen 1990 und 1992 vorwirft. Welche Relevanz hat der Konflikt zwischen Kroaten und Muslimen in diesem Zusammenhang?
Milosevic: Herr May, wir sprechen hier nicht über Relevanz, sondern vielmehr über die Glaubwürdigkeit des Zeugen.

Wer provozierte den Krieg in Kroatien?

Milosevic: Es war nicht Milosevic, der den Aufruhr unter den Serben (in Kroatien, Anm. J.E.) verursachte; es waren Ihre Gesetze, Ihr Verhalten, Ihre Angriffe auf das Volk. ...
Mesic: Diejenigen, die Teile aus Kroatien abtrennen wollten, ... müssen verantwortlich gemacht werden ...
Milosevic: ... Susanne Woodward vom weltweit renommierten Brooking Institute sagt (über die Situation 1990/91, Anm. J.E.): „Eingeschlagene Fensterscheiben, Molotowcocktails, Schikanen und Verhaftungen potentieller serbischer Anführer. In vielen Teilen Kroatiens verloren Serben wegen ihrer Nationalität ihren Job." ...
Mesic: Es ist Übertreibung, von einer Atmosphäre der Angst zu sprechen, aber es gab unangemessene und unzulässige Äußerungen, das ist Tatsache. Es gab auch Entlassungen, die falsch waren; aber Leute verklagten diejenigen, die sie entlassen hatten, vor Gericht und gewannen.
Milosevic: Sie meinen, die 100.000 Serben, die schon 1990 aus Kroatien geflohen waren, gewannen die Gerichtsverfahren wegen ihrer Jobs? ...
Mesic: Der Angeklagte ist Anwalt und weiß, daß nur derjenige, der vor Gericht klagt, ein Verfahren gewinnen kann. ...
Milosevic: ... Erinnern Sie sich an eine Äußerung des weltberühmten Künstlers Edo Murtic in *Novi List*, einer Zeitung aus Kroatien, im Juni 2000? ... „Ich erinnere mich, wie er" – er bezieht sich auf eine Unterhaltung mit dem (kroatischen Präsidenten, Anm. J.E.) Tudjman - ein paar Monate vor den Wahlen 1990 ziemlich erfreut zu mir kam ... Er dachte er würde nun das tun, was die Ustasha und Pavelic (die damaligen Faschisten und ihr Anführer in Kroaten, Anm. J.E.) 1941 nicht getan hatten. Er sagte, er würde 250. 000 Serben verjagen und die übrigen 250.000 Serben umbringen." Das sind Eure Zeitungen. Das ist keine Belgrader Zeitung ...
Mesic: Der Künstler Edo Muric ist übrigens ein Freund von mir, aber ich muß zugeben, daß ich diese spezielle Äußerung von ihm nicht gelesen habe ...
Milosevic: Ich werde Ihnen jetzt zeigen, daß Sie vor ein paar Augenblicken nicht die Wahrheit gesagt haben, als wir .. über die Leute disputierten, die in Bosnien kämpften ... Als ich Sie über Ihren Neffen fragte, der auch in Bosnien war, als (kroatischer, Anm. J.E.) Soldat und nicht als Freischärler .... sagten Sie, das sei nicht wahr ... Nur werfen Sie einen Blick auf Ihre Zeugenaussage in einem anderen Strafverfahren (vor dem Tribunal in Den Haag, Anm. J.E.), Seite 7266 des Transkripts .... Dort heißt es: „ ... Aber mein Neffe Vlatko Mesic, der kroatischer Soldat war, war in Bosnien. Er kam von dort zurück und er war nicht als Freischärler in Bosnien. Er war in Slawonien geboren worden. Er hatte mit Bosnien nichts zu tun, aber war dort."
Mesic: ... Das ist ein Verwandter von mir, ein entfernter Cousin. Vielleicht war die Übersetzung irreführend.

(Die Verhandlung fand am 2. Oktober 2002 statt. Aus: Junge Welt, 18. Juni 2003)

20 - Jeder Verhandlungstag nachlesbar unter http://www.un.org/icty/transe54/trense54.htm

Kreuzverhör der leitenden Gerichtsmedizinerin Helena Ranta

Waren die mindestens 40 Albaner, die am 16. Januar 1999 im oder beim Kosovo-Dörfchen Racak tot aufgefunden wurden, Zivilisten oder Kämpfer der Terrororganisation UCK gewesen? Waren sie Opfer eines Massakers geworden oder im Gefecht gefallen? Dr. Ranta, die die gerichtsmedizinische Untersuchung im Auftrag der Europäischen Union leitete, bezeichnete die Toten in ihrer Abschlußpressekonferenz am 17. März 1999 als „unbewaffnete Zivilisten" und gab so der Nato-Version vom Massaker wissenschaftliche Weihen. Eine Woche später begann der Krieg gegen Jugoslawien.

Ankläger Geoffrey Nice (verliest Auszüge aus dem Sendeprotokoll des Racak-Beitrages des WDR-Magazins Monitor vom Februar 2001): Indem Sie die Formulierung (das Massaker, Anm. J.E.) „könnte gestellt gewesen sein" oder „die ganze Szene könnte gestellt gewesen sein" benutzten, haben Sie da mehr ausgedrückt als die allgemeine, philosophische Möglichkeit?
Ranta: Ich bin Wissenschaftlerin, und ich ... hatte mehrere Hypothesen. ... Aber als ich „könnte" sagte, bezog ich mich nicht auf irgendeine Wahrscheinlichkeit ...
Ankläger Nice: ... Sie haben einen anderen Test durchgeführt um zu überprüfen, ob die Hände von denen (den Leichen, Anm. J.E.), die Sie untersucht haben, in Kontakt mit Sprengstoff oder Kugeln oder was sonst gewesen sind, und Ihr Test war in Gänze negativ, nicht wahr?
Ranta: Es tut mir Leid, Herr Ankläger, aber es wäre sehr unprofessionell gewesen, noch einen Schmauchspurentest an den Händen der Opfer durchzuführen. Wir führten an den Händen keine durch.

(...)

Gerichtsmedizin und Politik

Ankläger Nice: (zitiert aus Rantas Presseerklärung vom 17.3.1999): „Weiterhin können medizinische Untersuchungen keine schlüssige Antwort auf die Frage geben, ob es eine Schlacht gegeben hat oder ob die Opfer unter anderen Umständen starben. Eine umfassende kriminologische Untersuchung und Zeugenbefragungen, die von geeigneten Untersuchungsbehörden vorgenommen werden, könnten mehr Licht ins Dunkel bringen ..." (...) Nun, Herr Milosevic, was wollen Sie der Zeugin vorhalten?
Milosevic: (an Ranta)
... Ich frage Sie nur, ob Sie als medizinischer Experte, die sich sonst mit nichts beschäftigt, wie Sie über sich selbst sagen, Ihre reine professionelle Ansicht vortragen, daß eine medizinische Untersuchung keine schlüssige Antwort auf die Frage geben kann, ob es eine Schlacht gegeben hat oder ob die Opfer unter anderen Umständen starben? War das Ihre Position und stehen Sie heute auch noch dazu?
Ranta: ... Zur Zeit der Presseerklärung hatten wir keine Informationen über ... diese 40 Opfer, die autopsiert worden sind. Also kann medizinische Untersuchung allein keine Antwort auf die Frage geben ...
Milosevic: Trotz dessen, was Sie gerade gesagt haben ..., sprechen Sie (auf der Pressekonferenz am 17.3.1999, Anm. J.E.) von ... unbewaffneten Zivilisten. Wie konnten Sie von der Tötung unbewaffneter Zivilisten sprechen, da sie das doch gar nicht wissen konnten und es auch nicht Ihr Job war, über all das überhaupt zu sprechen? War das ein Alibi für die Nato-Aggression, daß Sie sagten, es waren unbewaffnete Zivilisten? ...

Die Kleidung der Getöteten

Ranta: Ich nehme Bezug auf meine Presseerklärung (vom 17.3.1999, Anm. J.E.) ...: Es gab keine Anzeichen, daß die Leute etwas anderes waren als unbewaffnete Zivilisten.

Ich sagte nicht mehr und nicht weniger. Ich machte keine Andeutungen über diese Leute ...

Milosevic: ... Sie zogen diesen Schluß auf Grundlage der Tatsache, dass die Leute, die getötet worden waren, keine Uniformen trugen und keine Munition in Ihren Taschen hatten. Wissen Sie, daß ... viele Mitglieder der Terrororganisation UCK ... zivile Kleider trugen, keine Uniformen oder Abzeichen trugen ...? ...

Ranta: Ich bin kein Experte über Militärfragen, und so kann ich nicht sagen, ob jemand ein Mitglied einer militärischen Gliederung ist ... Alles ist möglich. Ich beschäftige mich mehr damit, ob Menschen getötet wurden, als damit, ob sie zum Tötungszeitpunkt Zivilistenstatus hatten.

Milosevic: Das ist genau der Punkt, Frau Ranta. Wie konnten Sie dann ... festgestellt haben, daß es Zivilisten waren?

Ranta: ... Das gründete in den Untersuchungen ihrer Kleider und in den Erkenntnissen, daß die Schußeintritts- und Austrittswunden in den Kleidern, die sie trugen, zusammenpaßten.

Milosevic: ... Im Bericht vom März 1999 sagen Sie auch, daß einige der Leichen, die in der Moschee gefunden wurden, kein Schuhwerk trugen, und Sie legen nahe, daß das Schuhwerk aufgrund religiöser Sitte entfernt worden war ...

Ranta: Ja .... Das habe ich festgestellt.

Milosevic: Und warum wurden die Schuhe beseitigt?

Ranta: Euer Ehren, ich könnte mehrere Erklärungen dafür geben ... Ich kenne mich nicht aus mit der religiösen Tradition dieser Leute. Es könnte ein Grund gewesen sein, daß ... man eine Moschee nicht in Schuhen betreten darf ... Eine Erklärung ist, daß Leute knapp an Schuhen und Kleidung waren und deshalb die Schuhe denen abgenommen haben könnten, die sie nicht mehr brauchten.

Milosevic: Frau Ranta, ist es nicht logisch, wenn das aufgrund religiöser Sitte gemacht worden ist, daß man allen in die Moschee Getragenen die Schuhe ausgezogen hätte, nicht nur einer gewissen Anzahl? Ist es nicht logisch, daß ihre Schuhe ausgezogen wurden, weil sie Militärstiefel trugen? Erscheint Ihnen das nicht möglich?

Ranta: Die Frage, die der Angeklagte gestellt hat, kann ... beantwortet werden, indem man sich die Fotografien von den Fundorten der Leichen anschaut, sie mit den Ergebnissen der Autopsieberichte vergleicht und auch mit Nahaufnahmen aus der Moschee ... Ich möchte betonen, daß ich nicht weiß, was ein Militärstiefel ist, aber ich kann mich nicht erinnern, einen gesehen zu haben, irgendein Militärstiefel, der zum Beispiel jenen ähnelt, die ich in Finnland gesehen habe. Das waren mehr einfache Winterschuhe, die von Leuten getragen werden, die auf dem Land unter harten Bedingungen leben.

Milosevic: Frau Ranta, auf allen diese Fotografien hier sind Leute, die Militärstiefel tragen. Hier, schauen Sie. Und in dem Bericht von Professor Durjic und anderen Professoren ... heißt es, daß sie sogar Markenzeichen haben, ein „Ö", was bedeutet, daß sie in Deutschland hergestellt wurden (Im Haager stenografischen Protokoll ist von „O" die Rede, was vermutlich der Tatsache geschuldet ist, daß es im Englischen kein Ö gibt. Der Buchstabe Ö läßt indes auf eine Herkunft aus dem deutschen, türkischen oder ungarischen Sprachraum schließen – vgl. auch mein Gespräch mit Professor Dunjic, Anm. J.E.) ...

Ranta: Euer Ehren, auf Grundlage dieser Fotografien kann ich nicht sagen, daß dies Militärstiefel sind.

(...)

Ein „persönlicher Bericht" mit offiziellem Titel

Richter Richard May: ... Frau Ranta, würden Sie mir bei einer Sache weiterhelfen, und zwar daß wir uns auf den Bericht vom 17. März 1999 und auch auf die Presseerklärung bezogen haben. Ist es richtig, daß es an jenem Tag nur die Presseerklärung gab, aber daß diese aus irgendeinem Grund gelegentlich als Ihr Bericht bezeichnet wird?

Ranta: Euer Ehren, darüber gibt oder gab es beträchtliche Verwirrung. Der Bericht ... sind die 40 Autopsieprotokolle, die an die Parteien ausgehändigt wurden, und die Presseerklärung ist nur eine Presseerklärung, und es gibt keinen zusätzlichen Bericht, keinen Geheimbericht oder so etwas, nein.

(...)

Milosevic: ... Ich werde anschließen, wo Sie aufgehört haben, Herr May, als Sie ... erklärten, daß es am 17. März 1999 keinen Bericht, sondern nur eine gewöhnliche Presseerklärung gab. Und die Zeugin selbst sagte, daß es zu jener Zeit keinen Bericht gegeben haben konnte ... Und sie sagte, daß ein Rechtsberater, ein hochgestellter Rechtsberater der Europäischen Union ihr vorgeschlagen hat, daß sie in ihrem Bericht schreibe, was sie schrieb, nämlich daß es ihre persönliche Meinung sei et cetera. Nun, da das doch kein Bericht als solcher hatte sein können und da es mit einem hohen Grad an Sorgfalt aufgrund der Hinweise eines Rechtsberaters zusammengestellt wurde – warum steht dann darüber „Report of the Expert Team of Pathologists of the European Union About the Events in Racak" (Bericht des Expertenteams der EU über die Ereignisse in Racak, Anm. J.E.) ...

Ranta: ... Bevor ich etwas zum Titel der Presseerklärung sage, möchte ich betonen, daß ich nicht von irgendeinem offiziellen Vertreter der Europäischen Union beraten worden bin. Ich wurde beraten vom Rechtsberater des gerichtsmedizinischen Teams der Europäischen Union ... Und was die ursprüngliche Frage des Angeklagten angeht, warum im Titel von einem Bericht die Rede ist ... Es tut mir leid, daß es Verwirrung gegeben hat, ob diese Presseerklärung ein Bericht ist.

Richter May: Haben Sie diese Erklärung (der vermeintliche Bericht vom 17.3.1999, Anm. J.E.) selbst geschrieben?

Ranta: Ja, Euer Ehren.

(...)

Milosevic: ... Aber Sie sind sich bewußt, in welchem Ausmaß die Tatsache, daß der Titel „Report of the EU Forensic Expert Team" lautet, dem Inhalt mehr Gewicht gab ...? ...

Ranta: ... Leute aus der Branche der Gerichtsmedizin sind es nicht gewohnt, mit Vertretern der Medien umzugehen, und deswegen nahm ich nur widerwillig an der ganzen Pressekonferenz teil, und es war mir zu der Zeit nicht bewußt, welche mögliche Bedeutung der Titel des Papiers haben könnte, ob das überhaupt eine Rolle spielen würde. Nach meiner Meinung ist das nicht der Fall ...

Milosevic: Frau Ranta, da Sie, wie Sie sagen, keine Pressestellungnahmen abgeben und daß das nicht üblich ist und so weiter, räumen Sie damit die Möglichkeit ein, daß Sie vielleicht manipuliert wurden ....? ...

Ranta: Ich wurde in keiner Phase während der Vorbereitung der Presseerklärung von irgend jemandem manipuliert ....

Eine Medizinerkonferenz mit hochrangigen Diplomaten

Milosevic: ... Erinnern Sie sich, daß an der Konferenz (gemeint: Pressekonferenz am 17. März 1999, Anm. J.E.) Beamte der Europäischen Union teilnahmen, beispielsweise [Wilfried] Gruber, der deutsche Botschafter, der finnische Menschenrechtsminister Timo Lahelma und dann die Hauptfigur der Manipulation, William Walker? ...

Ranta: An der Pressekonferenz nahmen Botschafter Gruber, der Repräsentant der Präsidentschaft der Europäischen Union, der Botschafter Timo Lahelma, der Repräsentant des finnischen Außenministeriums, ich teil. Wir saßen zusammen, wir drei, auf dem Podium. Später sagte man mir, daß Botschafter William Walker auch da war, aber ich konnte ihn während der Pressekonferenz nicht sehen.

Milosevic: ... Nun, warum ... wurde es dem jugoslawischen Medizinerteam verwehrt, an der Pressekonferenz teilzunehmen? ...

Ranta: Euer Ehren, diese Art von Fragen kann ich nicht beantworten, weil ich diese Pressekonferenz nicht organisiert habe.
Milosevic: Und wer hat sie organisiert?
Ranta: Diese Pressekonferenz wurde im OSZE-Hauptquartier abgehalten, und sie wurde, soweit ich informiert bin, von der Präsidentschaft der Europäischen Union in Zusammenarbeit mit der OSZE organisiert.
Milosevic: ... Und also nahm an der Pressekonferenz der deutsche Botschafter Gruber teil, aber der betreffende Untersuchungsrichter und die Experten aus Jugoslawien nicht ...
Ranta: ... Ich kann die Frage nicht beantworten, warum der Untersuchungsrichter oder irgendein Vertreter der jugoslawischen Experten bei der Pressekonferenz nicht dabei waren. Ich möchte betonen, daß sie die ersten waren, die den Bericht bekamen.
Milosevic: ... Doktor Ranta, ist es nicht wahr ... , daß Sie (bei der Autopsie, Anm. J.E.) mit den weißrussischen Experten und den Experten ... Jugoslawiens zusammenarbeiteten, und dabei die Anweisungen des zuständigen Untersuchungsrichters ausführten? ...
Ranta: ... Wir arbeiteten als unabhängiges Team in guter Zusammenarbeit mit den jugoslawischen und weißrussischen Kollegen.
Milosevic: ... Und in Ihren ersten Reaktionen nach den post mortem-Funden in Racak sagen Sie, daß es keine substantiellen Unterschiede in den Erkenntnissen und Beurteilungen zwischen den Pathologen aus Finnland und Jugoslawien gab. Stimmt das?
Ranta: Ich möchte betonen, daß die professionelle Arbeit bei der Autopsie sehr harmonisch war, unabhängig von der nationalen Herkunft der Experten ....
Milosevic: ... Wenn das der Fall war, warum haben Sie dann auf der Pressekonferenz und in Ihrem Bericht nicht zumindest erwähnt, daß Ihre Teamkollegen ... Ihrer Feststellung, daß es um Zivilisten ging, widersprochen haben...?
Ranta: Ich wünschte, der Angeklagte wäre etwas präziser ....

Abweichende forensische Befunde (I)

Milosevic: Nun zurück zu Ihrer Bitte um Präzisierung, was Ihre Kollegen behauptet haben ... Zum Beispiel Professor Dunjic, Dobricanin, Tasic. Sie arbeiteten mit ihnen zusammen, nicht wahr? Angefangen von den ... Armeestiefeln, die bei 23 Personen .... gefunden wurden, über die typische Unterwäsche vom selben Typ, bis zum Ergebnis des Paraffin-Testes, der zeigte, daß 37 von 40 (untersuchten Leichen, Anm. J.E.) selbst geschossen hatten ...
Ranta: Ich habe vor mir die 40 Autopsie-Protokolle ... Ich kann keinen Hinweis auf den Militärstatus der einzelnen Opfer finden.
(Der Richter läßt den Bericht der serbischen Pathologen holen, Anm. J.E.)
Ranta: Es tut mir leid, aber das würde länger brauchen, sich diese ... Blätter durchzulesen. Sie enthalten eine Fülle von Informationen, die mir natürlich vertraut sind, aber es ist mir leider unmöglich, die darauf fußenden Fragen des Angeklagten nach schnellem Durchlesen zu beantworten.
Richter May: ... Natürlich ... Herr Milosevic, wollen Sie noch etwas über diese Berichte fragen?
Milosevic: Alles ist in den Berichten. Sie sprechen für sich selbst. .. Zum Beispiel Dunjics Bericht spricht von Militärstiefeln bei 23 Personen ...
Richter May: Nun, wir werden diese Berichte nicht als Beweisstücke zulassen. Sie werden zu Beweisstücken, wenn der Zeuge (gemeint ist wohl Professor Dunjic, Arm. J.E.) hierher kommt und im Kreuzverhör befragt wird ...

Schmauchspuren

Milosevic: ... Sie werden zulassen, was die Zeugin selbst sagte, daß die serbischen Ermittler den Paraffintest durchführten. Demnach hatten 37 von 40 geschossen ... Frau Ranta, wissen Sie, daß der Paraffintest offiziell in Jugoslawien benutzt wird, und nicht

nur in Jugoslawien, sondern auch in vielen anderen Ländern?
Ranta: ... Ich kannte den Test, aber nur als einen historischen Test, der in Büchern erwähnt wird. Wenn er immer noch in Jugoslawien gebräuchlich ist, empfehle ich den Gerichtsmedizinern dringend, genauere und verläßlichere anzuwenden. Und ich möchte betonen, daß nach international allgemein anerkannten Verfahren der Schmauchspurentest innerhalb von sechs Stunden nach dem angeblichen Gebrauch oder Abfeuern von Schußwaffen durchgeführt werden sollte. Nach meinem Verständnis können die Paraffintests am Montag durchgeführt worden sein, also zwei Tage nach der Bergung der Leichen, was schon zu spät ist.
Milosevic: Deshalb ist der Fund ja um so bedeutsamer, weil Schmauchspuren bei 37 der 40 Getöteten gefunden wurden. Ist das nicht richtig, Frau Ranta?
Ankläger Nice: Das bezieht sich nicht auf das, was in den Berichten steht ... Es wird klar gemacht, daß dies eine unspezifische und alte Methode der Schmauchspurenfeststellung ist. Weiterhin wird festgestellt, daß der Nachweis von Nitrat, den der Test erbringt, ... eine unspezifische Methode ist und nicht bedeutet, daß es Pulverspuren gibt. Das steht auf Seite 9 bei Dobricanin ...
Milosevic: Frau Ranta, Sie sagen, der Test sei von zweifelhafter Qualität, weil er zwei Tage danach durchgeführt wurde, aber Sie zogen Ihre Schlußfolgerungen auf Basis von Untersuchungen, die acht Monate beziehungsweise 14 Monate nach den Ereignissen in Racak stattfanden. Und in der Zwischenzeit war der Tatort nicht bewacht und niemand weiß, was dort geschah.
Ranta: Nun muß ich leider darauf hinweisen, daß der Angeklagte Dinge ... durcheinanderbringt. Wenn wir über Schmauchspuren sprechen .... , so möchte ich hier noch einmal betonen, daß dieser Test unspezifisch für Schmauchspuren ist. Er kann das Vorhandensein jedes oxydierenden Stoffes anzeigen und spricht nicht spezifisch auf Nitrozellulose an ... Wenn wir zu der Tatortuntersuchung .... weitergehen, die wir ... mehrere Monate nach der Entdeckung der Leichen vornahmen, sprechen wir über eine ganz andere Art der Untersuchung ...

Abweichende forensische Befunde (II)

Milosevic: ... Darauf kommen wir noch. Aber stimmen Sie mit Ihrem Kollegen Juha Rainino überein, der in seiner Doktorarbeit ... schrieb, im Zusammenhang mit Racak, daß die Antwort auf viele Fragen im Reich der Politik liege.
Richter May: Wer ist der Herr, auf den Sie sich beziehen? Ein Doktorand?
Milosevic: Juha Rainino, Gerichtsmedizinische Abteilung an der Universität von Helsinki, Finnland ...
Richter May: Kennen Sie diese Dissertation?
Ranta: Sehr gut, denn Dr. Juha Rainino war Mitglied des forensischen Teams der Europäischen Union ...
Milosevic: Deswegen frage ich Sie. Meine Frage ist: Stimmen Sie mit ihm überein? Er sagt: „Entgegen der Erwartung konnte die politische Schlüsselfrage der Vorfälle in Racak nicht aufgrund der Ergebnisse der Autopsie beantwortet werden. Jeder Versuch, das zu tun, hätte zu schwachen Urteilen geführt."
Ranta: Ich denke, das ist während dieses Kreuzverhörs schon klar geworden, daß forensische Beweisführung an sich mit Politik nichts zu tun hat.
Milosevic: ... Aber die Ärzte des finnischen Teams publizierten einen Fachartikel ... Juha Rainino, Dobricanin und Penttila ...
Ranta: Ja, ich weiß davon ....
Milosevic: Lassen Sie mich Seite 8 ihres Artikels zitieren ... „Bestimmungen für Ereignisse, ihre politische und moralische Bedeutung in Zusammenhang mit Opfern von politischen oder anderen Organisationen sind Fragen, die jenseits der Aufgabenstellung der Forensik liegen. Das sollte von den Behörden und auch von den Forensikern selbst erkannt werden."... So weit ich es verstehe, kann auf der Basis Ihrer Untersuchung nicht festgestellt werden, ... daß es sich um Zivilisten handelte.
Ranta: Es tut mir leid, ich habe den Artikel nicht, auf den sich der Angeklagte bezieht ...

Milosevic: ... Ihre wichtigste Behauptung ist, daß diese Leute dort erschossen wurden, daß sie – habe ich richtig verstanden – exekutiert wurden? ...
Ranta: Daß Wort „exekutiert" habe ich niemals verwendet. Ich habe immer gesagt, daß sie ... höchstwahrscheinlich getötet wurden, wo sie gefunden wurden ...
Milosevic: ... Bitte lassen Sie mich Ihre Aufmerksamkeit auf Seite fünf desselben Artikels richten ... „Die Anzahl der Schußwunden schwankte zwischen 1 und 20. Eine Schußwunde fand man in sechs Fällen, und mehr als 16 in zwei Fällen." Frau Ranta, deutet das darauf hin, daß es eine Schlacht gab? Einer wurde von einer Kugel getroffen, ein anderer von 16? Das kann keine Exekution gewesen sein ...
Ranta: Was eine Antwort auf Ihre Frage nach der Anzahl der Schußwurden angeht – da werden nur die (Feststellungen der, Anm. J.E.) Autopsie-Protokolle wiederholt. Und die Autopsieprotokolle haben, wie ich bereits ausgeführt habe, nicht genügend Beweiskraft, was die Todesumstände dieser Menschen angeht ...
Milosevic: Ich würde Sie gerne bitten, sich .... eine Passage Ihrer Kollegen anzuschauen, die die Winkel (gemeint: Schußwinkel, Anm. J.E.) zeigt ... Von oben, von unten, von vorne, aus allen möglichen Winkeln sind diese Leute getroffen worden. Zeigt das nicht, daß sich diese Leute in einer Schlacht befanden? ...
Ranta: ... Was die Winkel angeht, so steht schon in dem Artikel ziemlich klar, daß ohne weitere Information über die Todesumstände die Kategorisierung der Todesart nicht möglich ist ...

Späte Untersuchungen am Tatort

Milosevic: Sie sprachen von einer Tatortuntersuchung, die viele Monate später durchgeführt worden ist ... Nahmen daran forensische Ärchäologen teil, um festzustellen, ob das Erdreich verändert worden ist ...?
Ranta: ... Für uns als Wissenschaftlerteam ... war es nicht wichtig, ob wir etwas fanden, denn das Fehlen von Beweismitteln wäre auch wichtig gewesen ... Zur Zeit der Tatortuntersuchung hatten wir keine forensischen Ärchäologen dabei ...
Milosevic: ... Kennen Sie jemanden, der das Gebiet während jener zehn Monate (bis zur Untersuchung, Anm. J.E.) gesichert hat ...? ...
Ranta: Wir konnten fotografische Beweisstücke aus der Zeit des Auffindens der Leichen heranziehen ...
Milosevic: ... Auf Seite 9 sprechen Sie über Spuren am Tatort, nachdem das Erdreich und die Umgebung untersucht worden waren. Das heißt nach zehn Monaten. Zehn Monate später fanden Sie etwas, das sie am ersten Tag nicht fanden ... Trifft es zu, daß Sie sich ... auf ein Feld begaben, für das sie nicht zuständig sind, weil diese Arbeit ausschließlich Ballistikern und forensischen Archäologen ... vorbehalten ist? .. Wie kommen Sie also dazu zu behaupten, es seien Zivilisten? ... Und daß der Ort, an dem Sie umgebracht waren, der Graben war? Sie stellen sogar fest, daß diese Leute ... aus kurzer Entfernung erschossen wurden. Wie konnten Sie das feststellen? ... (Milosevic meint mit dem Graben ein ausgetrocknetes Bachbett, in dem die Mehrzahl der Racak-Leichen gefunden worden war. Anm. J.E.)
Ranta: Ich möchte auf die Liste der Teilnehmer hinweisen. Ich als Leiterin des Teams und sechs forensische Ermittler ... Wir hatten einen Experten für Topographie ... und einen Experten für Dokumentation ... Schließlich hatten wir einen Experten für Ballistik ... Ein zusätzlicher forensischer Ärchäologe hätte nichts zusätzliches gebracht ... Besonders, da ich eine Sache in meinem Lebenslauf weggelassen habe, nämlich daß ich drei Sommer lang auch an archäologischen Ausgrabungen in Finnland beteiligt war.
Milosevic: ... Wenn Projektile ... in der Nähe einer Leiche oder direkt unter ihr gefunden wurden, deutet das nicht darauf hin, daß diese Person in liegender bzw. Kampfposition war? ... Ist es nicht unmöglich, daß man Projektile ... unter den Leichen oder direkt daneben fand, wenn sie aufrecht stehend erschossen worden sind? Denn die Projektile, die (in diesem Fall, Anm. J.E.) durch die Körper hindurchgehen, würden aufgrund ihrer Antriebskraft ihrer Schußrichtung folgen und würden deswegen ziemlich weit weg vom Körper gefunden werden ..., wenn sie nicht durch ein Hindernis gebremst würden ...
Ranta: Diese Frage würde eine vier- oder fünfstündige Vorlesung erforderlich machen

315

... Worauf ich hinweisen ... möchte ist, daß wir keine Kugeln ... unter den Leichen fanden, weil wir nicht dort waren, als sie gefunden wurden. Wir wiesen nur auf Kugeln ... hin, die unter der Erdoberfläche entdeckt wurden ... Ich finde es extrem schwierig herauszufinden, wie diese Kugeln ... in den Boden eingedrungen sein könnten, wären sie auf eine Entfernung von hundert oder zweihundert Metern abgefeuert worden ...
Milosevic: Sie erwähnten eine Anzahl von Patronenhülsen in der Nähe der Leichen und schreiben Sie den Angreifern zu. Ist es nicht realistischer, daß sie von den Leuten stammten, die selbst Kämpfer waren und in diesem Graben ... wie in einem Schützengraben, in einem Hinterhalt warteten? ...
Ranta: Ich habe nie etwas darüber gesagt, wer die Täter waren und wer diese Waffen abgefeuert hat ...

(...)

Abweichende forensische Befunde (III)

Milosevic: ... Es gibt ein Urteil vom Gericht in Pristina (über die Vorfälle in Racak, Anm. J.E.) ... Kennen Sie den gerichtsmedizinischen Bericht, der bei diesem Prozeß übergeben wurde? Dr. Peter Markestein ist der Verfasser des Berichtes, und im Urteil, Paragraph 133, heißt es, daß die genaue Entfernung beim Abfeuern eines Schusses nicht geklärt werden kann ... Und dann ... heißt es in Paragraph 165 des Urteils, daß ... die Kugeln von einer Gruppe Polizisten auf einem Hügel südlich von dem Gebiet kamen, das heißt aus beträchtlicher Entfernung ... Ich bringe das vor, um die Behauptung in Frage zustellen, daß sie aus kurzer Distanz getötet wurden ...
Ranta: Die Ausgangsfrage des Angeklagten war, ob mir dieser forensische Bericht bekannt ist. Ich habe ihn nicht gesehen. Ich weiß, daß es einen Prozeß am Distriktgericht in Pristina gab. Und den zitierten forensischen Experten habe ich auch in Pristina getroffen.
(Die englische Übersetzung des Markestein-Berichts wird besorgt, Anm. J.E.)
Ankläger Nice: ... Das Opfer in diesem Mordprozeß war Hajrizi Bajrami ..., und der Ort, an dem er getötet worden war, war überhaupt nicht der Graben. Es war weiter unten ... Was immer also das Beweisstück, auf das der Angeklagte verweist, bedeuten mag, es hat mit dem Graben nichts zu tun ...
Milosevic: ... Ich zitierte Punkt 133 des Urteils, wo es heißt, daß die genaue Entfernung auf Grundlage der Autopsie nicht festgestellt werden kann ... Herr Nice bezieht sich auf Punkt 165, wo vom Vrelo Hügel die Rede ist ... Frau Ranta, Sie sprechen über ... die bei der Untersuchung gefundene Munition, und ... Sie erwähnen jugoslawische Hersteller, und Sie erwähnen (die Firma, Anm. J.E.) IK, Igmam Zavod Konjic. Ist Ihnen bekannt, daß Konjic in Bosnien-Herzegowina liegt und ... nicht unter Kontrolle der serbischen Republik ... stand?
Ranta: Ich habe nur festgestellt, daß die Hersteller der Munition festgestellt wurden ... Und ich ziehe keine Schlüsse daraus, wer die Schüsse abgefeuert hat ...
Milosevic: Frau Ranta, in Ihrem Bericht sagen Sie, daß die betroffenen Leute Zivilisten waren. Hier habe ich eine Fotografie ... Darauf kann man klar erkennen, daß es ein Mitglied der UCK war, am Grabstein der Person, ihr Mitglied war getötet worden.
Richter May: ... Was soll das (Foto, Anm. J.E.) zeigen?
Milosevic: Es zeigt das Grab eines UCK-Kämpfers, der in Racak getötet worden war und das die UCK sichtbar mit ihrem Abzeichen ... und seinem Namen und dem Todestag, dem 15. Januar, versehen hat. Das ist also einer jener angeblichen Zivilisten ...
Richter May: Ich zweifle nicht daran, daß wir das kurz halten können, denn es ist unstrittig, daß UCK-Mitglieder getötet wurden, aber natürlich nicht im Graben ...
Ranta: Ich habe das (Grab, Anm. J.E.) nicht gesehen.

(Die Verhandlung fand am 12. März 2003 statt.)

Kreuzverhör des früheren Chefs der jugoslawischen Staatssicherheit Rade Markovic

Markovic, in der Milosevic-Ära Chef der Staatssicherheit, war im März 2001 verhaftet und seither für den Prozeß präpariert worden. Dem Gericht lag eine schriftliche Aussage Markovics vor, in der er den früheren jugoslawischen Präsidenten beschuldigte, die planmäßige Vertreibung der Kosovo-Albaner und die Beseitigung von Leichen angeordnet zu haben. Dies war für die Anklage von besonderer Wichtigkeit, da nur etwa 4.000 der behaupteten über 11.000 Leichen ermordeter Kosovo-Albaner gefunden werden konnten.

Milosevic: ... du hast unzählige Berichte, die von Angehörigen aller Ebenen der Staatssicherheit angefertigt ... und in die Zentrale geleitet wurden, gelesen. Ist es so?
Markovic: So ist es.
Milosevic: ... Bekamst du irgendeinen Bericht oder irgendwann den Befehl, die Albaner mittels Gewaltanwendung aus dem Kosovo zu vertreiben?
Markovic: ...Nein, so einen Bericht habe ich weder bekommen noch darüber etwas gehört ...
Milosevic: Hast du irgendwelche Informationen bekommen, die auf die Existenz so eines Befehls, eines Plans, einer Anordnung hinweisen könnten, oder daß irgendwie suggeriert wurde, die Albaner gewalttätig zu vertreiben?
Markovic: Nein, ich habe niemals so eine Information bekommen, es gab keine Andeutungen, ich kenne keinen Plan die Albaner zu vertreiben.
Milosevic: ...du hast an Sitzungen teilgenommen, und zwar nicht nur auf der Ebene des Innenministeriums und anderer Ministerien und der Armee, sondern auch an Sitzungen bei mir. Erinnerst du dich, daß auf diesen Sitzungen gerade das Gegenteil angeordnet wurde, nämlich der Schutz der Zivilisten während unserer Aktionen gegen die Terroristen?
Markovic: Natürlich. Verpflichtend war nicht nur der Schutz der serbischen, sondern auch der albanischen Bevölkerung. Die Angehörigen der Sonderpolizei (Mup) hatten die Aufgabe, die einen wie die anderen zu schützen ...
Milosevic: Hast du irgend wann einmal gehört, daß irgend jemand bei der Polizei oder dem Militär die Vertreibung oder nationalistische Diskriminierung von Zivilisten befohlen, angestiftet, geplant oder nahegelegt hat?
Markovic: Nein, so etwas habe ich niemals gehört ...
Milosevic: Lag dir im hier behandelten Zeitraum irgendein Bericht darüber vor, daß Angehörige der Staatssicherheit oder der Sicherheitsorgane irgendwelche Kriegsverbrechen im Rahmen eines Planes begangen haben, den die Staatssicherheit, die Polizei oder die Sicherheitsorgane ... konzipiert hatten?
Markovic: Nein. Kein Verbrechen. Ich bekam keinerlei Informationen über solche Kriegsverbrechen. Im Kosovo haben einzelne Militär- oder Polizeiangehörige Straftaten verübt. Die uns bekannt gewordenen Vorfälle wurden vorschriftsgemäß geahndet und vor Gericht verhandelt. Und dazu wurde gestern hier ein Dokument (der Armee, Anm. J.E.) vorgelegt, in dem in Punkt 8 steht, daß man alle Straftäter identifizieren muß ...
Milosevic: ... Kannst du dich an Befehle aus dem Oberkommando erinnern, die durch alle Kommandoebenen zirkulierten ... , in denen verlangt wurde, die Kriegsgefangenen in Einklang mit den Bestimmungen und Richtlinien des internationalen humanitären Rechtes, des Kriegsrechts und der Genfer Konvention zu behandeln? ...
Markovic: ...Ja ...
Milosevic: Kannst du dich ... an die Sonderbefehle des Oberkommandos erinnern, in denen Brandschatzungen albanischer Häuser und Entwendung des persönlichen Eigentums von Albanern verboten wird?
Markovic: Das wurde mehrfach befohlen, und auf das Verbot der Brandschatzung und der Plünderung haben Sie, Vertreter des Innenministeriums und Vertreter des Militärs insistiert ...

Erpressung und Nötigung

Milosevic: ...Ist es richtig, daß man dich verhaftet hat, um auf dich Druck auszuüben, damit man mich anklagen kann?
Markovic: Ja, deswegen haben sie mich verhaftet.
Milosevic: Hier steht, was du gegenüber den Untersuchungs-Komissionen der (jugoslawischen, Anm. J.E.) Bundesregierung ausgesagt hast: „Sie verlangten von mir, Slobodan Milosevic zu belasten, und sie verlangten, daß ich Straftaten zugebe und dazu aussage, sie seien mir von Milosevic befohlen worden." Ist das so?
Markovic: Ja, so ist es. Mir ist gesagt worden, daß ich persönlich in diesem Falle nicht zur Rechenschaft gezogen würde, sondern daß ich frei in ein Land meiner Wahl ausreisen könnte und eine neue Identität bekäme ...
Milosevic: ... Vom Ende deines Studiums bis zu deiner Verhaftung hast du bei der Polizei gearbeitet. Ist es richtig, daß ein Untersuchungshäftling ausschließlich in der Obhut des Gerichtes sein kann und nicht in der der Polizei?
Markovic: Nach unserer Strafprozessordnung befindet sich ein Gefangener ausschließlich in der Obhut des Gerichtes ...
Milosevic: Ist es richtig, daß im Gefängnis sogar die Wärter keine Angehörige des Innenministeriums, sondern Angehörige des Justizministeriums sind, also nach der staatlichen Gewaltenteilung der Judikative unterstehen?
Markovic: Die Wärter im Gefängnis unterstehen dem Justizministerium.
Milosevic: Ist es richtig, daß dich Angehörige der Staatssicherheit illegal und ohne Genehmigung des Gerichts aus dem Gefängnis geholt haben, um auf dich Druck auszuüben ....?
Markovic: Die Angehörigen der Staatssicherheit hatten keine Genehmigung des Untersuchungsrichters, mich hinauszubringen. Sie hatten nur eine Genehmigung, mit mir innerhalb des Gefängnisses zu sprechen .
Milosevic: Ist es richtig, daß man dich nach einem Monat U-Haft zu einem Gespräch, an dem auch Innenminister Mihajlovic beteiligt war, hinausbrachte ...?
Markovic: Zuerst sprachen sie nach einem Monat Gefängnis mit mir. In den folgenden Monaten sprachen sie mehrmals mit mir. Ich habe buchstäblich meine Dienstübergabe im Gefängnis gemacht, da es von denen nicht ordungsgemäß gemacht wurde ... Nach vier Monaten Gefängnis brachten sie mich hinaus, zu einem Treffen mit Petrovic, dem Chef der Staatssicherheit, seinem Vertreter Zoran Mijatovic und mit Innenminister Mihajlovic. Das haben sie selber zugegeben, allerdings behaupteten sie, sie hätten damit einem Antrag von mir entsprochen.
Milosevic: Ist es auf deinen Antrag hin geschehen?
Markovic: Wenn es sich um einen von mir gestellten Antrag gehandelt hätte, hätten sie auch eine vorschriftsgemäße Genehmigung des Untersuchungsrichters vorlegen müssen, und sie hätten mich nicht zum Abendessen ausgeführt.
Milosevic: Ist es richtig, daß sie dir ... angeboten haben, daß du nur sechs Monate Gefängnis bekommst, wenn du bereit bist, mich fälschlich zu belasten? ...
Markovic: Sie sprachen über meine schwere Lage und machten mich auf alle möglichen weiteren Konsequenzen aufmerksam. Dann boten sie mir als Alternative an, Milosevic als Auftraggeber der Verbrechen zu beschuldigen, dadurch werde meine Verantwortung getilgt.
Milosevic: Ist es weiterhin richtig, daß sie dir auch eine neue Identität, die Ausreise in ein anderes Land und lebenslange finanzielle Unterstützung für dich und Deine Familie angeboten haben, wenn du mich fälschlich beschuldigst? ...
Markovic: Ja, das ist richtig.
Milosevic: Ist dir auch bekannt, daß die UN-Generalversamlung im Jahre 1988 eine Erklärung gegen Folter verabschiedet hat, wonach ein solches Verhalten wie dir gegenüber, also Gefangene durch Drohungen und Erpressung zu Aussagen zu zwingen, ausdrücklich verboten ist? Ist dir bekannt ...
(Richter Richard May schaltet Milosevic das Mikrofon ab)
May: ... das ist nicht relevant für diesen Zeugen in diesem Verhör. Auf keinen Fall ... Wir werden uns hier nicht darüber unterhalten, was in Jugoslawien in der Zeit seiner

Verhaftung geschah. Wie Sie wissen, interessiert uns, was im Kosovo passiert ist.
Milosevic: Herr May, das Verhalten des Marionetten-Regimes in Belgrad ist vollkommen identisch mit der falsche Anklage, die......
May: Genau das wollen wir hier nicht behandeln ...
Milosevic: Nein, ich habe sehr viele Fragen zu stellen.
May: Bitte, Herr Milosevic, gehen Sie zu einem anderen Thema über ...

Die Säuberung des Gefechtsfeldes

Milosevic: ... *(Milosevic befragt Markovic zu dessen schriftlicher Aussage, wonach Milosevic auf einer Sitzung während des Krieges die Beseitigung von Albaner-Leichen aus dem Kosovo und ihre Verbringung nach Zentral-Serbien befohle habe, Anm. J.E.)*
Ist es richtig, daß deine hier vorgelegte Aussage von genau den Leuten vorgelegt wurde, die dich schon seit eineinhalb Jahren traktieren?
Markovic: Ja, das war ein Gespräch mit diesen Leuten ...
Milosevic: ... Habe ich in dieser Sitzung in irgendeiner Form darüber gesprochen, Beweise über irgendein Verbrechen zu beseitigen?
Markovic: Nein, Sie haben nur die Assanierung genehmigt (Das serbische Wort asanacija, das Markovic hier verwendet, entspricht dem deutschen Fremdwort Assanierung, das dem Nomen Sanierung verwandt ist und laut Lexikon von dem Verb assanieren = „gesund machen, hygienisch verbessern" stammt – Anm. d.Ü.)
Milosevic: Versteht man unter Assanierung ... Minenräumung, Beseitigung giftiger Chemikalien, Versorgung von Verwundeten und Gefallenen, Instandsetzung von Wasserinstallation, Stromversorgung und Infrastruktur sowie überhaupt von allem, was nach dem Ende der Kampfhandlungen ein normales Leben ermöglichen kann? Stimmt das oder stimmt das nicht?
Markovic: Ja, das versteht man unter Assanierung.
Milosevic: Benutzte irgend jemand in der Sitzung das Wort Assanierung im Sinne der Vertuschung von irgendwelchen Verbrechen? Sprach überhaupt jemand über Verbrechen und über deren Vertuschung?
Markovic: Nein, niemand ...
Milosevic: Wann hast du zum ersten Mal über den angeblicher Transport von Leichen nach Zentralserbien gehört?
Markovic: Das habe ich zum ersten Mal im Gefängnis gehört . .

(Die Verhandlung fand am 26. Juli 2002 statt. Übersetzung aus dem Serbokroatischen: Biljana van der Loo)

Chronologie

29.11.1945: Das befreite Jugoslawien wird zur Föderativen Volksrepublik Jugoslawien. Erster Premier wird Josip Broz Tito.
28.6.1948: Bruch zwischen Belgrad und Moskau.
14.1.1953: Tito übernimmt auch das Amt des Staatspräsidenten (bis zu seinem Tod am 4.5.1980).
1954: Beilegung des Konflikts mit Italien um Triest.
1955: Aussöhnung mit der Sowjetunion.
7.4.1963: Der Staatsname lautet ab nun Sozialistische Föderative Republik Jugoslawien
1963: In der Präambel der Verfassung der Teilrepublik Bosnien-Herzegowina werden die Muslime erstmals als ein Volk bezeichnet.
1966: Sturz des jugoslawischen Innenministers Aleksandar Rankovic, der sezessionistische Bestrebungen rigoros bekämpft hatte.
1968: Die Muslime werden auf Bundesebene verfassungsrechtlich als Nation anerkannt.
1971: „Kroatischer Frühling" – Massenbewegung mit sezessionistischem Grundtenor und faschistischen Spitzen.
1974: Verabschiedung einer neuen Bundesverfassung mit mehr Selbständigkeit für die Republiken. Die autonomen Provinzen Kosovo und Vojvodina erhalten Veto-Möglichkeiten gegenüber der serbischen Republik.
4.5.1980: Tod von Tito.
1981: Unruhen und Demonstrationen im Kosovo unter großalbanischen Losungen.
8.5.1989: Slobodan Milosevic wird Präsident der Teilrepublik Serbien.
28.6.1989: Milosevic redet vor einer Million Menschen auf dem Kosovo Polje („Amselfeld") – vgl. Dokumentation Seite 283 ff.
20.5.1990: Franjo Tudjman wird zum Präsidenten der Teilrepublik gewählt.
5.7.1990: Die Autonomie von Vojvodina und Kosovo wird eingeschränkt, das Kosovo-Parlament aufgelöst.
22.12.1990: Verabschiedung einer minderheitenfeindlichen Verfassung in Kroatien.
25.6.1991: Kroatien und Slowenien erklären sich für unabhängig. Die Europäische Gemeinschaft (EG) weist die Proklamation zurück. Bürgerkrieg in Kroatien.
27.6.1991: Die Jugoslawische Volksarmee (JVA) versucht die Sezession Sloweniens zu stoppen. Beendigung der Kämpfe nach zehn Tagen. 44 von 54 Todesopfern waren JVA-Soldaten.
14.12.1991: UN-Generalsekretär Perez de Cuellhar warnt Bundesaußenminister Genscher per Brief, die Anerkennung Kroatiens könne einen Bürgerkrieg in Bosnien auslösen.
16.12.1991: Deutschland preßt die EG-Partner auf dem Gipfel zu Maastricht zur Anerkennung Sloweniens und Kroatiens. Kohl verspricht Mitterand im Gegenzug die Aufgabe der Deutschen Mark zugunsten einer europäischen Einheitswährung.
23.12.1991: Deutschland erkennt Kroatien und Slowenien noch vor dem in der EG vereinbarten gemeinsamen Termin an.
6.4.1992: Anerkennung der Selbständigkeit Bosnien-Herzegowinas durch die EG. Beginn des Bürgerkrieges.
27.4.1992: In einem Referendum votiert die Mehrheit der Bevölkerung von Montenegro für einen Verbleib bei Jugoslawien. Die beiden Staaten bilden die neue Bundesrepublik Jugoslawien.
30.5.1992: Der UNO-Sicherheitsrat verhängt ein Wirtschafts- und Waffenembargo gegen die Kriegsparteien auf dem Balkan.
5.2.1994: „Marktplatz-Massaker" in Sarajevo, 68 Tote.
28.2.1994: Erster Luftwaffeneinsatz der Nato gegen die bosnischen Serben.
28.8.1994: Jugoslawien bricht Beziehungen zu der serbischen Republik (Republika Srpska) in Bosnien ab und verhängt ein Embargo.
30.4.1995: Kroatien besiedelt serbisch besiedelte Westslawonien (UN-Schutzzone).
30.6.1995: Erster Kampfeinsatz der Bundeswehr beschlossen: Der Bundestag votiert für Unterstützung einer französisch-britischen Eingreiftruppe in Bosnien.
11.7.1995: Die bosnischen Serben erobern Srebrenica und kurz darauf Zepa (UN-Schutzzonen).

4.8.1995: Beginn der Operation Oluja (Sturm). Kroatien erobert die serbische Krajina und vertreibt die meisten Serben. Größte ethnische Säuberung seit dem Zweiten Weltkrieg.

30.8.1995: Erster Kriegseinsatz der Nato und der Bundeswehr seit ihrer Entstehung: 14 Tage Bombenkrieg gegen die bosnischen Serben.

14.12.1995: Abkommen von Dayton. Ende der Kriegshandlungen in und Neuaufteilung von Bosnien-Herzegowina.

12.2.1996: Erste UCK-Anschläge auf serbische Flüchtlinge im Kosovo.

15.7.1997: Milosevic, bis dahin Präsident Serbiens, wird zum Staatspräsidenten Jugoslawiens gewählt.

23.2.1998: Der US-Gesandte R. Gelbard besucht Belgrad und bezeichnet die UCK als „Terrororganisation".

28.2.1998: Erste Großoffensive Serbiens gegen die UCK.

28.3.1998: Erste Interventionsdrohungen der Nato.

17.7.1998: UCK erobert Orahovac; Beginn der zweiten serbischen Großoffensive.

13.10.1998: Holbrooke-Milosevic-Abkommen; serbischer Teilrückzug aus dem Kosovo.

16.10.1998: „Vorratsbeschluß" des Bundestages gibt der Regierung freie Hand zum Kriegseintritt.

15.1.1999: Sogenanntes Massaker von Racak

6.2.1999: Beginn der Konferenz von Rambouillet.

18.3.1999: Abbruch der Konferenz ohne Einigung.

24.3.1999: Die Nato beginnt den Krieg mit massiven Bombardements. Bundesluftwaffe ist beteiligt. Kein UN-Mandat.

6.4.1999: Erste öffentliche Erwähnung des angeblichen serbischen Hufeisenplanes durch Bundesaußenminister Fischer

09.06.1999: Ende der Kampfhandlungen, dann Einrücken der Kfor-Besatzungstruppen in das Kosovo.

5.10.2000: Sturz von Milosevic. Neuer Präsident wird Vojislav Kostunica.

23.12.2000: Parlamentswahlen in Serbien. Neuer Premier wird Zoran Djindjic.

März 2001: Beginn der Kämpfe in Mazedonien.

1.4.2001: Verhaftung Milosevics.

28.6.2001: Auslieferung Milosevics nach Den Haag.

28.8.2001: Bundestag beschließt Beteiligung an Nato-Militärmission in Mazedonien („Essential Harvest"). Kein UN-Mandat.

6.9.2001: Das Parlament in Skopje verabschiedet das Abkommen von Ohrid. Vorläufiges Ende der Kämpfe.

Januar 2002: Die UCK-Nachfolgepartei PDK wird Teil der Regierungskoalition im Kosovo und stellt den Premier.

12.2.2002: Beginn des Milosevic-Prozesses in Den Haag.

Oktober 2002: Die UCK-Nachfolgepartei DUI wird Teil der Regierungskoalition in Mazedonien.

31.12.2002: Die Amtszeit des serbischen Präsidenten Milan Milutinovic endet. Da damit seine Immunität erlosch, stellte er sich einige Tage später dem UN-Tribunal in Den Haag, das Anklage gegen ihn erhoben hatte. Seither sind alle Versuche, einen neuen serbischen Präsidenten neu zu wählen, am Verfehlen der notwendigen Wahlbeteiligung gescheitert.

4.2. 2003: Die Bundesrepublik Jugoslawien – bestehend aus Serbien und Montenegro – legt sich die neue Bezeichnung Serbien-Montenegro zu. Der neue Staatenbund ist nur noch eine lose Föderation. Mit der Umbenennung erlischt auch das Amt des jugoslawischen Präsidenten – Kostunica verliert damit seine verfassungsrechtliche Position.

12.3.2003: Ermordung von Djindjic. Neuer Premier wird Zoran Zivkovic.

Sommer 2003: Anschlagsserie der UCK-Nachfolgeorganisation ANA im Kosovo, Südserbien und Mazedonien.

28.12.2003: Parlamentswahlen in Serbien. Die Nato-kritische Radikale Partei wird mit über 27 Prozent der Stimmen stärkste Fraktion im Parlament, bleibt auf Druck des Westens aber von der Regierungsbildung ausgeschlossen.

Literaturtips
Zwölf sehr gute und zu wenig bekannte Bücher über Jugoslawien

Kurt Köpruner, Reisen in das Land der Kriege.
Erlebnisse eines Fremden in Jugoslawien. München 2002.
Reisebeschreibungen zwischen 1989 und 2002. Das ideale Geschenk für wenig informierte Freunde oder Kollegen.
Heinz Loquai, Der Kosovo-Konflikt.
Wege in einen vermeidbaren Krieg. Baden-Baden 2000.
Die Sicht des Militärs. Knochentrocken und hochbrisant.
Erich Schmidt-Eenboom, Der Schattenkrieger.
Klaus Kinkel und der BND, Düsseldorf 1995.
Ein Klassiker zum Thema Geheimdienste und zur deutschen Einmischung in Jugoslawien seit den siebziger Jahren. Leider vergriffen.
Mira Beham, Kriegstrommeln.
Medien, Krieg und Politik, München 1996.
Ein Klassiker zum Thema Manipulation. Vergriffen, soll aber im Herbst 2004 neu erscheinen.
Cees Wiebes, Intelligence and the War in Bosnia 1992 – 1995,
Münster-Hamburg-London 2003.
Der Autor hatte Zugang zu allen Archiven der westlichen Geheimdienste. Eine absolute Sensation – und in Deutschland noch nicht einmal rezensiert.
Malte Olschewski, Der serbische Mythos.
Die vespätete Nation, München 1998.
Das beste Buch zur serbischen Geschichte seit dem Mittelalter. Detailreich und farbig erzählt. Leider ab dem Jahr 1941 mit antikommunistischen Tendenzen.
Karlheinz Deschner / Milan Petrovic, Krieg der Religionen.
Der ewige Kreuzzug auf dem Balkan, München 1999.
Ebenfalls ein gutes Geschichtsbuch und außerdem, eine Sensation, in deutsch-serbischer Ko-Autorenschaft erarbeitet.
Vuk Draskovic, Knife.
A Novel of Murder and Mystery, Revenge and Forgiveness, New York 2000.
Der bekannte pro-monarchistische Politiker hat einen packenden Roman über die Schlächtereien moslemischer Banden im Zweiten Weltkrieg geschrieben. In der Tito-Ära verboten.
Rajko Dolecek, I Accuse.
Critical Remarks on the Role of the European Union, Nato and the USA in Yugoslavia,
Prague 2000.
Guter Überblick über die Lügen des Bosnien- und Kosovo-Krieges. In verschiedenen Sprachen, leider nicht auf Deutsch, erhältlich über profrajkodol@quick.cz. Auszüge in diesem Buch S. 288 ff.
Wolfgang Petritsch, Kosovo/Kosova.
Mythen, Daten, Fakten, Klagenfurt 1999.
Zwar antiserbisch, aber mit vielen wichtigen Schlüsseldokumenten und detaillierter Zeittafel des Konfliktes.
Rebecca West, Schwarzes Lamm und grauer Falke.
Eine Reise durch Jugoslawien, Berlin 2002.
Eine Engländerin reist in den 30er Jahren durch den Balkan. Das ideale Begleitbuch, wenn man dasselbe tun und den geschichtlichen und kulturellen Hintergrund der wichtigsten Stationen verstehen will. Leider fehlt Belgrad.
Norbert Mappes-Niediek, Balkan-Mafia.
Staaten in der Hand des Verbrechens – Eine Gefahr für Europa, Berlin 2003.
Ein guter Überblick über alle Banden zwischen Ljubljana und Tirana. Ausgerechnet beim Djindjic-Mord aber mit pro-westlicher Blindheit geschlagen.

Nützliche Internetadressen

Allgemein
www.b92.net
Topaktuelle Nachrichten des eher pro-westlichen Belgrader Senders B92
http://groups.yahoo.com/group/decani/messages
Seite der serbisch-orthodoxen Kirche im Kosovo, enthält tagesaktuelle Artikel aus der internationalen und balkanischen Presse in englischer Übersetzung. Das Archiv reicht zurück bis Juli 1998
www.artel.co.yu
Analysen und Kommentare über die Entwicklung auf dem Balkan, vor allem von sozialistischen Intellektuellen, Journalisten oder früheren Diplomaten. Auf Serbisch, Englisch und Deutsch
www.kurir-info.co.yu
Nato-kritische Belgrader Tageszeitung. Nur in serbisch.
www.rferl.org
Der US-Propagandasender Radio Free Europe / Radio Liberty gibt neben Propaganda auch vorzügliche Wochenüberblicke über die verschiedenen Krisenregionen vom Balkan bis Zentralasien.
www.jungewelt.de
Die Tageszeitung mit der besten Jugoslawienberichterstattung. Suchfunktion mit Zugriff auf alle Artikel ab 1998.
www.tenc.net
Kümmert sich vor allem um Lügenpropaganda jedweder Art mit Schwerpunkt Balkan

Kosovo
http://www.nato.int/kfor/
Offizielle KFOR-Seite
http://www.unmikonline.org/
Offizielle Seite der UN-Administration im Kosovo (Unmik)
http://www.kosovo.undp.org/
United Nations Development Programme im Kosovo
http://ods-dds-ny.un.org/doc/UNDOC/GEN/N99/172/89/PDF Nç917239.pdf?Open Element
Resolution 1244 des UN-Sicherheitsrates
www.kosovo.com
Sehr informative Seite der serbisch-orthodoxen Kirche mit Hintergrundartikeln (auf Englisch)
www.amselfeld.com
Sehr informative deutsche Seite über Geschichte des Kosovo-Konfliktes. Leider seit 2002 keine Aktualisierung mehr.

Den Haag
www.un.org/icty
Offizielle Seite des Haager Tribunals. Zugriff auf alle Anklageschriften und die Typoskripte der Verhandlungen, allerdings mit zum Teil erheblichem Zeitverzug, in Englisch, Französisch und Serbokroatisch.
http://www.un.org/icty/transe54/transe54.htm
Die gerichtsoffiziellen Transkripte des Milosevic-Prozesses
www.domovina.net/Icty
Tagesaktuelle Videomitschnitte aus dem Milosevic-Prozeß.
Softwarevorraussetzung: Real Player
www.slobodan-milosevic.org
Tageszusammenfassungen des Prozesses mit ca. 1 – 2 tägiger Verzögerung, eher Milosevic-freundlich
www.iwpr.net/index.pl?tribunal_milosevic.html, www.cij.org
Prozeßzusammenfassungen, eher Milosevic-feindlich

www.diplomatiejudiciaire.com/Tpy/Milosevic.htm
Juristische Diskussion der Prozeßfragen auf Französisch
www.icdsm.org, www.free-slobo.de, www.icdsm-us.org , www.sloboda.org.yu
Seiten des Internationalen Komitees zur Verteidigung von Slobodan Milosevic, sowie seiner deutschen, US-amerikanischen und serbischen Sektion

Srebrenica
www.srebrenica.nl
Der Bericht des niederländischen Armeeinstituts NIOD vom Frühjahr 2001 (englisch).
http://www.un.org/icty/krstic/TrialC1/judgement/index.htm
Urteil gegen den serbischen General Radislav Krstic
www.un.org/icty/indictment/english/ori-ii030328e.html
Anklageschrift gegen den muslimischen Kommandeur Naser Oric

Website des Autors: *www.juergen-elsaesser.de*

PERSONENREGISTER

Abrahams, Fred 262
Adam, Bo 90
Agani, Fehmi 141, 142
Ahmeti, Ali 224, 232
Albright, Madeleine . . . 37, 87, 101, 105,
    109, 111-113, 132, 249, 257, 292, 307
Alexandrow, Valentin 129
Alic, Fikret 289
Alomerovic, Sefko 202, 203
Amato, Guiliano 247
Andric, Ivo 29, 31
Angerer, Jo 84, 240, 241
Annan, Kofi 63, 132, 228
Arbour, Louise . . . 46, 123, 257, 258, 307
Ashdown, Paddy 262
Bacard, Eric 265, 271
Bajrami, Hajrizi 316
Bajramovic, Azem 57
Bakalli, Mahmut 262, 263
Baljai, Bukruja 215
Barilo, Ibrahim 183
Basic, Dragoslav 194-196
Bassiouni, Cherrif 68
Batic, Vladan 211
Beaver, Paul 36
Beckstein, Günter 45, 180
Beer, Angelika 247
Behrakis, Yannis 143
Berisha, Sali 71, 72
bin Laden, Osama 226
Birdel, Elias 45
Blair, Tony 36, 134, 163, 279
Blewitt, Graham 262
Blüm, Norbert 241
Bodansky, Yossef 293, 294
Borovcanin, Ljubomir 70
Boskovski, Ljube 228, 229
Both, Norbert 55, 58-60, 67, 178
Brecht, Eberhard 241
Brown, Norma 240
Buja, Shukri 266
Bukoshi, Bujor 71, 72, 75
Bunel, Pierre-Henri 168
Bush, George W. 278, 279, 307
Ceku, Agim 182,
    190-192, 213, 217, 218, 256
Cem, Ismail 200
Christiansen, Sabine 45, 46, 132
Ciaglinski, Richard 267
Civikov, Germinal 268-270
Clark, Wesley 78,
    122, 123, 163, 262, 277, 278, 280
Clinton, William („Bill") 17,
    36, 37, 64, 73, 100, 109, 134, 209, 210, 278,
    279, 292, 294

Cohn-Bendit, Daniel 44
Cook, Robin 101, 108, 141, 145
Couzy, Hans 53, 58
Cyric, Milivoje 33
Daci, Nexhat 213
Darnell, Judy 291
Dederichs, Mario R. 98
Deichmann, Thomas 289
Delic, Rasim 56, 292
Demaci, Adem 85, 113, 142, 263
Demurenko, Alex 293
Dienstbier, Jiri 206
Djindjic, Zoran . . 214, 255, 261, 321, 322
Dockenfuß, Ralf 188
Dolecek, Rajko 288, 295, 322
Drewienkiewicz, John 265-267, 301
Dunjic, Dusan 94, 211, 313
Eiff, Hans Jörg 224
Engels, Friedrich 158
Erdemovic, Drazen 49-51
Erickson, John 36
Erler, Gernot 123
Fasslabend, Werner . . 119, 124, 128, 130
Ferk, David 175, 176
Fischer, Joseph („Joschka") . . 19, 20, 37,
    43, 44, 76, 77, 80, 87, 88, 91, 95, 97, 101-
    103, 105, 107-110, 113, 114, 118, 120-123,
    125, 131, 133-136, 178, 187, 207, 219, 221,
    222, 225, 230, 237, 238, 240, 247, 279, 321
Fisk, Robert 253, 254
Flottau, Renate . . 98, 142, 143, 210, 211,
    214, 215, 218, 225, 226, 232, 233
Friedman, George 152
Fritzsche, Hans 164
Frowick, Robert 224
Ganic, Ejup 55, 69, 215, 216
Geiger, Hansjörg 74
Genscher, Hans-Dietric . . 286, 287, 320
Georgievski, Ljubco 225-228
Ghali, Boutros-Boutros 292, 293
Girard, Renaud 143
Goldhagen, Daniel 133, 134
Goldstone, Richard 67
Gotovina, Ante 256
Gruber, Wilfried 96, 312, 313
Guterres, Antonio 247
Gutman, Roy 46, 288, 289
Gysi, Gregor 45
Haekkerup, Hans 211, 212, 213
Halilovic, Sefer 56, 58
Haliti, Xhavit 190
Haradinaj, Ramush 212, 213, 217
Harmon, Mark 50
Hauser, Monika 140
Haxhiu, Baton 141, 142

325

Hedges, Chris *190*
Hendrie, Ian Robert *266*
Hill, Christopher *101, 104, 110, 113*
Hitler, Adolf *44, 132-134, 159, 183*
Holbrooke, Richard C. *24, 111, 112, 119, 206, 299, 321*
Honig, Jan Willem *55, 58-60, 67*
Horvath, Daniela *98*
Hoz, Adolfo Luis Martinez de la ... *168*
Hublard, Arthur *307*
Hume, M. *289*
Isufi, Hakif *151*
Ivanisevic, Milivoje *48, 49, 67*
Izetbegovic, Alija *55, 56, 63, 64, 225, 292*
Jackson, Michael *181, 193, 231, 277, 307*
Jankovic, Blazo *28*
Jertz, Walter *37, 157, 162*
Jung, Wolfgang *128*
Kajdacsy, Karl Gunter von *122*
Kalinic, Dragan *48, 49*
Kämmerer, Michael *35, 36*
Kampffmeyer, Harald und Cornelia *37, 39*
Kapor, Momo *22*
Karadzic, Radovan .. *46, 48, 50, 52, 256,*
Karleusa, Dragan *271, 272*
Karlshoven, Fric *290*
Karremans, Ton *52-54, 66, 67*
Kaschikali, Maria *143*
Kelmendi, Shaban *75*
Kempowski, Walter *174, 175*
Kenney, George *289, 294*
Kerry, John *278*
Kinkel, Klaus *17, 71, 73, 287, 322*
Kirchbach, Hanns-Peter von *119, 121*
Klasing, Hanns-Christian *180*
Klein, Hans-Joachim *237*
Klima, Viktor *124*
Koelbl, Susanne *175*
Kohl, Helmut *44, 73, 76, 221, 286, 287, 320*
Kolasinac, Andjelko *177*
Koschnick, Hans *45, 191*
Kouchner, Bernard *149, 188, 189, 203, 204, 205, 211*
Krajnc, Renato *127*
Krsmanovic, Aleksa *55*
Krstic, Radislav *49, 61, 69, 324*
Krumov, Valentin *196*
Küntzel, Matthias *108, 109*
Lafontaine, Oskar *77*
Lahelma, Timo *312*
Laughland, John *154, 258*
Lettmayer, Martin *291*
Lévy, Bernard-Henri *300, 301*
Limaj, Fatmir *213, 214, 217*

Loquai, Heinz ... *78, 79, 88, 99, 104, 106, 118, 122, 132, 303, 305, 322*
Luik, Arno *98*
Lujinovic, Alija *288,*
Luttwak, Edward *249, 250*
Lutz, Dieter S. *79, 81*
Luyken, Reiner *36*
Majorski, Boris *101, 104*
Maksimovic, Desanka *27*
Maliqi, Xhafer *298*
Malja, Aljos *203*
Mamula, Branko *282*
Manners, Hugh *293*
Marinkovics, Zoran *33*
Markestein, Peter *316*
Markovic, Mira *257*
Markovic, Radomir (Rade) *272, 317-319*
Marshall, Penny *289*
Marx, Karl *158*
May, Richard *262, 266, 309, 311-314, 316, 318, 319*
Mazowiecki, Tadeusz *290*
McDonald, Gabriella Kirk *257*
McKenzie, Lewis *153*
Meholjic, Hakija *63*
Meier, Viktor *281*
Meischberger, Walter *127*
Melcic, Dunja *191, 281*
Michailowa, Nadeshda *129*
Mierlo, Hans von *53*
Mihajlovic, Dusan *267, 272, 318*
Milenkovic, Sanja *21, 22, 37, 38, 39*
Milenkovic, Vesna *24*
Milosevic, Slobodan *17, 19, 21, 24, 28, 36, 43, 64, 65, 72, 73, 76, 78, 79, 87, 99, 100, 102-104, 112, 118, 119, 121, 122, 123, 131-133, 135, 136, 145, 147, 148, 151, 158, 159, 163, 165, 168, 193, 201, 206, 219, 239, 241-243, 255, 256-264, 266-269, 271-273, 279, 282, 283, 286, 299, 301, 307-321, 323, 324*
Milutinovic, Milan *25, 101, 105, 256, 321*
Mitic, Alexander *143*
Mladic, Ratko *46, 48, 50, 52, 53, 62, 69, 256*
Mock, Alois *308*
Munz, Richard *140*
Murtic, Edo *309*
Mustafa, Rrustem *216*
Mustafic, Ibran *55-58, 65, 66*
Naumann, Klaus *36, 37, 78, 83, 84, 168, 185, 261, 277, 280*
Naumann, Michael *145*
Nehm, Kay *239*
Neudeck, Rupert *180, 241*
Neuffer, Pascal *301*
Nice, Geoffrey *270, 310, 314, 316*

Nikolic, Momir 69, 70
Obilic, Milos 283
Obrenovic, Dragan 69
Oric, Mevludin 51
Oric, Naser 51, 56, 66-69, 324
Oschlies, Wolf 212, 220, 224
Pacolli, Beghijet 305, 306, 308
Palafox, Juan Lopez 150
Papotsew, Dmitri 196
Pauls, Christian 96, 114
Pavkovic, Nebojsa 256
Pavlovic, Dragisa 282
Pavlovic, Milovan 210
Pavlovic, Miodrag 26, 38
Pawkowicz, Rainer 126
Peraj, Nike 269
Perisic, Momcilo 121
Petritsch, Wolfgang 101,
    104, 105, 109-114, 262, 322
Petzold, Andreas 98, 99
Phillips, Joan 289
Pilati-Borggreve, Gräfin 248
Pilav, Ilijas 58
Plavsic, Biljana 256
Ponte, Carla del 153, 154, 165,
    256-258, 261, 262, 271-273, 303, 305-308
Proitchev, Todor 129
Pronk, Jan 52, 53
Pujol, Emilio Perez 150
Radl, Franz 126
Rainino, Juha 314
Ranta, Helen(a) . . . 87, 90, 91, 93-97, 99,
    100, 217, 247, 264, 265, 310-316
Rathfelder, Erich 146,
    147, 173, 184, 229, 254, 291
Reinhardt, Albrecht 84
Reinhardt, Klaus 188
Renesse, Margot von 247
Rexhepi, Bajram 213, 217
Rösch, Otto 126
Rose, Michael 292
Roy, Yves 149
Rüb, Matthias 88, 174, 241, 242, 260
Rubin, James P. 108, 109
Rühe, Volker 227
Ryan, Michael 161
Savics, Milan 33
Scharping, Rudolf 21,
    25, 36, 37, 45, 46, 48, 71, 78-83, 87, 103,
    109, 117, 119-125, 130-135, 137-140, 145,
    147, 157, 159, 161, 176, 179, 181, 187, 207,
    240, 241, 248, 258, 279, 283
Schatzer, Peter 144
Scheer, Hermann 102, 239, 240
Scheit, Gerhard 134
Schlauch, Rezzo 119
Schlesinger, Patricia 118

Schmidt-Eenboom, Erich 128,
    129, 287, 322
Schmitt, Thomas 242
Schmückle, Gerd 45
Schneider, Peter 103
Schnitzler, Pit 144
Schröder, Gerhard 36,
    37, 76, 77, 102, 109, 118, 158, 185, 207,
    209, 229, 239, 240, 279
Schüssel, Wolfgang 124
Schwarz, Stefan 138
Sejdiju, Fatmir 213
Selimi, Suleiman 112, 192
Shala, Bexhet 298
Shea, Jamie 36,
    37, 158, 159, 162, 192, 240, 257
Silajdzic, Haris 290
Solana, Javier 222, 223, 225
Sonnenberg, Heinz 244
Soros, George 278
Stankovic, Vojkan 33
Stankovic, Zoran 67, 68
Steiner, Michael 20,
    209, 211, 213, 214, 215, 217, 218
Stolpowskich, Viktor 305
Struck, Peter 119
Stubner, Helmut 126-128
Surroi, Veton 111, 113, 193, 194, 196
Syla, Azem 190
Taci, Lazim 270
Tadic, Dusan 51
Tanic, Ratomir 267, 268
Tenet, George 123
Terzic, Dragoslav 33
Tito, Josip Brosz 16,
    20, 198, 287, 320, 322
Todorovic, Bosko 259, 260, 271
Trajkovic, Rada 213
Trifunovic, Darko 48,
    49, 51, 54, 55, 58-60, 67, 68
Trittin, Jürgen 324
Tudjman, Franjo 286,
    287, 288, 309, 320
Turgut, Serif 143
Veil, Simone 290
Verplanke, Jasper 66, 67
Vilic, Dusan 259, 260, 271
Vollebaeck, Knut 262
Volmer, Ludger 44,
    25, 101-103, 106, 107
Vuksic, Dragan 121, 122
Walker, William 80,
    86-88, 93, 94, 96, 99, 266, 301, 312
Warburton, Ann 290
Watson, Paul 142, 143, 149, 304
Werth, Mathias 240, 241
Wiebes, Cees 62, 63, 322
Wiesel, Elie 131

Wimmer, Willy 83
Woodward, Susanne 309
Xhaferi, Arben 222, 223, 226, 232
Xhinovci, Emin 183, 184

Zivkovic, Zoran 210, 211, 321
Zogu, Leka I. 233
Zumach, Andreas 102, 110

SACHREGISTER

A-10 25
AAK 212, 213
AGM 65 32
AK-47 182
Albanien 14, 19, 20, 71, 73, 74, 139, 172, 188, 189, 199, 200, 204, 214, 221, 225, 233, 264, 281, 282, 297, 299, 304
AMBO 231
Amnesty International (a.i.) 154, 155, 162, 165, 167, 169, 211, 215, 216, 280
ANA/AKSh 214, 232, 233, 321
Annex B 102, 104, 105, 108, 110, 112, 239
Apartheid ... 43, 219, 241, 262, 263, 301
Arbeiterselbstverwaltung 16
Aschkali 198
Assanierung 319
Auschwitz 16, 46, 131, 133, 134, 151
Auswärtiges Amt 75, 76, 295, 298
Autonomie(status) Kosovo 18, 19, 72, 263, 281, 282, 295, 320
Autopsie 68, 90, 91, 92, 93, 94, 96, 97, 150, 217, 264, 266, 308, 310, 311, 312, 313, 314, 315, 316
Banja Luka 14, 49, 203, 288
Belgrad 14, 16, 23, 24, 25, 26, 28, 33, 34, 37, 48, 65, 67, 81, 85, 90, 93, 94, 101, 104, 105, 106, 108, 109, 111, 112, 121, 126, 144, 157, 158, 159, 163, 164, 168, 169, 181, 191, 199, 201, 202, 203, 206, 220, 224, 239, 253, 256, 259, 260, 261, 272, 281, 282, 283, 286, 287, 288, 289, 294, 298, 302, 308, 309, 319, 320,321, 322, 323
Bitola 222
Branjevo 49, 50, 60
Bratunac .. 47, 52, 54, 55, 60, 66, 253, 254
Brcko 288
Brotschlangen-Massaker 291
Bulgarien 14, 126, 129
Bundesnachrichten-dienst (BND) .. 17, 46, 74, 124, 125, 126, 189, 287, 288, 286, 322
Bundestag 76, 77, 78, 79, 82, 83, 99, 101, 102, 106, 118, 120, 122, 135, 138, 157, 187, 219, 227, 239, 241, 247, 320, 321
Burgenland 128
Bürgerkrieg .. 17, 18, 43, 50, 71, 75, 103, 127, 138, 233, 237, 240, 253, 280, 286, 288, 294, 303, 320
Cap Anamur 180, 241

CDHRF 295, 296, 298, 299
Celebici 289
Chiasso 307
CIA 63, 74, 123, 124, 130, 216, 225, 290, 291, 294
Clusterbomben 161, 166
Crime Site 303
Debriefing Report 53, 59, 68
Decani 198, 298, 323
Den Haag / Haager Tribunal 28, 46, 47, 48, 49, 50, 51, 54, 56, 58, 60, 61, 64, 65, 67, 69, 87, 90, 97, 122, 148, 149, 151, 153, 154, 159, 165, 166, 167, 191, 192, 201, 213, 217, 229, 237, 238, 242, 244, 255, 256, 257, 258, 260, 262, 270, 271, 272, 279, 286, 303, 307, 308, 309, 321, 323
Depleted Uranium (DU) 160, 161, 247, 248, 249, 250, 251, 252, 253, 254
Distomo 244
Djakovica 116, 157, 163, 165, 167, 172, 200, 269, 304
DPA/PDSh
70, 182, 223, 224, 225, 226, 232, 293
Drogenhandel
189, 226
DUI/BDI
232, 321
Dutchbatter
52, 53, 54, 55, 62
Entwaffnung
181, 182, 201, 228
Ethnisch rein, ethnische Säuberung
19, 121, 144, 192, 206, 232, 260, 267, 281, 282, 283, 321
Europäische Menschenrechts-konvention 244
Europäische Union (EU) 90, 95, 96, 101, 104, 109, 110, 111, 114, 124, 130, 191, 217, 219, 222, 223, 230, 231, 243, 264, 265, 272, 291, 297, 312
European Roma Rights Center 184
Exekution(en) 49, 51, 52, 53, 58, 60, 61, 65, 89, 92, 149, 190, 265, 269, 271, 288, 315
Exhumierung 60, 64, 65, 68, 69, 146, 149, 151, 153, 303, 305
F-117 25
F-16 .... 25, 35
F-18 25

Faschismus 43, 131, 133, 187, 193, 204
Flüchtling 45, 47, 51, 52, 54, 55, 56, 57, 58, 60, 72, 74, 76, 77, 78, 79, 80, 81, 82, 83, 116, 117, 121, 132, 137, 139, 141, 143, 144, 157, 163, 165, 167, 177, 191,0 197, 205, 207, 215, 243, 253, 259, 272, 294, 295, 297, 300, 303, 304, 321
Flüchtlingslager (–camp) 135, 137, 140, 141, 197, 288, 289, 300, 302
Folter 69, 150, 179, 211, 259, 288, 296, 297, 318
Folter(werkzeug), Folter(keller) 147, 179
Forensiker, forensisch 91, 92, 94, 96, 97, 150, 265, 271, 313, 314, 315, 316
Fötus 138
FPÖ 126, 127, 128
Gefrierleichen 271
Geisel 223
Gesellschaft für bedrohte Völker (GfbV) 48, 145, 197, 198
Ghetto 176, 179
Glogovac 298, 303
Gnjilane 172, 183, 205, 301
Golfkriegs-Syndom .. 160, 249, 250, 252
Gorani 176, 196
Gorazdevac 209, 210
Gracko 193, 215
Greuel 46, 136, 138, 144, 145, 148, 149, 153, 155, 191, 243, 269, 270, 273, 300, 303
Griechenland 14, 231, 233
Grundgesetz 21, 238
Haager Landkriegsordnung 244
Hardthöhe 122, 135, 179
Heeresnachrichtenamt (HNA) 124, 125, 126, 128, 129, 130
Holocaust 131, 132, 133, 134, 140, 199, 294
Hufeisenplan 19, 116, 117, 118, 119, 121, 122, 130, 240, 241, 267, 321
Human Rights Watch (HRW) 88, 90, 131, 139, 140, 163, 169, 193, 262
Humanitäre Katastrophe 66, 75, 77, 78, 79, 80, 84, 165, 176, 177, 187, 193, 239, 240, 280, 284, 317
ICC/IStGH 238, 244, 245, 255
ICTY/IStGHJ 48, 49, 50, 54, 61, 69, 148, 154, 164, 165, 166, 255, 260, 262, 309, 323, 324
International Crisis Group (ICG) .. 180, 194, 197, 201, 202, 204, 218
Irak 15, 107, 160, 162, 213, 249, 250, 251, 252, 253, 278, 279
Istok 150, 270, 304
Izbica 148, 149, 243, 270

Juden 16, 17, 18, 26, 131, 159, 184
Kacanik 16, 304
Kalemegdan 24
Kamenica 301
Karawanken 125
Kfor 149, 155, 162, 174, 176, 177, 178, 179, 180, 181, 182, 183, 184, 188, 189, 190, 192, 193, 195, 197, 201, 203, 204, 206, 210, 211, 214, 215, 216, 220, 224, 226, 230, 231, 233, 250, 253, 276, 277, 281, 300, 304, 307, 321, 323
Klina 72, 298
Knez Mihailova 24
Kolic 304
Kollateralschaden 36, 157, 159, 162, 164, 240, 304
Kontaktgruppe .. 103, 104, 105, 108, 111
Konzentrationslager 131, 132, 135, 136, 144, 203, 288, 289
Korisa 157, 158, 163, 166, 304
Kosovo 14, 16, 17, 18, 19, 20, 21, 25, 26, 28, 43, 45, 68, 71, 72, 73, 74, 75, 76, 77, 78, 79, 80, 81, 82, 83, 84, 85, 87, 88, 89, 90, 91, 97, 98, 99, 100, 101, 102, 104, 105, 106, 107, 108, 109, 110, 111, 112, 113, 114, 116, 117, 118, 119, 120, 121, 129, 131, 132, 133, 135, 136, 137, 138, 139, 140, 141, 142, 143, 144, 146, 147, 149, 150, 151, 152, 153, 154, 155, 157, 159, 160, 161, 162, 163, 169, 173, 174, 178, 179, 180, 181, 182, 184, 185, 187, 188, 189, 190, 193, 194, 195, 196, 197, 198, 199, 200, 201, 203, 204, 205, 206, 209, 210, 211, 212, 213, 214, 215, 217, 218, 219, 220, 221, 224, 225, 226, 228, 230, 231, 233, 239, 240, 242, 243, 248, 249, 252, 253, 256, 257, 258, 260, 261, 262, 263, 264, 265, 266, 267, 268, 271, 272, 273, 276, 278, 280, 281, 282, 283, 284, 285, 286, 295, 296, 297, 298, 299, 300, 301, 303, 305, 306, 307, 310, 317, 319, 320, 321, 322, 323, 324
Kosovo Polje 16, 283, 284, 285, 320
Kosovo-Schutzkorps (TNK) 182, 188, 190, 201, 202, 204, 217
Kragujevac.................... 26, 28
Krajina .. 68, 166, 191, 287, 288, 295, 321
Krebs 247, 248, 249, 250, 253, 254
Kriegstagebuch 36, 131, 138, 248
Kumanovo 223
Kuwait 160, 251
KVM 81
Lagebericht 76, 81-83, 205, 295, 298, 300
Landeskriminalamt (LKA) 188
LDK 200, 202, 212, 213
Leposavic 301
Leukämie 160, 248, 249, 250, 253
Ljubenic 146

329

Lugano 305
Lunic 299
Luzane 164
M-1 251
Mabetex-Affäre 305, 306, 307, 308
Mala Krusa 271
Manjaca 288
Markale-Massaker 292, 293, 294
Massaker („Masssaker") . . . . 19, 43, 45, 47, 48, 50, 51, 58, 64, 65, 66, 70, 75, 76, 86 , 87, 88, 89, 91, 93, 95, 97, 98, 99, 100, 106, 131, 145, 146, 147, 148, 157, 178, 191, 193, 215, 240, 242, 244, 247, 264, 266, 269, 270, 279, 288, 291, 292, 293, 294, 300, 303, 304, 310, 320, 321
Massengrab 60, 61, 145, 146, 150, 151, 304
Medica Mondiale 139
Memorandum 190, 199, 200, 293
Menschenrechte 62, 191, 192, 215, 232, 239, 245, 288, 289, 296, 298, 308
Minen 161, 162
Monitor 72, 74, 97, 98, 129, 158, 161, 240, 242, 253, 310
Montenegro 14, 20, 42, 73, 144, 154, 172, 205, 211, 218, 233, 269, 278, 282, 297, 320, 321
Morina 299
Nationalismus 18, 43, 131, 133, 134, 283, 284, 287, 307
Nato . . . . 15, 17, 18, 19, 20, 21, 22, 24, 28, 35, 36, 37, 39, 44, 53 ,63, 64, 71, 74, 78, 81, 83, 84, 86, 94, 98, 100, 101, 102, 103, 104, 105, 106, 107, 108, 110, 112, 113, 118, 119, 120, 121, 122, 129, 130, 133, 135, 136, 137, 142, 143, 144, 151, 153, 154, 155, 157, 158, 159, 160 , 161, 162, 163 ,164, 165, 166, 167, 168, 169, 174, 177, 180, 181, 185, 187, 190 ,192, 193, 194, 197, 199, 201, 204, 206, 210, 214, 219, 220, 224, 225, 227, 228, 229, 230, 231, 239, 240, 243, 244, 247, 248, 249, 251, 252 ,253, 257, 258, 259, 261, 262, 265, 267, 269, 271, 276, 277, 278, 279, 280 , 287, 292, 293, 294, 295, 300, 301, 303, 304, 306, 307, 310, 320, 321, 322, 323
Nato-Rat 36
Nazis 16, 17, 18, 26, 29, 131, 133, 159, 198, 288, 289
NGO 139
NIOD Bericht 61, 62, 64, 65, 324
Nis 28, 164, 194, 215
Nova Kasaba 54, 59, 60
Novi Sad 28
Novo Brdo 301
Omarska 42, 288
Operation Potkova . . . 119, 120 ,124, 258

Operation Sturm 191, 192
Orahovac 146, 147, 172, 176, 177, 178, 179, 203, 298, 321
OSZE . . . . 48, 74, 78, 79, 80, 81, 83, 84, 85, 86, 87, 88, 89, 90, 93, 95, 99, 100, 104, 118, 138, 143, 144, 196, 201 , 202, 206, 224, 230, 240, 262, 265, 266, 267, 300, 301, 302, 303, 304, 305, 306, 313
Pale 14, 16, 42
Partisanen 16, 28, 287
PDK 20, 112, 213, 217, 321
PDP 223, 224, 225
Pec
    116, 136, 146, 172 ,177, 210, 299 , 304
Pilica 49
Pipeline 231, 324
Podujevo 116, 172, 215, 216
Ponosevac 299
Posavina 51
Potocari 47, 51, 52, 53, 54, 55, 56, 60
Povratak 212, 213
Pristina 83, 132, 135, 136, 138, 139, 142, 143, 146, 157, 182, 183, 188, 189, 193, 194, 195, 196, 197, 198, 199, 209, 212, 214, 216, 219, 226, 259, 263, 268, 276, 281, 282, 298, 299, 300, 303, 304, 307, 316
Pustasel 146
Racak . . . . 19, 26, 86, 87, 88, 89 ,90, 91, 94, 95, 96, 97, 98, 99, 100, 106, 107, 172, 217, 240, 247, 264, 265, 266, 267, 270, 279, 302, 310, 312, 313, 314, 315, 316, 321
Radio Televizija Srbija (RTS) 163, 164, 166, 261
Rambouillet . . . . 19, 25, 77, 101, 102, 103, 105 , 106, 107, 108, 109, 110, 111, 112, 113, 114, 116, 120, 123, 192, 193, 239, 263, 306, 321
Rogovo (auch: Rugovo) 98, 302
Roma 179, 180, 184, 193, 197-199, 203, 207, 302
Sandschak (Sandzak) 202
Sarajevo 14, 17, 42, 43, 56, 58, 64, 66, 252-254, 290-295, 320
Schadensersatz 39, 243
Schmauchspuren 92-95, 99, 264, 265, 310, 313, 314
Schutzgelder 187, 188
SDMS 223
Sekundärziel 35, 36
Serbische (Jugoslawische) Staatssicherheit 272, 317, 318
Slawonien 14, 288, 309, 320
Slowenien 14, 17, 20, 127, 128, 278, 283, 286, 320

330

Sofia ... 128, 129
Split ... 14, 42
Splitterbomben ... 37, 154, 161, 162
Srebrenica ... 14, 18, 42-58,
  61-64, 66-70, 136, 191, 295, 320, 324
Staatssouveränität ... 105, 204, 245, 282
Stenkovac ... 141, 197
Stratfor (Intelligence) ... 146, 151-153
Strpce ... 301
Südstaaten ... 158
Südtirol ... 127
Südwind ... 126, 127
Surdulica ... 164
T-72 ... 251, 252
Tessin ... 307
Tetovo ... 221
Todeskommando ... 191
Todeslager ... 43, 288
Todesmarsch ... 58
Todesopfer ... 64, 294, 320
Todesschütze ... 175
Todesstrafe ... 297
Todesstrahlen ... 248
Todesursache /-umstand ... 92, 147, 315
Tornado ... 25
Tötung ... 269, 302, 303, 310
Tötungsaktion ... 175
Tötungsdelikte ... 85,
  184, 204, 206, 216, 301, 302
Trepca ... 151, 181
Trnje ... 269
Trnopolje ... 288, 289
Tschetnik ... 64, 66, 291
Türken ... 26, 200, 244
Türkisch ... 24, 94, 143, 183, 200, 311
Tuzla ... 45, 47, 51, 54, 56, 58-61, 291
UCK (=KLA) ... 19,
  20, 71, 73-76, 79-86, 88-90, 94, 96, 98, 99,
  101, 110-114, 121, 129, 137, 142, 146-148,
  154, 155, 169, 174, 176, 178-184, 187-190,
  192, 194, 195, 197-204, 206, 207, 211-213,
  216, 217, 219-221, 223-229, 231, 233, 240,
  242, 256, 263, 264, 266, 269-271, 273, 298-
  304, 306, 310, 311, 316, 321
UNHCR ... 72, 73, 80-83, 205
UNICEF ... 139, 297
Unmik ... 154,
  187-189, 195, 200, 203, 204, 206, 211, 212,
  214-218, 220, 323
Uno/UN ... 17,
  20, 21, 45, 47, 50, 52, 54, 62, 63, 64, 68, 72,
  80, 82, 98, 106, 108, 122, 132, 139, 149,
  150, 153, 154, 187, 188, 191, 196, 197, 200,
  204-206, 209-213, 216-219, 220, 228, 237,
  255, 256, 258, 262, 276, 279, 280, 290-293,
  295, 296, 298, 307, 309, 318, 320, 321, 323
Unprofor ... 62, 153, 291-293

UN-Resolution ... 42, 44
  68, 205, 212, 212, 215, 223, 276
Urosevic ... 300
Varvarin ... 23-28,
  30, 31, 33, 35-37, 164, 243, 244
Vergewaltigung ... 43,
  139-141, 143, 144, 147, 281, 288, 290, 291
Verifikateure ... 84,
  85, 88, 104, 266, 300, 301
Vitina ... 301
VMRO-DPMNE ... 229, 232
Völkermord ... 43-45,
  47, 52, 53, 69, 71, 131, 132, 136, 143, 150,
  155, 206, 237, 238, 255, 257, 258, 294, 308
Völkerrecht ... 21,
  127, 165, 181, 204, 205, 214, 218, 230, 239,
  244, 255
Völkerstrafgesetzbuch ... 238
Vorratsbeschluß ... 77, 321
Wehrdienst(Kriegsdienst)-
verweigerer ... 296
Wehrmacht ... 6, 26, 44, 183, 184
Weißbuch ... 169
Westdeutscher Rundfunk
(WDR) ... 240-242, 310
Westslawonien ... 320
Wiedergutmachung ... 29, 37
Wien ... 14, 16,
  99, 124-127, 129, 130, 137, 213, 289, 303
Zagreb ... 14, 17, 42,
  166, 191, 199, 256, 287, 289, 290, 293, 308
Zepa ... 14, 320
Zubin ... 301

jetzt vernetzen!

junge Welt und Friedensbewegung

Als die NATO-Bomben 1999 auf Jugoslawien niedergingen, fühlten wir uns allein hier im Land der Kriegsherren. Ein Mausklick rief die junge Welt auf und bald schon waren wir süchtig nach Rüdiger Göbels täglichen Berichten aus Belgrad (wie wir es jetzt nach Karin Leukefelds Artikeln aus Bagdad sind). Neben den Berichten hatten wir zugleich Freunde gefunden. Unsere Antikriegsarbeit im International Action Center fand Verbündete in Deutschland und Österreich, quer durch Europa. Es entstand ein Gedankenzentrum für all jene, die sich dem US-Imperialismus und Militarismus widersetzten. Wir haben eine neue, junge und wachsende Antikriegsbewegung in den Vereinigten Staaten. Dennoch ist das imperialistische Monopol der Medien nirgendwo größer als hier. Nirgendwo sonst ist das Bedürfnis nach Ausbruch aus der ideologischen Isolation so intensiv. Die neue Technologie, entwickelt, um den Kapitalismus zu globalisieren, kann auch dazu benutzt werden, ein internationales Solidaritätsnetzwerk aufzubauen. Unsere Bewegungen müssen diese Technologie verwenden, um unsere Verbindungen zu stärken und unsere gemeinsame Arbeit zu intensivieren. Zusammen sind wir mehr als die Summe unserer Teile. junge Welt – als zentraler Bestandteil eines Netzwerks, als kreatives Sprachrohr für Ideen, als Organisator von Aktionen – hat jetzt schon die Bewegungen unserer Völker vorangebracht.

John Catalinotto, New York City

jW-Aktionsbüro: 0 30/53 63 55-10
oder verlag@jungewelt.de

Ja, ich abonniere jetzt!

....
Name/Vorname

....
Telefon

....
Straße/Nr.

....
PLZ/Ort

Ich bestelle das
O Normalabo (mtl. 25,80 Euro),
O Solidaritätsabo (mtl. 33,00 Euro),
O Sozialabo (mtl. 18,40 Euro).

Ich bezahle mein Abo
O monatlich (nur mit Bankeinzug),
O vierteljährlich (3 % Rabatt),
O halbjährlich (4 % Rabatt),
O jährlich (5 % Rabatt)
per O Einzugsermächtigung
O Rechnungslegung

Ich ermächtige Sie hiermit, den Betrag von meinem Konto abzubuchen:

....
Geldinstitut

....
Bankleitzahl

....
Kontonummer

Das Abo läuft mindestens ein halbes Jahr und verlängert sich um den vorn angekreuzten Zahlungszeitraum, wenn ich es nicht 20 Tage vor Ablauf (Poststempel) bei Ihnen kündige.

....
Datum/Unterschrift

O Ich möchte Infos über die
jW-Genossenschaft

Den Coupon schicke ich an: Verlag 8. Mai GmbH, Karl-Liebknecht-Str. 32, 10178 Berlin, oder faxe ihn an die Nummer 030/53 63 55 44.

„Der andere könnte Recht haben"
Hans-Georg Gadamer

Wenn Sie sich eine unabhängige Meinung bilden wollen, so brauchen Sie auch die kritischen Stimmen. Innovationen und Denkanstöße kommen bekanntlich aus den Randzonen. In den Sammelbänden der *„EDITION ZEITGESCHICHTE"* diskutieren kritische Autoren aus Ost und West kompetent zu den Grundfragen unserer Zeit: Krieg, Terror, Abrechnung.

Edition Zeitgeschichte Band 1
DIE WELT IN KURZFASSUNG
Gerhard Branstner

Diese Gegenschrift zur sogenannten „Mao-Bibel" eröffnet die Welt der globalen Zusammenhänge zwischen Politik, Ökonomie und Umwelt. Branstner ist ein Meister der Kurzfassung. Er macht die existenziellen Probleme unserer Welt in überzeugender Form dingfest. Branstner erklärt, woran die erste Welle des Sozialismus wirklich gescheitert ist und unter welchen Voraussetzungen der zweite Anlauf gelingen kann.

ISBN 3-89706-895-8, 120 Seiten, 6,50 EUR

Edition Zeitgeschichte Band 2
KRENZFÄLLE –
Die Grenzen der Justiz
Herausgeber:
Reginald Rudorf

Krenz, Nein Danke. So beginnt Reginald Rudorf sein Buch über Egon Krenz, den letzten DDR-Chef, den, unter dem die Mauer auf ging. Beleuchtet werden die beiden Prozesse Krenz' - Berliner Landgericht, EuGH. Krenz wurde verurteilt, zu 6 Jahren und 6 Monaten Haft. Diese sitzt er derzeit in Plötzensee ab, als Freigänger, nur zum Arbeiten darf er raus. Rudorf, ehemals DDR, 1957 Zuchthaus in Waldheim, 1959 nach Haftentlassung ab in den Westen, schrieb jahrzehntelang für *BILD, WELT, FAZ, Frankfurter Rundschau* uv m. und einige Bücher, wie „Nie wieder links". Rudorf ist kein Linker. Und doch ist „Krenzfälle" ein Plädoyer gegen die Verurteilung Krenz'. „Krenzfälle" zeigt wie dieses Urteil gegen Krenz zuwege gekommen ist. Man hat kurzerhand das DDR-Recht für Unrecht erklärt und 50 Jahre drüben das Recht von hüben übergestülpt. Und der EuGH hat es umgekehrt gemacht. Er hat das DDR-Recht so interpretiert, dass man gar kein Westrecht überstülpen musste. Egal wie: Es war wie schon abgemacht, Krenz musste hinter Gitter. Es war bis auf Krenz keiner mehr übrig. Und den haben die Hunde gebissen. Das Buch liest sich wie ein Krimi.
Prominente Autoren aus Ost und West wie Erich Buchholz, Siegfried Prokop und Uwe Wesel, Helmut Wather betrachten die unterschiedlichsten Aspekte dieses Themas.

ISBN 3-89706-893-9, 230 S., gebunden, 18 EUR

Edition Zeitgeschichte Band 3

DAS SCHWEIGEKARTELL
– Fragen & Widersprüche zum 11. September

Herausgeber Arnold Schölzel

11. September 2001: Zwei Flugzeuge rasen in die Twin Towers in New York, eines in das Pentagon, eines stürzt ab. Die Welt ist schockiert.
Die Menschen weinen, trauern, schreien, können das Unbegreifbare nicht begreifen.
11. September 2001: Präsident Bush ging merkwürdig ungerührt seinen Geschäften nach.
General Richard Myers (CJCS) frühstückte mit einem Senator und redete auch nach dem Attentat gemütlich weiter.
Für Präsident und General bestand offensichtlich kein besonderer Grund zur Eile.
6. September 2001: Von diesem Tag an stiegen die Put-Optionen auf Aktien der Firmen, für die der 11.September ein Desaster werden sollte, bis auf das 25fache des üblichen Volumens an.
Die Insider verdienten Millionen.

Die Luftabwehr (NORAD) der größten Militärmacht der Welt versagte völlig.
Die 19 Hijacker kommen unbehelligt durch alle Sicherheitssysteme an Bord der Maschinen.
Die Welt lernt das Staunen: arabische Hobbypiloten mit wenigen Flugstunden sind in der Lage, Jumbos punktgenau auf ein kleines Ziel zu steuern.
Trotz Warnungen aus der gesamten Welt, waren die teuersten Geheimdienste der Geschichte völlig ahnungslos.

11. September 2001, 21.30 Uhr im Atombunker des Weißen Hauses, inmitten einer hysterischen Euphorie:
Bush, Cheney, Powell, Rumsfeld, Rice, Tenet in einer Lagebesprechung: „Intelligence was by now almost conclusive that Osama bin Laden and his al Qaeda network, based in Afghanistan, had carried out the attacks." Die Geheimdienste waren sich zu diesem Zeitpunkt also „nahezu schlüssig", dass bin Laden und al Qaida unterstützt durch Afghanistan die Anschläge ausgeführt hatten.

Am 7 Oktober 2001: das Bombardement Afghanistans beginnt. Seitdem befindet sich die Welt im Krieg.
19. September 2001: In der *WELT* meldete der Bundeswehr-Professor August Pradetto Zweifel an der maßgeblichen Täterschaft von bin Laden an.

Seitdem tauchen immer neue Fragen auf. Aber die Fragesteller finden in den Medien kein Gehör oder werden als „Verschwörungstheoretiker" lächerlich gemacht.
Für den unbefangenen Beobachter entsteht der Eindruck: Es gibt hier ein Schweigekartell. Journalisten, ansonsten auf scharfes Nachfragen trainiert, übernehmen in seltener Einmütigkeit die offiziellen Sprachregelungen der Geheimdienste.
Arglosigkeit oder Absicht? Müssen oder wollen die Medien in Kriegszeiten Staatsräson bewahren?
Bush am 11. September 2001 aus der Air Force One: „**Wer immer das getan hat, wir werden ihnen in die Ärsche treten."**
Wir brechen das Schweigen. Autoren aus Ost und West, unterschiedlicher Profession und Biografie fragen nach und zeigen, dass die kritische Öffentlichkeit nicht verstummt ist.

Februar 2003, 2. aktualisierte Auflage
ISBN 3-89706-892-3, 320 S., gebunden, 18 EUR

Edition Zeitgeschichte Band 4

ICH HABE „NEIN!" GESAGT. Über Zivilcourage in der DDR.

Marco Hecht, Gerald Praschl mit einem Geleitwort von Bundestagspräsident Wolfgang Thierse

„Ihr ganzer Geheim-Krimskrams interessiert mich nicht. Nein, ich unterschreibe nicht!"

Die Postbotin Dolores Schwarz aus Markgrafenheide 1985 zu einem Stasi-Offizier, der von ihr eine Verpflichtung als Spitzel forderte

„Ich war hin und her gerissen. Das Tonband lief weiter. Mir war völlig klar: Wenn ich jetzt Nein sage, kann es mit mir beruflich und privat nur noch bergab gehen. Doch ich sagte Nein, erst einmal etwas zögerlich, und dann ein weiteres Mal deutlich und bestimmt (....) Am 15. August 1973, morgens um 6 Uhr, kamen sie und haben mich verhaftet."

Der Leipziger Kellner Dieter Veit über einen Anwerbungsversuch der Stasi 1973. Und den Beginn seines Leidenswegs im DDR-Gefängnis

Thierse über dieses Buch:
„'Ich habe Nein! gesagt' ist ein Plädoyer für Zivilcourage. Die Entscheidungssituationen sind heute anderer Art, aber an Aktualität hat dieses Plädoyer auch im zweiten Jahrzehnt der deutschen Einheit nicht verloren. Dieses Buch verdient viele Leser!"

ISBN 3-89706-891-5, 200 S., Paperback, 9,90 EUR

Edition Zeitgeschichte Band 5

DAS WAR UNSER KESSEL BUNTES. Ein Textbildband zum Erinnern und Verschenken.

Hans-Ulrich Brandt, Angela Kaiser, Evelin Matt, Günter Steinbacher mit einem Geleitwort von Walter Plathe

Das war DIE Show.
Damals im DDR-Fernsehen.
Sechsmal im Jahr war samstags Kessel-Zeit. Jung und alt guckte fern. Sah sich die großen Stars im Fernsehen an. Bis 1993. Dann war Schluß. Geblieben sind tausende von Bildern und viele Erinnerungen der „Macher" von damals. Wir haben die schönsten Fotos ausgewählt, gepaart mit so manch' Hintergründigem, auch zum Schmunzeln und zum Erinnern.
Damals war's: DIE Show.
Das war unser Kessel Buntes!
Aus dem Inhalt:
„EIGENARTIGE HONORARE

Das Thema mit den Berühmtheiten in unserer großen Samstagabendshow hatten wir schon beleuchtet. Es ist aber allgemein bekannt, alles was gut ist, ist meistens teuer.

Ebenfalls bekannt ist, das die Valutakontingente in unserem kleinen Land sehr begrenzt waren.
So kam man dann auf eine Idee, deren Ausführung sehr stark an die Tauschgeschäfte auf dem schwarzer Markt der Nachkriegszeit erinnerte. Bei uns traf zwar die Farbe schwarz nicht zu, aber ganz schön dunkel war es trotzdem.

Da wollte die Diva aus Italien schon immer einen nagelneuen Konzertflügel haben und Förster ist für seine Qualität

weltbekannt."
Andere Stars aus Griechenland, Frankreich oder der Deutschen Bundesrepublik deckten sich mit Konzertgitarren, anderen wertvollen Instrumenten, oder gar - O Frevel - mit Antiquitäten und Meißner Porzellan ein.
Es gab sogar kluge Sänger, die sich Orchesterbearbeitungen von unseren Arrangeuren anfertigen ließen.
Den Vogel aber schoss ein Kollege ab, der sich in Norddeutschland ein Haus baute und bis zum letzten Nagel alles über die innerdeutsche Grenze transportieren ließ.
Alles legal! Es war einmal!"
ISBN 3-89706-890-3, 240 S., gebunden, ca. 300 Abb., 20 EUR

Edition Zeitgeschichte Band 6
ANTHRAX
und das Versagen der Geheimdienste
Erhard Geißler

Einfach unglaublich. Die Geheimdienste waren entweder desinformiert oder wussten schlechtweg gar nichts. Aber die Biowaffen wurden trotzdem entwickelt, Kriege geführt, gedroht und gewarnt. Und immer wieder vertraut man den Fehlinformationen der Geheimdienste, wie zuletzt auch Colin Powell vor der UN Februar 2003.

ISBN 3-89706-889-3, 418 S., gebunden, 22 EUR

Edition Zeitgeschichte Band 7
BOMBEN AUF BAGDAD.
– Ein Sammelband zum aktuellen Krieg.
Herausgeber Rüdiger Göbel

„Das hier ist anders als der Golfkrieg, und zwar in dem Sinne, dass es niemals zu Ende geht - zumindest nicht, solange wir leben."
Dick Cheney – US-Vizepräsident.

Jeder Krieg ist ungerecht - das war bis vor 10 Jahren noch Konsens deutscher Außenpolitik. Nach dem 11. September soll nun alles anders sein: Deshalb muss sich Deutschland am Irak-Krieg beteiligen.
Seit 1990, dem Zusammenbruch des real existierenden Sozialismus ist es Ziel der einzig verbliebenen Weltmacht USA, den „Krieg als Mittel der Politik" wieder salonfähig zu machen. Beim Irak-Krieg wird diese Politik eskalieren. Deshalb ist er von exemplarischer Bedeutung für alle weiteren Kriege. „Das Geheimnis zu enthüllen, in dem Kriege geboren werden", ist die Aufgabe jeder wirklichen Analyse.
Es geht darum, dass dieser Krieg gegen die Interessen der Mehrheit der Weltbevölkerung vorbereitet und durchgesetzt werden soll, nicht nur um den Irak abzustrafen, sondern um auch allen anderen klar zu zeigen: wir, die USA, dürfen und können das, an jedem Ort, zu jeder Zeit...
Abschließend werden die geostrategischen und regionalen Folgen des Krieges betrachtet.

ISBN 3-89706-888-5, 418 S., gebunden, 19 EUR

Edition Zeitgeschichte Band 9
SIEGERJUSTIZ?
Die politische Strafverfolgung infolge der Deutschen Einheit
GRH e.V. (Hg.)

Geleitwort: Hans Modrow, Einleitung: Dr. Arnold Schölzel, Chefredakteur, Nachwort: Prof. Siegfried Mechler, Beiträge von: Hans Bauer (Rechtsanwalt), Eleonore Heyer (Juristin), Dr. jur. Günther Sarge, Prof. Dr. sc. jur. Horst Bischoff, Dr. jur. Karli Coburger, Prof. Dr. jur. habil. Erich Buchholz (Rechtsanwalt)

Mauerschützenprozesse, Rechtsbeugung, Auftragsmorde: Es sollte „zusammenwachsen was zusammengehört". 12 Jahre ist dies nun her. Für Millionen von Menschen der ehemaligen DDR war die Einheit Deutschlands mit bitteren Konsequenzen verbunden: der eine verlor seine Arbeit, der andere seine angestammte Wohnung, viele wurden vorzeitig in den Ruhestand geschickt. Unsere Autoren haben in aller Sachlichkeit mit viel Sachkenntnis ein besonderes Kapitel — das Kapitel der Strafverfolgung ehemaliger DDR-Bürger untersucht, analysiert, ausgewertet und aufgeschrieben. Ein Stückchen Zeitgeschichte ist entstanden, ein bitteres noch dazu.

ISBN 3-89706-887-7, 734 S., gebunden, 34 EUR

Edition Zeitgeschichte Band 10
AMERICAN EMPIRE
No Thank You!
Andere Stimmen aus Amerika.
Max Böhnel und Volker Lehmann; mit Beiträgen von Chomsky, Sharabi, Hardt, Zinn, Hartung, Fox Piven, Susskind, Williams, u.a.

Stehen Rumsfeld, Wolfowitz, Cheney oder Bush für ganz (Nord)Amerika? Was denken Chomsky, Michael Hardt, Yifat Susskind, Fox Piven, Howard Zinn über sich, die USA und den Rest der Welt, insbesondere das alte Europa? Herausgekommen ist ein Kaleidoskop von Meinungen und Anschauungen, herausragend ist Chomsky, lesenswert sind alle. Aufgeschrieben und kommentiert von Max Böhnel & Volker Lehmann, beide New York.

ISBN 3-89706-885-0, 288 S., gebunden, 18 EUR

Reiseziele einer Region Band 4
DIE 68ER IN BERLIN. SCHAUPLÄTZE UND EREIGNISSE
Christopher Görlich

„Immer drängender taucht die bange Frage auf: Ist Springer bereits enteignet? Es wäre ein nicht wegzudenkender Verlust."

Dieter Hildebrandt

Vorliegender Band führt zurück an die Schauplätze jener Zeit, in der die so bewegten Studenten die Stadt ein ums andere Mal „durcheinander" brachten. Die heute so benannte 68er Bewegung war damals die erste Generation, die nach dem Krieg in der Bundesrepublik aufwuchs. Geprägt durch das „Wirtschaftswunder", konfrontiert mit den sehr engen Moralvorstellungen jener Zeit, erschüttert durch die SPIEGEL-Affäre, entwickelte sich in den 60er Jahren vorwiegend unter den Studenten latent ein Protestpotential, welches nur irgendeines Anlasses bedurfte.
Die Protagonisten auf beiden Seiten sind schnell benannt, hier Rudi Dutschke dort Axel Cäsar Springer. Dann waren da noch die Jubelperser und Benno Ohnesorg. Einer hetzte und die anderen demonstrierten. So gab es die berüchtigten Pro-Amerika-Demonstrationen einerseits und die gegen den Vietnamkrieg andererseits. Es schrieb der Tagesspiegel am 6. Februar 1966 „Viele Berliner lachten vom Straßenrand her die Demonstranten aus oder tippten sich bezeichnend an die Stirn".
Und der Regierende Bürgermeister entschuldigte sich beim amerikanischen Stadtkommandanten John F. Franklin. Der Regierende war damals Willy Brandt.

Der junge Autor Christopher Görlich, Jahrgang 78, beschreibt sehr anschaulich die Zustände und Ereignisse in dieser Stadt in den Jahren 1965 bis 1968 aus der Sicht des „Danachgeborenen". Man wird bei ihm daher den unverstellten Blick finden, dessen, der später erst diesem Faszinosum „68er" erlegen war, der kritisch hinterfragt und analysiert. So ist es ein ganz anderes Buch über jene Jahre in Berlin geworden.

ISBN 3-89706-904-0, 380 S., gebunden, 200 Abb., 18 EUR

Übrigens, Sie können auch direkt beim Verlag bestellen. Unter Kai Homilius Verlag, Christburger Str. 4, 10405 Berlin, FAX 030-44342597, Email: home@kai-berlin.de
Ab 30 EUR versandkostenfrei.

Alles Gute aus dem Osten.